Günter Buchstab / Brigitte Kaff / Hans-Otto Kleinmann

Verfolgung und Widerstand 1933–1945
Christliche Demokraten gegen Hitler

Veröffentlichung der Konrad-Adenauer-Stiftung

Josef Wirmer

Bernhard Letterhaus

Theodor Steltzer

Eugen Gerstenmaier

Helene Rothländer

Constantin von Dietze

Eugen Bolz

Robert Lehr

BETRIFFT: EHEMALIGE LANDTAGS- UND REICHSTAGSABGEORDNETE DER ZENTRUMSPARTEI, DER BVP BEZW. DER CHRISTLICH-SOZIALEN VOLKSPARTEI. --

BEZUG: FS.- DES CHEFS DER SIPO U. D. SD. VOM 30.8.44

-- ERSUCHE UM SOFORTIGEN AUSFUEHRLICHEN BERICHT IN DOPPELTER AUSFERTIGUNG UEBER DIE IM ZUGE DER AKTION FESTGENOMMENEN PERSONEN. GLEICHZEITIG IST EINGEHENDE POLITISCHE BEURTEILUNG VOR UND NACH 1933 BEIZUFUEGEN. .

-- RSHA - ROEM. 4 A 4 KL. A - K - SOND -

Andreas Hermes

Jakob Kaiser

Mina Amann

Hans Wölfel

Günter Buchstab / Brigitte Kaff / Hans-Otto Kleinmann

Verfolgung und Widerstand 1933–1945

Christliche Demokraten gegen Hitler

Droste Verlag

Auf dem Umschlag: Die „Fahne der Männer des 20. Juli“, s. S. 214

CIP-Kurztitelaufnahme der Deutschen Bibliothek
[Verfolgung und Widerstand neunzehnhundertdreiunddreißig bis neuzehnhundertfünfundvierzig]
Verfolgung und Widerstand 1933–1945: Christl. Demokraten gegen Hitler;
Veröff. d. Konrad-Adenauer-Stiftung / Günter Buchstab...
Düsseldorf: Droste, 1986.
ISBN 3-7700-0705-0
NE: Buchstab, Günter [Hrsg.]; Konrad-Adenauer-Stiftung

Gesamtherstellung: Rheindruck Düsseldorf GmbH
ISBN 3-7700-0705-0

Die Darstellung des deutschen Widerstands gegen den Nationalsozialismus war in den ersten 20 Jahren nach Hitler in hohem Maße von politisch-legitimatorischen Absichten bestimmt – mit dem unausgesprochenen Ziel, die zweite deutsche Demokratie aus der Tradition des „anderen Deutschland“ während der Naziherrschaft herzuleiten. Der Schwerpunkt der historischen Forschung lag zunächst beim Widerstand des 20. Juli 1944 und seinem Umfeld sowie beim Widerstand der Kirchen. Dabei wurde Widerstand weniger aus politisch-weltanschaulicher Motivation heraus und von seinem sozialgeschichtlichen Hintergrund her erklärt, er wurde vielmehr verstanden als eine fundamentale ethische Entscheidung gegen die nationalsozialistische Gewaltherrschaft, als „Aufstand des Gewissens“.

Seit der zweiten Hälfte der 60er Jahre hat sich das Verständnis von Widerstand wesentlich erweitert. Dies gilt zum einen für die Definition von Widerstand, die eine fast inflationäre Ausweitung erfuhr. Entscheidend wurde das Kriterium, ob ein bestimmtes Verhalten von einzelnen oder Gruppen ein Risiko für die Betroffenen darstellte oder nicht. Dies konnte in der nationalsozialistischen „Volksgemeinschaft“, mit ihrem Anspruch auf völlige Erfassung der gesamten menschlichen Existenz, bereits jede Äußerung von Unzufriedenheit oder Unmut sein, dies war jeder Versuch von Nicht-Anpassung und Bewahrung eigener Identität und dies war erst recht jeder offen geäußerte Protest oder gar Widerstand im engeren Sinn, der den Umsturz des totalitären Regimes zum Ziel hatte. So fällt unter den Widerstandsbegriff, wie wir ihn heute kennen und wie er auch der Konzeption dieser Dokumentation zugrundeliegt, jede Handlung, die der totalitäre NS-Staat als Opposition gegen Teilbereiche seiner Herrschaft und Weltanschauung kriminalisierte und mit Willkürmaßnahmen und heute kaum noch vorstellbarer Härte verfolgte.

Mit dem Widerstandsbegriff hat aber auch das Widerstandsspektrum insgesamt eine Ausweitung erfahren. Noch ist aber im Vergleich mit den vielen definitorischen Unterscheidungen der Formen und Begriffe von Widerstand (wie Teilwiderstand, Protest, Resistenz, Widersetzlichkeit, Nonkonformismus, Dissidenz, Widerständigkeit, Verweigerung) die „Feineinstellung“ seiner diversen Trägergruppen nur ansatzweise erfolgt. Man hat daher unlängst mit großem Öffentlichkeitsecho[1)] gefordert, den Widerstand gegen den Nationalsozialismus in seiner ganzen Breite ernst zu nehmen (Steinbach). Die gängige Zuordnung des Widerstandspotentials zu militärischem und zivilem „20. Juli“, zu Kirche, Arbeiterbewegung und Jugend, reicht dafür keinesfalls mehr aus. Selbst eine Geschichte des deutschen Widerstands nach „Kreisen“ verlangt noch genauerer Differenzierung sowohl in zeitlicher wie auch in sozialer, institutionaler, politischer und weltanschaulicher Hinsicht. Denn den schrittweise entstandenen einzelnen Aktionsgruppen und konspirativen Zirkeln haben Einheitlichkeit und Geschlossenheit gefehlt wie der deutschen Widerstandsbewegung insgesamt. So ergeben sich viele Fragen nach der Gruppenzusammensetzung, nach den unterschiedlichen Motivationen und Interessenlagen der Gruppenmitglieder, nach den lokalen und institutionalen Grundlagen des Zusammenhalts und Zusammenhandelns.

Zahlreiche Einzeluntersuchungen über Oppositionshaltungen und -handlungen in den verschiedenen Gesellschaftsbereichen haben ebenso wie eingehende Schilderungen lokaler Verhältnisse und Einzelfälle ferner erkennen lassen, daß Widerstand zumeist das Ergebnis eines Prozesses gewesen ist, den erst die Erfahrung mit den verbrecherischen Energien des nationalsozialistischen Systems und die äußerste Güterabwägung zwischen Gehorsams- und Gewissenspflicht, zwischen persönlichen Rücksichten und mitmenschlicher Verantwortung in Gang gesetzt hatten. Auch bei einer mehr strukturellen Betrachtung der Widerstandsgeschichte wird es wichtig bleiben zu wissen, wie, wann und warum der entscheidende, sich oft in mehreren Etappen vollziehende Schritt von der bloßen Kritik am nationalsozialistischen Staat zur offenen Gegnerschaft und zum aktiven Widerstand erfolgte. In diesem Zusammenhang ist häufig zu hören und zu lesen, daß im

Widerstand gegen den Nationalsozialismus all jene Gruppen weitgehend ausgefallen sein sollen, die mit der SPD das parlamentarische System von Weimar getragen haben. Hat sich ihr Verhalten wirklich nur zwischen völliger Anpassung und taktischem Warten bewegt?

Für eine historisch objektive Erforschung und Darstellung des deutschen Widerstands kommt es deshalb – unter Zugrundelegung des oben definierten Begriffs – entscheidend darauf an, das soziale Umfeld seiner aktiven Personen und Kleingruppen weitergehend als bisher zu untersuchen und dabei besonders – über die Gegnerschaft zur totalitären Gewaltherrschaft hinaus – auf die Kontinuität politischer Positionen und Konstellationen zu achten, nicht zuletzt auf die Einstellung zum parlamentarisch-demokratischen Rechtsstaat. Man muß also vor 1933 ansetzen, soll der Widerstand gegen den Nationalsozialismus als Prozeß zwischen erster und zweiter deutscher Demokratie voll in den Blick kommen.

Zu den aktiven Nazigegnern der ersten Stunde zählt die Kommunistische Partei. Ihr Widerstand, der unter ihren Mitgliedern hohe Opfer forderte, war in erster Linie Fortsetzung ihres Kampfes gegen die als bürgerlichen Klassenstaat diffamierte Weimarer Republik. Als die Nationalsozialisten, die die Weimarer demokratische Verfassung abschaffen wollten, die Macht im Staat übernahmen, sahen die Kommunisten darin die Krise der bürgerlich-kapitalistischen Herrschaft in Deutschland, in Hitler die „Marionette der Trustherren". Ihr Widerstand in Illegalität und Exil zog seine Opferbereitschaft aus der Lagebeurteilung, daß durch eine von der mobilisierten Arbeiterschaft ausgehende Solidarisierung im Kampf gegen die braunen Machthaber eine Volksbewegung und schließlich die sozialistische Revolution in Deutschland herbeigeführt werden könne.

Diese Ausgangsposition und Motivation unterscheidet den kommunistischen grundlegend vom Widerstand aus den Reihen der anderen großen politischen Gruppierungen. Hier entwickelte sich ein aktiver Widerstand vielmehr erst in dem Maße, wie das nationalsozialistische Regime sich durch Unterdrückungs- und Verfolgungsmaßnahmen als tyrannisch und verbrecherisch erwies. Schärfer als bei den Kommunisten stellte sich daher bei ihnen das Problem der „Rekrutierungsbedingungen" (Mommsen) des Widerstands. Das gilt für die Sozialdemokraten und Gewerkschaften ebenso wie für die konfessionellen und liberalen Parteien, nachdem sie durch die Zerschlagung ihrer Organisationen und durch Erfassung in den Massengliederungen der nationalsozialistischen Einheitspartei die Basis kollektiver Gegenwehr verloren hatten. Bei der umfassend und perfekt ausgebauten Terror-, Überwachungs- und Propagandamaschinerie des NS-Regimes konnte sich eine Widerstandsbewegung nur über informelle Kontakte ohne illegalen Apparat und nach außen gerichtete Aktivitäten bilden, was ohnehin schon wegen der internen Auseinandersetzungen der oppositionellen Gruppierungen und der oft erheblichen Meinungsverschiedenheiten zwischen ihnen über Stoßrichtung, Vorgehensweise und Programmatik erheblich erschwert war. Letztlich ist die zum 20. Juli 1944 führende Bewegung von isolierten Minderheiten ausgegangen, die sich erst auf Umwegen finden mußten. Lokale Beziehungen, verwandtschaftliche Bindungen, berufliche Kontakte, Korpsgeist und weltanschauliche Gemeinsamkeit, das „Wissen voneinander" aus der Zeit vor 1933 – all das konnte und mußte Organisation ersetzen. Es ist daher kein Zufall, daß die Polizeibehörden des Nazistaates den Widerstand in illegalen Organisationen wie den kommunistischen und sozialdemokratischen jederzeit unter Kontrolle hatten, ja ihn sogar für ihre terroristischen Zwecke benutzen konnten, während sie von der Zusammenarbeit durch Verschwörerzirkel, die an den zum „20. Juli" führenden Umsturzvorbereitungen beteiligt waren, völlig überrascht wurden.

Gerade für die historische Beurteilung und Einordnung dieser Personen und Gruppen muß die Frage nach ihrer politisch-weltanschaulichen Motivation ein entscheidendes Kriterium sein. Die vorliegende Dokumentation möchte in diesem Sinn auf diejenigen Männer und Frauen des Widerstands aufmerksam machen, die schon vor 1933 in demokratischen Parteien und Verbänden der Weimarer Republik aktiv tätig waren und die sich nach 1945 in christlicher Grundhaltung mit Überzeugung und Tatkraft dem demokratischen Neuaufbau verschrieben.

Von der Geschichte her erweist es sich als notwendig, die „christlichen Demokraten“ als eigene, durchaus charakteristische Gruppe zu betrachten, die sich, sozial und politisch-weltanschaulich vielfältig strukturiert, gerade im Prozeß des Widerstands formierte.

Dem landläufigen, von Parteinamen ausgehenden Verständnis nach gibt es in Deutschland christliche Demokraten erst seit 1945, nachdem aus dem Chaos des zusammengebrochenen NS-Regimes die CDU/CSU als eine überkonfessionelle, die Verkoppelung von Christentum und Demokratie praktizierende Volkspartei entstanden ist. Aber dieser Gründungsvorgang war weder eine isolierte Erscheinung in Europa noch – trotz seiner Spontaneität – ein zufälliges, dem Moment der Katastrophe verhaftetes Ereignis. Vielmehr war der Aufstieg der christlichen Demokratie zu einer dominierenden politischen Kraft in West- und Mitteleuropa eine der Hauptfolgen der Nazi- und Kriegszeit. Nicht nur, daß sich dadurch nach 1945 die Parteienlandschaft tiefgreifend veränderte, die gesamte europäische Politik ist in der entscheidenden Wiederaufbauphase von ihr richtungweisend mitgestaltet worden. Diese – auf den ersten Blick überraschende – Dynamik der christlichen Parteien in Frankreich, Italien, Deutschland und den Benelux-Staaten findet vor allem ihre Erklärung darin: Unter dem furchtbaren Druck der faschistischen Regime und des nationalsozialistischen Herrschaftssystems, in Verfolgung und Widerstand, wurden jene politischen Kräfte und Strömungen neu formiert und gestärkt, die seit den Anfängen des 19. Jahrhunderts den Anpassungsprozeß von christlicher Bewegung und moderner Demokratie getragen hatten. In Deutschland war es bereits in der Zeit der Weimarer Republik zu ersten Versuchen einer politischen Annäherung der konfessionellen Parteien gekommen. Auch eine internationale christliche Arbeiterbewegung war im Entstehen. Doch diese Entwicklung wurde durch die nationalsozialistische Gewaltherrschaft jäh unterbrochen, als die Gruppen und Verbände der katholischen und evangelischen Sozialbewegungen sowie die Organisationen der parteipolitisch und gewerkschaftlich tätigen christlichen Laienschaft zu bestehen aufhörten und in den Untergrund gedrängt wurden.

Die Erfahrungen und Auseinandersetzungen mit Diktatur, Fremdherrschaft und Krieg haben den Gedanken der christlichen Solidarität und den Willen zu geistiger Neugestaltung aber weiter verbreitet und vertieft. Darüber hinaus haben sie aber auch ganz neue Gemeinsamkeiten entstehen lassen, die dann eine Sammlung der unterschiedlichsten Anhänger und Richtungen christlicher Politik ermöglichten. All das hat den Schritt von konfessionellen oder kirchlich bestimmten Parteien zu einer Volkspartei mit umfassendem politischen Programm beschleunigt. Was so beim Zusammenbruch des Naziregimes als ein neues Element im parteipolitischen Raum Europas erschien, war in Wirklichkeit eine Bildung mit starker Kontinuität sowohl im Personellen als auch im Programmatischen. Diese Tatsache rechtfertigt auch die Frage nach dem Widerstandshandeln deutscher christlicher Demokraten im Dritten Reich. Auch für sie gilt, was für den vielfach strukturierten gewerkschaftlichen und den sozialdemokratischen Widerstand immer wieder festgestellt wird: Die Geschichte ihres Widerstands während der NS-Diktatur ist längst noch nicht systematisch erforscht und infolgedessen auch gegenüber dem Anteil der Kirchen, der Militärs, der Kommunisten und konservativen Eliten unterbewertet.

Den Kern bildeten dabei jene Kräfte und Personen, die schon vor 1933 aktiv politisch engagiert waren und deren Immunität gegenüber dem Nationalsozialismus nach 1933 stark ausgeprägt war. Sie brachten Erfahrung und Wollen einer christlich fundierten demokratischen Politik in die deutsche Widerstandsbewegung ein und erhielten sie unter der repressiven NS-Herrschaft lebendig für den Neuaufbau eines freiheitlichen demokratischen Rechts- und Sozialstaates nach 1945.

Wenn hier jene Kräfte, Gruppen und Personen besonders herausgegriffen werden, die in christlich geprägter demokratischer Orientierung Gegner des Nationalsozialismus waren, dann geschieht das nicht wegen einer herausragenden Bedeutung ihres Widerstands, sondern weil ihr Widerstandspotential bislang noch undifferenziert mit bestimmten „Kreisen" identifiziert wird oder einem sehr allgemein und vage umschriebenen „christlichen Widerstand" zugeordnet worden ist. Um Mißverständnisse und Mißdeutungen, die aus der bisherigen Behandlung und Darstellung dieses Teils deutschen Widerstands herrühren, von vornherein zu vermeiden, konzentrieren sich die folgenden ausgewählten Quellenzeugnisse auf eine Gruppe von Widerstandsträgern, die aufgrund ihrer bewußt-politischen Position genau eingegrenzt werden kann:

auf Abgeordnete und Mitglieder der konfessionellen Parteien wie des Zentrums, der Bayerischen Volkspartei und des Christlich-Sozialen Volksdienstes,
auf Funktionäre und Mitglieder der christlichen Arbeiterorganisationen,
auf Angehörige des kirchlichen Widerstands sowie auf Mitglieder sonstiger Widerstandskreise, soweit sie nach Kriegsende zu den Gründern der Unionsparteien in Deutschland zählten.

Ihre entschiedene Gegnerschaft zum Nationalsozialismus und seiner rassistischen, totalitären Weltanschauung unterliegt nicht dem geringsten Zweifel. Schon in den politischen Auseinandersetzungen der letzten Jahre der Weimarer Republik haben sie das deutsche Wählervolk vor der Bedrohung für Demokratie und Frieden eindringlich gewarnt.[2)] Nach Kräften versuchten sie, das nationalsozialistische Treiben im Rahmen der Verfassung zu stoppen. Die in der deutschen Öffentlichkeit als „Volksverführer und Volksverderber" bloßgestellten Nationalsozialisten konnten sich in den Wahlen der Weimarer Krisenjahre trotzdem als stärkste politische Kraft durchsetzen: „Das Volk hat entschieden", wie die „Neue Augsburger Zeitung" den Ausgang der Reichstagswahl vom 31. Juli 1932 kommentierte, die der NSDAP sensationell mehr als eine Verdoppelung ihrer Mandate bescherte. Das Feindbild der Nazis, die in den „Schwarz-Roten-Systemparteien", im Zentrum, in der Bayerischen Volkspartei und der SPD die Hauptschuldigen an Deutschlands Not sahen und sie deshalb mit allen Mitteln bekämpften, zeugt gleichfalls von der prinzipiellen Gegnerschaft der christlichen Demokratie gegen Hitler und seine Bewegung. Wenn auch der eine oder andere aus ihren Reihen nach der „Machtergreifung" dem Anpassungsdruck des Regimes nicht standhielt oder der Faszination der raffinierten Propaganda und scheinbaren Erfolge Hitlers erlag, wurden die ehemaligen Mitglieder und Funktionäre der aufgelösten christlichen Parteien, Verbände und Gewerkschaften von den Nationalsozialisten durchweg als kompromißlose Feinde ihres totalen Herrschaftsanspruchs betrachtet, die durch Verfolgung, Terror, Haft und Todesdrohung auszuschalten waren.

Im Unterschied zu der anderen großen staatstragenden Kraft von Weimar, den Sozialdemokraten, hatten die parteipolitisch zersplitterten christlich-orientierten Demokraten jedoch größere Schwierigkeiten, das Widerstehen unter den Bedingungen der Gewaltherrschaft zu lernen. Ihre politische Tradition seit dem 19. Jahrhundert war – trotz der Erfahrungen der Zentrumspartei im Kulturkampf – von Staatsloyalität und Bereitschaft zur Mitverantwortung in der Regierung geprägt. Ohne ein „illegales" Erbe, ohne Erfahrungen mit dem Aufbau von Untergrund- und Exilorganisationen, ohne namhafte internationale Verbindungen auf parteilicher und gewerkschaftlicher Ebene wurden sie unvorbereitet und hilflos von der Dynamik der Nazi-Revolution überrollt. So ist auch ihr Verhalten in der Frage des Ermächtigungsgesetzes vom 24. März 1933 kennzeichnend für den ganz anderen Ausgangspunkt ihres Widerstands gegen den Nationalsozialismus.

Die SPD knüpfte nach der Machtergreifung angesichts der gegen sie gerichteten Verfolgungsmaßnahmen gewissermaßen an ihre „Sozialistengesetz"-Tradition (vgl. die Rede von Otto Wels vor dem Reichstag) und gab bei der Ablehnung des Gesetzes mit dem Bekenntnis zu den Grundsätzen der Menschlichkeit, der Freiheit und des Sozialismus das Signal zum Widerstand gegen das Regime; das Zentrum und die kleineren demokratischen Parteien dagegen stimmten für das Gesetz, in dem guten Willen, die innenpolitische Notsituation Deutschlands abwenden zu helfen, und in der Illusion, die Hitler-Regierung auf Bedingungen festlegen zu können, um so „Schlimmeres zu verhüten". Diese Entscheidung hat bei ihnen den Schritt zum aktiven Widerstand erschwert und ein Widerstandshandeln verzögert einsetzen lassen.
Vorausgehen mußte erst die schreckliche Lehre, daß weder taktische Kompromisse noch kritische Distanz vor dem totalitären Anspruch des Regimes und vor seiner terroristischen Willkür schützen konnten, die alle traf, die nicht mitmachten oder sich nicht unterwarfen.
Nach dieser Anlaufphase entwickelten die christlichen Demokraten jedoch eine um so größere Flexibilität in der Zusammenarbeit mit den verschiedenen Gruppierungen und Kreisen des politischen Widerstands sowie eine große Offenheit bei den Planungen zur Neuordnung Deutschlands nach dem Ende der Nazi-Herrschaft. Es verhielt sich nicht nur so, daß „die Fraktion sich wieder sammelte", wie Freisler im Volksgerichtsprozeß gegen einen führenden Widerstandskämpfer aus ihren Reihen höhnisch bemerkte. Durch ihre Kooperationsbereitschaft und ihre programmatische Aufgeschlossenheit kam den christlichen Demokraten vielmehr eine wichtige Fermentfunktion im deutschen Widerstand zu, die in der Arbeiterschaft ebenso wie in der Wehrmacht, in der Beamtenschaft ebenso wie unter den freien Berufen wirksam wurde und sowohl auf lokaler Ebene, etwa in den Gemeindepfarreien, wie auch im OKW festzustellen ist. Sowohl für theoretische Klärungen (ethische Rechtfertigung des „Tyrannenmordes") wie auch für die praktische Vorbereitung eines Umsturzes bedeutete der Beitrag der christlichen Demokraten eine entscheidende Verstärkung der deutschen Widerstandsbewegung, die zum 20. Juli 1944 führte. Der Prozeß vom partiellen Nonkonformismus hin zur aktiven Systemgegnerschaft ging dabei oft in den katholischen Verbänden, Arbeiter- und Gesellenvereinen, in der Caritas usw. wie auch innerhalb der evangelischen Bekenntniskirche vor sich. Die Kirchen, die als einzige gesellschaftliche Großgruppen die nationalsozialistische „Machtergreifung" und Herrschaft überstanden, stellten mit ihren vielen Einrichtungen und ihrer glaubensfundierten Solidarität für die christlichen Politiker „Immunbezirke" oder Refugien dar, die auf legaler Basis die Fortführung alter Kontakte und ein Festhalten an weltanschaulichen Positionen ermöglichten.
Von dem ehemaligen Reichstagsabgeordneten des Zentrums und stellvertretenden Verbandsvorsitzenden der KAB Joseph Joos wissen wir, daß es dabei zwar „rein äußerlich betrachtet" „um die Erhaltung von Existenz und Betätigung kirchlich-sozialer Organisationen" ging, „in Wahrheit aber um Weltanschauung und Weltgestaltung in Staat, Gesellschaft und Kultur" (Am Räderwerk der Zeit. Erinnerungen aus der katholischen und sozialen Bewegung der Politik, Vorwort). Diesen Sachverhalt dem Resistenzverhalten der Kirchen zu subsumieren oder gar als kirchlichen Widerstand zu interpretieren, wäre allerdings ebenso einseitig wie eine pauschale Zuordnung der Gesamtgruppe zu dem – bloß durch seinen nichtsozialistischen Charakter definierten – „bürgerlichen" Lager. So bliebe z. B. das wegen der vermittelnden Aktivitäten zwischen „rechts" und „links" nicht hoch genug einzuschätzende Gewicht der christlichen Arbeiterbewegung für den Widerstand weitgehend außer acht.
Diese geschichtlichen Zusammenhänge mit ausgewählten authentischen Zeugnissen unmittelbar anschaulich zu machen, ist das Anliegen des vorliegenden Buches. Individuelle Schicksale und Entscheidungssituationen in Verfolgung und Widerstand, die Bedin-

gungen oppositionellen Handelns unter der NS-Diktatur, die „Kleinformen" des Widerstands, mit denen Gleichgesinnte sich gegenseitig zu bestärken und in ihrer politischen Kultur zu behaupten suchten, die Beteiligung an Widerstandskreisen und an Planungen für den Umsturz und die Neuordnung, das soziale Umfeld, aus dem aktiver Widerstand hervorging, die Kontinuität christlicher Politik über die nationalsozialistische Vernichtungsherrschaft hinweg, die Neubesinnung und die Gründung der „Christlichen Demokratie" aus dem Widerstand – all das soll mit dem hier zusammengestellten Dokumentenmaterial deutlich werden und ein möglichst repräsentatives Bild vom Widerstandsverhalten und Widerstandspotential der christlichen Demokraten vermitteln.

Wer sich mit der deutschen Widerstandsgeschichte beschäftigt, kennt die unbefriedigende Quellenlage; sie ist in nicht wenigen Fällen der Grund für Kontroversen in der wissenschaftlichen Diskussion. Der Großteil der schriftlichen Zeugnisse stammt aus Polizei- und Gerichtsakten. Meistens handelt es sich dabei um Äußerungen und Notizen, die unter den Bedingungen des totalitären Terrors gemacht wurden. Daher ist es im allgemeinen schwierig, Motive, Ziele und konspirative Verbindungen einzelner Personen oder auch Gruppen des Widerstands herauszufiltern, weil vieles aus Sicherheitsgründen nicht oder nur verschlüsselt gesagt und geschrieben worden ist, um der Gestapo keinerlei Angriffspunkte zu bieten. Man stößt auch immer wieder auf das Problem, daß es einen vom NS-Überwachungsapparat unentdeckt gebliebenen Widerstand gegeben hat, der also nicht durch Akten der Verfolgungsbehörden „belegbar" ist. Hier bedarf es noch vieler sozialgeschichtlicher Untersuchungen über persönliche Beziehungen, Erlebnisgemeinschaften und „face to face-Gruppen", um sowohl den „systemimmanenten" Widerstand zu erreichen als auch die Wirkungsradien der „Widerstandskreise" ermessen zu können.

Eine Sozialgeschichte des deutschen Widerstands im Dritten Reich muß vor allem jene sozialen und kommunikativen Bezirke einbeziehen, in denen nicht-nationalsozialistische Politikerfahrungen und Wertvorstellungen verteidigt und bewahrt worden sind. Denn sie waren unabdingbare Voraussetzung zum einen für die organisatorische und konspirative Tätigkeit, aus der aktiver Widerstand gegen die NS-Herrschaft erst hervorgehen konnte, zum anderen für die Bildung einer politischen Reserve mit einem Erfahrungsfundus, ohne den die Wiederbelebung und Konsolidierung der Demokratie nach der Zäsur von 1945 nicht möglich gewesen wären.

Unter diesem doppelten Blickwinkel sind die folgenden Dokumente ausgewählt und zusammengestellt worden. Sie sind fortlaufend durch alle Kapitel hindurch numeriert. Der Hinweis auf die einzelnen Nummern seitlich neben den begleitenden Texten macht kenntlich, in welchen Zusammenhang die jeweiligen Zeugnisse gehören. Neben Auszügen aus veröffentlichten Quellenstücken und Druckschriften werden hier – zur Ergänzung und zur wechselseitigen Erhellung – Akten und Briefe aus Archiven und aus privater Hand erstmals publiziert, die teils unbekannte Tatsachen dokumentieren, teils bekannte im Detail belegen. Orthographie und Zeichensetzung wurden in allen Texten nach den heutigen Regeln vereinheitlicht. Wo es vom drucktechnischen Aufwand her vertretbar erschien, sind Quellenzeugnisse in fotographischer Reproduktion wiedergegeben, um die Dokumentation illustrativ aufzulockern und den Bildeindruck des Originals möglichst zu erhalten.

★

Konzeption und Gliederung des Buches gehen auf eine Ausstellung zurück, die das Archiv für Christlich-Demokratische Politik der Konrad-Adenauer-Stiftung aus Anlaß des 40. Jahrestages des 20. Juli 1944, der Symboltat der Auflehnung gegen die Naziherrschaft, erstellt hat und die als Wanderausstellung ein breites Interesse findet. Während dort naturgemäß besonders das Bildmaterial berücksichtigt worden ist, sind nun im Buch

die schriftlichen Zeugnisse die Hauptsache, was zugleich auch eine wesentliche Erweiterung an inhaltlicher Substanz bedeutet.
Allen Personen und Institutionen, die das Erscheinen der vorliegenden Dokumentation gefördert haben, gebührt der Dank der Herausgeber, insbesondere den Archiven sowie den Angehörigen von Verfolgten und Widerstandskämpfern für die freundliche Genehmigung zur Veröffentlichung noch ungedruckter Briefe und Akten, der VW-Stiftung für die Unterstützung bei der wissenschaftlichen Vorbereitung, der Bundeszentrale für politische Bildung für finanzielle Unterstützung bei der Drucklegung.
Wir hoffen, daß die Dokumentation nicht nur neue Einblicke in politisch-historische Zusammenhänge des deutschen Widerstands gegen die NS-Diktatur vermitteln kann, sondern auch Anstöße zur weiteren Erforschung dieses Themas geben wird.

[1]) Der Widerstand gegen den Nationalsozialismus. Die deutsche Gesellschaft und der Widerstand gegen Hitler. Hrsg. von J. Schmädeke und P. Steinbach. München/Zürich 1985.

[2]) Vgl. Keine Stimme dem Radikalismus. Christliche, liberale und konservative Parteien in den Wahlen 1930–1933. Hrsg. von Günter Buchstab, Brigitte Kaff und Hans-Otto Kleinmann. Berlin 1984.

Sofort nach der Machtübernahme begannen die Nationalsozialisten, ihre Vorstellung vom totalen Staat zu verwirklichen. Als erstes besetzten sie rasch den Polizeiapparat und die hohen Verwaltungsämter mit Parteigenossen. Die „Säuberung“ richtete sich gegen alle, die für die Erhaltung der Weimarer Demokratie und des Rechtsstaats eingetreten waren oder den Aufstieg der NSDAP zu verhindern gesucht hatten. Sie erfaßte alle Beamten, die den staatstragenden Parteien angehörten: Sozialdemokraten ebenso wie Mitglieder der konfessionellen
und liberalen Parteien. Die Entlassungsaktion, die auf Anweisung Görings Mitte Nr.1,2,20
Februar zunächst in Preußen durchgeführt wurde, betraf Polizeipräsidenten, Oberpräsidenten, Regierungspräsidenten und Landräte.

Unmittelbar nach der Reichstagswahl vom 5. März 1933 erfolgte die Absetzung der Landesregierungen. Wegen der angeblichen Gefahr für „die öffentliche
Sicherheit und Ruhe“ wurden die gewählten Landesregierungen in Baden, Bay- Nr.9
ern, Sachsen, Württemberg und den Hansestädten unter Berufung auf die „Verordnung zum Schutz von Volk und Staat“ vom 28. Februar 1933 (Reichstagsbrandverordnung) entmachtet und nationalsozialistische Reichskommissare eingesetzt. Trat ein Ministerpräsident oder Landesminister nicht freiwillig zurück, wurde er mit Gewaltmaßnahmen dazu gezwungen.

Ohne Rücksicht auf rechtsstaatliche Grundsätze wurden auch die hohen Kom- Nr.4–8
munalbeamten aus ihren Ämtern verdrängt; dabei war neben der gewaltsamen Entfernung die Anklage wegen angeblicher Dienstvergehen ein häufig angewandtes Mittel. Im Sommer 1933 amtierten nur noch vier Oberbürgermeister aus der Zeit vor der Machtergreifung, einige Städte hatten ihre gesamte Verwaltungsspitze verloren. Diffamierungskampagnen in der NS-Presse sorgten auch für die gesellschaftliche Ächtung der Repräsentanten der „Systemparteien“.

Das „Gesetz zur Wiederherstellung des Berufsbeamtentums“ vom 7. April 1933 bot – scheinbar rechtmäßig – eine Handhabe zur Entfernung aller Beamten, die „nicht arischer Abstammung“ waren oder „die nach ihrer bisherigen politischen
Betätigung nicht die Gewähr dafür bieten, daß sie jederzeit rückhaltlos für den Nr.21,22
nationalen Staat eintreten“. Seitdem konnten neben den politischen Beamten auch Beamte in der Verwaltung, bei Post- und Bahn, an Schulen und Hochschulen jederzeit entlassen oder zwangspensioniert werden.

Bereits im Frühjahr 1933 wurden die Landtage und Kommunalparlamente ana- Nr.18,19
log zum Reichstagswahlergebnis vom 5. März 1933 umgebildet („Vorläufiges Gesetz zur Gleichschaltung der Länder mit dem Reich“ vom 31. März 1933). Außerhalb der NSDAP sollte es keine politische Wirkungsmöglichkeit mehr geben: Nur wenige Tage nach dem Verbot der größten Oppositionspartei, der SPD (22. Juni 1933), erklärten die Parteien der Mitte ihre Auflösung, Staatspartei/DDP (28. Juni), Christlich-Sozialer Volksdienst (1. Juli) und Zentrum (5. Juli).
Die „freiwillige Selbstauflösung“ der Bayerischen Volkspartei wurde durch Nr.13
Gewaltakte gegen die Geschäftsstellen und führende Politiker der BVP sowie durch Verhaftung von ca. 2000 Funktionären und Mitgliedern erzwungen. Da gleichzeitig die konservativen und deutschnationalen Parteien und Organisationen ausgeschaltet wurden, war der Einparteienstaat de facto und de jure („Gesetz über die Neubildung von Parteien“ vom 14. Juli 1933) geschaffen.

Im Zuge der „Gleichschaltung“ wurden die Gewerkschaften, Berufsvertretungen und Bauernverbände verboten oder in nationalsozialistische Einheitsorganisationen überführt, die Pressefreiheit wurde eingeschränkt und schließlich abge-
schafft. Der Vorwurf der Korruption diente auch zur Ausschaltung anderer miß- Nr.16,17
liebiger Personen des öffentlichen Lebens, z. B. von Verbandsfunktionären, die nicht zu einer Integration ihrer Organisationen in den NS-Staat bereit waren.

Funktionäre und Mitarbeiter der ehemaligen Parteien und Verbände ebenso wie Journalisten und Redakteure der verbotenen Zeitungen wurden entlassen und blieben oft jahrelang arbeitslos.

Die Errichtung der ersten Konzentrationslager im März 1933 offenbarte die Brutalität des NS-Regimes, die sich anfangs vor allem gegen Kommunisten und
Nr. Sozialdemokraten gerichtet hatte. Im Sommer und Herbst 1933 erfaßte eine
25–31,11 neuerliche Verhaftungswelle das gesamte Reich: Politiker der SPD, des Zen-
12,14–16 trums, der BVP, des CSVD und der liberalen Parteien, mißliebige Journalisten, Rechtsanwälte und Beamte wurden in Konzentrationslager eingewiesen. Häufig dienten die von der SA organisierten Menschenansammlungen in der Öffentlichkeit als Vorwand, um einen bestimmten Politiker in die sog. „Schutzhaft“ zu nehmen, gegen die es keinen Rechtsschutz gab.

Auch vor Mord schreckte das Regime nicht zurück. Im Zusammenhang mit der
Nr.34,35 Mordaktion des sog. „Röhm-Putsches“ wurden auch christliche Demokraten, die als Nazigegner besonders hervorgetreten waren, umgebracht. Sogar die Verbreitung wahrheitsgemäßer Nachrichten über diese Vorgänge galt als eine staatsfeindliche Handlung.

Zwar richteten sich in den folgenden Jahren die Strafmaßnahmen vor allem gegen einzelne, die durch Reden und Taten als Regimegegner aufgefallen
Nr.37 waren (s. Kapitel III und IV), aber bereits 1936 traf die Gestapo Maßnahmen für eine systematische Erfassung der Gegner, die im Kriegsfall durch eine sofortige
Nr.38–40 Verhaftungswelle im ganzen Reichsgebiet ausgeschaltet werden sollten.

Nach dem Attentat vom 20. Juli 1944 versuchte das Regime noch einmal mit der Ende August im ganzen Reichsgebiet durchgeführten „Aktion Gewitter“, die politischen Führungskräfte der Weimarer Zeit durch Inhaftierung in Konzentrationslagern zu beseitigen (s. Kapitel V).

1. Absetzung von Regierungsbeamten in Preußen

8 UHR ABENDBLATT
14. Februar 1933

84

„Säuberung"

Herr Göring an der Arbeit ...

Der kommissarische preußische Innenminister Göring hat das Wochenende dazu benutzt, eine große Reihe hervorragender Verwaltungs- und Polizeibeamter ihres Amtes zu entheben. Es handelt sich durchweg um Persönlichkeiten, die nur den einen „Nachteil" haben, daß sie den Links- und Mittelparteien angehören bzw. nahestehen. Unter den plötzlich „beurlaubten" oder suspendierten Persönlichkeiten befinden sich die Regierungspräsidenten Friedensburg (Kaffel), Stieler (Aachen) und Ehrler (Wiesbaden), der Regierungs-Vizepräsident Bier (Köln), die Polizeipräsidenten Zörgiebel (Dortmund) und Oezle (Halle). Im einzelnen berichten uns unsere Korrespondenten folgendes über diese beispiellose „Säuberungsaktion":

K. **Köln**, 13. Februar.

Der Regierungspräsident in Köln teilt mit: „Der preußische Minister des Innern (Kommissar des Reiches) hat den Regierungsvizepräsidenten in Köln, Bier, mit sofortiger Wirkung bis auf weiteres beurlaubt." Vizepräsident Bier gehört der Sozialdemokratischen Partei an.

D. **Kassel**, 13. Februar.

Regierungspräsident Dr. Friedensburg erhielt am gestrigen Sonntag im Dienstzimmer des Oberpräsidenten Dr. von Hülsen ganz überraschend die Mitteilung, daß er von seinem Posten „beurlaubt" sei. Regierungspräsident Friedensburg war seit 1927 hier tätig und erfreute sich wegen seines konzilianten nach allen Seiten verbindlichen und gerechten Wesens hoher Achtung in allen Kreisen der hessischen Bevölkerung. An Sachkenntnis und Arbeitseifer wurde er von wenigen preußischen Beamten erreicht, weshalb dieser neueste Akt der Personalpolitik Görings hier wenig Verständnis findet. Gut gesagt —

D. **Stett:n**, 13. Februar.

Das Polizeipräsidium teilt mit: Durch Erlaß des Ministers des Innern (Kommissar des Reiches) ist Polizeipräsident Maier bis auf weiteres beurlaubt worden. Seine Vertretung ist durch den gleichen Erlaß dem Oberregierungsrat Freiherrn von Gablenz von der Regierung Stettin übertragen worden.

E. **Essen**, 13. Februar.

In Dortmund ist der Polizeipräsident Zörgiebel beurlaubt worden, der früher jahrelang als Polizeipräsident in Berlin amtierte. Mit der Stellvertretung Zörgiebels wurde Oberregierungsrat Dr. Lange beauftragt. Bei den Polizeipräsidien Essen und Recklinghausen sind Veränderungen bisher nicht vorgenommen worden.

H. **Halle**, 13. Februar.

Wie verlautet, sind der Hallesche Polizeipräsident Oezle, der der Staatspartei nahestand, ferner der Polizeivizepräsident Oberregierungsrat Friedberg (Volkspartei!) sowie der Weißenfelser Polizeipräsident Krüger (S.P.D.) und der Regierungsvizepräsident Corneel (Merseburg) in den einstweiligen Ruhestand versetzt worden. Eine amtliche Bestätigung dieser Meldung steht noch aus.

Weiter hat Herr Göring den Duisburger Polizeipräsidenten Dr. h. c. Meyer, der der Sozialdemokratischen Partei angehört, mit sofortiger Wirkung beurlaubt. Er hatte sich in langjähriger Amtszeit durch größte Objektivität die Sympathien breitester Bevölkerungsschichten erworben. Ebenso wurde der Polizeipräsident von Oberhausen-Mülheim, Weyer, der dem Zentrum angehört, soeben bis zu seiner Pensionierung beurlaubt. Die Suspendierung ist wahrscheinlich darauf zurückzuführen, daß Polizeipräsident Weyer einer nationalsozialistischen Abgeordnetengruppe, die ihn mit einer Abteilung S. A. vor einigen Tagen durch einen Handstreich seines Amtes entheben wollte, mit großer Entschiedenheit entgegentrat. Auch der technische Leiter der Oberhausener Schutzpolizei, Oberst Quast, ist seines Amtes enthoben worden.

Auch dem Aachener Regierungspräsidenten Stieler ist in einem Schreiben, das von Minister Göring unterzeichnet ist, mitgeteilt worden, daß er bis auf weiteres beurlaubt sei. Regierungspräsident Stieler bekleidete seit 1929 das Amt des Aachener Regierungspräsidenten. Er gehörte der Zentrumspartei an und hat sich um Aachen große Verdienste erworben und genoß das uneingeschränke Vertrauen der dortigen Bevölkerung.

Ueber die bisher veröffentlichten neuen Personalveränderungen in Preußen, d. h. über die Beurlaubung mehrerer Regierungs- und Polizeipräsidenten, ist, wie von zuständiger preußischer Stelle erklärt wird, ein Beschluß der preußischen Regierung bisher nicht gefaßt worden. Man bezweifelt offiziös, dqß die Pressemeldungen richtig sind. (Das ist wirklich grotesk, da z. B. Regierungspräsident Friedensburg von seinem vorgesetzten Oberpräsidenten von Hülsen höchstpersönlich „beurlaubt" worden ist! D. Red.)

Allerdings wird auf Befragen hinzugefügt, daß möglicherweise Beurlaubungen erfolgt wären, (Na, also! D. Red.) wozu der kommissarische preußische Innenminister aus eigener Machtvollheit berechtigt wäre und wozu es keinen Beschluß der kommissarischen Gesamtregierung bedürfe. Versetzungen in den Ruhestand, die nur auf Grund eines Beschlusses der Regierung erfolgen können, liegen aber jedenfalls noch nicht vor.

(8-Uhr-Abendblatt, Berlin, 14. Februar 1933)

2. Absetzung von Polizeipräsident Biesten

So sahen sie aus!

Zur Entfernung des Dr. Biesten vom Amt des Koblenzer Polizeipräsidenten

Von Josef Grohé, M. d. L.

Minister Goering hat eine ganze Anzahl unwürdiger Staatsstelleninhaber von ihren Posten entfernt und damit den Anfang jener Säuberung gemacht, die im Interesse des Ansehens des anständigen und ehrliebenden Berufsbeamtentums, sowie im Interesse des Staates dringend erforderlich ist.

Mit besonderer Freude wurde die Meldung vermerkt, daß der Koblenzer Polizeipräsident Dr. Biesten — selbstverständlich für immer! — von der behördlichen Bildfläche verschwunden ist.

Der Name Dr. Biesten ruft Erinnerungen wach, auf die hier kurz eingegangen werden soll.

Dr. Biesten war als Beigeordneter der Stadt Koblenz Polizeidezernent. Die nationalsozialistische Bewegung befand sich im Anfangsstadium ihres Kampfes. Der Terror der Marxisten kannte keine Grenzen. Jüdische Warenhausinhaber und jüdische Rechtsanwälte

Wenn wir in den Weihnachtswochen für die deutsche Geschäftswelt und gegen das jüdische Warenhaus mit Autos und Transparenten Propagandafahrten machen wollten, dann ordnete Herr Dr. Biesten ein Verbot an. Und wenn er einmal kein Verbot erlassen hatte, dann ließ er während der Fahrt die Autos beschlagnahmen und uns alle festnehmen. Ich erinnere mich, wie dabei einmal ein Polizeiinspektor den SA-Führer, der Weltkriegsoffizier war und das E. K. I. auf der Brust trug, ohne jeden Grund aus reiner Provokationsabsicht mit der Faust ins Gesicht schlug, aber zur offensichtlichen Freude auch der anwesenden unteren Beamten vom SA-Führer im Polizeipräsidium die gebührende fühlbare Antwort bekam.

Der Verkauf des „Westdeutschen Beobachters", der damals schon meist gelesene Zeitung in Koblenz war, war Herrn Dr. Biesten ein Dorn im Auge. Da er sich der Zustimmung der Severing-Regierung wie auch der Koblenzer Judenschaft bewußt war, bestrafte er den Zeitungsverkäufer mit hohen Geldbußen und ließ ihn schließlich einsperren!

Eine andere Knebelungsmethode war die Verweigerung der städtischen Säle. Schließlich ging er sogar so weit, auch auf die Inhaber nichtstädtischer Säle einen „Druck" auszuüben, damit diese mit uns eingegangene Mietverträge brechen sollten! Einmal konnte in einem Gastwirtslokal eine Ersatzversammlung stattfinden, wobei wir alle nur den einen Wunsch hatten, dieser heimtückischen Gestalt einmal heimzahlen zu können!

Den Höhepunkt seiner Terrormethoden erreichte Dr. Biesten zweifellos am Tage der Ermordung unseres Wilhelm Wilhelmy (Nastätten), wo er uns zu 69 Nationalsozialisten, darunter auch mehrere von Köln und Wiesdorf, mehrere Tage einsperren ließ und das Stichwort gab für die darauf gefolgten Verbote der Ortsgruppen Köln, Wiesdorf, Neuwied, Koblenz, Arenberg, Braubach usw. der NSDAP! Nicht nur, daß 69 Menschen unschuldig eingesperrt waren, viele verloren dadurch auch ihre Arbeit und ihr Brot!

Die sozialdemokratische „Rheinische Warte" hat Herrn Dr. Biesten für diese Untat öffentlich belobt und ganz Juda war stolz auf ihn. Die genannten Ortsgruppen waren daraufhin mehr als ein Jahr verboten! Dr. Biesten aber

(Koblenzer Nationalblatt, 14. Februar 1933)

Anton Biesten (1884–1953), Zentrum, Polizeipräsident von Koblenz, im Februar 1933 abgesetzt. Nach 1945 Präsident des Landesverwaltungsgerichts Koblenz.

3. *Schreiben von Frau Rothländer an Biesten*

Mitglied des Preußischen Landtags

Koblenz, ~~XXXXXXX~~
~~Berlin SW~~ 11, ~~Prinz-Albrecht-Straße 5,~~ 14
den 14. Februar 33.
Fernruf: A 2 Flora 0017

Sehr verehrter Herr Präsident!

Als ich in unserer Versammlung am vorigen Donnerstag der Meinung Ausdruck gab, dass es in diesem Wahlkampf wohl Martyrer der Ueberzeugung geben werde, habe ich nicht ge=glaubt, dass Sie schon so bald zu ihnen gehö=ren würden.

Es drängt mich, Ihnen in diesen Stun=den ein Wort der Sympathie und herzlicher An=teilnahme an Ihrem Schicksal zu sagen. Wir wissen, dass Sie deshalb fallen mussten, weil Sie Katholik und Zentrumsmann sind. In der Muckermannversammlung kam ganz stark zum Aus=druck, wie das katholische Volk zu Ihnen steht. Das hat uns alle für Sie gefreut. Die ganze Empörung, die in uns ist, werden wir hineintra=gen in diesen Wahlkampf. Wir werden in Treue zu Ihnen stehen und hoffen, dass auch wieder Recht und Gerechtigkeit in unserm deutschen Vaterlande Platz haben werden, wenn erst dieser Spuk vorüber sein wird. Dass dies recht bald der Fall sein werde, ist unsere Hoffnung und das Ziel unserer Arbeit.

Mit aufrichtiger Anteilnahme grüsst Sie herzlich

Ihre

Helene Rothländer.

Helene Rothländer (1890–1976), Zentrum, Landtagsabgeordnete; nach 1933 aus dem Schuldienst entlassen; im August 1944 verhaftet. 1947 Landtagsabgeordnete.

4. Rassistische Karikatur Adenauers

(Westdeutscher Beobachter, Köln, 23. Juni 1929)

Konrad Adenauer (1876–1967), Zentrum, Oberbürgermeister von Köln, Präsident des Preußischen Staatsrates; 1933 abgesetzt, wegen passiver Bestechung angeklagt, aus Köln ausgewiesen, lebte zurückgezogen in Rhöndorf; von August bis November 1944 inhaftiert. 1949–1963 Bundeskanzler.

5. Pressekampagne gegen Adenauer

Nr 56 Jahrgang 9 Preis 15 Pfg. Dienstag, 7. März 1933

Westdeutscher Beobachter

Herausgeber: Dr. Robert Ley

Berliner Schriftleitung: Hans Graf Reischach, Berlin SW 61, Blücherstr. 14. Fernruf: Baerwald (F 6) 8063

Ersatzansprüche bei Störungen infolge höherer Gewalt, Ausständen oder Verbot ausgeschlossen

Am kommenden Sonntag:

Volkssturm auf die Rathäuser!

Nach dem phantastischen Wahlsieg vom 5. März müssen die schwarz-roten Korruptionsparteien jetzt aus den Stadtparlamenten fortgejagt werden

Nachstoßen!

Köln, 7. März. Der geradezu phantastische Sieg des Nationalsozialismus am 5. März hat das verruchte Novembersystem auf der ganzen Linie liquidiert. Zentrum und Marxismus, die die alleinige Schuld an der Katastrophe unseres Volkes tragen, sind an die Wand gedrückt. Im Reich und in den meisten Ländern ist die Regierungsgewalt fest in Händen des nationalen Blocks.

Anders liegen die Dinge in den Stadtparlamenten, Kreistagen und Provinziallandtagen. Hier konnten bisher die Vertreter der schwarz-roten Futterkrippen- und Katastrophenpolitik noch nicht beseitigt werden. Die Hitler-Regierung will auch hier ganze Arbeit schaffen. Sie hat für den 12. März die neuen Kommunalwahlen ausgeschrieben. Diese Wahlen sind selbstverständlich von allergrößter Bedeutung für die Zukunft unseres Volkes. Es muß gelingen, den Ausrottungsfeldzug gegen das schwarz-rote Novembersystem auch in den kommunalen Körperschaften mit rücksichtsloser Kraft und Unerbittlichkeit durchzuführen. Der Nationalsozialismus setzt sofort seinen ganzen riesigen Propagandaapparat für die Erstürmung dieser letzten feindlichen Bastionen in Bewegung. Der Kampf wird mit derselben Verbissenheit und ungestümen Energie durchgeführt werden, mit der wir all die großen Siege der letzten Jahre an unsere Fahnen geheftet haben. Noch einmal muß das Volk erinnert werden an die schamlose Mißwirtschaft und Verschleuderungspolitik, die seit vierzehn Jahren von den kommunalen Systembonzen geführt worden ist. Unsere Werbearbeit wird dafür sorgen, daß auch in die Dunkelkammer der kommunalen Politik hineingeleuchtet und gründlichst aufgeräumt wird. Waren die deutschen Gemeindebehörden unter diesem System nichts anderes als riesige Versorgungsstellen für die Hunderttausende von Parteibonzen, so rufen wir das Volk auf, in freier Wahl uns auch hier das Mandat zur Generalsäuberung zu geben. Darum nochmals: 'Ran an den Feind! Stürmt die Rathäuser, auf daß der Sieg des 12. März an Wucht und Größe dem Hitlersieg vom 5. März nicht nachsteht!

Fort mit Adenauer!

Schluß mit der schwarz-roten Korruptionsmehrheit! / Herunter mit den Riesengehältern! / Nationalsozialisten ins Kölner Rathaus!

Für diese Forderungen demonstriert die deutschbewußte Kölner Bevölkerung am kommenden

Freitag, den 10. März, auf dem Neumarkt

Ab 7 Uhr großes Platzkonzert; ab 8 Uhr sprechen

Prinz August Wilhelm von Preußen

und der nationalsozialistische Spitzenkandidat für die Kölner Stadtverordnetenwahlen

Abgeordneter Grohé

Anschließend

Fackelzug durch Köln!

(Neumarkt, Opernhaus, Barbarossaplatz, Weyerstraße, Waidmarkt, Heumarkt, Schildergasse)

Männer und Frauen Kölns! Deutsche Jugend!

Der vergangene Sonntag hat ganz Deutschland mit Stolz und Bewunderung auf Köln blicken lassen, da jeder dritte Kölner sich zu Hitler bekannte. Bewahrt diesen erhebenden Eindruck, indem ihr auch zu den Stadtverordneten- und Provinzialwahlen eure Stimmen der Liste 1 gebt!

Wir wollen die Verwaltung säubern und Sparsamkeit einführen.

Wir wollen die Gerechtigkeit wieder zur Geltung bringen und die rheinische Domstadt wieder zu einer Zierde Deutschlands und zu einem Hort christlichen Lebens und deutschen Volkstums machen!

Am Freitag muß sich ganz Köln auf dem Neumarkt versammeln! Wer zu Hause bleibt, nützt Adenauer und hilft den Feinden der Nation!

Am Sonntag wählt alles Liste 1

Der Sieg!

Von Alfred Rosenberg.

Am Abend des jetzt schon historisch gewordenen 5. März hat ein ungeheurer Jubel alle deutschen Herzen durchzogen: das Volk des Deutschen Reiches hat sich mit einer überwältigenden Eindringlichkeit für Adolf Hitler ausgesprochen! Die Fackeln, die durch Städte und Dörfer zogen, die mahnenden Feuerzeichen auf den Bergen, sie waren Fanal, feurige Gleichnisse, daß am 5. März die Schlacken des lauen Denkens weggeschmolzen werden sollten, die Freiheitspolitik eingeläutet werden mußte mit den Glocken, die aus Königsberg ertönten ... Und wenn auch noch Verbitterte die neue Zeit nicht zu begreifen vermocht haben und verbissen den alten Parteien folgten, so wissen wir doch heute, daß der große Kampf um die Seele der deutschen Nation nicht umsonst war, daß die tausendfachen Opfer ihre Früchte tragen und hinausweisen in eine noch weitere, noch festere Schicksalsgemeinschaft aller Deutschen.

Denn Adolf Hitler will keine Tyrannei über Deutschland aufrichten, wie es heute noch viele Irregeleitete glauben, er will nicht eine volksfremde Herrenschicht herrschen lassen, sondern erreichen, daß das Volk selbst die Notwendigkeit seines Handelns begreift, daß es innerlich und freiwillig mit uns geht und in eiserner bewußter Entschlossenheit selbst um seine Freiheit kämpft und alle Illusionen von sich wirft.

Das Anwachsen der deutschen Freiheitsbewegung ist in einzelnen Städten und Wahlkreisen geradezu phantastisch, Widerstände sind an Orten gebrochen worden, wo wir es nach allem kaum in dem Maße erhoffen konnten. Vor allem ist es diesmal Bayern, dessen Haltung Adolf Hitler tiefste Freude gemacht hat, sieht er doch, daß die geradezu übermenschliche Mühe auch hier die Herzen gewonnen hat. Und inmitten des grandiosen Anwachsens in dem schon ausgezeichneten Franken, selbst in Nieder- und Oberbayern, den Domänen der Bayerischen Volkspartei, da ist es München, das sich nunmehr durchgerungen hat. Das Eis ist auch hier geschmolzen, der Ausgangspunkt der Bewegung, die Stadt, die Adolf Hitler in seinen Anfangskämpfen sah, die Hochburg aber auch des gemeinsamen Hasses aller Gegner, sie hat sich dem Führer und Reichskanzler ergeben: von 95 000 stiegen die Stimmen auf 176 000!

Auch in Württemberg ist die nationalsozialistische Lawine so angeschwollen, daß eine historische Situation entstanden ist: der deutsche Süden hat sich gegen alle empört, die von der Mainlinie gesprochen und gefährliche Experimente gegen das Reich erwogen hatten. Das Bekenntnis zu Hitler ist zugleich das Bekenntnis zur unzerreißbaren Einigkeit der deutschen Nation, ist die Absage an jeden gewagten Partikularismus.

Die Volkwerdung Deutschlands vollzieht sich nunmehr mit Riesenschritten. Alles Kleine, alles Widerstrebende wird im Dienste des großen gemeinsamen Schicksals überwunden, die deutsche, die großdeutsche Idee erhebt sieghaft ihre Schwingen und stellt die Rangordnung im politischen Leben her, die bisher noch nicht unbestritten war.

Und dann: auch der 5. März ist für uns kein Ende. Die Arbeit im Volk und mit dem Volk wird ununterbrochen weitergehen. Das alte eherne Wort: „Nach dem Siege binde den Helm

Hitlerfahnen über deutschen Rathäusern

Berlin, 7. März.

Aus dem ganzen Reich laufen Meldungen ein, die von der feierlichen Hissung der Fahnen des erwachenden Deutschlands auf den deutschen Ratshäusern berichten. In Essen wurde in der ersten Stunde des Montags die Hakenkreuzfahne von der SA gehißt. Anschließend richtete Gauleiter Terboven vom Balkon des Ratshauses eine zündende Ansprache an die begeisterte Volksmenge, die trotz der späten Stunde der feierlichen Handlung beiwohnte."

In Kassel und in Chemnitz wurde ebenfalls am Montag, gegen 3 Uhr, die Fahne des neuen Deutschlands auf den Amtsgebäuden gehißt.

Aus Baden liegen — außer Karlsruhe — mehrere Meldungen über Flaggenhissungen vor. In Freiburg ließ der Zentrums-Oberbürgermeister durch einen Ratsdiener am Montagmorgen gegen 7 Uhr die Hakenkreuzfahne aufziehen. In Lahr vollzog sich die gleiche Handlung, auch hier von begeisterten Hochrufen auf den Reichskanzler und den Reichspräsidenten begleitet.

Auch in Mannheim wurde gegen 6 Uhr am Montagmorgen die Hitlerfahne auf dem Rathaus gehißt. Die nationalen Verbände hatten auf dem Marktplatz Paradeaufstellung genommen. Unter den Klängen des Hohenfriedberger Marsches wurde der feierliche Akt vollzogen. Ein Dr. Heimerich, der sich als Vertreter der Stadtverwaltung bezeichnete, legte Einspruch ein, der von der Menge mit Hohngelächter quittiert wurde.

Aus dem ganzen Reich laufen Meldungen über ähnliche Vorfälle ein. Ueberall wurden diese Maßnahmen von der Bevölkerung mit größtem Jubel aufgenommen. Auch auf Brücken und Burgen, sowie sonstigen monumentalen Gebäuden wurden Fahnen aufgezogen. In Berlin wurde vor einigen Stunden die Rosa-Luxemburg-Schule, eine Propagandaschule der KPD, von Hilfspolizei besetzt. Nachdem man Unmengen von Waffen und Hetzschriften beschlagnahmt hatte, wurde auf dem Gebäude ebenfalls die Hakenkreuzfahne gehißt.

6. *Pressekampagne gegen Adenauer*

Westdeutscher Beobachter

Dienstag, 14. März 1933
Nr. 59 · Jahrgang 9
Preis 15 Pfg.

Ungeheurer Jubel Kölns über die Verjagung Adenauers

Kölns „stolzer Herzog" geflüchtet! ∴ Der Zentrumsbonze brauchte 108000 Mark Gehalt – unser Oberbürgermeister Dr. Riesen arbeitet ehrenamtlich!

Der Befreiungstag der Kölner | Der Mann des Volkes | Der neue Oberbürgermeister

7. *Pressekampagne gegen Adenauer*

Westdeutsches Grenzblatt

Amtliches Organ der NSDAP

Nr. 164 / Jahrgang 9 — Aachen, Dienstag, 11. Juli 1933 — Preis 15 Pfg.

Adenauer des offenen Landesverrats überführt

Sensationelle Enthüllungen aus der berüchtigten Separatisten-Versammlung in der Kölner Bürgergesellschaft - Aus der schriftlich skizzierten Rede des Ex-Oberbürgermeisters: „Eine Teilung Preußens ist unbedingt notwendig" und weiter „die erstrebenswerteste reale Garantie würde für Frankreich darin bestehen, daß der Rhein zur strategischen Grenze gegenüber Deutschland wird" - Keine Gemeinschaft mehr mit diesem Landesverräter!

Köln, 11. Juli.

Soeben kommen wir in den Besitz des genauen Wortlauts der Rede des früheren Oberbürgermeisters Dr. Adenauer, die dieser in der schon oft besprochenen Separatisten-Versammlung in der Köl- … ist keines, daß davon überzeugt ist, daß der Abrüstungsgedanke auf die Dauer in allen Ländern siegreich bleiben wird. Frankreich …

… und uns scheint, daß damit Adenauer sein eigenes antideutsches und frankophiles Wesen mit allzu großer Arroganz der rheinischen Bevölkerung zu unterstellen versucht. Es heißt da nämlich:

„Sofort nach dem Wegfall der Preu- … hereingetragen worden ist, sondern die aus dem innersten Wesen des Volkes heraus entstanden ist."

Schließlich bediente sich Adenauer einer nochmali- …

8. Aufenthaltsverbot für Adenauer

Der Regierungs-Präsident
I J p 1306 B 428/35.

Bei allen Antwortschreiben ist obige Geschäftsnummer anzugeben.

Köln, den 10. August 1935
Zeughausstraße 4

Zur Aufrechterhaltung der öffentlichen Ruhe, Ordnung und Sicherheit gebe ich Ihnen auf Grund des § 14 des PVG vom 1. Juni 1931 (G.S.S.77) in Verbindung mit § 1 der Verordnung des Herrn Reichspräsidenten zum Schutze von Volk und Staat vom 28.2.1933 (RGbl.I S.83) auf, den Regierungsbezirk Köln bis zum 20. ds.Mts. zu verlassen und fürderhin nicht mehr zu betreten. Für den Fall der Zuwiderhandlung haben Sie mit Zwangsgeldverhängung und gegebenenfalls Schutzhaft zu rechnen.

In Vertretung:
gez.Dr.Schlemmer.

Beglaubigt:
Reg.Kzl.A

An Herrn
Dr.Conrad Adenauer
Rhöndorf

9. Protest gegen die Absetzung der bayerischen Regierung

Georg Heim an Reichspräsident von Hindenburg. Regensburg, 10. März 1933

Euer Exzellenz!
Hochverehrter Herr Reichspräsident!
Ich beginne meinen heutigen Brief, hochverehrter Herr Reichspräsident, mit demselben Satz wie meinen Brief vom 5. Juli 1932, den Sie mir zu beantworten die Güte hatten. „Ich hoffe, daß dieser mein Brief nicht im Vorzimmer versinkt. Daß ich Veranlassung habe, Ihnen zu schreiben, ergibt sich aus nachfolgendem":
Unter Berufung auf § 2 Ihrer Verordnung vom 28. Februar 1933 wurde vom Reichsminister des Innern General Epp als Polizeikommissar gestern, den 9. März, nachmittags 4 Uhr, bestellt, und zwar wegen Gefährdung der öffentlichen Sicherheit im Lande Bayern. General Epp hat gestern abend, wie er selbst in einer Rede erklärte, die Gewalt schon übernommen.
Ich halte mich für verpflichtet und berechtigt, Ihnen, Herr Reichspräsident, mitzuteilen, wie wenige Stunden nach der Amtsübernahme des Herrn Epp, der zur Erhaltung der öffentlichen Sicherheit und Ordnung bestellt wurde, sich die Dinge gestalten.
Der Minister des Innern, Herr Stützel, wurde in der Nacht von Anhängern der Partei des Herrn Epp aus dem Bett geholt, im Hemd, barfuß, blutig geschlagen, ins Braune Haus geschleppt. In der Wohnung des Herrn Staatsrat Schäffer wurde, wie mir mitgeteilt wird, die Tür gewaltsam erbrochen, und er wurde ebenfalls aus dem Bett geholt und ins Braune Haus geschleppt. Erst in den Morgenstunden, nachdem die schwer herzleidende Gattin des Herrn Minister Stützel Herrn General Epp die ganze Nacht hindurch gesucht hatte und bei ihm nun vorstellig wurde, wurden beide befreit.
Das sind Zustände, wie ich sie in meiner bayerischen Heimat nicht einmal unter der Schreckensherrschaft der Kommunisten erlebt habe.
Zur Illustration möchte ich bemerken, daß Schäffer und Stützel einwandfrei nationale Männer sind, daß Schäffer während des Krieges ein vorzüglicher Soldat (Offizier) war, daß beide, als es sich um die Wahl von Euer Exzellenz drehte, unermüdlich in Versammlungen tätig waren. Ich darf noch erwähnen, daß bei dem ersten schweren Entscheid für die Bayerische Volkspartei im Jahre 1925, ob Hindenburg oder Marx, Stützel und Schäffer an meiner Seite standen.
Alles Weitere gebe ich Ihnen, hochverehrter Herr Reichspräsident, anheim.
Mit der Versicherung vorzüglichster Hochachtung
Ihr treu ergebenster
Dr. Heim

(Druck: Akten der Reichskanzlei. Die Regierung Hitler. Teil I: 1933/34, bearb. von K.-H. Minuth, Bd. 1, 1983, Nr. 54)

Georg Heim (1865–1938), Mitgründer und Leiter des Bayerischen christlichen Bauernvereins, 1911 MdR (Zentrum), 1920 MdR (BVP), 1920–1925 Präsident der Landesbauernkammer.
Karl Stützel (1872–1944), BVP, 1924–1933 bayerischer Innenminister.
Fritz Schäffer (1888–1967), seit 1929 Vorsitzender der BVP, 1931 bayerischer Finanzminister; 1933 inhaftiert. 1945 Ministerpräsident, Mitgründer der CSU, 1949 Bundesminister.

10. Schmiererei am Wohnhaus der Familie Heinen

(1933) Der Zentrumsvorsitzende Prälat Ludwig Kaas (1881–1952) war für die Nazis der Inbegriff des „bösen Schwarzen".

Reinhold Heinen (1894–1969), Zentrum, Chefredakteur; 1933 in Haft, 1941–1945 KZ Sachsenhausen. Mitgründer der CDU Rheinland, Herausgeber der „Kölnischen Rundschau".

11. Hundhammer im KZ Dachau

Alois Hundhammer im KZ Dachau, Juli 1933, an der Straßenwalze (vorne links).

Hundhammer (1900–1974), BVP, Landtagsabgeordneter. Nach 1945 Minister in Bayern, CSU.

12. Hetze der NSDAP gegen Hundhammer u. a.

Reichsleitung der NSDAP, Amt für Agrarpolitik, an den Staatskommissar des Innern, Adolf Wagner. München, 14. März 1933
Sehr geehrter Herr Staatskommissar!
Wie uns vom agrarpolitischen Apparat und von unseren Vertrauensleuten in Niederbayern gemeldet wird, ist der berüchtigte bauernbündlerische Abgeordnete Kübler, in Landau/Isar wieder aus der Schutzhaft entlassen worden. Unsere Vertrauensleute erklären, daß dieser Verbrecher seiner ganzen politischen Vergangenheit nach hinter Schloß und Riegel gehört. Unter den nationalsozialistischen Bauern ist infolge der Haftentlassung des Herrn Kübler große Beunruhigung entstanden.
Wir bitten deshalb mit Rücksicht auf die allgemeine Stimmung auf dem Lande, den Herrn Kübler womöglich nach München in Schutzhaft bringen zu lassen.
Gleichzeitig bitten wir in Erwägung zu ziehen, ob nicht die bekannten Hetzer des christlichen Bauernvereins, Generalsekretär Hundhammer und Dr. oec. publ. Baumgartner, München, ebenfalls in Schutzhaft genommen werden müßten. Diese Herren haben bekanntlich in infamster Weise gegen den Führer und die Bewegung in Bayern gehetzt und dabei die übelsten Verleumdungen ausgestoßen.

Unterschrift

Konrad Kübler (geb. 1884), Buchdrucker und Verleger des „Landauer Volksblatts", Organ des Bayerischen Bauernbundes; 1933–1934 im KZ Dachau, 1944 im KZ Flossenbürg. Nach 1945 Landtagsabgeordneter (CSU).
Josef Baumgartner (1904–1964), 1929 stellv. Generalsekretär der Bayerischen Bauernvereine; 1942 verhaftet. 1945 bayerischer Landwirtschaftsminister (CSU), 1948 Vorsitzender der Bayernpartei, Bundestagsabgeordneter.

13. Liste der verhafteten BVP-Mitglieder

Bayerische Politische Polizei München, den 1.8.1933.

V e r z e i c h n i s

der anlässlich der Aktion gegen die Bayerische Volkspartei in Schutzhaft genommenen P e r s o n e n.

Soweit nichts anderes vermerkt, wurden die Festgenommenen am 5.7.1933 wieder entlassen.

1. Abenstein Alois, 10.8.90 W ldstetten, Musikmeister in Waldstetten,
Sch. 30.6.33, e.:5.7.33
2. Ablassmeier Kaplan in Gnotzheim
Sch. 26.6.33. e.: 5.7.33.
3. Abraham Johann, 17.7.84 Poching, Schuhmachermeister in Pocking
Sch. 27.6.33, e.: 28.6.33
4. Adam Otto, Maurer in Obermohr,
Sch.: 25.6.33, e.: 5.7.33
5. Adlfinger Michael, Landwirt in Heldmannsberg,
Sch. 30.6.33, e.: 4.7.33
6. Adlhoch Johann, 29.1.84 Straubing, Arbeitersekretär in Augsburg
Sch- 26.6.33, e.: 5.7.33
7. Adrian Josef, 6.8.13 Klingenberg, Schlosser in Klingenberg,
Sch. 26.6.33, e.: 27.6.33
8. Albert Alois, 21.6.80 Königshofen, Landwirt in Königshofen
Sch. 28.6.33, e.: 5.7.33
9. Albert Anton, Metzgermeister in Aschaffenbur
Sch. 28.6.33. e.: 28.6.33
10. Alberter Josef, 27.2.68 Veitsaurach, Landwirt in Veitsaurach
Sch. 29.6.33, e.: 5.7.33.
11. Altenhof Josef, 1.9.75 Aschaffenburg, Postoberinspektor in Aschaffenburg, Sch.: 28.6.33. e,: 5.7.33
12. Amann in Aidenbach
Sch. 30.6.33, e.: 5.7.33
13. Amann Andreas, 5.5.89 Kelheim, Konditoreibes- in Kelheim,
Sch. 26.6.33, e.: 5.7.33
14. Amberger Johann, 6.12.83 Freimann, Verwaltungsinspektor in München, Sch.: 28.6.33, e.: 4.7.33
15. Amtmann Johann, Schuhmacherm. in Greding
Sch. 27.6.33 e.: 28.6.33
16. Amler Fritz, Kaufmann in Kronach,
Sch. 26.6. e.: 5.7.33
17. Amlung Emil, Dekan in Hayna
Sch.: flüchtig
18. Anderlohr Michael, Wagnermeister in Lohr
Sch. 28.6.33, e.: 5.7.33.
19. Anthuber in Allkofen
Sch. 30.6.33, e.: 5.7.33
20. Anetseder Johann, Altbürgermeister in Eichel
Sch. 30.6.33, e.: 30.6.33

127. Pfeiffer, Dr. Anton, 7. 4. 1888 Rheinzabern, Studienrat in München, Sch. 24. 6. 33–5. 7. 33
151. Bickleder, Karl, 21. 10. 1888 Mausham, Hausmeister in Mausham, Sch. 30. 6. 33–5. 7. 33
157. Bühner, Dr. Eustach, 22. 12. 1885 Waldberg, Arzt in Waldberg, Sch. 28. 6. 33–5. 7. 33
285. Demmerle, Jakob, 15. 9. 1897 Börrstadt, Kaufmann in Börrstadt, Sch. 28. 6. 33–5. 7. 33
398. Emminger, Erich, 25. 6. 1880 Eichstädt, Reichsminister a. D. in München, Sch. 26. 6. 33–5. 7. 33
596. Gehring, Georg, 15. 5. 1887 Winterhof, Landwirt in Oberspiesheim, Sch. 26. 6. 33–5. 7. 33
747. Gromer, Dr. Georg, 5. 3. 1883 Krimratshofen, Studienprofessor in Neuburg a. D., Sch. 28. 6. 33–5. 7. 33
777. Kurz, Andreas, 29. 5. 1894 Güfflham, Arbeitersekretär in Würzburg, Sch. 26. 6. 33–5. 7. 33
805. Herbert, Franz, 8. 5. 1885 Kolitzheim, Landwirt in Kolitzheim, Sch. 26. 6. 33–5. 7. 33
821. Helmerich, Michael, 6. 4. 1885 Amberg, Reichsbahnobersekretär in München, Sch. 26. 6. 33–5. 7. 33
919. Hirschenauer, Benedikt, 12. 3. 1884 Großthann, Metzgermeister in Passau, Sch. 27. 6. 33–30. 6. 33
950. Horlacher, Dr. Michael, 18. 1. 1888 Pottenstein, Volkswirt in München, Sch. 26. 6. 33–5. 7. 33
976. Hundhammer, Dr. Alois, 25. 2. 1900 Forstinning, Generalsekretär in München, Sch. 21. 6. 33 – noch in Haft

1006. Lang, Andreas, 30. 10. 1896 Burggen, Landwirt in Burggen, Sch. 28. 6. 33–5. 7. 33
1049. Lehmer, Dr. Max, 21. 3. 1885 Erding, Kaufmann in Erding, Sch. 29. 6. 33–1. 7. 33
1053. v. Lex, Johann, 27. 10. 1893 Rosenheim, Regierungsrat in München, Sch. 26. 6. 33–5. 7. 33
1128. Meixner, Georg, 26. 7. 1887 Ebensfeld, Verlagsdirektor in Bamberg, Sch. 26. 6. 33–5. 7. 33
1386. Sauer, Franz Ludwig, 1. 10. 1893 Binsfeld, Mühlenbesitzer in Binsfeld, Sch. 28. 6. 33–5. 7. 33
1404. Seidel, Dr. Hanns, 12. 10. 1901 Schweinheim, Rechtsanwalt in Aschaffenburg, Sch. 28. 6. 33–5. 7. 33
1467. Schäffer, Fritz, 12. 5. 1888 München, Staatsrat in München, Sch. 25. 6. 33–5. 7. 33
1552. Schmid, Karl, 20. 9. 1883 Jettingen, Buchhändler in München, Sch. 28. 6. 33–6. 7. 33
1616. Schwalber, Dr. Josef, 19. 3. 1902 Fürstenfeldbruck, Rechtsanwalt in Dachau, Sch. 28. 6. 33–30. 6. 33
1656. Stang, Dr. Georg, 20. 2. 1880 Amorbach, wohnt in München, Sch. 29. 6. 33–5. 7. 33
1694. Stücklen, Georg, 24. 7. 1875 Nürnberg, Schlossermeister in Heideck, Sch. 30. 6. 33–5. 7. 33
1707. Strenkert, Paul, 9. 1. 1899 Oedheim, Arbeitersekretär in Kempten, Sch. 28. 6. 33–5. 7. 33
1789. Weinkamm, Otto, 13. 2. 1902 Aschaffenburg, Rechtsanwalt in Augsburg, Sch. 27. 6. 33–4. 7. 33
1798. Weinzierl, Alois, 12. 7. 1879 Wallersdorf, Landwirt in Stephansposching, Sch. 30. 6. 33–5. 7. 33
1835. Wittmann, Dr. Julian, 8. 1. 1891 Buchberg, Rechtsanwalt in Burgkunstadt, Sch. 28. 6. 33–1. 7. 33
1873. Wutzlhofer, Dr. Hans, 2. 4. 1893 Kelheim, Geschäftsführer in Regensburg, Sch. 26. 6. 33–5. 7. 33

1901 Zimmermann Johann, 31.12.71 Sch. 26.6.33 – 5.7.33

1902 Zimmermann Karl, 13.2.98 Wemding, Oberstadtsekretär, in Augsburg, Sch.26.6.33 e. 5.7.33.

1903 Zimmermann Peter, Benefiziat, in Furth b.L. Sch.4.7.33 e.5.7.

1904 Zirkel Josef, 28.8.99 Elsenfeld, Sägewerksbes. in Elsenfeld, Sch.26.6.33 e.26.6.33. 5:

1905 Zirn Jakob, 1 .7.79 Rutzhofen, Schmosserm. in Lindenberg Sch. 28.6.33 e. 5.7.33.

1906 Zirngibl Andreas, 31.10.77 Neustadt, Landwirt, in Neustadt, Sch. 26.6.33 e.5.7.33.

1907 Zitzler Georg, 8.12.03 Amberg, Gew. ekr. in Regensburg Sch. 27.6.33 e. 5.7.33.

1908 Zitzmann Peter, Kaufmann, in Speyer, Sch.26.6.-5.7.33

1909 Zitzlmann Jakob, Landwirt, in Kemnath, Sch.26.e.5.7.33.

1910 Zottmann Josef, Kaufmann, in Ornbau, Sch.30.6.33.- 5.7.33

1911. Zottmann Ludwig, 13.12.90 Grossweingarten, in Grossweingarten, Sch. 29.6.33 e. 4.7.33.

1912 Zweier Johann, Landwirt, in Bannach, Sch.29,6,33.- 5.7.33

1913 Zwick Andreas, 3.2.87 Landwirt, in Schönsee, Sch.26.6.- 5.7.33

1914 Zwick Emil, 21.1.96 Sch. 26.6.33.- 5.7.33

1915 Zwick Peter, 13.7.83 Bauunternehmer, in Bahn, Sch. 26.6.33 e. 5.7.33

1916 Zwosta Georg, Landwirt, in Förtschendorf, Sch. 26.6.33- 5.7.33

1917 Zenk Georg, 28.4.80 Heroldsbach, Landwirt in Heroldsbach, Sch. 26.6.33 e. 28.6.33.

14. Rede von Bolz

Ernste Warnungen nach Berlin.
Die Selbständigkeit der süddeutschen Länder bedroht?
Feuerbach, 23. Februar. Heute abend sprach hier im überfüllten Saale der „Krone“ Staatspräsident Dr. Bolz in einer Zentrumsversammlung. Es waren ernste, sorgenvolle Worte, mit denen der Staatspräsident ein Bild der augenblicklichen politischen Lage entwarf, und das ganze Verantwortungsbewußtsein des katholischen Staatsmannes sprach aus seinen Befürchtungen, der Nationalsozialismus könne durch die bevorstehende Wahl seinem Ziele der Alleinherrschaft nähergebracht werden. Sehr eindeutig kennzeichnete Dr. Bolz die Gefahren, die dem Staate aus der Mißachtung und oberflächlichen Auslegung der Verfassung drohen, und stellte den christlichen Staatsgedanken den nationalsozialistischen Thesen entgegen. Die Versammlung, in der sich politische Gegnerschaft nicht bemerkbar machte, folgte dem Staatspräsidenten mit stärkster Anteilnahme und bekräftigte seine Ausführungen wiederholt durch Kundgebungen. Einen besonders lebhaften Widerhall fanden die Ausführungen des Staatspräsidenten zu den aktuellen Fragen, die durch die neueste Bedrohung Süddeutschlands aufgetaucht sind. Dazu sagte Dr. Bolz:

Auch Süddeutschland gegenüber gebraucht man wieder Worte, hinter denen wir schwere Gefahren auftauchen sehen. Sie haben alle die Äußerungen gelesen, die der Reichsinnenminister in Dresden speziell gegenüber Württemberg getan hat. Man schiebt uns in die Schuhe, daß das Kabel bei der Übertragung der Stuttgarter Hitlerrede unterbrochen worden ist (lebhafte Heiterkeit), man sucht förmlich nach Gründen, um vorgehen zu können. Und was das Traurigste dabei ist, daß die Nationalsozialisten mit ihren Abgeordneten an der Spitze uns fortgesetzt in Berlin denunzieren (lebhafte Entrüstungsrufe). Wenn irgendwo in einer Zeitung, in einem Flugblatt, in einem Plakat ein Wort steht, das der Reichsregierung parteipolitisch vielleicht nicht genehm ist, es wird gesammelt, um es uns als Pflichtverletzung in die Schuhe schieben zu können. Und das einem Lande gegenüber, das in jeder Beziehung seine Pflicht gegenüber dem Reiche erfüllt hat, das jetzt und in Zukunft gewillt ist, seine Pflicht dem Reich gegenüber getreu zu erfüllen (lebhafter Beifall). In solchen Fragen scheidet für uns Parteipolitik vollkommen aus.

Ist es aber politisch klug, ist es aber überhaupt zu verantworten, daß die Reichsregierung die schweren politischen Aufgaben, vor denen jede deutsche Regierung steht, noch mit neuen Schwierigkeiten belastet, daß sie politische Auseinandersetzungen mit Süddeutschland heraufbeschwört? Hört und liest man denn nicht die erregten Stimmen, die schon jetzt aus Bayern kommen? Und glaubt man etwa, daß Bayern sich gutwillig einer Diktatur Hitler oder einem Reichskommissar fügen würde. Man müßte in Berlin doch ein Empfinden dafür haben, welch einen gewaltigen Widerspruch man beim ganzen bayerischen Volke erfahren würde. Warum treibt man dann eine Politik, die Anlaß zu so ernsten Worten gibt, wie sie der bayerische Ministerpräsident kürzlich gesprochen hat? Warum kommt der Reichskanzler Hitler nicht einmal mit einer Erklärung, die Süddeutschland beruhigen könnte? Warum rückt er als der verantwortliche Staatsmann nicht von dem unverantwortlichen Gerede ab, durch das ganze Süddeutschland in so ernste Unruhe versetzt wird? Statt dessen hört man nur Drohungen. Man droht uns z.B. damit, daß die Kraft der Reichshoheit auch zu Maßnahmen in Süddeutschland ausreiche. Wozu das alles? Was unser Volk braucht, ist Ruhe, Brot, Arbeit. Die Voraussetzungen dafür schafft man nicht dadurch, daß man einen Volksteil wie den „Marxismus“ mit Ausrottung bedroht, daß man die Länder zum Widerspruch herausfordert und alle vorhandenen politischen Schwierigkeiten noch erhöht. Wir machen uns über diese Dinge ernste Sorgen, aus denen heraus die Fackelzüge und Siegesfeiern wie eine Fastnachtskomödie erscheinen. Es jammert uns, sehen zu müssen, wie da Feste gefeiert werden, wo doch auch die nun Regierenden alle Schwierigkeiten noch vor sich haben, wo wir alle fühlen, vor wie schweren Erschütterungen wir stehen.

(Schwäbischer Volksbote, Ulm, 24. Februar 1933)

15. Verhaftung von Bolz

Eugen Bolz (1881–1945), Zentrum, als Staatspräsident von Württemberg am 15. März 1933 abgesetzt, am 19. Ju
Goerdeler, am 23. Januar 1945 hingerichtet.

933 für mehrere Wochen in Schutzhaft genommen (Pfeil); Tätigkeit in Wirtschaftsunternehmen, Kontakte zu

16. Bericht über die Verhaftung von Bolz

Im „NS-Kurier“ wird unter der Überschrift „Der Wille des Volkes ...“ von den Vorgängen folgende Darstellung gebracht, die wir im vollen Wortlaut wiedergeben:
„Bei der außerordentlichen ‚Popularität‘, die der ehemalige württembergische Staatspräsident in allen Schichten der Bevölkerung genießt, blieb dieser Gang zum Innenministerium, der ehemaligen Domäne des Herrn Dr. Bolz, nicht unbemerkt. Im Verlauf von wenigen Minuten sammelte sich auf dem Karlsplatz eine nach Tausenden zählende Menschenmenge, die ihrer tiefen ‚Verehrung‘ für den zentrümlichen Potentaten in Sprechchören wie ‚Nieder mit Bolz‘, ‚Heraus mit dem Landesverräter!‘ Ausdruck gaben. Der Verkehr konnte nur mit Mühe aufrechterhalten werden, so groß war die Masse derer, die vor etlichen Monaten noch von Herrn Dr. Bolz als ‚zusammengelaufener Haufen von wildgewordenen Spießern‘ und als ‚hysterisches Weibervolk‘ bezeichnet wurden und die nun gekommen waren, dem Herrn Staatspräsidenten a. D. auf diese Weise ihren Dank abzustatten. Die begreifliche Erregung der Menge verwandelte sich in stürmischen Jubel, als die Verhängung der Schutzhaft über Dr. Bolz bekannt wurde. Die Massen hatten es nicht vergessen, daß dem ehemaligen Staatspräsidenten während seiner Amtsdauer jedes Mittel recht war, um den Vormarsch der deutschen Freiheitsbewegung zu hemmen und ihre Träger in jeder nur erdenklichen Weise zu beschimpfen, zu schikanieren und zu verfolgen ...“

(Deutsches Volksblatt, Stuttgart, 20. Juni 1933)

17. Pressekampagne gegen Hermes

Wieder eine Systemgröße vor Gericht.

Der frühere dem Zentrum angehörende Reichswirtschaftsminister Dr. Hermes, gegen den, wie berichtet, ein Prozeß wegen fortgesetzter

Untreue eröffnet wurde. Hermes hat entgegen seiner Aufgabe 1 1/2 Millionen Rm. für Parteizwecke zum Nachteil der Preußenkasse verbraucht.

(Steglitzer Anzeiger, 8. Mai 1934)

Andreas Hermes (1878–1964), Zentrum, Reichsminister, Präsident der Vereinigung der Deutschen Bauernvereine; im März 1933 seiner Ämter enthoben, verhaftet und wegen angeblicher Veruntreuung von Genossenschaftsgeldern verurteilt; nach dem 20. Juli wegen seiner Kontakte zu Goerdeler verhaftet, am 11. Januar 1945 zum Tode verurteilt; bis Kriegsende in Haft. 1945 Vorsitzender der CDU in der SBZ.

18. Bericht über den Korruptionsprozeß gegen Hermes

Die Anklagerede gegen den Zentrumsbonzen Hermes / Trotz weitherzigster Ausdeutung 400 000 Mark veruntreut

Im Prozeß gegen den früheren Reichsernährungsminister Dr. Hermes vor der 11. Großen Strafkammer des Landgerichts Berlin hielt am Mittwoch nach nahezu zweimonatiger Verhandlungsdauer der Staatsanwalt sein Plädoyer. Er kam zu dem Ergebnis, daß Dr. Hermes der Untreue schuldig sei, weil er mindestens 400 000 Mark bestimmungswidrig verwandt hat.

Einleitend wies der Anklagevertreter auf die Schwierigkeiten hin, die sich daraus ergeben hätten, daß der frühere Präsident der Preußenkasse, Klepper, der Gegenspieler des Angeklagten, nicht vernommen werden konnte, weil er ins Ausland gegangen sei. Es kann dabei, so betonte der Staatsanwalt, dahingestellt bleiben, ob er als Zeuge oder als Mitangeklagter erschienen wäre.

Der Staatsanwalt gab dann einen eingehenden Ueberblick über die sehr komplizierten Prozeßmaterien.

Das Reich, die Preußenkasse und die Rentenbank-Kreditanstalt hatten seinerzeit zur Umorganisation des Genossenschaftswesens je 25 Millionen Mark zur Verfügung gestellt und für die Verwendung der Gelder b e s t i m m t e R i c h t l i n i e n gegeben. Von der Preußenkasse, die die Gelder verwaltete, erhielt Dr. Hermes aus diesen Mitteln 3,5 Millionen Mark. Er hat das Geld, so betonte der Staatsanwalt, mit der Auflage bekommen, es im Sinne der Richtlinien zu verwenden und Rechenschaft zu legen. Er machte sich also der Untreue schuldig, wenn er die Gelder zweckwidrig verwandte. Es ist nicht zu beanstanden, daß er einen Teil der Gelder für seine Vereinigung verwandte, denn diese wirtschaftspolitische Stelle mußte in gewissem Maße dafür entschädigt werden, daß sie ihre genossenschaftlichen Zentralinstitute in Wegfall brachte. Es mußte aber „die Kirche im Dorf" bleiben.

Der Staatsanwalt kam zu dem Ergebnis, daß der Angeklagte von den 3,5 Millionen Mark mindestens 400 000 Mark, selbst bei außerordentlich weitherziger Auslegung der Bestimmungen, zweckwidrig verwandt hat. Der Staatsanwalt fuhr fort, bei Dr. Hermes handele es sich um eine intelligente Persönlichkeit, die über bedeutende wirtschaftliche und geschäftliche Erfahrungen verfügte. Er mußte die Grenzen kennen und wissen, daß er sich der Untreue bei der bestimmungswidrigen Verwendung schuldig machte. Daß er kein gutes Gewissen hatte, ergibt sich auch daraus, daß er jeder Rechenschaftslegung energisch aus dem Wege ging und Auskünfte verweigerte. Sogar die Mitarbeiter des Angeklagten sind absichtlich im unklaren gelassen worden und ein unbequemer Mitarbeiter wurde einfach herausgesetzt. Ueber den in Regensburg lagernden Fonds wurde in einem kleinen Büchlein ein Geheimkonto geführt, in das niemand Einblick bekam. Erst aus dem Untersuchungsgefängnis heraus hat Dr. Hermes einen Rechenschaftsbericht abgesandt, der aber bewußt falsche Angaben enthält. Auch im Gefängnis wäre er in der Lage gewesen, die Verwendung der Gelder klipp und klar nachzuweisen — wenn er ein gutes Gewissen gehabt hätte.

Der Angeklagte sei also objektiv und subjektiv der Untreue schuldig und müsse dafür strafrechtlich zur Verantwortung gezogen werden.

Dann nahm der zweite Vertreter der Staatsanwaltschaft das Wort zu Darlegungen, die sich mit Einzelheiten der dem Angeklagten zur Last gelegten Straftaten sehr ausführlich beschäftigte.

(Deutsche Zeitung, Berlin, 4. Juli 1934)

19. Protest des Zentrums in Uerdingen gegen die Absetzung von Bürgermeister Warsch

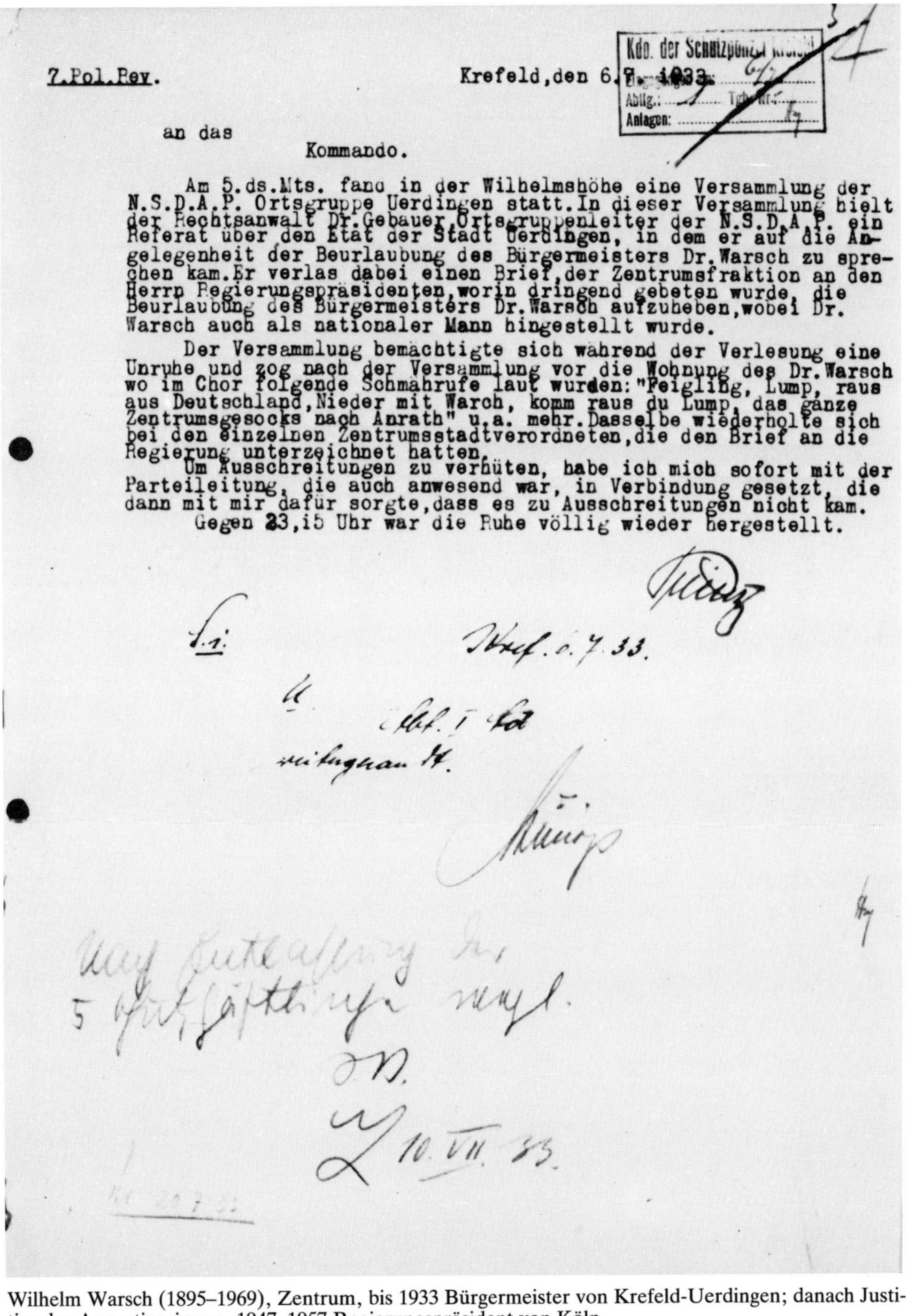

7.Pol.Rev. Krefeld,den 6.7.1933.

Kdo. der Schutzpolizei

Abtlg.:

Anlagen:

an das

Kommando.

Am 5.ds.Mts. fand in der Wilhelmshöhe eine Versammlung der N.S.D.A.P. Ortsgruppe Uerdingen statt. In dieser Versammlung hielt der Rechtsanwalt Dr.Gebauer, Ortsgruppenleiter der N.S.D.A.P. ein Referat über den Etat der Stadt Uerdingen, in dem er auf die Angelegenheit der Beurlaubung des Bürgermeisters Dr.Warsch zu sprechen kam. Er verlas dabei einen Brief, der Zentrumsfraktion an den Herrn Regierungspräsidenten, worin dringend gebeten wurde, die Beurlaubung des Bürgermeisters Dr.Warsch aufzuheben, wobei Dr. Warsch auch als nationaler Mann hingestellt wurde.

Der Versammlung bemächtigte sich während der Verlesung eine Unruhe und zog nach der Versammlung vor die Wohnung des Dr.Warsch wo im Chor folgende Schmährufe laut wurden: "Feigling, Lump, raus aus Deutschland, Nieder mit Warch, komm raus du Lump, das ganze Zentrumsgesocks nach Anrath" u.a. mehr. Dasselbe wiederholte sich bei den einzelnen Zentrumsstadtverordneten, die den Brief an die Regierung unterzeichnet hatten.

Um Ausschreitungen zu verhüten, habe ich mich sofort mit der Parteileitung, die auch anwesend war, in Verbindung gesetzt, die dann mit mir dafür sorgte, dass es zu Ausschreitungen nicht kam.

Gegen 23,15 Uhr war die Ruhe völlig wieder hergestellt.

Wilhelm Warsch (1895–1969), Zentrum, bis 1933 Bürgermeister von Krefeld-Uerdingen; danach Justitiar der Augustinerinnen. 1947–1957 Regierungspräsident von Köln.

20. Verhaftung von Zentrumsmitgliedern in Uerdingen

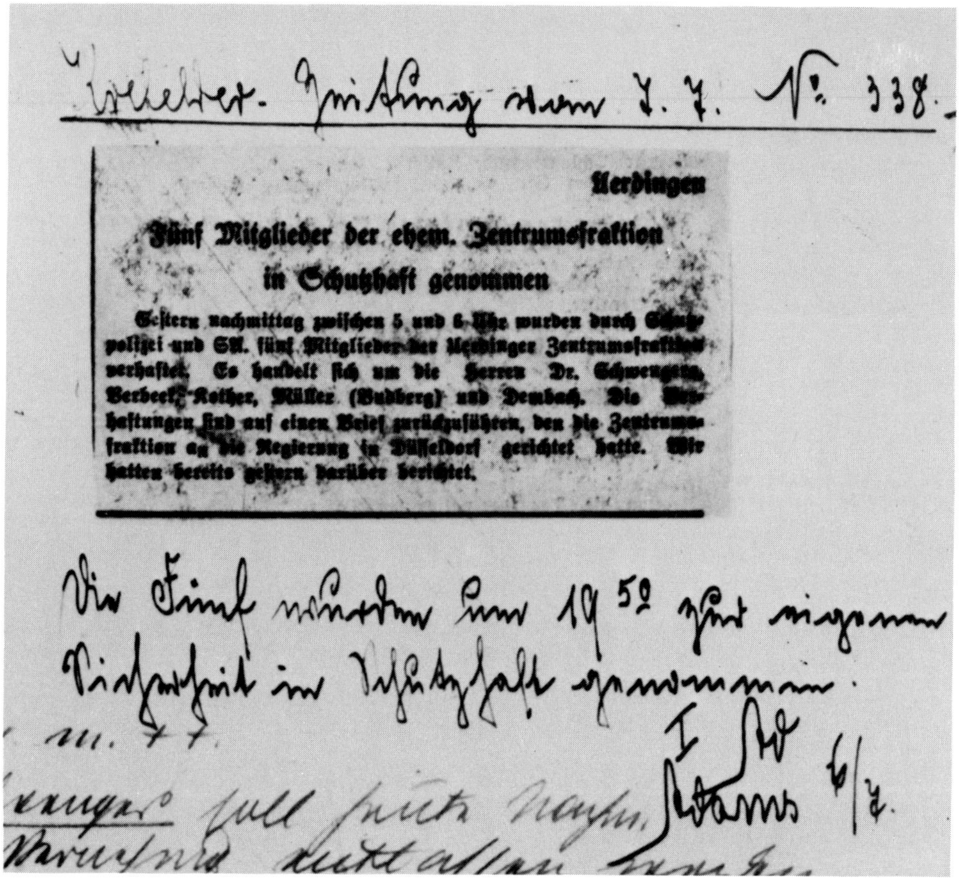

Uerdingen

Fünf Mitglieder der ehem. Zentrumsfraktion in Schutzhaft genommen

Gestern nachmittag zwischen 5 und 6 Uhr wurden durch Schutzpolizei und SA. fünf Mitglieder der Uerdinger Zentrumsfraktion verhaftet. Es handelt sich um die Herren Dr. Schwengers, Verbeek, Kother, Müller (Budberg) und Dembach. Die Verhaftungen sind auf einen Brief zurückzuführen, den die Zentrumsfraktion an die Regierung in Düsseldorf gerichtet hatte. Wir hatten bereits gestern darüber berichtet.

(Krefelder Zeitung vom 7. Juli 1933)

21. Personalfragebogen des abgesetzten Oberpräsidenten Gronowski

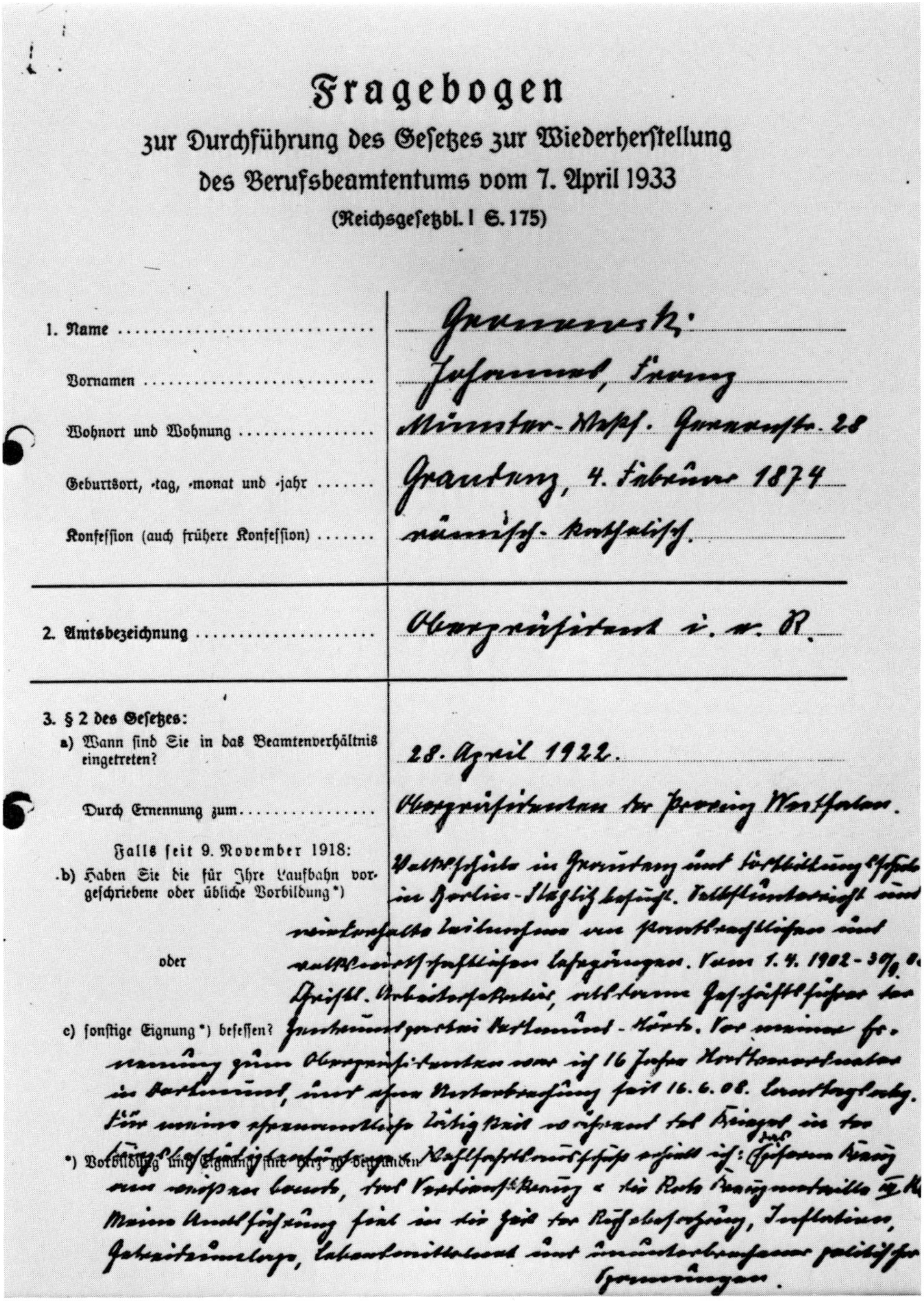

Fragebogen

zur Durchführung des Gesetzes zur Wiederherstellung des Berufsbeamtentums vom 7. April 1933 (Reichsgesetzbl. I S. 175)

1. Name	Gronowski
Vornamen	Johannes, Franz
Wohnort und Wohnung	Münster-Westf. [illegible] 28
Geburtsort, -tag, -monat und -jahr	Graudenz, 4. Februar 1874
Konfession (auch frühere Konfession)	römisch-katholisch.
2. Amtsbezeichnung	Oberpräsident i. e. R.
3. § 2 des Gesetzes: a) Wann sind Sie in das Beamtenverhältnis eingetreten?	28. April 1922.
Durch Ernennung zum	Oberpräsidenten der Provinz Westfalen.
Falls seit 9. November 1918: b) Haben Sie die für Ihre Laufbahn vorgeschriebene oder übliche Vorbildung*) oder c) sonstige Eignung*) besessen?	Volksschule in Graudenz und Fortbildungsschule in Berlin-Steglitz besucht. Volkshochschulunterricht und [illegible] Teilnahme an [illegible] und volkswirtschaftlichen Lehrgängen. Vom 1.4.1902–30/[illegible] Christl. Arbeitersekretär, alsdann Geschäftsführer der Zentrumspartei Dortmund-Hörde. Vor meiner Ernennung zum Oberpräsidenten war ich 16 Jahre Stadtverordneter in Dortmund, und [illegible] seit 16.6.08. Landtagsabg. Für meine ehrenamtliche Tätigkeit während des Krieges in der Kriegsbeschädigtenfürsorge [illegible] erhielt ich: [illegible] Kreuz am [illegible] Bande, das Verdienstkreuz & die Rote Kreuzmedaille [illegible]. Meine Amtsführung fiel in die Zeit der Ruhrbesetzung, Inflation, Getreideumlage, Lebensmittelnot und [illegible] politischer Spannungen.

*) Vorbildung und Eignung sind kurz zu begründen

4. § 3 des Gesetzes:

a) Sind Sie bereits am 1. August 1914 Beamter gewesen und seitdem geblieben?	Nein!
In welcher Stellung?	
oder	
b) Lagen am 1. August 1914 bei Ihnen die Voraussetzungen der Dritten Verordnung zur Durchführung des Gesetzes zur Wiederherstellung des Berufsbeamtentums vom 6. Mai 1933 (Reichsgesetzbl. I S. 245) zu § 3, Nr. 2 Satz 2, vor? (Absatz 1)	
oder	
c) Haben Sie im Weltkrieg an der Front für das Deutsche Reich oder für seine Verbündeten gekämpft?	Wegen eines Beinleidens war ich nicht kriegsverwendungsfähig.
oder	
d) Sind Sie Sohn (Tochter) oder Vater eines im Weltkrieg Gefallenen?	
Falls nein zu a bis d:	
e) Sind Sie arischer Abstammung im Sinne der Ersten Verordnung zur Durchführung des Gesetzes zur Wiederherstellung des Berufsbeamtentums vom 11. April 1933 (Reichsgesetzbl. I S. 195) zu § 3, Nr. 2 Abs. 1?	Ich bin unzweifelhaft arischer Abstammung.

(Nachweise zu 4c bis e gemäß der Ersten Verordnung zur Durchführung des Gesetzes zur Wiederherstellung des Berufsbeamtentums vom 11. April 1933 — Reichsgesetzbl. I S. 195 — zu § 3, Nr. 2 Abs. 2, sind beizufügen.)

Nähere Angaben über die Abstammung:

Eltern:

Name des Vaters	Grunowski
Vornamen	August, Franz
Stand und Beruf	Arbeiter
Wohnort und Wohnung	
Geburtsort, -tag, -monat und -jahr	Rittershausen (Szczepanken) Kreis Graudenz 1838.
Sterbeort, -tag, -monat und -jahr	Graudenz am 9. September 1873
Konfession (auch frühere Konfession)	römisch-katholisch
verheiratet in	Graudenz
verheiratet am	1. Mai 1870

Geburtsname der Mutter	Szpelinska
Vornamen	Maria
Geburtsort, -tag, -monat und -jahr	Graudenz 7. März 1850
Sterbeort, -tag, -monat und -jahr	–
Konfession (auch frühere Konfession)	römisch-katholisch.

Großeltern:

Name des Großvaters (väterlicherseits)	Gremminski
Vornamen	
Stand und Beruf	Landwirt
Wohnort	Rittershausen
Geburtsort, -tag, -monat und -jahr	
Sterbeort, -tag, -monat und -jahr	
Konfession (auch frühere Konfession)	römisch-katholisch
Geburtsname der Großmutter (väterlicherseits)	
Vornamen	
Geburtsort, -tag, -monat und -jahr	
Sterbeort, -tag, -monat und -jahr	
Konfession (auch frühere Konfession)	

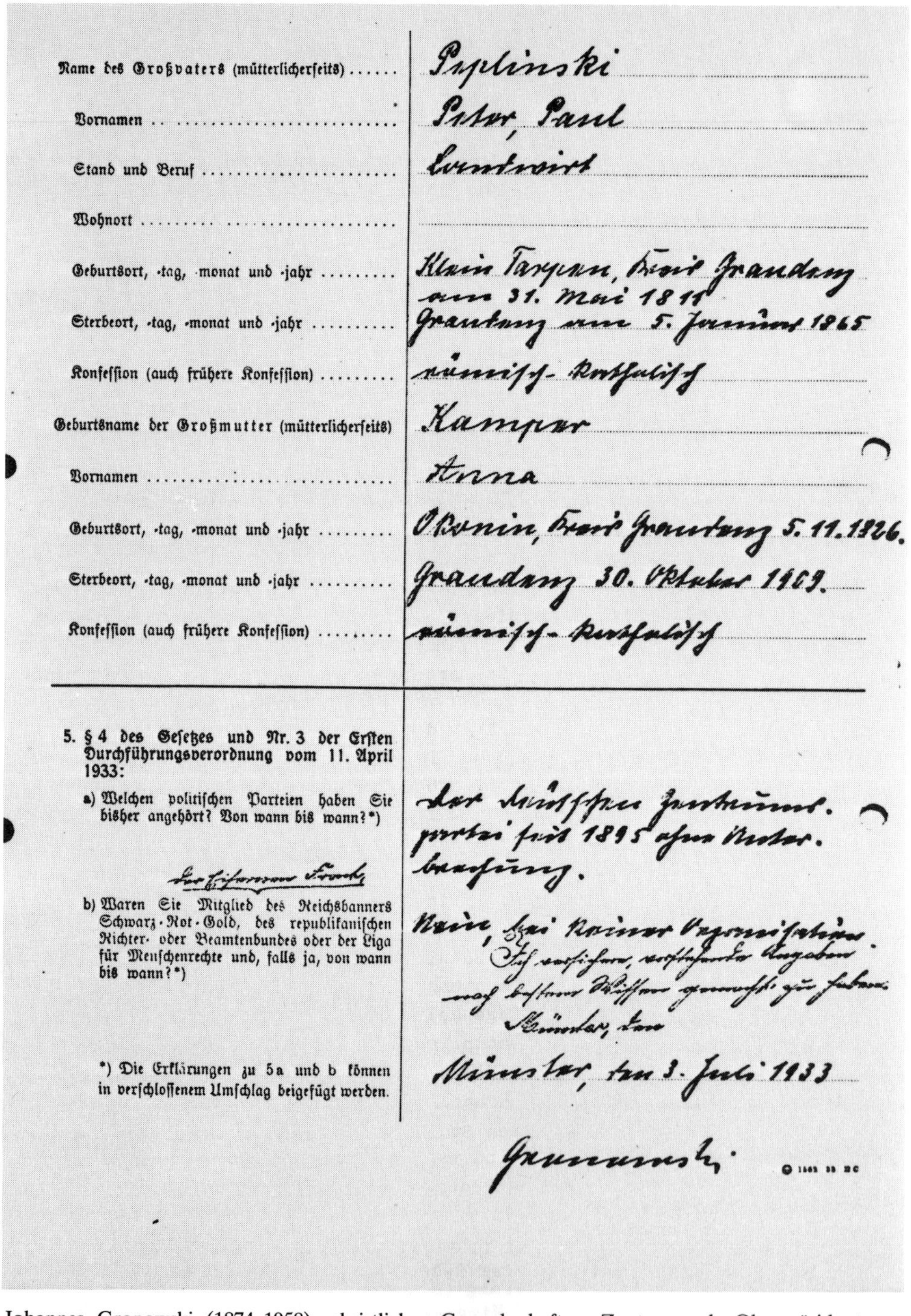

Name des Großvaters (mütterlicherseits)	Peplinski
Vornamen	Peter, Paul
Stand und Beruf	Landwirt
Wohnort	
Geburtsort, -tag, -monat und -jahr	Klein Tarpen, Kreis Graudenz am 31. Mai 1811
Sterbeort, -tag, -monat und -jahr	Graudenz am 5. Januar 1865
Konfession (auch frühere Konfession)	römisch-katholisch
Geburtsname der Großmutter (mütterlicherseits)	Kamper
Vornamen	Anna
Geburtsort, -tag, -monat und -jahr	Okonin, Kreis Graudenz 5.11.1826.
Sterbeort, -tag, -monat und -jahr	Graudenz 30. Oktober 1909.
Konfession (auch frühere Konfession)	römisch-katholisch

5. § 4 des Gesetzes und Nr. 3 der Ersten Durchführungsverordnung vom 11. April 1933:

a) Welchen politischen Parteien haben Sie bisher angehört? Von wann bis wann?*)

Der deutschen Zentrums-partei seit 1895 ohne Unterbrechung.

b) Waren Sie Mitglied des Reichsbanners Schwarz-Rot-Gold, des republikanischen Richter- oder Beamtenbundes oder der Liga für Menschenrechte und, falls ja, von wann bis wann?*)

Nein, bei keiner Organisation.

Ich versichere, vorstehende Angaben nach bestem Wissen gemacht zu haben.

Münster, den 3. Juli 1933

Gronowski

*) Die Erklärungen zu 5a und b können in verschlossenem Umschlag beigefügt werden.

Johannes Gronowski (1874–1958), christlicher Gewerkschafter, Zentrum, als Oberpräsident von Westfalen im Februar 1933 abgesetzt. Nach 1945 Vorsitzender der CDU Westfalen, Landtagsabgeordneter.

22. Politische Beurteilung Kolvenbachs

Geheime Staatspolizei
Staatspolizeileitstelle Düsseldorf
Abt. II P / Kolvenbach.

D'dorf, den 7. 10. ~~Sept.~~ 1940.

47

Zur ... 7. OKT. 1940
... 7.10. ...
8. Okt. 1940

1.) Nach Einsichtnahme der P.A.
a) der Stadt Düsseldorf - Amt I F. Tit.II, Sekt.8, Nr.K.
b) " Regierung " Abt.I, Registr.G, Fach Nr.117,
zu schreiben:

An den
Herrn Regierungspräsidenten
in Kattowitz O/S
Hindenburgstr.

Betrifft: Ingenieur und Gewerbeoberlehrer a.D. Heinz K o l v e n b a c h, geb.6.1.1893 zu Essen, wohnhaft in Düsseldorf, Himmelgeister Str.334.

Vorgang: Anfrage vom 8.8.1940 - II 41.-

Der Ingenieur und Gewerbeoberlehrer a.D. Heinz K o l v e n b a c h wurde durch Erlass des Preussischen Ministers für Wirtschaft und Arbeit vom 18.9.1933 - J.Nr.III B 9203 Rö auf Grund des § 4 des Gesetzes zur Wiederherstellung des Berufsbeamtentums vom 7.4.1933 (R.G.Bl.I, S.175) aus dem öffentlichen Schuldienst entlassen. Die Entlassung wurde begründet ~~durch die~~ mit der Zugehörigkeit Kolvenbachs zum Zentrum und zum Reichsbanner Schwarz-Rot-Gold. K. gehörte ~~nämlich~~ nach seinen eigenen Angaben von 1912 ab dem Zentrum und von Septbr. 1924 bis 30.April 1929 dem Reichsbanner Schwarz-Rot-Gold als zahlendes Mitglied an. Daneben ist Kolvenbach wiederholt als Redner in der Katholischen Jugend und im Windhorstbund aufgetreten und hat dabei Ausführungen pazifistischen Inhalts sowohl nach den Grundsätzen der Päpste Benedikt XV. und Pius XI. als auch über „Wege zur Wahren Demokratie" gemacht. Hierbei hat K. unzweideutig seiner Einstellung als Kriegsdienstverweigerer Ausdruck gegeben. Kolvenbach hat sich nach seiner Entlassung aus dem Schuldienst vorwiegend als Reiseleiter betätigt. Die Behauptung Kolvenbachs, dass eine erneute Prüfung seiner Angelegenheit für ihn ein positives Ergebnis gezeitigt habe, entspricht nicht den Tatsachen. Kolvenbach ist ~~kürzlich~~ am 2.9.1939 als Dienstverpflichteter bei der hiesigen Fliegerhorstkommandantur eingestellt worden. Da er an einer weniger exponierten Stelle mit untergeordneten Arbeiten beschäftigt wird, sind von hier aus ~~lediglich~~ gegen diese Art der Beschäftigung Bedenken nicht erhoben worden.

-//- -//-

2.) W.vorlegen bei II P wegen Rückgabe der P.A. zu 1)
-//- P.A. wurden am 9.10.40 der städt.Schulabt.-//- und d. Regierung (Holzhauer) zurückgegeben.
3.) II B 1 zur Mitkenntnis ...

Heinz Kolvenbach (1893–1966), Zentrum, Mitglied des Reichsbanners Schwarz-Rot-Gold; nach 1933 aus Schuldienst entlassen.

23. Entlassung von Schrage

Der Präsident des Landesarbeitsamtes Westfalen an Josef Schrage. Dortmund, 13. März 1934. AZ: Pr. 2403/2

Auf Veranlassung des Reichsarbeitsministers soll Ihnen Gelegenheit gegeben werden, sich zu den nachstehenden Feststellungen zu äußern:
„Im Kreise Olpe war Schrage als inoffizieller Beherrscher des Kreises Olpe bekannt. Er hat als solcher engstirnige Parteipolitik betrieben, welche vor allem aus einem rücksichtslosen Terror gegen die nationalen Verbände im allgemeinen und die NSDAP im besonderen erkennbar war. Schrage sprach noch einige Monate vor der Ernennung Hitlers zum Reichskanzler davon, daß er, wenn der Nationalsozialismus zur Macht komme, auf die ‚Barrikaden steigen würde und die weiße Fahne niemals hissen würde'.
Im Amte ist Schrage nur insofern belastet, als er seine engstirnige Zentrumspolitik auf dieses übertragen hat. Am Arbeitsamt in Olpe machte sich unter seiner Verwaltung eine psychologisch vollkommen falsche Behandlung der Arbeitslosen breit. Besonders die Angehörigen der nationalen Verbände wurden bei jeder unpassenden Gelegenheit in äußerst maliziöser Weise behandelt. Direkte, bewußt herbeigeführte Nachteile und Hintergehungen lassen sich nicht nachweisen."
Ich bitte um Ihre Äußerung spätestens bis zum 17. 3. 1934.

Josef Schrage (1881–1953), christlicher Gewerkschafter, bis 1933 Arbeitsamtsdirektor. 1948/49 Mitglied des Parlamentarischen Rates.

24. Entlassung Stegerwalds aus der Christlichen Gewerkschaft

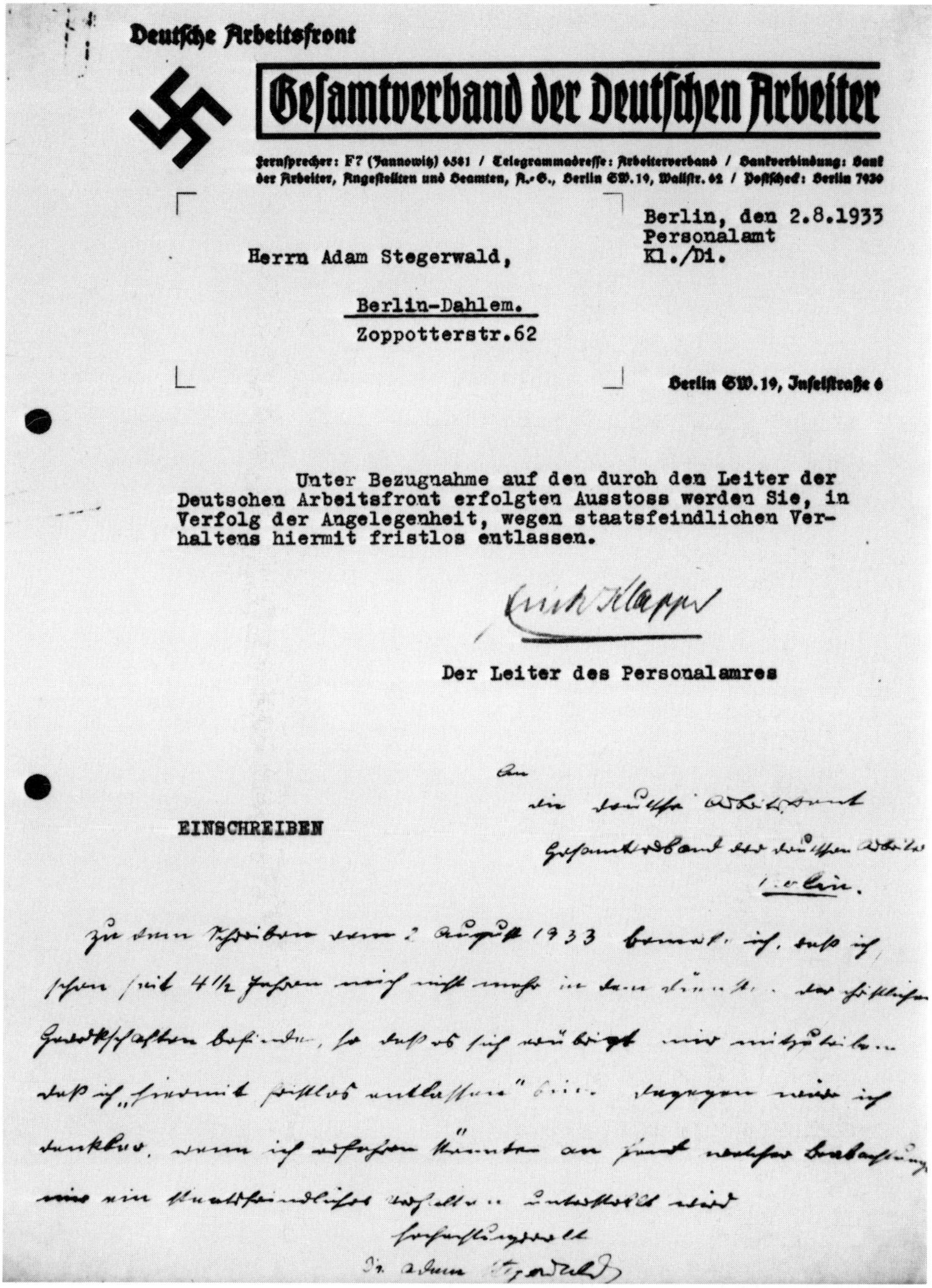

Deutsche Arbeitsfront

Gesamtverband der Deutschen Arbeiter

Fernsprecher: F 7 (Jannowitz) 6541 / Telegrammadresse: Arbeiterverband / Bankverbindung: Bank der Arbeiter, Angestellten und Beamten, A.-G., Berlin SW. 19, Wallstr. 62 / Postscheck: Berlin 7930

Herrn Adam Stegerwald,

Berlin-Dahlem.
Zoppotterstr.62

Berlin, den 2.8.1933
Personalamt
Kl./Di.

Berlin SW. 19, Inselstraße 6

Unter Bezugnahme auf den durch den Leiter der Deutschen Arbeitsfront erfolgten Ausstoss werden Sie, in Verfolg der Angelegenheit, wegen staatsfeindlichen Verhaltens hiermit fristlos entlassen.

Erich Klapper

Der Leiter des Personalamres

EINSCHREIBEN

An
die deutsche Arbeitsfront
Gesamtverband der deutschen Arbeiter
Berlin.

Zu dem Schreiben vom 2. August 1933 bemerke ich, daß ich schon seit 4½ Jahren mich nicht mehr in den Diensten der christlichen Gewerkschaften befinde, so daß es sich erübrigt mir mitzuteilen, daß ich „hiermit fristlos entlassen" bin. Dagegen wäre ich dankbar, wenn ich erfahren könnte an Hand welcher Beobachtung mir ein staatsfeindliches Verhalten unterstellt wird.

Hochachtungsvoll
Dr. Adam Stegerwald

Adam Stegerwald (1874–1945), bis 1929 Vorsitzender des Gesamtverbandes der Christlichen Gewerkschaften, Zentrum, Reichsminister; August bis September 1944 verhaftet. 1945 Regierungspräsident von Unterfranken.

25. Festnahme Hirtsiefers

Heinrich Hirtsiefer (1876–1941), christlicher Gewerkschafter, Zentrum, Wohlfahrtsminister in Preußen; am 11. September 1933 in Essen festgenommen (Foto) und ins KZ eingeliefert; wegen korrupter Amtsführung verurteilt, 1934 freigesprochen.

26. *Schutzhaftbefehl für Hirtsiefer*

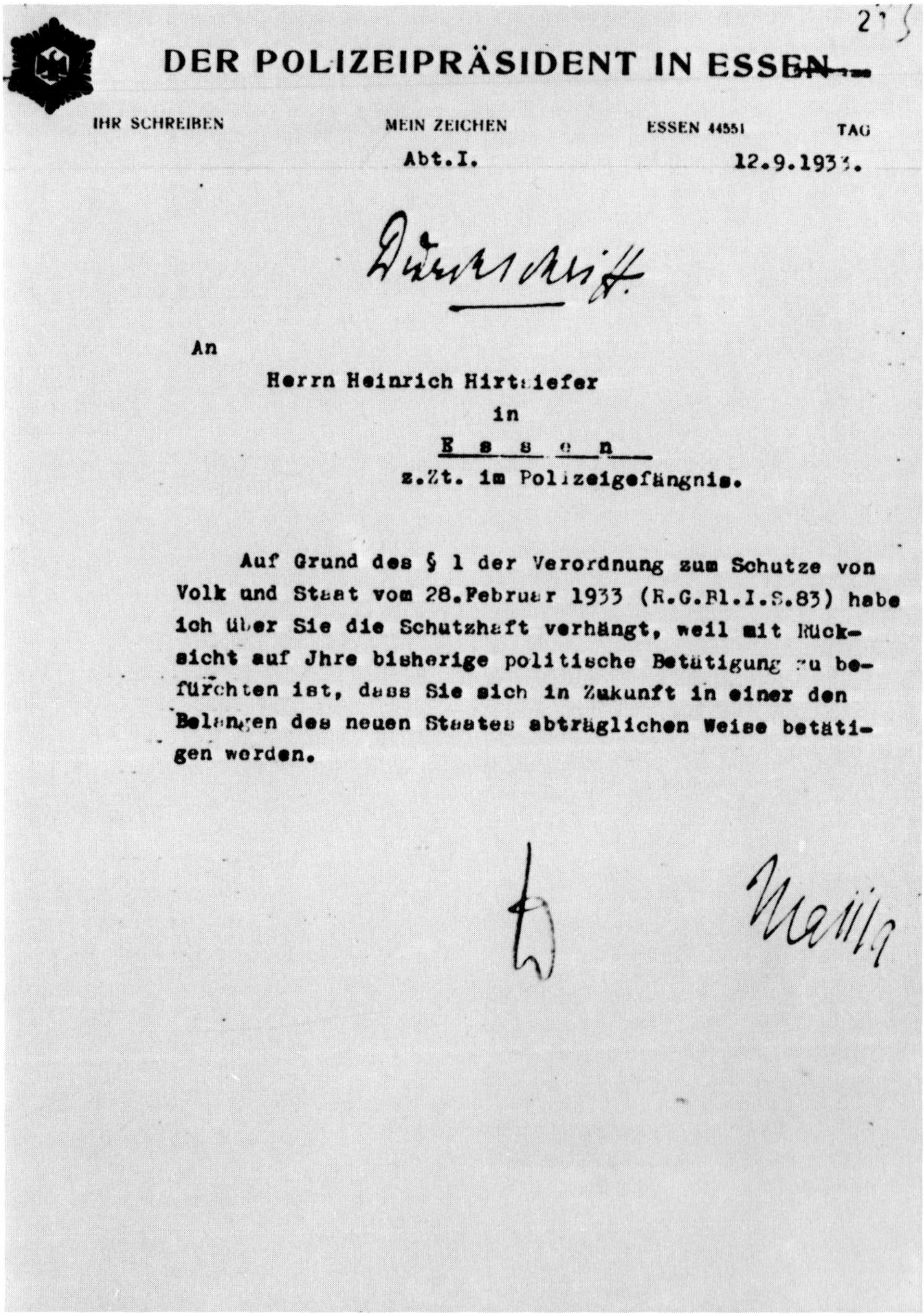

2 1 5

DER POLIZEIPRÄSIDENT IN ESSEN

IHR SCHREIBEN MEIN ZEICHEN ESSEN 44551 TAG

Abt.I. 12.9.1933.

Durchschrift.

An

Herrn Heinrich Hirtsiefer

in

E s s e n

z.Zt. im Polizeigefängnis.

Auf Grund des § 1 der Verordnung zum Schutze von Volk und Staat vom 28.Februar 1933 (R.G.Bl.I.S.83) habe ich über Sie die Schutzhaft verhängt, weil mit Rücksicht auf Jhre bisherige politische Betätigung zu befürchten ist, dass Sie sich in Zukunft in einer den Belangen des neuen Staates abträglichen Weise betätigen werden.

27. Bericht der Auslandspresse über Verhaftung Hirtsiefers

Nazis Parade Former Prussian Minister In Essen With Placard and Umbrella
Berlin, September 12 (London Times Dispatch). – Heinrich Hirtsiefer, for eleven years Prussian Minister of Welfare until he and his colleagues of the Socialist-Centrist government under Otto Braun were forcibly expelled from office by Chancellor von Papen last year, was paraded through the streets of Essen yesterday by two battalion commanders of Nazi storm troop detachments and guards.
A placard bearing the words "I am the hunger victim Hirtsiefer" was suspended across the stomach of the former Minister, who is a corpulent man of 57, and he was made to carry an umbrella. He was followed by large crowds.
Herr Hirtsiefer, a man of the people and a member of the now dissolved Catholic Centre party, was born in Essen and has spent his life there, first as a mechanic and then as Catholic trade union secretary and Town Councilor. No suggestion seems ever to have been made against his character or conduct of his office. In the days when political controversy was possible he was a stout adversary of the Nazis.
Recently he had been living in the Saar Basin Territory, and when he returned to Essen he reported himself to the police, as all persons entering the country are obliged to do. This was yesterday morning, and immediately he found himself in the hands of the Nazis.
The Nazi Dortmunder Generalanzeiger described his humiliation as follows:
"There was great rejoicing at the return of Hirtsiefer, who did not look as if he had suffered hunger, for his stomach had increased rather than diminished.
In order to let the populace share in the joy of seeing Hirtsiefer again, a propaganda procession was quickly organized for this mostbeloved of all Ministers. The procession passed through the streets of the old town during the afternoon.
Heinrich had to put up an umbrealla as protection against the sun and wore on his stomach a neat placard with the words 'I am the hunger victim Hirtsiefer'. And how the Esseners rejoiced to see that Heinrich need not complain of lack of popularity after this procession."
Herr Hirtsiefer is under arrest.

(New York Times, September 1933)

28. Zeitungsbericht über Einlieferung Hirtsiefers ins Konzentrationslager

Staatliches Wochenendhaus für „Schwielenheinrich“

Heute Abtransport ins Konzentrationslager

r. „Schwielenheinrich“, Minister für eigene Wohlfahrt von Karl des Kleinen, der der Gewalt wich, Gnaden, „Schwielenheinrich“, der Geschmierte, der Mann mit der Millionen-Subvention für einen verkrachten Bauverein, „Schwielenheinrich“ zieht heute um. Zieht um? Wohin?

Nun, nachdem der Herr Wohlfahrtsminister a. D. Heinrich Hirtsiefer zum Schmerz aller Knopflochpatrioten und Spießer seinen Marsch durch Essen getan und zur Freude aller rechtlich Denkenden in der Schutzhaft beendet hatte, wurde durch die „National-Zeitung“ eine Reihe von Tatsachen bekannt, die hinlänglich genügten, um es angezeigt erscheinen zu lassen, „Schwielenheinrich“ für fernere Zeit ein wenig eindringlicher zu Gemüte zu führen, was er getan hat und wie das deutsche Volk unter nationalsozialistischer Führung über seine Taten denkt.

Wenn die „National-Zeitung“ am letzten Sonntag anläßlich der Veröffentlichung neuer Ungeheuerlichkeiten der schwarzen Novembergröße schrieb, daß „Schwielenheinrich“ sich werde damit abfinden müssen, daß das dicke Ende für ihn im Kommen sei, so darf sie heute feststellen:

Das dicke Ende für „Schwielenheinrich“ ist da!

Der Staat weist dem Herrn Minister a. D. für die nächste Zeit ein „Wochenendhäuschen“ an, wo er Gelegenheit zu körperlicher Betätigung in frischer Luft in reichlichem Maße finden wird.

„Schwielenheinrich“ wandert heute ins Konzentrationslager!

Es ist damit nicht gesagt, daß „Schwielenheinrich“ etwa nun endgültig untergebracht sei. Vielmehr wird ihm nach der neuerlichen Luftveränderung aus der dumpfen Luft der Schutzhaftzelle in das freie Leben im Konzentrationslager sicher der umgekehrte Weg in einiger Zeit nicht erspart bleiben. Denn es ist nicht anzunehmen, daß ein deutsches Gericht die Durchstechereien und anderen sauberen Taten eines „Schwielenheinrich“ milder als mit Gefängnis bestrafen wird. Das würde dann allerdings das Ende der schönen Zeit im Konzentrationslager bedeuten.

Einstweilen wünschen wir „Schwielenheinrich“ gute Reise. Möge er bei körperlicher Betätigungmöglichkeit Gelegenheit finden, sich eine schwielige Hand zu erwerben, wenn auch kein deutscher Arbeiter heute und in Zukunft mehr Wert darauf legen wird, die seine sich von dem gestürzten Bonzen drucken zu lassen.

(Nationalzeitung, Essen, 26. September 1933)

„Karl der Kleine“: Karl Severing, SPD, preußischer Innenminister

29. Hirtsiefer im Lager Kemna

Eine Sensation für die Wachmannschaft war die Einlieferung des Zentrums-Abgeordneten und früheren preußischen Wohlfahrtsministers Hirtsiefer. Dieser war von der SA in Essen verhaftet und mit aufgespanntem Regenschirm und einem Schild mit entsprechendem Text um den Hals durch die Straßen geführt worden. Die Wachmannschaft in der Kemna wurde gegen ihn als einen ehemaligen „gefährlichen Bonzen“ aufgeputscht, und diese gestaltete seine Anwesenheit im Lager zu einem wahren Martyrium. Mit besonderer Lust jagte man ihn bei Einbruch des Herbstes in die kalte Wupper und überschüttete ihn dabei mit Eimern eiskalten Wassers. Da er von Beruf Schlosser war, wurde er an den Schmiedeofen der Lagerschlosserei gestellt und dort als eine Art Zirkussensation und Wundertier bestaunt. Besuchern in der Gestalt von auswärtigen SA-Führern wurde Hirtsiefer als eine „Lagerkostbarkeit“ vorgeführt.

(Karl Ibach: Kemna. Wuppertaler Konzentrationslager 1933–1934. Nachdruck der Ausgabe von 1948. 1981, S. 30)

30. Hirtsiefer im Lager Börgermoor

An diesem selben Nachmittag, eine halbe Stunde später, wird der ehemalige preußische Wohlfahrtsminister eingeliefert.
Vergessen die Trauerfeier, vergessen der Tote. Mit Gelächter und riesigem Hallo wird der neue Gefangene durch das Lager geführt. Hirtsiefer ist ein ungewöhnlich dicker Mann. So richtig das, was sich die SS unter einem „Bonzen" vorstellt. Endlich haben sie einen erwischt! Das ist ein gefundenes Fressen!
„Na, du Zentrumsbonze! Hast du deinen Rosenkranz mitgebracht?!" „Schaut euch nur den Dicken an! Der macht ja vor Angst in die Hosen!"
Er wird zur Kleiderkammer geschleppt. Dort muß er sich ausziehen. Ein junger Kommunist wird gezwungen, ihn zu prügeln. Man zieht ihm eine viel zu kurze und zu enge Hose an, die ihm vorne weit offensteht und mit einem Bindfaden über dem Bauch zusammengebunden werden muß. Vorne zieht man ihm weit den Hemdzipfel heraus. Dann gibt man ihm einen Rock, den er verkehrt herum, das Futter nach außen, anziehen muß. Auf den Kopf setzt man ihm ein viel zu kleines Soldatenkäppchen. Er muß sich Holzschuhe mit langen Gummischäften anziehen, in denen er kaum gehen kann.
In diesem Aufzug wird er unter brausendem Gelächter von Baracke zu Baracke geführt. Er läßt alles geduldig mit sich geschehen. In der Küchenbaracke ist der SS-Mann schon auf seine Ankunft vorbereitet. Er hat sich eine Hand mit Ruß beschmiert und versetzt ihm eine Ohrfeige. Fünf schwarze Finger zeichnen sich auf Hirtsiefers Backe ab. Das erhöht die Stimmung der SS wesentlich ...
Hirtsiefer wird in unsere Baracke gelegt. Zwei SS-Männer bringen ihn herein:
„Hirtsiefer, du mußt dich beim Stubenältesten melden! Aber strammstehen, verstanden, du dickes Schwein!"
Hirtsiefer steht vor dem Stubenältesten stramm und meldet: „Ich bin der Zentrumsbonze Hirtsiefer. Ich bitte, in dieser Baracke schlafen zu dürfen."

(Wolfgang Langhoff: Die Moorsoldaten. 13 Monate Konzentrationslager. 1947, S. 201f.)

31. Verpflichtungserklärung Hirtsiefers

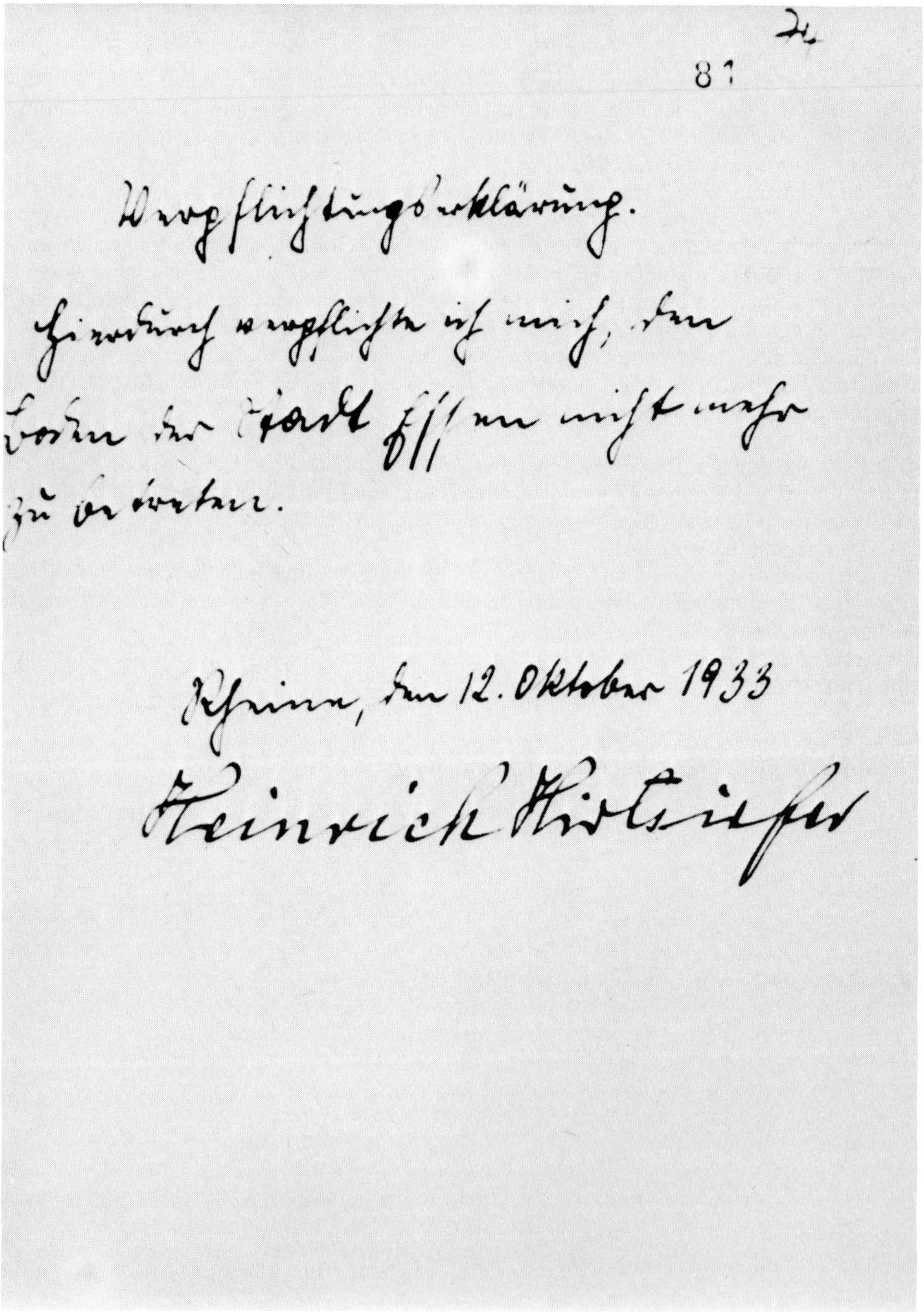

81

Verpflichtungserklärung.

Hierdurch verpflichte ich mich, den Boden der Stadt Essen nicht mehr zu betreten.

[illegible], den 12. Oktober 1933

Heinrich Hirtsiefer

32. Verbot der Zeitschrift „Der gerade Weg“

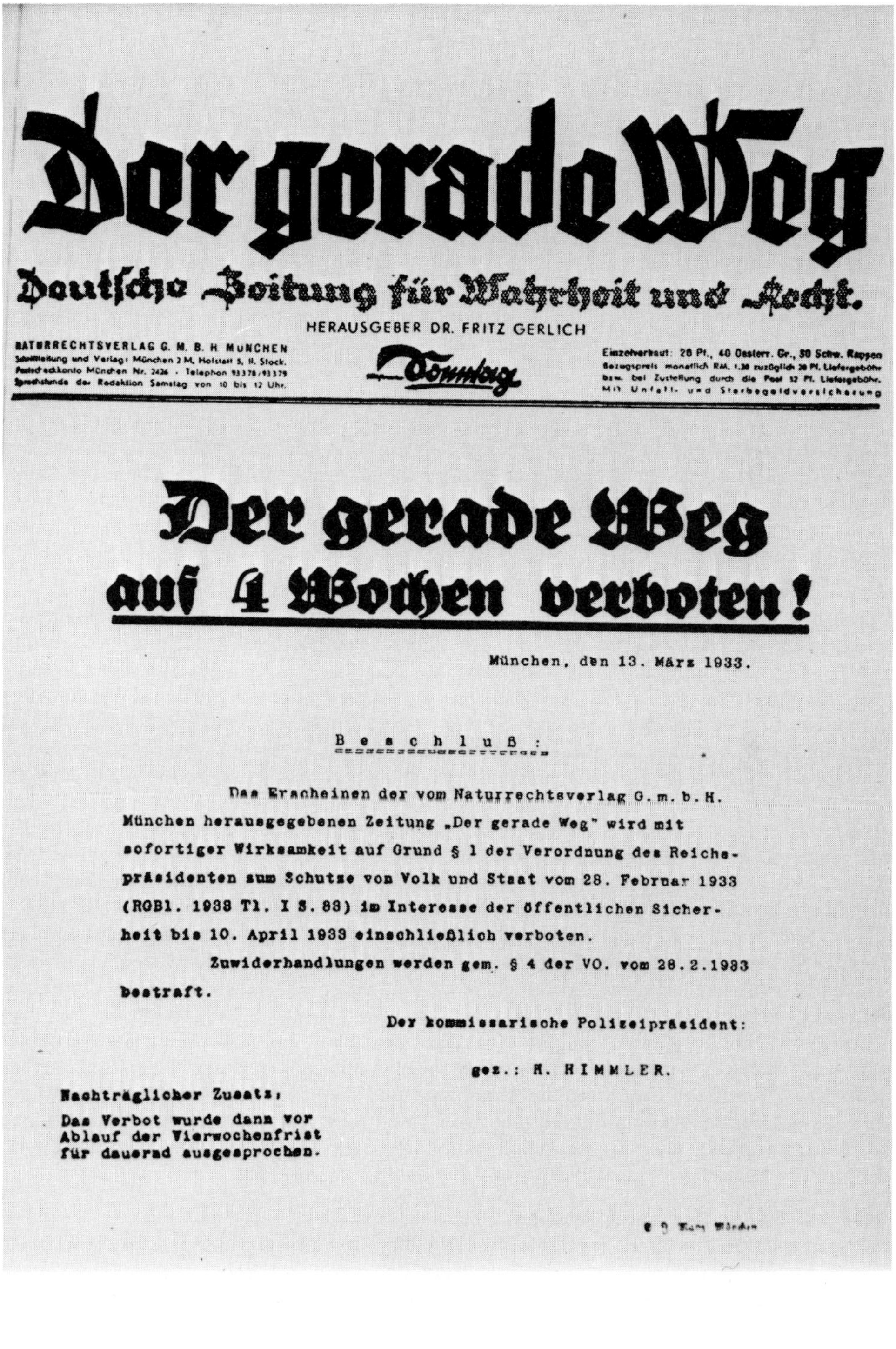

Der gerade Weg

Deutsche Zeitung für Wahrheit und Recht.

HERAUSGEBER DR. FRITZ GERLICH

NATURRECHTSVERLAG G. M. B. H. MÜNCHEN
Schriftleitung und Verlag: München 2 M, Hofstatt 5, II. Stock.
Postscheckkonto München Nr. 2426 · Telephon 93378/93379
Sprechstunde der Redaktion Samstag von 10 bis 12 Uhr.

Sonntag

Einzelverkauf: 20 Pf., 40 Österr. Gr., 30 Schw. Rappen
Bezugspreis monatlich RM. 1.20 zuzüglich 20 Pf. Liefergebühr
bzw. bei Zustellung durch die Post 32 Pf. Liefergebühr.
Mit Unfall- und Sterbegeldversicherung

Der gerade Weg auf 4 Wochen verboten!

München, den 13. März 1933.

B e s c h l u ß :

Das Erscheinen der vom Naturrechtsverlag G. m. b. H. München herausgegebenen Zeitung „Der gerade Weg" wird mit sofortiger Wirksamkeit auf Grund § 1 der Verordnung des Reichspräsidenten zum Schutze von Volk und Staat vom 28. Februar 1933 (RGBl. 1933 Tl. I S. 83) im Interesse der öffentlichen Sicherheit bis 10. April 1933 einschließlich verboten.

Zuwiderhandlungen werden gem. § 4 der VO. vom 28.2.1933 bestraft.

Der kommissarische Polizeipräsident:

gez.: H. HIMMLER.

Nachträglicher Zusatz:
Das Verbot wurde dann vor Ablauf der Vierwochenfrist für dauernd ausgesprochen.

33. Fritz Gerlich: „Regierungsaufruf und Wahrheit“

Schicksalsstunde der katholischen Parteien
Der vergangene Mittwoch wird in der Geschichte des deutschen Volkes als ein Tag fortleben, an den man sich nur mit Schmerzen und Reue zurückerinnern wird. Und zwar wird er das deshalb, weil an diesem Tage abends um 10 Uhr der derzeitige Reichskanzler Adolf Hitler den Aufruf seiner Reichsregierung an das deutsche Volk vortrug, der unseren Lesern in der Zwischenzeit im Wortlaut bekanntgeworden ist. Das deutsche Volk wird wieder ein Volk christlicher Moral und alter Kulturtradition werden, und es wird sich des Tages schämen, und zwar fortdauernd schämen, wo es möglich war, daß ein deutscher Reichskanzler, das heißt der oberste politische Beamte des Deutschen Reiches, einen Regierungsaufruf vorlesen konnte, der so der objektiven Wahrheit Gewalt antut, wie der gegenwärtige. Und das deutsche Volk wird auch nicht stolz sein auf die Begründung der Auflösungsverordnung des Reichspräsidenten, den Reichstag betreffend, die an dem gleichen 1. Februar veröffentlicht worden ist. Denn der Satz „nachdem sich die Bildung einer arbeitsfähigen Mehrheit als nicht möglich herausgestellt hat“, mag die ehrliche Überzeugung des Reichspräsidenten zum Ausdruck bringen und ist doch objektiv so unrichtig, wie nur irgend etwas sein kann. Uns hat es nicht gewundert, daß die Vertreter derjenigen Parteien und Bewegungen in Deutschland, die sich national oder nationalistisch heißen, zur Begründung ihrer Politik nur dann eine Möglichkeit sehen, wenn sie Tatsachen, die unbestreitbar sind, als nicht vorhanden behandeln und politische Gegner, deren Leistungen sie bis heute nichts weiter als kraftvolle Worte entgegenzusetzen haben, in ihrem ehrlichen Bemühen herabsetzen.

Der „Vierjahresplan“
Der Aufruf zeigt in fast allen Teilen die Feder des Reichskanzlers Adolf Hitler. Wir hören Worte über den Marxismus, die uns aus Volksversammlungen im Zirkus Krone und anderswo sehr bekannt sind. Und wir vernehmen einen Regierungsaufruf, der für seine Formulierungen immer wieder Anleihen bei der marxistischen Sprechweise macht. Wir hören von „Arbeitern, Bürgern und Bauern“ und vernehmen, daß unser Glück in der Durchführung eines „Vierjahresplanes“ beruht.
Man hat Herrn Hitler früher schon öfters gefragt, wie er denn nun Deutschland befreien und aus seinem heutigen Elend erlösen wolle. Er hat uns darauf schriftlich und mündlich versichert, er habe keinen Anlaß, anderen Regierungen seine Gedanken zu leihen. An dem Tage, wo er verantwortlich das deutsche Schicksal leite, werde er uns ein fertiges Programm, das er in der Tasche habe, mitteilen. Der Mann, der am Mittwoch abend um 10 Uhr am deutschen Radio den Aufruf der Reichsregierung an das deutsche Volk persönlich vortrug, war der Reichskanzler Adolf Hitler, also der derzeitige Leiter der deutschen Politik. Warum vergaß Herr Hitler sein Versprechen wahrzumachen, daß er in dem Augenblicke uns sein Programm darlegen werde, wo er der verantwortliche Leiter der deutschen Politik ist?
So wissen wir nun folgendes: „Die nationale Regierung will das große Werk der Reorganisation der Wirtschaft unseres Volkes in zwei großen Vierjahresplänen lösen. Rettung des deutschen Bauern zur Erhaltung der Ernährung und damit Lebensgrundlage der Nation. Rettung des deutschen Arbeiters durch einen gewaltigen und umfassenden Angriff gegen die Arbeitslosigkeit. Binnen vier Jahren muß der Bauer der Verelendung entrissen sein. Binnen vier Jahren muß die Arbeitslosigkeit endgültig überwunden sein.“

Kein Wort für die Rechte der Arbeiter
In einem Punkte allerdings unterschieden sich die Novemberregierungen unseres Erachtens nicht zu ihrem Schaden von der Regierung der nationalen Erhebung, das heißt jener Regierung, die ankündigt, daß sie den „Klassenwahnsinn“ und „Klassenkampf“ beseitigen

werde. Alle Novemberregierungen ausnahmslos fanden in ihren Aufrufen und Regierungserklärungen Worte der Anerkennung der Rechte der Arbeitnehmerschaft einschließlich der Handarbeiterschaft. Die derzeitige Regierung der nationalen Erhebung und der Vernichtung des Klassenwahnsinns und Klassenkampfes findet kein Wort der Anerkennung jener deutschen Volksgenossen, denen das Schicksal die Stellung des Arbeitnehmers übertragen hat, als gleichberechtigt und gleichen Rechtes. Die Regierung der nationalen Erhebung, der Beseitigung des Klassenkampfes und der Wiederherstellung der Volksgemeinschaft findet nur die patriarchalische Formel der „Fürsorge für Krankheit und Alter" und über die Osthilfeaffären findet sie überhaupt kein Wort. Dafür hat sie das Tarifvertragsrecht, also den Schutz der elementaren Lebensgrundlagen aller jener Volksgenossen unter uns, die als Arbeitnehmer leben, ausgerechnet dem Arbeitsministerium entzogen und Hugenberg übertragen.

Gerade wir, die wir schon als Student – begeistert von den Ideen Friedrich Naumanns – uns ehrenamtlich in der Sozialpolitik, und zwar sogar als Arbeitersekretär betätigten, glauben sehr hellhörig in diesem Punkte zu sein. Die Sorge für Alter und Invalidität in allen Ehren. Die Selbständigkeit der Persönlichkeit unserer Volksgenossen von der Arbeitnehmerschaft wird nicht durch Fürsorge, sondern durch Rechtssatzung und vor allem das Tarifrecht gewährleistet. Wir haben in diesen Punkten niemals einen Zweifel gehabt und heute, wo wir katholisch sind, vertreten wir aus der gleichen inneren Freudigkeit heraus die sozialen Forderungen unserer Päpste. Nach ihnen ist das Verhältnis des Arbeitnehmertums zum Staate nicht nur eine menschlich persönliche oder staatliche Fürsorgeangelegenheit, sondern es ist wirtschaftlich gleichberechtigt und politisch gleichen Rechtes.

Der jetzige Kanzler der nationalen Erhebung heißt sich „Führer" einer nationalsozialistischen Arbeiterpartei. Warum findet er in dem von ihm vorgetragenen Aufruf kein Wort der Anerkennung der menschlichen Grundrechte der Arbeitnehmerschaft? Es war doch ehrlich gemeint, als er seine Partei „sozialistische Arbeiterpartei" hieß? Solange der Reichskanzler und Führer der „sozialistischen Arbeiterpartei", Adolf Hitler, uns nicht klipp und klar gesagt hat, wie er zum Tarifrecht und zum Schutz der Menschenwürde und damit der wirtschaftlichen Freiheit des Arbeitnehmertums steht, kann uns auch jede Erklärung von ihm über den „Föderalismus" oder die „Siedlungspolitik" zu nichts anderem veranlassen als zu der Bemerkung: Wir bitten um sehr klare Angaben, wie im einzelnen Falle sich die jetzige Regierung verhalten wird. Und ebenso bitten wir bemerken zu dürfen, daß es unseres Erachtens erwünscht ist, vor der Bezugnahme auf den Schutz des Christentums noch im eigensten Machtbereich des Herrn Reichskanzlers Adolf Hitler, nämlich innerhalb seiner Partei, zu sorgen, daß der Hauptschriftleiter des „Völkischen Beobachters", Alfred Rosenberg, das heißt jenes Blattes, das heute noch den Vermerk „Herausgeber Adolf Hitler" trägt, nicht in einer derart unerhörten Weise den Glauben seiner christlichen Mitbürger angreift. Was den Schutz der Familie und die sittliche Ertüchtigung betrifft, so erwarten wir von dem Herrn Reichskanzler Adolf Hitler eine klare Stellung gegenüber den Affären des SA-Chefs des Parteiführers Adolf Hitler, des Herrn Röhm und seiner Genossen. Wir sind nämlich der etwas naiven Meinung, daß es auch für den Kanzler der nationalen Erhebung wünschenswert ist, die Grundsätze seiner Aufrufe innerhalb seines eigensten Machtbereiches zur Durchführung zu bringen. Es macht sich schlecht in einem Aufruf der Reichsregierung, Grundsätze zu vertreten, die im Rahmen der eigenen, nur vom eigenen Willen aus geleiteten Partei bisher recht wenig zur Anwendung kamen.

Die Begründung der Auflösungs-Verordnung

Wir müssen jetzt uns noch mit der Begründung der Auflösungs-Verordnung des Reichspräsidenten beschäftigen. Sie beginnt mit den Worten: „Nachdem sich die Bildung einer arbeitsfähigen Mehrheit als nicht möglich herausgestellt hat, löse ich auf Grund des Art. 25 der Reichsverfassung den Reichstag auf, damit das deutsche Volk durch Wahl eines neuen Reichstags zu der neugebildeten Regierung des nationalen Zusammenschlusses Stellung nimmt."

Wir sind überzeugt, daß Reichspräsident von Hindenburg diese Begründung nur deshalb unterschrieben hat, weil er über die wirkliche Sachlage nicht unterrichtet wurde. In Wirklichkeit ist die Sache so, daß einzig und allein der Wunsch der jetzigen Reichsregierung, eine einjährige Blankovollmacht für ihr Handeln vom Reichstag zu erhalten und sich der Kontrolle durch den jetzigen Reichstag zu entziehen, überhaupt als Anlaß zu den Auflösungsbestrebungen angegeben werden kann. Wir sind überzeugt, wenn Reichspräsident von Hindenburg objektiv wahrheitsgemäß darüber unterrichtet worden wäre, daß das Zentrum – die Bayerische Volkspartei ist überhaupt nicht gefragt – nur das Ermächtigungsgesetz für die Dauer eines Jahres wahrscheinlicherweise verweigern dürfte, er diese Begründung nicht gewählt hätte, die in den wirklichen Tatsachen keine Unterlage findet. Wir überlassen es den Reichsministern, die den jetzigen Aufruf mit der Schlußformel „Möge der allmächtige Gott unsere Arbeit in seine Gnade nehmen, unseren Willen recht gestalten, unsere Einsicht segnen", unterschrieben, zu bitten, daß Gott ihnen die Einsicht verleiht, dem deutschen Volke nicht mehr Begründungen vorzusetzen, die mit den objektiven Tatsachen in vollem Widerspruch stehen.

Die Schicksalsstunde der katholischen Parteien

Wir stehen wieder vor einer Reichstagswahl. Im Sommer vorigen Jahres, als nach Brünings Sturz Papen Reichskanzler geworden war und den Reichstag aufgelöst hatte, haben wir der Führung der katholischen Parteien vorgeschlagen, unter dem Banner des Kampfes um die religiösen, politischen und sozialen Menschenrechte des deutschen Volkes die Führung zu ergreifen, die unvermeidlich über die Frage entscheidet, ob Deutschland ein Volk der alten Kulturtradition, des menschlichen Zusammengehörigkeitsgefühls zwischen den Volksgenossen oder der Teilung in Untertanenschaft und Herrenschicht werden soll. Unsere damaligen Vorschläge wurden nicht beachtet. In einer fast seltsam anmutenden Wiederkehr der Geschehnisse hat das Schicksal eine Lage heraufgeführt, in der das, was wir der Führung der katholischen Parteien als freien Entschluß und damit als kulturelle Führung für Deutschland vorlegten, heute zwangsweise durchgeführt werden muß. Die Situation ist viel zu ernst, als daß wir die heutige, für die katholischen Parteien viel weniger günstige Situation laut betonen möchten. Es liegt uns außerdem nichts ferner, als sich darüber zu freuen, wie oft unsere Politik der letzten zwei Jahre recht bekommen hat. Denn sie hat nun einmal die fatale Eigentümlichkeit, daß sie von unserem Verstande gegen unsere Hoffnungen gemacht wird und daß unsere Interessen bei unseren Hoffnungen und nicht bei unserem Verstande sind.

Heute aber ist die Schicksalsstunde der katholischen Parteien da. Es kann für sie nur mehr in klarster Herausstellung der Grundsätze unserer Päpste ohne Rücksicht auf diese oder jene Techtelmechtelei irgendeines Führers weitergehen. Wir in Bayern haben uns zu beglückwünschen, daß unser Ministerpräsident Dr. Held das Schlimmste an Kompromissen – auch gegenüber Genossen in der Führung seiner Partei – verhindern konnte, weil er der Mann der klugen, ruhigen Erkenntnis ist. Daß er nicht alles verhindern konnte, ist nicht seine Schuld. Wir haben ja bekanntlich große bäuerliche und im Finanzfach tätige Führer, die glauben, dem klügsten aller gegenwärtigen bayerischen Politiker immer noch Schwierigkeiten machen zu müssen. Ständen wir nicht vor einer Wahl von so entscheidender Bedeutung wie der gegenwärtigen, so würden wir etwas deutlicher reden. Aber alle diese Gestalten einer abwirtschaftenden, kompromißfreudigen und die Grundsatzhärte vermissen lassenden Zeit werden ja sehr bald nicht mehr zeitgemäß sein.

Zur Zeit ist es so, daß der Lauf des Schicksals die katholischen Parteien wider den Willen vieler ihrer Führer aus einer verhängnisvollen Bindung befreit. Die Kampfesaufgabe ist damit in nichts verändert. Ob die heute groß vor uns auftretende Möglichkeit der Schaffung einer Kampfgemeinschaft für die Menschenrechte des deutschen Volkes in der Wahl zum Siege führt, ob auch bei diesem möglichen Siege dann der Kampf bereits abgebrochen wird oder – wie wir annehmen – dann erst der eigentliche außerparlamentarische Kampf beginnt – alle diese Fragen kann heute nur entscheiden, wer den Weg der Vorsehung kennt. Wir wissen ihn nicht und infolgedessen sind wir der Ansicht, daß jene Politik heute die klügste ist, die sich rein grundsätzlich einstellt und unter Verachtung jeder Taktik – auch jeder „föderalistischen" und sonstigen Phrase im Aufruf der Reichsregierung – grundsätzlich die menschlich soziale Auffassung betont und sich damit freihält für einen wirklichen Neubau des Deutschen Reiches am übermorgigen Tag, selbst wenn das Morgen den von uns befürchteten letzten Zusammenbruch bringen sollte.

(Der gerade Weg, Nr. 11, 5. Februar 1933)

Fritz Gerlich (1883–1934), DDP, Chefredakteur, am 6. März 1933 verhaftet, am 1. Juli 1934 im KZ Dachau ermordet.

34. „Zum Tode von Dr. Fritz Gerlich"

In München ist bekanntlich in der Nacht vom 30. Juni 1934 der katholische Schriftsteller Dr. Fritz Gerlich ermordet worden. Ein Zellengenosse des Ermordeten schreibt in einer Wiener Zeitung:

„Dr. Fritz Gerlich war das erste Opfer des Umsturzes vom 9. März 1933 in München. Er wurde am Abend des 9. März 1933 verhaftet und in das Polizeigefängnis in der Löwengrube gebracht. Ich wurde einige Stunden später festgenommen und in die Zelle Nr. 36 im 3. Stock geworfen. Dort traf ich Dr. Gerlich an. Er war mit Striemen und Blutergüssen übersät und konnte sich vor Schmerzen auf dem ganzen Körper kaum aufrechthalten. Ich verbrachte mit ihm einige Tage in gemeinsamer Haft, dann wurde er von mir getrennt und in die Einzelzelle Nr. 35 nebenan gesteckt. In dieser dunklen, kleinen Zelle blieb er bis zum 28. Juni 1933, kam auf einige Tage in schreckliche Haft nach Stadelheim und wurde dann wieder in seine alte Zelle Nr. 35 in der Löwengrube zu München überführt. In der Mordnacht des 30. Juni wurde er mit anderen Opfern des Terrors in die Zelle Nr. 37, einen Stock höher, geführt und dort mit einem Gewehrkolben erschlagen. Als er sterbend am Boden lag, gab ein SS-Mann mehrere Schüsse auf ihn ab.

Dr. Gerlichs Gefangenschaft war ein grausames Martyrium. In der Nacht zum 18. Mai 1933 wurde er aus der Zelle geholt, angeblich zum ‚Verhör'! Es war der erste Mordversuch, der gegen ihn unternommen wurde. Er wurde unmenschlich geschlagen und trug schwere Verletzungen davon."

Dr. Gerlich war viele Jahre lang bis 1928 Chefredakteur der „Münchener Neusten Nachrichten", dann Herausgeber der katholischen Wochenschrift „Der gerade Weg". In dieser Zeitschrift bekämpfte er Hitler und seine Bewegung sehr scharf und warnte unaufhörlich davor, Hitler Glauben zu schenken, denn er kannte ihn, die Entstehung seiner Bewegung und seine intime Anhängerschaft ganz genau. Gerlich war außerdem in den Besitz von Dokumenten gelangt, die Hitler, Röhm und Göring schwer belasteten, und hatte diese Dokumente zum Teil im „Geraden Weg" veröffentlicht.

(Zürcher Nachrichten, 9. August 1934. Als hektografierte Flugschrift verbreitet, bei Hausdurchsuchungen gefunden.)

35. Robert M. W. Kempner: „Dr. Erich Klausener ermordet."

...Auf der kurzen Fahrt von der Prinz-Albrecht-Straße (dem Gestapoquartier) zur Wilhelmstraße, wo Klausener nach seiner Entfernung aus dem Innenministerium durch Göring im Reichsverkehrsministerium die Abteilung für Wasserstraßen leitete, stellte Kurt Gildisch – im Jahre 1904 in Ostpreußen geboren, überzeugter Nationalsozialist, damals SS-Hauptsturmführer, in der engeren Umgebung Hitlers im Dienst, vier Tage nach der Mordtat befördert – Überlegungen darüber an, in welcher Weise er, um einen gegebenenfalls zu erwartenden Widerstand von seiten Dr. Klauseners zu vermeiden, in einem günstigen Augenblick den tödlichen Schuß auf sein Opfer abgeben könnte. Gegen 13 Uhr traf er am Tatort ein.

Ein feiger Schuß in den Rücken
Sein Begleitkommando von 18 SS-Leuten ließ er unten auf der Straße warten und begab sich mit dem Gestapobeamten, an dessen Namen sich Gildisch angeblich niemals erinnern konnte, in den ersten Stock des Ministeriums, wo sich Klauseners Dienstzimmer befand. Gildisch war in SS-Uniform, trug einen Stahlhelm. Am Koppel seine Dienstpistole, Marke „Mauser". Die Waffen waren geladen. Auf eine Frage des Oberamtsgehilfen Guder, wen er dem Ministerialdirektor melden könne, antwortete der SS-Hauptsturmführer, er brauche nicht gemeldet zu werden. Im selben Augenblick öffnete sich die Tür, und Dr. Klausener trat in Hemdsärmeln heraus, kehrte aber, als er hörte, daß der SS-Führer ihn zu sprechen wünsche, mit diesem und dem Gestapobeamten in sein Zimmer zurück.
Hier erklärte Gildisch, daß er den Befehl habe, Dr. Klausener im Auftrage der Geheimen Staatspolizei wegen staatsfeindlicher Umtriebe zu verhaften. Gildisch schritt nicht sofort etwa zu einer offenen Erschießung, sondern wartete den Augenblick ab, bis der ahnungslose Dr. Klausener ihm den Rücken zuwandte, um auf diese Weise einmal eine günstige Schußrichtung zu erhalten und zum anderen, um jeglichen Widerstand seines Opfers oder einen Fluchtversuch beziehungsweise Hilferufe von vornherein auszuschalten. Dr. Klausener, dem der SS-Führer vorgespiegelt hatte, er sei lediglich verhaftet, um sein Opfer in Sicherheit zu wiegen, konnte daher des Glaubens sein, daß er zwar vorläufig festgenommen sei, aber zunächst nichts zu befürchten habe, er konnte jedoch keineswegs mit einem plötzlichen Anschlag von Gildisch auf sein Leben rechnen. Klausener, der am Vormittag sein Gehalt empfangen hatte, bat Gildisch, dieses und einige andere persönliche Wertsachen in seinem Schreibtisch aufbewahren zu dürfen. Nachdem er dieses getan hatte, begab er sich an den Kleiderschrank, zog sich sein Jackett an und wandte sich daraufhin an den in der Nähe der Tür stehenden Garderobenständer, um seinen Hut zu ergreifen.
Dr. Klausener stand in diesem Augenblick mit dem Rücken zu seinem Mörder. Diese Situation, die diesem besonders günstig erschien, nutzte er sofort aus, zog schnell aus der rechten Hosentasche seine geladene und bereits entsicherte Privatpistole und feuerte auf Dr. Klausener etwa von der rechten Seite, aber hinter diesem stehend, aus einer Entfernung von zirka 1,5 Meter einen Schuß in dessen hintere rechte Schädelseite ab, und zwar derart, daß Dr. Klausener weder das Ziehen der Pistole noch das Abfeuern bemerken konnte. Dr. Klausener stürzte sofort tot zu Boden.
Gildisch überzeugte sich darauf von der Leblosigkeit seines Opfers, ging an das Telefon und rief den Gestapochef Reinhard Heydrich an, um den Vollzug des ihm von Heydrich am Morgen des 30. Juni 1934 gegebenen Mordbefehls zu melden.

Angeblicher Selbstmord war eine Lüge
Heydrich gab Gildisch sofort die telefonische Anweisung, den Mord als einen Selbstmord Klauseners dadurch zu tarnen, daß er neben den Arm von Klausener seine Pistole legen solle. Gleichzeitig ordnete Heydrich an, SS-Posten vor das Mordzimmer zu stellen, um jeden Zutritt zu verhindern...

Die Lüge über den angeblichen Selbstmord Klauseners, durch die der Tote auch als Katholik diffamiert werden sollte, wurde amtlich von der nationalsozialistischen Führung verbreitet.
Der Befehl zur Tarnung und andere Umstände beweisen, daß die Mordtat nicht erst kurz vor ihrer Begehung vorbereitet worden war. Es war Vorsorge dafür getroffen worden, den Leichnam verbrennen und die Todesmeldung durch einen Kriminalbeamten unterschreiben zu lassen, um den wahren Sachverhalt zu verschleiern ...
Tatsächlich gehen die Wurzeln der Ermordung Klauseners auf seine Tätigkeit im Preußischen Innenministerium zurück. Als Ministerialdirektor der Polizeiabteilung war er auch die Spitze der politischen Polizei Preußens und Chef einer Polizeimacht von über 76 000 Mann, deren Zuständigkeit zwei Drittel des Reiches umfaßte. Gerade die Preußische Polizei hatte sich bemüht, mit allen gesetzlich möglichen Mitteln Hitler und die Nationalsozialistische Partei unschädlich zu machen. Leider blieb dieser Versuch durch eine politische Fehleinschätzung des Reichskanzlers Heinrich Brüning und durch die Intrigen Franz von Papens erfolglos. Mein Versuch, eine Anklage gegen Hitler wegen Meineids und Hochverrats durchzusetzen, war von Klausener voll unterstützt worden; einer möglichen Verurteilung sollte die Ausweisung Hitlers als lästigen Ausländers folgen. Während all seiner Jahre im Preußischen Innenministerium ist Klausener eine Unzahl von Schandtaten nationalsozialistischer Führer bekanntgeworden, und er hat sich in seiner energischen Art stets bemüht, polizeilich mögliche Schritte zur Rettung der Demokratie zu ergreifen. So ist es kein Wunder, daß der neue kommissarische preußische Innenminister Hermann Göring Anfang Februar 1933 die Entfernung Klauseners aus dem Ministerium anordnete ...

Aus Taktik Affront vermieden

... Diese Feindschaft war virulent geworden, nachdem Klausener am 24. Juni 1934, sechs Tage vor seinem Todestag, auf dem 32. Katholikentag des Bistums Berlin in Hoppegarten als Leiter der Katholischen Aktion vor 60 000 Gläubigen ein Bekenntnis zum Programm dieser Aktion ablegte, das zu den totalitären Absichten des nationalsozialistischen Regimes in ausgesprochenem Gegensatz stand. Die in Hoppegarten anwesenden Gestapospitzel hatten ausführlich über die Kundgebung ihren Auftraggebern berichtet. So kam es zu dem Mordbefehl gegen den Katholikenführer und ehemaligen, offen antinationalsozialistischen Leiter der Polizeiabteilung des Preußischen Innenministeriums anläßlich des „Röhm-Putsches“, mit dem Klausener nicht das mindeste zu tun hatte ...

(Petrusblatt 30. Jg. Nr. 26, 30. Juni 1974, S. 5f.)

Erich Klausener (1895–1934), Leiter der Polizeiabteilung im preußischen Innenministerium, Vorsitzender der Katholischen Aktion in Berlin, wurde am 30. Juni 1934 ermordet.

36. Plakat der NSDAP

37. Liste der Gestapo: Erfassung führender Männer der Systemzeit

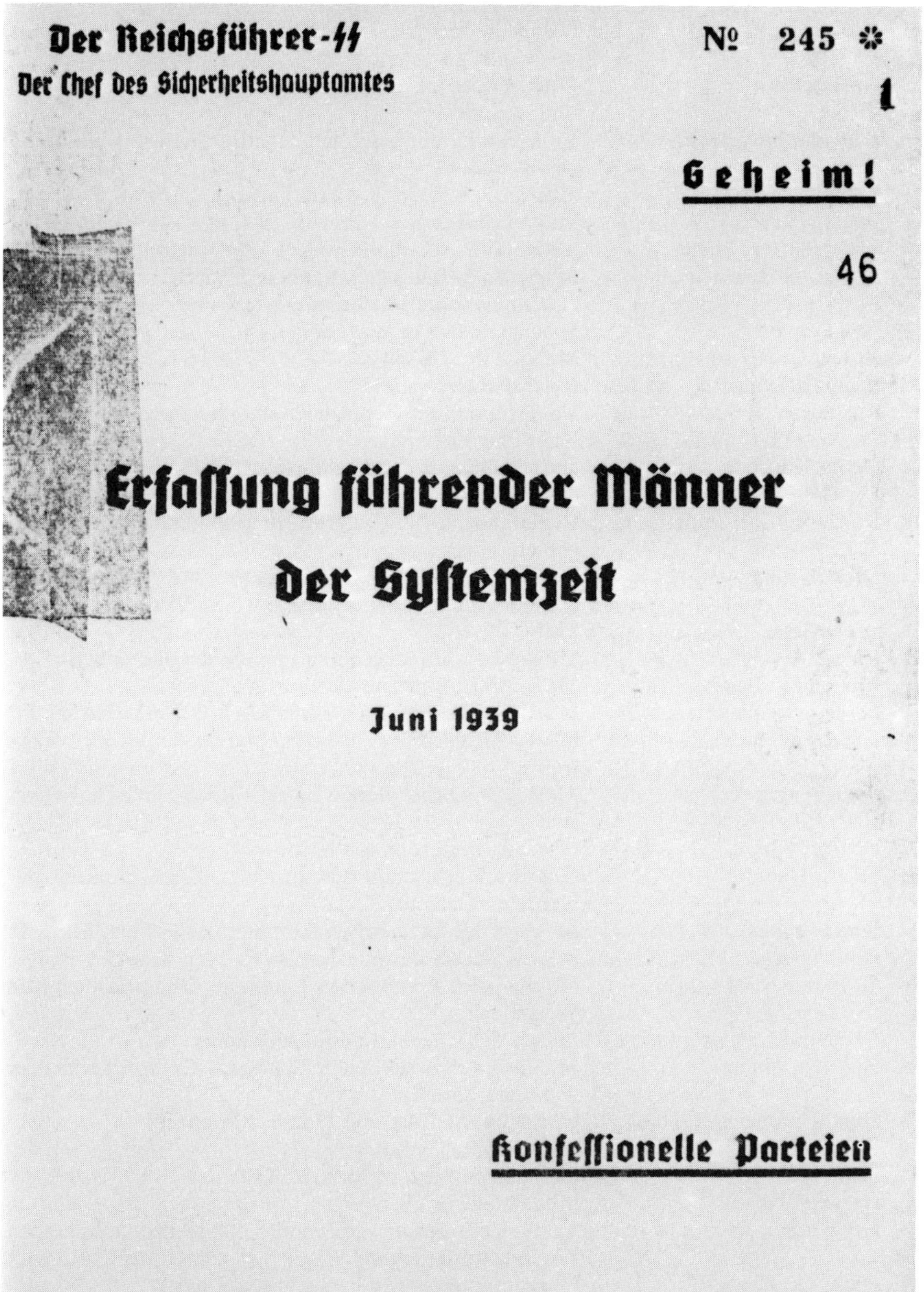

Der Reichsführer-SS
Der Chef des Sicherheitshauptamtes

№ 245
1

Geheim!

46

Erfassung führender Männer
der Systemzeit

Juni 1939

Konfessionelle Parteien

Konfessionelle Parteien	Funktion vor 1933 (Auszug aus der Kartei)
1. Adenauer, Konrad	Präsident des Preußischen Staatsrates, Oberbürgermeister von Köln
2. Andre, Josef	MdR, Präsident der württembergischen Landesversicherungsanstalt
3. Baumgartner, Eugen	Vorsitzender der badischen Zentrumspartei, Kultusminister in Baden
4. Bausch, Anton	Mitglied des Badischen Landtags
5. Bausch, Paul	MdR, CSVD
6. Bayersdörfer, Michael	MdR, BVP, „Katholikenführer der Rheinpfalz“
7. Berggötz, Heinrich	Mitglied des Badischen Landtags, CSVD
8. Beyerle, Josef Anton	Justizminister in Württemberg
9. Bolz, Eugen	Staatspräsident in Württemberg
10. Brückner, Erich	Mitglied des CSVD
11. Brüning, Heinrich	Reichskanzler
12. Bungarten, Franz	Vorsitzender der Zentrumspartei im Saargebiet, katholischer Pfarrer
13. Dehn, Günther	Vorstand des Bundes religiöser Sozialisten, Professor an der Universität Halle für evangelische Theologie
14. Danzebrink, Heinrich	Regierungsrat bei der Regierungskommission des Saargebiets
15. Diestel, Max	Stv. Vorsitzender des Weltbundes für Freundschaftsarbeit der Kirchen, Superintendent
16. Diez, Carl	MdR
17. Ehlen, Nikolaus	Mitglied des Friedensbundes deutscher Katholiken
18. Emminger, Erich	MdR, BVP, Reichsjustizminister
19. Ersing, Joseph	MdR, Bezirksleiter der Christlichen Gewerkschaften
20. Eßer, Thomas	MdR, Mitglied des Reichsparteivorstandes des Zentrums
21. Fehr, Anton	MdR, Deutsche Bauernpartei, Reichsernährungsminister
22. Franke, Albert	Oberbürgermeister von Neiße
23. Fuchs, Hans	Oberpräsident der Rheinprovinz, Reichsminister der besetzten Gebiete
24. Funke, Linus	Mitglied des Bayerischen Landtags, BVP, Staatssekretär
25. Goldenberger, Franz Xaver	bayerischer Kultusminister, BVP
26. Gronowski, Johannes	Mitglied des Preußischen Landtags, Oberpräsident von Westfalen
27. Grünewald, Alexander	Führer des Rheinischen Jungzentrums
28. Haerten, Philipp	Mitglied des Preußischen Landtags, Oberbürgermeister von Paderborn
29. Handschuhmacher, Hans	Oberbürgermeister von Mönchengladbach
30. Heim, Georg	MdR, BVP
31. Held, Heinrich	Ministerpräsident in Bayern, BVP
32. Herbert, Hans	Mitglied der BVP
33. Hildebrand, Dietrich von	Theologieprofessor, „führender Mann der katholischen Akademikerbewegung“
34. Hipp, Otto	Oberbürgermeister von Regensburg, BVP
35. Hoffmann, Hans	Vorsitzender der Zentrumsfraktion im Hessischen Landtag

36. Hoffmann, Johannes	Mitglied des Zentrums
37. Hofmann, Hermann	MdR
38. Horlacher, Michael	MdR, BVP, Direktor der bayerischen Landesbauernkammer
39. Imbusch, Heinrich	MdR, Vorsitzender der Christlichen Gewerkvereine
40. Kaas, Ludwig	MdR, Vorsitzender des Zentrums
41. Kirnberger, Ferdinand	hessischer Justiz- und Finanzminister
42. Klepper, Otto	preußischer Finanzminister, parteilos
43. Koch, Julius	Polizeipräsident von München
44. Kolvenbach, Heinz	Landesstellenleiter des Friedensbundes deutscher Katholiken
45. Koßmann, Bartholomäus	Mitglied der Regierungskommission des Saargebiets
46. Kurowski, Bruno	Abgeordneter des Volkstags in Danzig
47. Leicht, Johann	MdR, BVP
48. Lex, Hans Ritter von	MdR, BVP
49. Lingens, Walter	Polizeipräsident von Köln
50. Lüninck, Hermann Frhr. von	Oberpräsident der Rheinprovinz
51. Muckermann, Friedrich	SJ, Zentrumspolitiker
52. Muckermann, Hermann	SJ, Hochschulprofessor
53. Müller, Hans	Vorsitzender der BVP-Fraktion im Bayerischen Landtag
54. Obergassner, Heinrich Michael	Mitglied der BVP
55. Overhues, Ernst	Oberbürgermeister von Düren
56. Petri, Hermann	Sekretär des Bergbauindustriearbeiterverbandes, SPD
57. Pick, Otto	Geschäftsführer des Christlichen Metallarbeiterverbandes des Saargebiets
58. Pünder, Hermann	Regierungspräsident in Münster, Staatssekretär
59. Rausch, Hans	Mitglied des Bayerischen Landtags, BVP
60. Schäffer, Fritz	Landesvorsitzender der BVP, Mitglied des Bayerischen Landtags, Staatsrat
61. Scharnagl, Anton	Mitglied des Bayerischen Landtags, BVP
62. Scharnagl, Karl	Mitglied des Bayerischen Landtags, BVP, Oberbürgermeister von München
63. Schetter, Rudolf	MdR
64. Schmitt, Josef	Finanz- und Justizminister, Staatspräsident von Baden
65. Schreiber, Georg	MdR, Universitätsprofessor, Prälat
66. Servais, Albert	MdR, Bürgermeister von Aachen
67. Sperlich, Georg	Oberbürgermeister von Münster
68. Stang, Georg	Fraktionsvorsitzender der BVP im Bayerischen Landtag, Landtagspräsident
69. Stegerwald, Adam	MdR, Reichsminister, Ministerpräsident von Preußen
70. Stemmler, Ferdinand	Mitglied des Preußischen Landtags
71. Stohr, Albert	Mitglied des Hessischen Landtags, Professor für katholische Theologie
72. Stratmann, Franziskus	Führer des Friedensbundes deutscher Katholiken, Professor für katholische Theologie
73. Stützel, Karl	bayerischer Innenminister, BVP
74. Ulitzka, Carl	MdR, Prälat
75. Wirth, Karl Joseph	mehrmals Reichsminister, Reichskanzler
76. Wohlmuth, Georg	Mitglied des Bayerischen Landtags, Domprobst

[redacted]

55

7

B e r g g ö t z

Heinrich

geb. 17.12.89 zu Durlach.

<u>Vor 1933</u>:
M.d.L. und Mitbegründer des Christlich-Sozialen Volksdienstes in Baden, Rechnungs=rat beim evangelischen Oberkirchenrat.

<u>Nach 1933</u>:
Ist heute noch als Rechnuhgsrat tätig und lebt in Durlach, ist Anhänger der Bekenntnisfront.

11

59

B r ü n i n g, Dr.

Heinrich

geb. 26. 11. 85 zu Münster/Westf.

Emigrant

Vor 1933:
M.d.R. der Zentrumspartei, Reichskanzler, Geschäftsführer des Deutschen Gewerkschafts=bundes.

Nach 1933:
Emigrierte nach Amerika und hat an der Havard-Universität Boston eine Professur für Deutsche Geschichte übernommen. Hält sich aus sachlichen Gründen politisch zu=rück, gilt aber in der Emigration vor allem in kath. Kreisen als führender und kommender Mann. 1939 hat er erstmalig zu politischen Tagesfragen Stellung genommen und den Sturz des Nationalsozialismus prophezeit. Ferner hat er eine Reise nach London unternommen, wo er sich gegenwärtig noch aufhält.

15

63

D i e s t e l

Max

geb. 7. 11. 72 zu Tübingen.

<u>Vor 1933:</u>
Stellvertretender Vorsitzender des Welt=bundes für Freundschaftsarbeit der Kir=chen. War an leitender Stelle in der Liga für Menschenrechte.

<u>Nach 1933:</u>
Er steht in guten Beziehungen zu engli=schen Kirchenkreisen und vertritt die Bestrebungen der Oxford-Gruppe, fanati=scher Geistlicher der B.K., erkennt den Arierparagraphen für die Kirche nicht an und steht in scharfer Opposition gegenüber dem Nationalsozialismus, lebt heute als Superintendent in Berlin-Lichterfelde.

[redacted]

16

64

D i e z

Carl

geb. 8. 1. 77 zu Öhningen.

<u>Vor 1933</u>:
M.d.R. der Zentrumspartei, galt als be=
sonderer Freund Erzbergers, scharfer
Gegner der NSDAP.

<u>Nach 1933</u>:
Befand sich in Schutzhaft, lebt heute
in Radolfzell und betreibt eine kleine
Landwirtschaft.

[redacted]

-34-

82

H i p p

Otto

geb. 26.9.85 zu München

<u>Vor 1933:</u>
Führendes Mitglied der B.V.P., Mitgl. des bayer. Heimatschutzes, Vorsitzender des bayer. Städtetages, Oberbürgermeister der Stadt Regensburg, gehörte zu den aktivsten Gegnern der NSDAP., u.a. verweigerte er Lichtstrom für Versammlungszelte der NSDAP.

<u>Nach 1933:</u>
Lebt heute in München und unterhält eine Rechtsanwaltpraxis. Bezieht als Oberbürgermeister a.D. ein jährliches Ruhegehalt von RM 16.000.--.

64 112

S c h m i t t, Dr. jur.

Josef

geb. 2. 4. 74 zu Lauda.

Vor 1933:
M.d.L. des Zentrums, Badischer Finanz- und Justizminister, Staatspräsident, gehässiger Gegner der NSDAP.

Nach 1933:
Lebt heute in Karlsruhe und erhält ein monatliches Ruhegehalt von RM 883,30. Betätigt sich für die katholische Aktion.

38. Gestapomeldung über den Tod Schmittmanns

Geheime Staatspolizei
Staatspolizeileitstelle
Düsseldorf
II B 1 - 80.10/Schmittmann.
170 g

Düsseldorf, den 10.1939.

1.) Fernschreiben:

An Gestapa Berlin.

Betrifft: Benedikt Schmittmann, verstorben im KZ-Lager Sachsenhausen.

Vorgang: FS-Erlass Nr. 195307 vom 23.9.39 - II A 4 - 5208/39.

Benedikt Schmittmann gehörte zur A 1 - Gruppe der A-Kartei und wurde auf Grund dessen am 1.9.1939 festgenommen. Am 7.9.1939 erfolgte seine Überführung in das Konzentrationslager Sachsenhausen, wo er am 13.9.1939 an Herzschlag verstorben ist.

Ich nehme hierbei Bezug auf meinen Bericht vom 21.9.39 - II B 1 - 80.10/[redacted] 170 g / Schmittmann-an die dortige Abt. II B.

2.) Zur Personalakte Benedikt Schmittmann.

Benedikt Schmittmann (1872–1939), Zentrum, Landtagsabgeordneter, Professor für Sozialpolitik, 1933 in Haft, 1935 nach Dienststrafverfahren entlassen. Am 1. 9. 1939 wurde er verhaftet und starb am 13. 9. 1939 im KZ Sachsenhausen an den erlittenen Mißhandlungen.

39. Bericht über den Tod Schmittmanns

Trotz alledem hatte Schmittmann noch Hoffnung, auch die kommenden Strapazen vielleicht überstehen zu können. Jedenfalls gewannen alle seine Leidensgefährten, die sich teilnahmsvoll um ihn bemühten, den Eindruck, daß er durch die bisherigen Grausamkeiten „in seinem inneren Kern" nicht berührt worden war.
Am andern Morgen jedoch bricht er nach einigen Stunden, welche die Quälereien unsäglich steigerten, physisch zusammen. Ächzend läßt er sich hinfallen:
„Ich kann nicht mehr –".
Der Scharführer tritt ihn in die Seite:
„Warum läufst du nicht? Du willst wohl nicht mehr?"
„Doch, Herr Scharführer, ich will, aber ich kann nicht mehr!"
„Was, du altes Schwein, du willst nicht, du Mistbiene!"
Dabei tritt er ihn mehrere Male mit den schweren eisenbeschlagenen Stiefeln so in die Rippen, daß Schmittmann laut aufschreit:
„Ich – kann – nicht – mehr –".
„Doch, du kannst, du Pestbeule, du kannst! Paß auf, ob du kannst!"
Jedes Wort wird von einem Fußtritt begleitet.
Noch einmal will der Scharführer ihn mit dem ganzen Aufwand seines bestialischen Sadismus hochbringen ... Noch einmal bäumt sein Opfer sich vor Schmerzen auf. Dann fällt der Dulder auf sein Gesicht und bleibt reglos liegen.
„Ich – kann – doch – nicht – mehr –".
Der Scharführer – ein Neunzehnjähriger mit einem hübschen, offenen Kindergesicht – hat seinen Auftrag ausgeführt: „Der Schulmeister ist fertig!"
Als man ihn vom Platz wegträgt, kocht sein Brustkasten in höchster Todesnot. Sein letztes Röcheln gilt seiner Frau. Seine letzten Laute verlieren sich ins Unverständliche ...
Es war Mittwoch, der 13. September 1939, mittags 12 Uhr, am vierten Tage nach der Einlieferung in diese Hölle.

(Albert Lotz: Benedikt Schmittmann. Sein Leben und sein Werk. 1949, S. 48f.)

40. Schutzhaftbefehl für Rojek

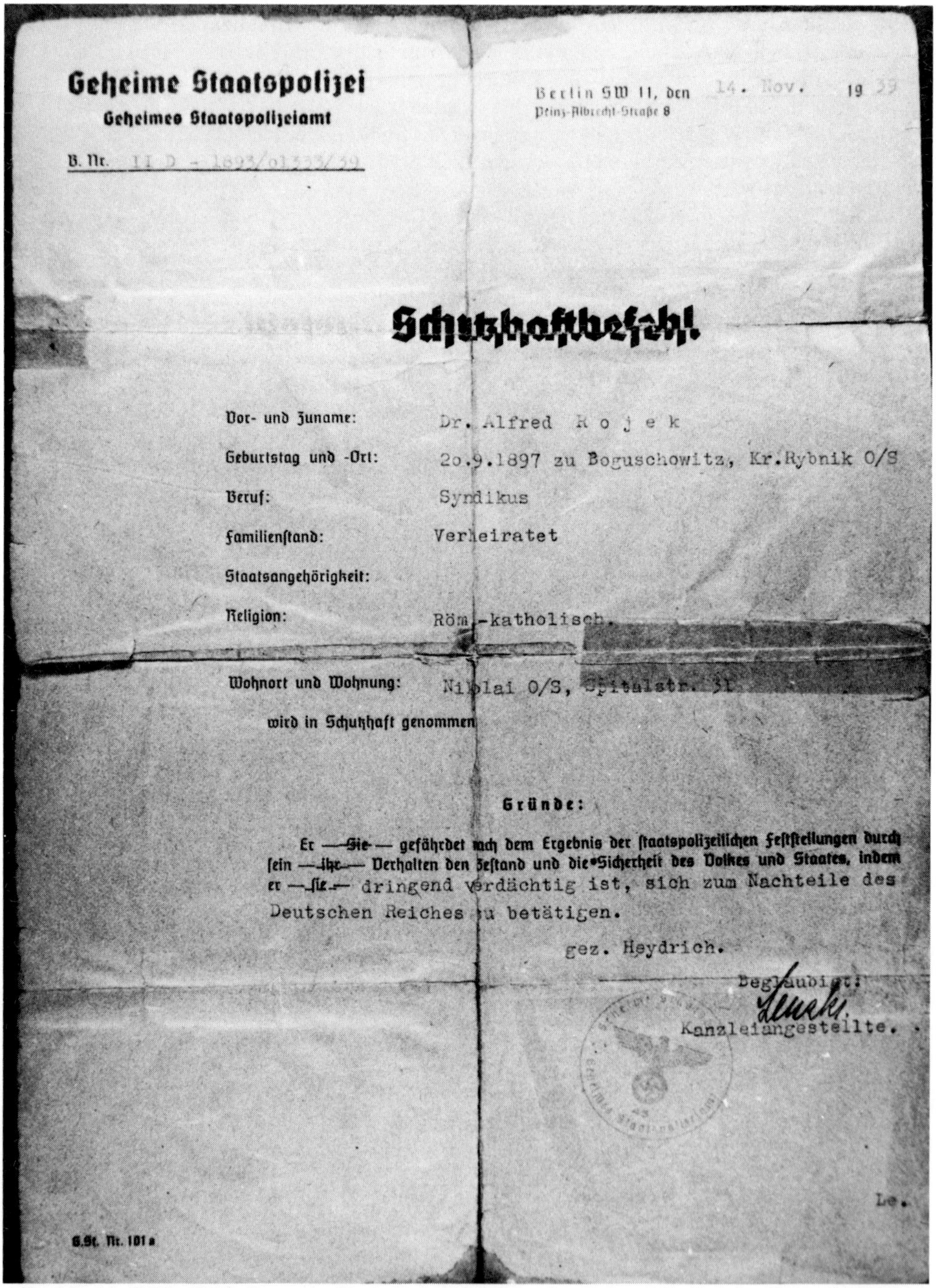

Geheime Staatspolizei

Geheimes Staatspolizeiamt

B. Nr. II D – 1893/01333/39

Berlin SW 11, den 14. Nov. 1939
Prinz-Albrecht-Straße 8

Schutzhaftbefehl.

Vor- und Zuname: Dr. Alfred Rojek

Geburtstag und -Ort: 20.9.1897 zu Boguschowitz, Kr. Rybnik O/S

Beruf: Syndikus

Familienstand: Verheiratet

Staatsangehörigkeit:

Religion: Röm.-katholisch.

Wohnort und Wohnung: Nikolai O/S, Spitalstr. 31

wird in Schutzhaft genommen.

Gründe:

Er ~~—Sie—~~ gefährdet nach dem Ergebnis der staatspolizeilichen Feststellungen durch sein ~~—ihr—~~ Verhalten den Bestand und die Sicherheit des Volkes und Staates, indem er ~~—sie—~~ dringend verdächtig ist, sich zum Nachteile des Deutschen Reiches zu betätigen.

gez. Heydrich.

Beglaubigt:
Lenski
Kanzleiangestellte.

Le.

G.St. Nr. 101 a

Alfred Rojek (1897–1975), Deutsche Katholische Volkspartei in Polen, Mitglied des Oberschlesischen Landtags. Im November 1939 in Schutzhaft genommen. Nach 1945 Mitglied des Abgeordnetenhauses Berlin.

Viele Oppositionelle sahen sich gezwungen, dem übermächtigen physischen und psychischen Druck des NS-Gewaltsystems durch Preisgabe der Heimat, durch „Emigration“ auszuweichen. Von den christlichen Demokraten sind – im Vergleich zu den sozialdemokratischen Gegnern des Nationalsozialismus und den Kommunisten – nur wenige ins Ausland geflohen, ihr Anteil unter den politisch aktiven Emigranten lag bei etwa 5%. Wie für alle Verfolgten galt auch für sie, daß die Flucht über die Grenze erschwert war durch strenge Asylbestimmungen der Gastländer in Europa und Amerika und durch die Mittellosigkeit der Flüchtlinge. Hinzu kommt eine schwächere Exildisposition dieser Gruppe: Das mag an der zunächst weniger akuten Gefährdung durch den Terror des Regimes, an der traditionellen Einstellung zum Staat und der mangelnden Erfahrung mit Illegalität und Emigration gelegen haben; vor allem aber fiel ins Gewicht, daß es für sie – anders als bei der Sozialistischen Internationale – kaum ausländische Schwesterorganisationen und Parteien gab, mit längst bestehenden Kontakten und erprobten Wegen der Zusammenarbeit. Die Kirchen des Auslandes, die Flüchtlingskomitees und andere Hilfseinrichtungen für Emigranten unterhielten, bildeten hierfür kaum Ersatz. Eine „Exilpolitik“ der christlichen Demokratie hat es darum auch nicht gegeben.

Praktisch kamen von den Nachbarländern des Reiches nur diejenigen als Exil- Nr.41
stationen in Betracht, in denen eine vergleichbare politische Organisation der Christen es möglich machte, dort vorübergehend Fuß zu fassen und offizielle Unterstützung zu erhalten: vor allem das Saarland bis zu seiner Rückgliederung 1935, Österreich bis zum „Anschluß“ 1938, Luxemburg, Belgien, Holland, die Tschechoslowakei, in geringerem Maße auch noch die Schweiz und Frankreich.

Aus dieser besonderen Exilsituation erklärt sich auch, warum viele dieser Emi-
granten von einem Aufnahmeland zum anderen gejagt wurden, als das Dritte Nr.49–58
Reich seinen Machtbereich ausdehnte, und der Gestapo in die Hände fielen.
Sehr wenige konnten sich in ein Versteck retten. Nur in Einzelfällen gelang es Nr.44–48
christlichen Demokraten, Europa zu verlassen – im Rahmen von Auswande-
rungsaktionen (z. B. Deutsche Rolandwanderung nach Brasilien), aufgrund per-
sönlicher Beziehungen, ihres Bekanntheitsgrades als Politiker (Brüning, Spiek- Nr.42–43
ker) oder ihres Ansehens als Gelehrte und Publizisten der Weimarer Republik (z. B. Dessauer, Brauer, Gurian, Briefs, Rommen).

Als weitere Besonderheit dieser Emigration fällt das Fehlen jeglicher parteipolitischer Organisationsversuche auf. Es gab bei ihr keine Exilzentren mit Grenzstellen und Sekretariaten, keine einheitliche Exilführung, keinen „Mikrokosmos aus Organisationen, Vereinigungen und Diskussionszirkeln“, wie er aus der sozialdemokratischen und der kommunistischen Exilgeschichte bekannt ist. Selbst die prominenten Politiker hielten sich in der Emigration auffallend zurück. So beschränkten sich die Aktivitäten dieser Gruppe im Ausland weitgehend auf die Pflege loser persönlicher Kontakte untereinander. Ferner arbeiteten sie in Flüchtlingshilfswerken zur Wahrnehmung der sozialen und rechtlichen Interessen der Emigranten und an Exilzeitungen zur Beeinflussung der öffentlichen Meinung mit; besondere Bemühungen galten den Kontakten – zumindest bis Ausbruch des Krieges – mit den oppositionellen Kräften in der Heimat.

Als sich der innerdeutsche Widerstand stärker zu regen begann, wurde im Exil durch ehemalige Mitglieder des Zentrums und der Deutschen Staatspartei sowie durch Sozialisten um Willi Münzenberg, der mit der KPD gebrochen hatte, der Versuch gemacht, die demokratische Opposition zu sammeln und dabei auch einer propagierten christlichen Einheitsfront eine politische Heimat zu geben. Mit dieser Zielsetzung wurde 1936/37 in Paris und London die Deut-

sche Freiheitspartei (DFP) gegründet. Unter dem Namen „Deutsche Freiheitsbriefe“ wurden ab 1937 von ihr Flugblätter herausgebracht, die für den illegalen Vertrieb in Deutschland bestimmt waren. Weil sich die DFP als innerdeutsche Freiheitsbewegung verstand, verzichtete sie auf eine feste Organisation und beließ es bei einer breitgefaßten, sehr offenen Programmatik. Ihr Hauptinitiator,
Nr.59,60 zugleich der redaktionelle Leiter ihres Organs „Das wahre Deutschland“, das von 1938 bis 1940 erschien, war der ehemalige Zentrumspolitiker Karl Spiecker, der 1930/31 im Reichsinnenministerium als Sonderbeauftragter für die Bekämpfung des Nationalsozialismus zuständig gewesen war.

Nr.61,62 Auch die „Zukunft“ stand der politischen Richtung der DFP nahe; ihre Konzeption war eine „Volksfront ohne Kommunisten“, wobei sie besonders die europäische Perspektive herausstellte. Sie wurde von 1938 bis 1940 von Willi Münzenberg in Paris herausgegeben; ihr Chefredakteur war seit 1938 Werner Thormann (Zentrum), der frühere politische Sekretär des ehemaligen Reichskanzlers Wirth.

Die Stimme des deutschen katholischen Exils wurde vor allem durch die drei Wochenzeitungen „Deutsche Briefe“, „Der deutsche Weg“ und „Der Deutsche in Polen“ vertreten. Die „Deutschen Briefe“ erschienen von 1934 bis 1938 in Luzern, herausgegeben und redaktionell betreut von den katholischen Publizi-
Nr.46 sten Waldemar Gurian und Otto Michael Knab. Mit Nachrichten und Kommentaren zu innerdeutschen Vorgängen suchten sie den totalitären Charakter der NS-Herrschaft offenzulegen. Berühmt geworden sind die von Knab verfaßten
Nr.63 „Fuchsen-Fabeln“ von 1936. Der „Deutsche Weg“ (Oldenzaal/Holland) führte in den Jahren 1934 bis 1940 unter der Herausgeberschaft des Jesuitenpaters
Nr.64,115 Friedrich Muckermann nicht nur die Tradition der katholischen Presse fort, sondern wurde auch zum „Kampforgan, das die Legitimität der Hitlerregierung niemals anerkannt hat“. Von den Katholiken Hollands unterstützt und illegal durch
Nr.114 Schmugglerdienste im Rheinland und in Westfalen verbreitet, leistete das Blatt mit seinen scharfen Protesten gegen unmenschliche Polizeimethoden und politische Verbrechen wichtige Aufklärungsarbeit.

Nr.66 Der „Deutsche in Polen“, herausgegeben von Johannes Maier-Hultschin, war eigentlich das Organ der volksdeutschen Minderheit im östlichen Nachbarland des Reiches. Wegen seiner Kooperation mit dem „Deutschen Weg“ und durch seine Verbindungen mit emigrierten Zentrumsmitgliedern, vor allem aber durch den Kampf gegen die politisch-ideologischen Grundpositionen des Nationalsozialismus und die schonungslose Kritik an der Entwicklung im nationalsozialistischen Deutschland hat das Blatt gleichwohl die Bedeutung einer Exilzeitung besessen.

Wie im innerdeutschen Widerstand christliche Verantwortung zu einer Neubesinnung auf die Rechtsstaatlichkeit und zu einer Überwindung der politischen Gegensätze zwischen den Konfessionen führen konnte, so entstand auch im Exil eine kräftige Bewegung für eine Gesellschaftserneuerung, die von der Forderung nach Verwirklichung der christlichen Grundsätze ausging. Eine Reihe
Nr.65,67 von Exilblättern, wie das „Abendland“ und „Europa“, propagierten in diesem Sinn eine Sammlung der Christen in einem „neuen Geist“.

Ungeachtet aller parteipolitischen und konfessionellen Unterschiede verstand sich das deutsche Exil als Repräsentant der unterdrückten, zum Schweigen verurteilten Mehrheit des deutschen Volkes.

41. Emigration christlicher Demokraten

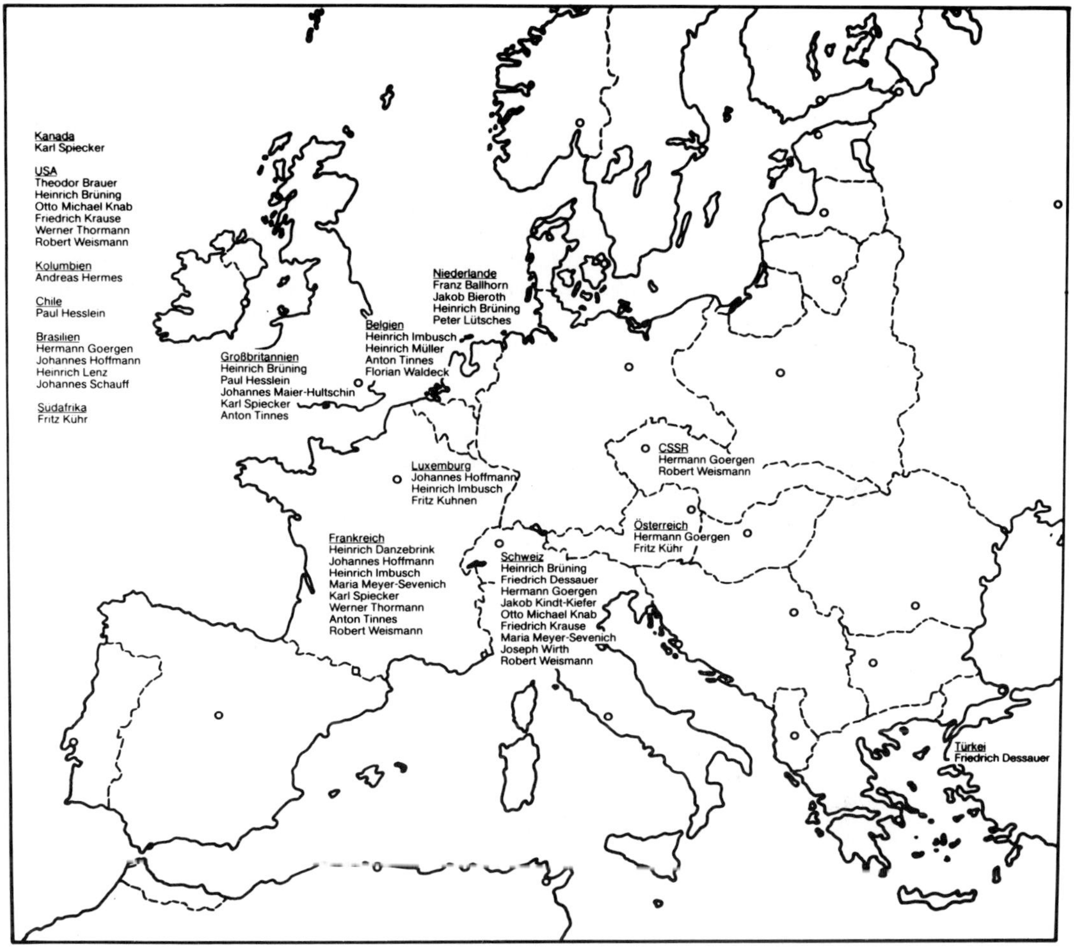

42. Brüning an seine Freunde

London, 19. September 1936
Die nächsten Monate geben keine Möglichkeit, so wie bislang mit den Freunden Auffassungen auszutauschen. Der fehlende Zwang, in solchen Unterhaltungen die Gedanken scharf zu fassen, drückt in meiner Lage leicht das Erkennen und das Urteil in die Nebelebene des Gefühlsmäßigen herunter. In ihr tauchen Erkenntnisse vielleicht zuerst instinktiv auf, aber sie verschwimmen leicht und hinterlassen Stimmungen statt ruhiger Urteile. Auf blitzartige Hoffnungen und Gesichter folgen Tage der Stumpfheit. Beides muß ich von mir halten, um einsam leben zu können und zwei Dinge mir klar vor Augen zu haben.
Im Politischen muß mein Vaterland vor mir, vor Hoffnungen, vor Bitterkeit immer stehen. Wenn ich das auch für mich persönlich so weit gelten lasse, daß ich es als meine Pflicht ansehe, im Falle eines nicht geradezu frivol heraufbeschworenen Krieges noch einmal für das Vaterland ins Feld zu ziehen, so bleiben für mich unumstößliche innere Gesetze. Kein Krieg ist gerechtfertigt, selbst wenn er für eine gerechte Sache geführt wird, wenn dasselbe Ziel erreicht werden könnte durch eine kluge, weitschauende und in jedem Augenblick erfindungsreiche Politik. Mit Geduld und ohne krankhaftes Prestigegefühl ist auf die Dauer, wenn einem schöpferische Phantasie in jedem Augenblick zur Verfügung steht, fast immer das gleiche Ziel zu erreichen ohne Krieg. Wer diese Gaben nicht hat und es zum Kriege kommen läßt, bleibt deswegen ein Verbrecher, weil er aus Ruhmsucht, Eigensinn oder letzter, tiefster Feigheit nicht die Folgerungen zieht und selbst aus der Verantwortung ausscheidet.
Ein Zweites bleibt: der Kampf um die ewige Heiligkeit gewisser Rechtsprinzipien, die die Grundlage für allen dauernden Aufstieg sind und bleiben. Hier gibt es mit den jetzigen Machthabern nie eine Versöhnung, nur ewigen Kampf. Von diesem abgesehen, müssen Erfolge für das Vaterland, wenn sie von den Jetzigen errungen werden, begrüßt [werden]; sind sie Augenblickserfolge, ohne zu einer langdauernden friedlichen Ordnung in der Welt zu führen, so werden sie scharf abgelehnt. Ihr Wert für das Regime selbst muß klar festgestellt werden; jeder falsche Schritt muß festgestellt werden, aber ohne Leidenschaft und Haß. Nur so komme ich durch alles hindurch.

(Druck: Heinrich Brüning, Briefe und Gespräche 1934–1945. Hrsg. von Claire Nix. 1974, S. 127)

Heinrich Brüning (1885–1970), Zentrum, Reichstagsabgeordneter, 1930–1932 Reichskanzler, emigrierte 1934 in die Schweiz, später in die Niederlande, Großbritannien, USA; Professor in Harvard.

43. Brüning an Eugen Rosenstock-Huessy

Lowell House. Harvard, 3. Februar 1940
... Wer das Regime von innen auswerfen will, muß schweigen können, bis der Augenblick reif ist. Bisher ist alles am Palavern und Briefe- und Bücherschreiben gescheitert. Von außen, von im Exil lebenden Deutschen aus ist nichts zu machen. Selbst an sich harmlose Diskussionen, die leider nie vertraulich bleiben unter Deutschen, sind schädlich, weil sie gewisse Entwicklungsmöglichkeiten in Deutschland selbst hemmen können – wenn sie nicht viel mehr Schaden anrichten. Deshalb lehne ich es prinzipiell ab, mich an Friedensdiskussionen zu beteiligen. Meine Auffassungen über eine zukünftige Gestaltung Europas sind denen bekannt, die damit etwas praktisch anfangen können, vorausgesetzt, daß der Verlauf der militärischen Ereignisse und die auf lange Sicht unberechenbaren Volksstimmungen eine Durchführung solcher Ansichten ermöglichen. Ebenso bekannt ist auch allen maßgeblichen Stellen, daß ich mich nicht aktiv an irgendwelchen Verhandlungen oder an der Politik Deutschlands beteiligen will und werde. Der Zeitpunkt dieses meines Entschlusses liegt viele Jahre zurück, und deshalb habe ich den Vorzug, daß mir allein der Glaube geschenkt wird, daß ich es auch damit ernst meine. Es ergibt sich auch daraus, daß ich mich nicht in Einzelheiten einer Diskussion einlassen kann, wie Sie es begreiflicherweise vielleicht erwarten könnten.
Ein anderer Grund ist dieser: Wenn ich alle zum Teil an sich sehr interessanten Friedensvorschläge und Pläne auf künftige Gestaltung der Innen- und Außenpolitik Deutschlands, die mir täglich von Europa und hier zugeschickt werden, eingehend durchlesen und beantworten würde, so brauchte ich mehrere Sekretärinnen und würde zu nichts anderem mehr die Zeit finden. Zudem nutzen alle solche Vorschläge nichts, wenn nicht zuvor eine tiefgehende und nachhaltige moralische Gesundung beim deutschen Volk eintritt. Aus diesen Gründen kann ich auch nicht das Heil von Jünger* und ähnlichen Persönlichkeiten erwarten, deren Schwanken ich seit vielen Jahren zu beobachten Gelegenheit hatte und die gerade dann jede „Tuchfühlung" verlieren, wenn der Erfolg schon da ist. Das ist leider so oft das Schicksal deutscher politischer Reformer, soweit sie vom Abstrakten herkommen. Es ist vielleicht auch das ewige Schicksal der deutschen Intellektuellen und damit des deutschen Volkes...

(Druck a. a. O., S. 306f.)

Eugen Rosenstock-Huessy (1888–1973), Hochschulprofessor; September 1933 in die USA emigriert.
*Ernst Jünger (geb. 1895), Schriftsteller.

44. Imbusch

Heinrich Imbusch (1878–1945), Zentrum, Reichstagsabgeordneter, Vorsitzender des Gesamtverbandes Christlicher Gewerkschaften; flüchtete 1933 in das Saargebiet; bei einem Entführungsversuch durch die SA erhielt er eine Kopfwunde (Foto); 1935 floh er mit seiner Familie nach Luxemburg. Er kehrte 1942 illegal nach Essen zurück und lebte versteckt bei seiner Familie, bis er am 16. Januar 1945 an Entkräftung starb.

45. Gestapo-Bericht über Imbusch

Geheimes Staatspolizeiamt
II G - J. 6/33

Berlin, den 15. November 193[3]

Stapo Düsseldorf
20. NOV 1933
— Anlagen.

Schnellbrief!

An
die Staatspolizeistelle
in Düsseldorf.

Seit der nationalen Revolution hält sich der frühere Gewerkschaftssekretär Imbusch aus Essen im Saargebiet auf. Wie hierher berichtet worden ist, hindert Imbusch durch seinen Audenthalt die ganze Entwicklung der Gewerkschaftsbewegung im Saargebiet im nationalsozialistisch-deutschen Sinne, so daß von allen Seiten die dringende Entfernung des J. aus dem Saargebiet gewünscht wird.

Ich ersuche ergebenst um sofortigen Bericht, was dort übe[r] J. und seine frühere Tätigkeit als Gewerkschaftssekretär bekannt ist.

Im Auftrage:
gez. Richter-Brohm.

Geheimes Staatspolizei

Beglaubigt:
Lampe
Pol.-Kanzlei-Sekretär.

46. Rede von Imbusch

Gründung des Deutschen Volksbundes für christlich-soziale Volksgemeinschaft in Saarbrücken am 30. November 1934

„Wir wollen sowohl im Saargebiet wie auch in Deutschland die Freiheit, wir wollen die persönliche Freiheit, keiner soll uns willkürlich die Freiheit nehmen können. Wir verlangen das Recht, denken zu dürfen, wir wollen nicht gezwungen sein zu denken, was ein anderer denkt. Wir wollen auch das Recht der freien Meinungsäußerung, daß nicht jeder, der offen und ehrlich Kritik übt, mit Konzentrationslager, mit Gefängnis, mit Zuchthaus oder mit Mißhandlungen und Totschlag bestraft wird. Wir wollen Pressefreiheit; ich sage ausdrücklich: Freiheit, nicht Frechheit ... Wir wollen eine Abkehr von dem bisherigen Weg der deutschen Gewalthaber auf diesem Gebiet. Wir wollen auch religiöse Freiheit, die Freiheit der Gesinnung und des Gewissens. Keiner soll gezwungen werden etwas zu tun, was seinem Gewissen widerstrebt. Kein Lehrer, keine Lehrerin soll gezwungen werden, christentumsfeindliche Schriften zu lesen und ihren Kindern, Schülern und Schülerinnen, vorzutragen. Wir wollen auch Freiheit in der Ausübung der Religion. Es soll keinem wegen der Religionsausübung ein Schaden erwachsen und in den Staatseinrichtungen ist Zeit und Raum zu geben zur Erfüllung der religiösen Pflichten. Wir wollen auch die Freiheit des Wirkens für die Kirche. Es muß Schluß gemacht werden mit den Hemmnissen.

Welche Schwierigkeiten wurden nicht in letzter Zeit der evangelischen Kirche gemacht und welche Schwierigkeiten nicht der katholischen. Ich erinnere nur an die Verhinderung der Vorlesung der Hirtenbriefe der katholischen Bischöfe. Soweit sind wir gekommen. Das sind keine Greuelmärchen, sondern Tatsachen. Wir verlangen Freiheit für die kirchlichen Vereine. Sie ist ihnen vertraglich zugesichert. Wir verlangen, daß sie gehalten werden. Wir verlangen die Freiheit insbesondere des Wirkens für die konfessionellen Jugendvereine. Wir wollen die Einstellung des Kampfes gegen die christliche Kirche. Wir verlangen Freiheit für die Kirche, das ist entschieden auch für die Interessen des Staates. Wir verlangen sodann einen Rechtsstaat. Ordnung und Gesetze sollen herrschen, unabhängige, gewissenhafte Richter sollen nach vernünftigen Gesetzen Recht sprechen. Kein Diktator soll das Recht haben, sich selbst zum höchsten Richter zu ernennen, zahlreiche Menschen ohne gerichtliche Verhandlung, ohne ernsthafte Prüfung der Schuld und ohne gewissenhaftes Urteil, ohne rechtmäßigen Richter umbringen zu lassen und sich selbst vor dem Gesetz Entlastung zu erteilen. Die Verbrecher sollen in den Zuchthäusern und Gefängnissen sitzen und die anständigen Bürger frei sein. Kein Gauleiter soll straflos einen Gefangenen im Gefängnis mit der Hundspeitsche bearbeiten können. Die Uniformierten im deutschen Volk sollen dem Volk dienen, aber nicht deutsche Bürger straflos mißhandeln und morden können! Wir wollen nicht, daß die Jugend durch falsche Erzieher in Schulen, Hitlerjugend, im Landdienstjahr und Arbeitsdienstlagern und durch planmäßige Verbreitung christentumsfeindlicher Schriften dem Christentum entfremdet wird. Wir wollen ein Christentum, wie es Christus seiner Kirche zur Ausübung übertrug, nicht ein Christentum, wie es ein Christentumsfeind sich einbildet, nicht ein Christentum, wie es ein einzelner größenwahnsinniger Mensch sich vorstellt, nicht ein Christentum, wie es die von der Lehre der katholischen Kirche und der Kirche Abgefallenen als für sich angenehm betrachten, nicht ein Christentum, das sich mit einem Werke wie die erpreßte Winterhilfe genügend legitimiert glaubt. Wir wollen das Christentum, wie es von Christus, dem Begründer, gelehrt wurde, wir wollen das Christentum mit seinem Gebot der Gottesliebe, des Gottesdienstes und der Nächstenliebe. Wir wollen ein Christentum, das möchte ich besonders unterstreichen, das das Gebot achtet: Du sollst deinen Nächsten lieben wie dich selbst. Und jeder Mensch ist dein Nächster, nicht nur der Arier und nicht nur der Nationalsozialist. Wir sind gegen den schädlichen und das Christentum beschimpfenden Rassenhaß, wir wollen, daß das Christentum sich auswirkt in Staat, Gesellschaft und Wirtschaft. Wir sind der Auffassung, daß das Christentum auch gute Richtlinien abgibt für die Innen- und Außenpolitik. Das Christentum spricht allerdings gegen Konzentrationslager für unschuldige deutsche Volksgenossen und für Frieden unter den Völkern. Aber gerade wir an der Saar hier haben alle Veranlassung, das Christentum zu fördern, denn meiner Ansicht nach muß die Saar ein Bürge des Friedens zwischen den beiden großen Völkern sein. Bei dieser Gelegenheit möchte ich noch mit einem Satz darauf hinweisen, daß der Kampf gegen das Christentum in Deutschland leider nicht ein Kampf untergeordneter Organe gegen das Christentum ist, sondern der Führer ist schuld an diesem Kampf, der Führer, der den ärgsten Christentumsfeind zum Leiter der ganzen Dinge gemacht hat. Wir wollen sodann wirklich edelstes Deutschtum. Wir sind Deutsche, wir wollen deutsch bleiben. Wir sind aber keine Nationalsozialisten, und Deutschtum und Nationalsozialismus sind für uns nicht identisch. Auch Hitler und Deutschland sind nicht identisch. Wir sind als Deutsche, als wirkliche Deutsche für Deutschland, aber gegen Hitler, und uns brauchen die in Böhmen, Ägypten, Argentinien und Rußland geborenen Mitglieder der Regierung Deutschlands nicht zu sagen, was deutsch ist."

(Druck: Deutsche Briefe 1934–1938. Bearb. von H. Hürten. Veröffentl. der Kommission f. Zeitgeschichte, Reihe A, Bd. 6, I, S. 103f.)

47. Ausbürgerung von Imbusch

Geheime Staatspolizei
Staatspolizeistelle Düsseldorf
II B 3/66.50 Imbusch

Düsseldorf, den 5. Nov. 193.

1.) Der (Die) Heinrich Imbusch

geb. 1. 9. 1878 in Oberhausen

zuletzt wohnhaft gewesen in Essen, Rüpsallee 67,

wurde durch Bekanntmachung vom 4. 8. 1937, veröffentli[cht] in der Nr. 175 des Deutschen Reichsanzeigers und Preußischen Staatsanzeigers vom 5. 8. 1937 der deutschen Staatsangehörigkeit für verlustig erklärt.

2.) II F. zur Auswertung.

3.) z.P.A. Heinrich Imbusch.

I.A.

48. *Vernehmung der Familie Imbusch*

Geheime Staatspolizei
Staatspolizeileitstelle Düsseldorf
Aussendienststelle Essen
B.-Nr. - II B 1 - 4162/41
Bitte in der Antwort vorstehendes Geschäftszeichen und Datum anzugeben.

Essen, den 20. Januar 1942.

133

An die
Geheime Staatspolizei
Staatspolizeileitstelle Düsseldorf

in Düsseldorf.

[Stempel:] 23. JAN. 1942

Betrifft: Rückkehr der ausgebürgerten deutschblütigen Familienangehörigen des ehem. Reichstags- u. Zentrumsmitgliedes Heinrich Imbusch, geb. am 1.9.78 in Oberhausen.

Vorgang: Verfügung vom 7.11.41 - II B 3/68.50/Imbusch.

Anlagen: 1 Vernehmungsniederschrift mit 3 Durchschlägen.

Der Aufforderung des Einsatzkommandos der Sicherheitspolizei und des SD in Luxemburg, nach Deutschland zurückzukehren, haben folgende Angehörige des Imbusch Folge geleistet:

1.) Ehefrau Franziska Imbusch, geborene Breddemann, geb. am 27.12.86 in Essen-Borbeck, kath. Konfession, staatenlos,

2.) Clemens Imbusch, Uhrmachergeselle, geb. am 26.9.1916 in Essen, kath., ebenfalls staatenlos,

3.) Irmgard Imbusch, geb. am 18.12.1921 in Essen-Borbeck, ledig, kath. Konfession, ebenfalls staatenlos,

4.) Ernst Imbusch, geb. am 14.8.1925 in Essen-Borbeck, kath. Konfession, Schreinerlehrling, ebenfalls staatenlos.

Sie kehrten schon am 18.9.1941 nach hier zurück, nahmen in Essen, Aldegrevenstr. 26, Wohnung und meldeten sich am 4.10.1941 bei der hiesigen Aussendienststelle.

Clemens Imbusch erhielt bei dem Uhrmachermeister Franz Rieks, Essen, Holsterhauserstr. 33, Anstellung und ist dort heute noch bei einem monatlichen Bruttoverdienst von RM 164.- tätig. Sein Bruder Ernst arbeitet als Lehrling bei dem Schreinermeister Egidius Niederehe, Essen, Beiseweg Nr. 98; er beabsichtigt, später eine Baugewerksschule zu besuchen.

- 4 -

besuchen. Die weiteren aus der Ehe hervorgegangenen Kinder des I. sind heute wie folgt aufhältlich:

1.) Heinrich Imbusch jun., geb. am 11.11.1909 in Essen, kath. Konfession, ebenfalls staatenlos, wohnhaft seit 1935 in Paraguay/Südamerika. Dieser betätigte sich nach seiner Auswanderung ins Saargebiet (er war mehrere Monate vor seiner Mutter und seinen übrigen Geschwistern nach Saarbrücken ausgewandert) als Redakteur beim Verlag der Saarzeitung "Neue Saarpost", die bekanntlich den "Status quo" vertrat und gegen die Rückgliederung des Saargebietes an Deutschland eintrat. Im Jahre 1935 wanderte er von Luxemburg nach Essen zurück und nahm bei ihren in Essen, Hedwig Str. 20, wohnhaften Eltern Aufenthalt. Sie ist heute dort noch wohnhaft und polizeilich gemeldet.

2.) Maria Franziska Kremer, geb. Imbusch, geb. am 13.7.14 in Essen-Borbeck, kath. Konfession, wohnhaft heute angeblich Lyon/Frankreich. Diese war kurz vor der Saarrückkehr mit ihren Eltern nach Luxemburg verzogen und hatte sich dort i.J. 38 mit einem Sprachlehrer Bruno Kremer verheiratet, der schon seit 1935 an einer höheren französischen Lehranstalt Nantes Angestellung gefunden hatte. Sie wurden dort beim Westfeldzug evakuiert und sollen sich heute nach den letzten Nachrichten, die sie der hier wohnhaften Ehefrau I. zukommen liessen, heute in Lyon/Frankreich aufhalten.

3.) Hermann Imbusch, geb. am 10.12.1919 in Essen-Borbeck, kath., staatenlos, heutiger Wohnsitz nicht bekannt. Diesem wurde im Jahre 1940 vom Arbeitsamt in Luxemburg eine Stelle beim Reichsamt für Landesvermessung in Berlin vermittelt; seit dieser Zeit ist er dort tätig und nimmt an verschiedenen Vermessungen im Reich teil. Sein augenblicklicher Wohnsitz ist seinen hier wohnhaften Angehörigen nicht bekannt.

Da die Ehefrau I. infolge linksseitiger Lähmung bettlägerig und schwerhörig ist, wurde ihr Sohn Clemens gemäss dem Erl. des Chefs der Sicherheitspolizei u. d. SD vom 1.10.1940/ IV D 6/229/40 - eingehend vernommen.

Die

/13/

Die übrigen hier wohnhaften Geschwister wurden nur informatorisch gehört, da sie nicht in der Lage waren, weitergehende Angaben zu machen. Von ihrer Vernehmung wurde daher Abstand genommen. Eine gegnerische Betätigung konnte dabei den hier wohnhaften Angehörigen des I. nicht nachgewiesen werden. Von der Einleitung staatspolizeilicher Massnahmen wurde daher gegen sie abgesehen. Da sie sich fernerhin seit ihres hiesigen Aufenthaltes Nachteiliges in politischer Hinsicht nicht zuschulden kommen liessen, wurde auch von der Erteilung besonderer Auflagen Abstand genommen.

Während des Aufenthaltes in Saarbrücken hat Clemens I. folgende Personen kennengelernt, die sich gegen die Angliederung des Saargebiets an Deutschland betätigt haben:

1.) Johann H o f f m a n n , Chefredakteur an der "Neuen Saarpost". Dieser soll ebenfalls kurz vor der Eingliederung aus dem Saargebiet nach Luxemburg geflüchtet und dort heute noch wohnhaft sein.

2.) Fritz K u h n e n , Sekretär bei den Christlichen Gewerkschaften in Saarbrücken. Er soll aus Schönebeck stammen und ebenfalls heute noch in Luxemburg aufhältlich sein.

3.) August K a s p a r , Kassierer bei den Christlichen Gewerkschaften in Saarbrücken, wohnhaft seit 1934 dortselbst, Im Heimeck (Nr. nicht bekannt). Wo K. sich heute aufhält, ist dem Clemens I. nicht bekannt.

In Luxemburg mit Emigrantenkreisen verkehrt zu haben, bestritt hier Clemens I. Er will sich dort überhaupt nicht politisch betätigt haben; sogar sein Vater habe dort seine politische Arbeit eingestellt. Ein diesbezügliches von H o f f m a n n und K u h n e n an I. (seinem Vater) gestelltes Ansinnen soll er abgelehnt haben. Nähere Ermittlungen sind hierzu noch in Luxemburg erforderlich. Clemens I. will sich mit seinem Bruder Hermann in Luxemburg der "Volkdsdeutschen Bewegung" angeschlossen haben. Nebenher habe er dort einem Fliegerclub "Aero" angehört und dort die Prüfung für Sportflieger abgelegt. Über seinen Vater gab I. bei seiner Vernehmung u.a. folgendes an:

"Mein

"Mein Vater war vor der Machtübernahme Gewerkschaftssekretär bei den Christlichen Gewerkschaften (richtig: Vorsitzender des Gewerksvereins Christlicher Bergarbeite gab in Essen eine Zeitschrift "Der Bergknappe" heraus (es handelt sich hierbei um eine Zeitschrift, die gegen den Nationalsozialismus hetzte und für die Verstaatlichu der Gruben eintrat) und gehörte als Reichstagsabgeordneter dem Zentrum an. Im Herbst 1933 flüchtete er aus Furcht vor einer Festnahme von Essen nach Saarbrücken, befasste sich dort mit schriftstellerischen Arbeiten (er gab dort das Buch "Deutsches Knappschaftswesen" heraus) und war später für die "Neue Saarpost" tätig. Weiterhin trat er in Wort und Schrift für den Status quo ein. Kurz vor der Rückgliederung flüchtete I. mit uns nach Luxemburg und war dort nur schriftstellerisch tätig. Er befasste sich dort weiterhin mit Knappschaftsfragen. Im September 1940 verliess uns I. und begab sich nach Frankreich, um dort nach meiner Schwester Maria Nachforschung zu halten. Die an ihn gerichteten Briefe kamen bisher als unbestellbar zurück. Kurz nach Weihnachten erhielt meine Mutter einen Brief, in dem I. aus Brüssel-Scheerb, 41 Nestor de Tière Straat – meiner Mutter mitteilte, dass er um Einreiseerlaubnis nach Deutschland nachgesucht habe und in Brüssel auf die Erteilung des Einreisevisums warte".

Die hier wohnhaften Angehörigen des I. wurden unter Nachüberwachung gestellt. Sollten hierbei sachdienliche Feststellungen getroffen werden können, so erfolgt sofort weiterer Bericht.

1 Vernehmungsniederschrift des Clemens I. mit 2 Durchschlägen ist anliegend beigefügt.

Im Auftrage:

49. Steckbrief von Ballhorn

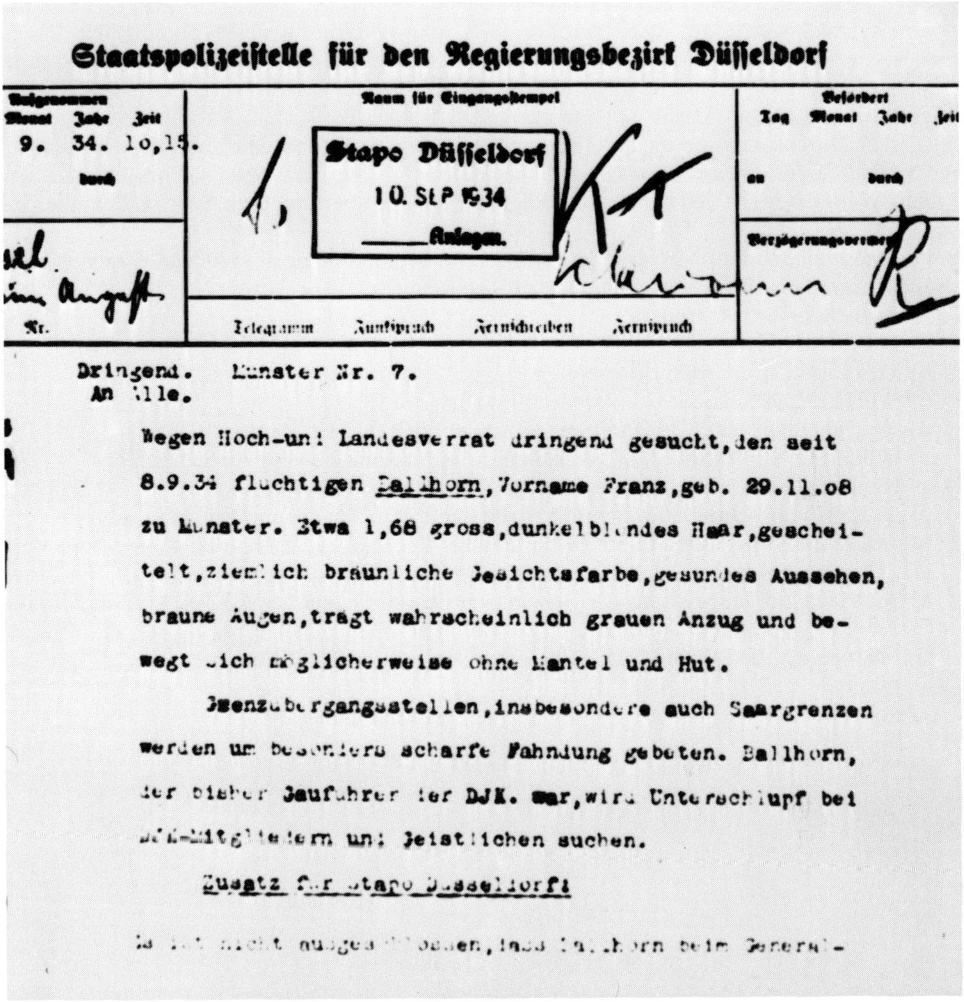

Staatspolizeistelle für den Regierungsbezirk Düsseldorf

Aufgenommen
Monat Jahr Zeit
9. 34. 10,15.
durch

Raum für Eingangsstempel
Stapo Düsseldorf
10. SEP 1934
Anlagen.

Befördert
Tag Monat Jahr Zeit
an durch
Verzögerungsvermerk

Nr.

Telegramm Funkspruch Fernschreiben Fernspruch

Dringend. Munster Nr. 7.
An Alle.

Wegen Hoch-und Landesverrat dringend gesucht, den seit 8.9.34 fluchtigen Ballhorn, Vorname Franz, geb. 29.11.08 zu Munster. Etwa 1,68 gross, dunkelblondes Haar, gescheitelt, ziemlich braunliche Gesichtsfarbe, gesundes Aussehen, braune Augen, tragt wahrscheinlich grauen Anzug und bewegt sich moglicherweise ohne Mantel und Hut.

Grenzubergangsstellen, insbesondere auch Saargrenzen werden um besonders scharfe Fahndung gebeten. Ballhorn, der bisher Gaufuhrer der DJK. war, wird Unterschlupf bei DJK-Mitgliedern und Geistlichen suchen.

Zusatz fur Stapo Dusseldorf:

Es ist nicht ausgeschlossen, dass Ballhorn beim General-

Franz Ballhorn (1908–1979), verlobt mit Hildegard Jacobs, Führer der katholischen Jugend in Westfalen; wegen Verbreitung von Flugschriften des Hochverrats angeklagt, 1934 Flucht in die Niederlande; Redakteur beim Internationalen Katholischen Pressedienst, nach der Besetzung festgenommen, bis 1945 im KZ Sachsenhausen. Mitgründer der CDU in Münster.

50. Hausdurchsuchung

Auftragsgemäß wurde am 8. September 1934, um 12 Uhr, in der Wohnung der Wwe. Jacobs, hier, Bohlweg 63, im Beisein des Kriminalassistenten Brinkmann eine eingehende Durchsuchung nach weiterem Belastungsmaterial bzgl. der bei Ax vorgefundenen Schriftstücke vorgenommen.
Bei dieser Durchsuchung war die Haustochter Hildegard Jacobs zugegen. Dieselbe bestritt auf Vorhalt, irgendwelches staatsfeindliche Material zu besitzen bzw. solches besessen zu haben. Weiter bestritt sie, dem beschuldigten Fritz Ax überhaupt ein Schriftstück übergeben zu haben.
Bei der anschließenden Durchsuchung wurden im Schlafzimmer der Hildegard Jacobs, und zwar in ihrem Schreibtisch folgende Sachen gefunden:

1. Mehrere Schmähschriften
   a) Die letzte Maske fällt (von Universitätsprofessor Dr. Dietrich von Hildebrand)
   b) Das Christentum im Dritten Reich
   c) Wochennachrichten v. 29. August 1934, Seite 6–13
   d) Wochennachrichten (Katholische Korrespondenz) v. 22. August 1934
   e) Trauer um Probst und Dr. Klausener – Meinungsumschwung im Saargebiet
   f) Neueste Zürcher Nachrichten Nr. 215 v. 9. August 1934 pp.
   g) 23 Blatt unbeschriebenes Schreibpapier – mit dem Wasserzeichen „H“
2. Mehrere Matrizen, mit Schreibmaschinenschrift beschriftet, zum Abzug auf einem Vervielfältigungsapparat
   a) Matrizen zur Herstellung der Schmähschrift „Die letzte Maske fällt“ (s. auch unter Nr. 1 a)
   b) Matrize für die Druckschrift „Trauer um Probst und Dr. Klausener“

51. Dietrich von Hildebrand: „Die letzte Maske fällt“

Die gegenwärtigen Vorgänge in Deutschland haben bei vielen Mißdeutungen aller Art hervorgerufen und gezeigt, wie wenig Klarheit auch bei den Gegnern des NS über sein wahres Wesen herrscht. Es ist heute nicht möglich, ein abschließendes klares Bild über die Ereignisse zu gewinnen, aber sicher ist, daß angesichts der furchtbaren Vorgänge in Deutschland von einer „Säuberungsaktion“ Hitlers oder einer Besinnung des NS auf seine ursprünglichen „wertvollen Ziele“ zu reden eine Verkennung des NS und seiner eigentlichen Träger verrät. Eine Besinnung auf ursprünglich wertvolle Intentionen (Absichten) des NS ist nicht möglich, weil die ganze Ideologie des NS vom Uranfang an eine Ausgeburt niedrigster, gefährlichster Instinkte, geistiger Beschränktheit und Halbbildung und kulturellen Kitsches war. Und die Gestalten, die diesen furchtbaren Geist des NS am stärksten repräsentieren, sind nicht nur „radikale“ Elemente, wie der unglückselige perverse Röhm, nicht nur Unterführer, wie der Fememörder Heines, sondern es sind vor allem die eigentlichen Führer selbst. Eine wirkliche Besinnung Deutschlands wäre nur mit einer völligen Preisgabe des NS möglich; bzw. eine „Säuberung“ des NS, einer in sich durch und durch unwertigen Bewegung, ist nicht eine Reform des NS, sondern eine völlige Liquidierung desselben.

In solchen Momenten entscheidender Wendungen, wie der gegenwärtigen, müssen wir uns immer wieder klar darauf besinnen, warum wir den NS unermüdlich bekämpfen und aus tiefster Seele verabscheuen müssen. Der NS ist vor allem eine furchtbare Häresie, wenn für eine Gedankenrichtung, die zutiefst antichristlich, ja antireligiös und blasphemisch (gotteslästerlich) ist, der Ausdruck „Häresie“ nicht zu euphemistisch (milde) ist. Der NS leugnet trotz Gefasels vom „positiven Christentum“ die Sphäre der Religion als solche. In seinem noch weit über jeden liberalen Relativismus hinausgehenden Subjektivismus setzt er für die Religion einen außerhalb der religiösen Sphäre liegenden subjektiven Maßstab, den des „artgemäßen Empfindens des deutschen Volkes“. Damit widerstreitet er einem Wesenszug jeder Religion, auch jeder falschen. Denn es liegt im Wesen jeder Religion, die Prätention zu besitzen, als Offenbarung Gottes über jedem geschöpflichen Maßstab zu stehen und die Welt nach dem Inhalt dieser Offenbarung zu beurteilen und nicht die Offenbarung nach einer innerweltlichen Gegenbenheit. Der NS ist darum nicht einmal Heidentum, sondern er bedeutet den Versuch, die religiöse Sphäre prinzipiell zu entthronen. Er setzt nich eine neue Religion an die Stelle des Christentums, sondern er spielt Religion in völliger Ahnungslosigkeit dessen, was Religion überhaupt bedeutet. Man verwechselt Religion und Mythos, bzw. man bildet sich ein, Religion erfinden zu können. Man glaubt, ein Mythos, den man künstlich konstruiert aus völkischen Religionen, könne dadurch zur Religion werden, daß er vielen gewaltsam aufsuggeriert wird. Das ist nicht etwa eine Richtung im NS, wie sie in den Büchern Rosenbergs, Bergmanns, Gebhards zu finden ist, sondern das liegt schon in dem berühmten Artikel des Parteiprogramms, das gehört zur Substanz des NS, die in tausend Reden, Enunziationen der verschiedensten Wortführer zum Ausdruck kommt. Die Theorien Rosenbergs, Bergmanns, Gebhards sind nur die konsequente theoretische Ausführung dieser Grundeinstellung zur Religion. Ob man dabei noch ein „artgemäßes Christentum“ gelten läßt oder zu einer offenen Verwerfung des Christentums übergeht, ist im Grunde indifferent. Denn ein „artgemäßes“ Christentum ist nicht nur kein Christentum mehr, sondern überhaupt jenseits der religiösen Sphäre. Völlig unvereinbar mit dem Christentum ist weiterhin die offizielle, zynische Leugnung eines objektiven Rechts, welches die nationalsozialistischen Führer in Wort und Tat proklamieren. Die äußerste Antithese zum Geist der Bergpredigt bildet die endlich aus dem Hochmut geborene Herrenmoral und das Ethos der Brutalität und Gewalt. Von der Nötigung zur Mensur bis zu den Prak...[!] der Konzentrationslager, von dem Buch „Mein Kampf“ bis zum Horst-Wessel-Lied, von den Reden der Führer bis zu den grauen-

vollen Morden der letzten Tage, überall gähnt uns die Verherrlichung der Brutalität, dieses Schwelgen in der nackten Macht, dieser Bestialismus entgegen.
Nicht nur Häresie, nicht nur Neuheidentum, nein, der Antichrist erhebt im NS sein Haupt, und nicht um „radikale Strömungen" oder „Kinderkrankheiten" des NS handelt es sich dabei, sondern um sein eigentliches Wesen. Ob mit oder ohne Röhm, ob mit oder ohne SA, so lange der NS in Deutschland regiert, so lange herrscht dort der Antichrist, so lange kann es für das christliche Österreich kein Paktieren mit diesem Deutschland geben. Der NS ist aber nicht in jeder Form „gesäubert" oder „ungesäubert", radikal oder gemäßigt, unter Röhms oder Hitlers Führung mit dem Christentum völlig unvereinbar, ja eine fortgesetzte Blasphemie, er ist auch der schlimmste Feind allen echten Deutschtums und jeder Kultur überhaupt. Der NS ist seinem innersten Wesen nach ein Sklavenaufstand gegen den Geist als solchen. Er ist die Revolution der geistig Minderwertigen, die gegen die Werte des Geistes Rasse und Blut ausspielen. Er ist die Kompensierung des geistigen Minderwertigkeitskomplexes durch das stolze Bewußtsein, zur höchsten Rasse, der nordischen Rasse, zu gehören. Sein Programm, seine Literatur, seine Lieder, sie alle sind ein einzigartiges Dokument armseligsten, halbgebildeten Phrasenschwalls und völliger Abwesenheit jeglichen Geistes und jeglicher Kultur. Dazu kommt eine in der Weltgeschichte nie dagewesene Unechtheit und Geschmacklosigkeit. Nicht nur tönende, leere Worte, sondern auch der Ausbund des Kitsches sind das Stigma der nationalsozialistischen Geistesart. Deutsches Wesen, deutsche Geschichte, deutsche Kunst, deutsche Wissenschaft, deutsches Ethos, sie alle sind vom NS nicht nur mißverstanden, sondern infam verkitscht worden. In jeden Lebensbereich ist dieses aus Sentimentalität und Brutalität, aus Halbbildung und Einbildung, aus falschem Pathos und heuchlerischem Pharisäismus zusammengebraute Gift gewaltsam hineingegossen worden.
Die Mentalität, die in unerhörter Hybris und in lächerlichem Größenwahn die ganze glorreiche zweitausendjährige Geschichte Deutschlands ausstreichen will, um eine neue an die Stelle zu setzen, die den echt deutschen organischen Föderalismus durch einen ganz mechanischen Unitarismus verdrängt, ist die größte Antithese zu dem Genius der deutschen Nation, die denkbar ist.
Der NS ist von seinen ersten Anfängen an das Sammelbecken aller niedrigsten Leidenschaften, aller billigen Gemeinplätze und Schlagworte, allen Unverständnisses für deutsches Wesen und deutsche Tradition gewesen. Je mehr er sich auf sich selbst und seine ursprünglichen Intentionen besinnt, um so schlimmer für Deutschland. Kein noch so unversöhnlicher politischer Gegner Deutschlands, kein Jena und kein Versailles können nur im entferntesten für Deutschland so gefährlich sein, wie diese Verfälschung und Vergiftung der deutschen Nation von innen her. Das sind die Gründe, wofür wir den NS bekämpfen: weil in ihm der Antichrist das Haupt erhebt und weil er in seiner perniziösen, nie dagewesenen Dummheit und Unechtheit der Totengräber der deutschen Kultur, ja der Todfeind aller wahren Kultur überhaupt ist.
Haben die letzten Ereignisse irgend etwas gebracht, was unsere Einstellung zum NS ändern könnte? Die Ermordung Röhms, Schleichers und Klauseners und vieler anderer sind der Ausfluß eines internen Machtkampfes und alles eher als eine Bekehrung des NS. Die neuesten unerhörten Ereignisse haben dem Schuldkonto des NS nur noch die furchtbare Blutschuld, infame Treulosigkeit und schamlosen Pharisäismus hinzugefügt.

(Der Christliche Ständestaat. Österreichische Wochenhefte, Nr. 31, 8. Juli 1934, 1. Jahrgang. Mit handschriftlichem Vermerk: Vorgefunden in der Wohnung der Hildegard Jacobs – hier, Bohlweg 63, bei der Durchsuchung am 8. September 1934)

Dietrich von Hildebrand (1889–1977), Philosophieprofessor, Mitgründer des Katholischen Akademikerverbandes; im März 1933 emigriert nach Florenz, Wien; Gründer der Wochenzeitschrift „Der Christliche Ständestaat"; 1938 Flucht in die Schweiz, 1940 in die USA.

52. Ballhorn an seine Verlobte Hildegard Jacobs

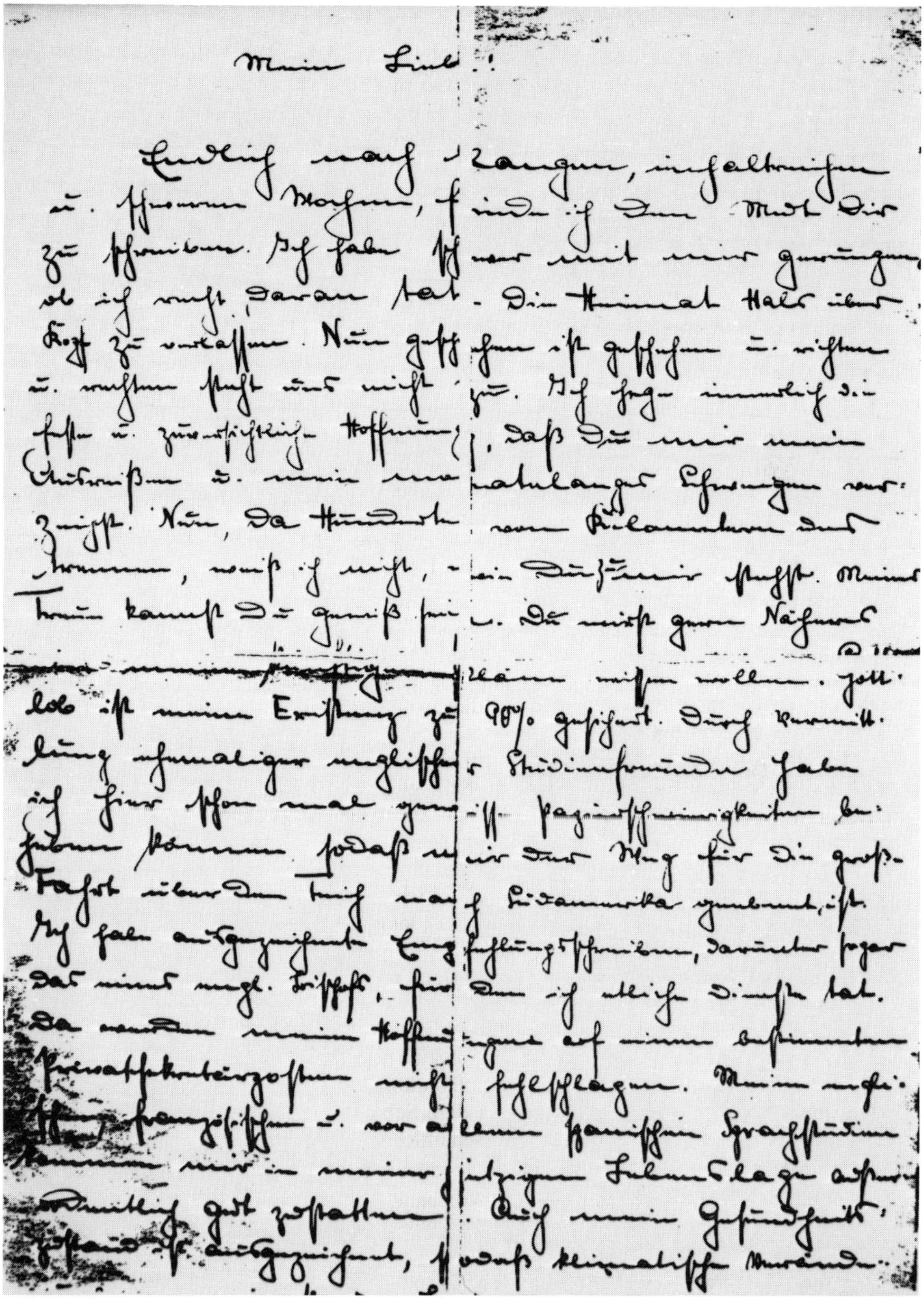

Meine Liebe!

Endlich nach langen, inhaltreichen u. schweren Wochen, finde ich den Mut Dir zu schreiben. Ich habe schwer mit mir gerungen, ob ich nicht daran tat. Die Heimat Hals über Kopf zu verlassen. Nun geschehen ist geschehen u. richten u. wichten steht uns nicht zu. Ich hege innerlich die feste u. zuversichtliche Hoffnung, daß Du mir mein Entweichen u. mein monatelanges Schweigen verzeihst. Nun, da Hunderte von Kilometern dazwischen liegen, weiß ich nicht, wie Du zu mir stehst. Meine Treue kannst Du gewiß sein. Du wirst gern Näheres [illegible] wissen wollen. Gottlob ist meine Existenz zu 90% gesichert. Durch Vermittlung ehemaliger englischer Studienfreunde habe ich hier schon mal gewisse Paßschwierigkeiten beheben können, sodaß mir der Weg für die große Fahrt über den Teich nach Südamerika geebnet ist. Ich habe ausgezeichnete Empfehlungsschreiben, darunter sogar das eines engl. Bischofs, für den ich etliche Dienste tat. Da werden meine Hoffnungen auf einen bestimmten Privatsekretärposten nicht fehlschlagen. Meine englischen, französischen u. vor allem spanischen Sprachstudien kommen mir in meiner jetzigen Lebenslage außerordentlich gut zustatten. Auch mein Gesundheitszustand ist ausgezeichnet, sodaß klimatische Veränd-

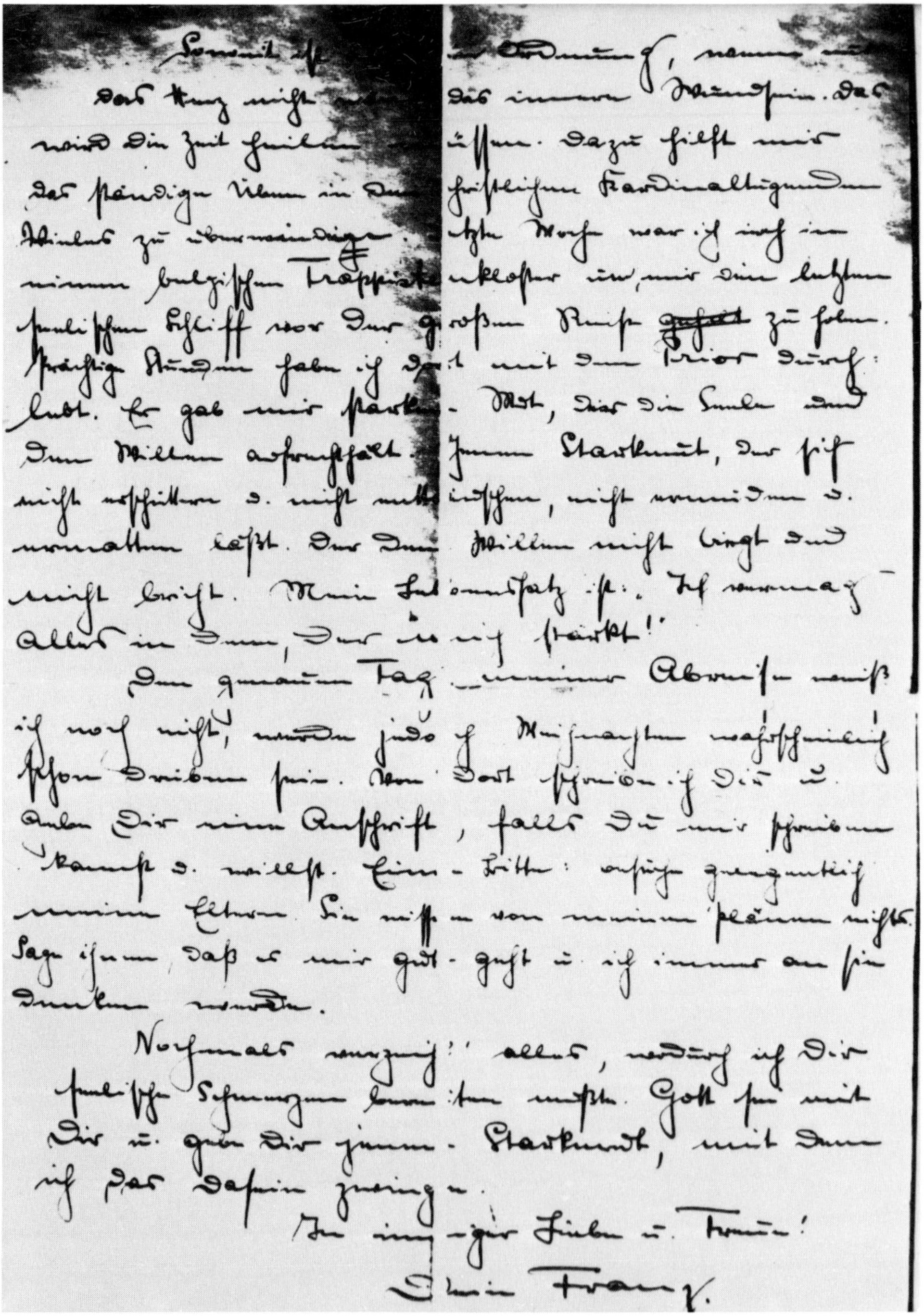
Somit ist ... [Ord]nung, nennen ...
das Herz nicht ... das innere Gleichgewicht. Das
wird die Zeit heilen ... öffnen. Dazu hilft mir
das ständige Üben in den ... christlichen Kardinaltugenden
Winkels zu überwinden. ... Letzte Woche war ich noch in
einem belgischen Trappistenkloster um, mir den letzten
seelischen Schliff vor der großen Reise ~~geholt~~ zu holen.
Prächtige Stunden habe ich dort mit dem Prior durch-
lebt. Er gab mir starken Mut, der die Seele und
den Willen aufrechthält. Jenen Starkmut, der sich
nicht erschüttern u. nicht entmutigen, nicht vermindern u.
veralten läßt. Der den Willen nicht biegt und
nicht bricht. Mein Leitsatz ist: „Ich vermag
Alles in dem, der mich stärkt!"

Den genauen Tag meiner Abreise weiß
ich noch nicht, werde jedoch Weihnachten wahrscheinlich
schon drüben sein. Von dort schreibe ich Dir u.
sende Dir meine Aufschrift, falls Du mir schreiben
kannst u. willst. Eine Bitte: verständige gelegentlich
meinen Eltern. Sie wissen von meinen Plänen nichts.
Sage ihnen, daß es mir gut geht u. ich immer an sie
denken werde.

Nochmals verzeih'! alles, wodurch ich Dir
seelische Schmerzen bereiten mußte. Gott sei mit
Dir u. geb Dir jenen Starkmut, mit dem
ich das Dasein zwinge.

In ewig-ger Liebe u. Treue!

Dein Franz.

Transkript zu Nr. 52

Poststempel: Oxford, 4. Dezember 1934
Meine Liebe!
Endlich nach langen, inhaltreichen und schweren Wochen finde ich den Mut, Dir zu schreiben. Ich habe schwer mit mir gerungen, ob ich recht daran tat, die Heimat Hals über Kopf zu verlassen. Nun, geschehen ist geschehen, und Richten und Rechten steht uns nicht zu. Ich hege innerlich die feste und zuversichtliche Hoffnung, daß Du mir mein Ausreißen und mein monatelanges Schweigen verzeihst. Nun, da Hunderte von Kilometern uns trennen, weiß ich nicht, wie Du zu mir stehst. Meiner Treue kannst Du gewiß sein. Du wirst gern Näheres über mein künftiges Planen wissen wollen. Gottlob ist meine Existenz zu 90% gesichert. Durch Vermittlung ehemaliger englischer Studienfreunde habe ich hier schon einmal gewisse Papierschwierigkeiten beheben können, so daß mir der Weg für die große Fahrt über den Teich nach Südamerika geebnet ist. Ich habe ausgezeichnete Empfehlungsschreiben, darunter sogar das eines englischen Bischofs, für den ich etliche Dienste tat. Da werden meine Hoffnungen auf einen bestimmten Privatsekretärsposten nicht fehlschlagen. Meine englischen, französischen und vor allem spanischen Sprachstudien kommen mir in meiner jetzigen Lebenslage außerordentlich gut zustatten. Auch mein Gesundheitszustand ist ausgezeichnet, so daß klimatische Veränderungen ...
Soweit ist alles in Ordnung, wenn nur das Herz nicht wäre, das innere Wundsein. Das wird die Zeit heilen müssen. Dazu hilft mir das ständige Üben in den christlichen Kardinaltugenden, vieles zu überwinden. Letzte Woche war ich noch in einem belgischen Trappistenkloster, um mir den letzten seelischen Schliff vor der großen Reise zu holen. Prächtige Stunden habe ich dort mit dem Prior durchlebt. Er gab mir starken Mut, der die Seele und den Willen aufrechthält. Innerer Starkmut, der sich nicht erschüttern und nicht enttäuschen, nicht erniedern und ermatten läßt, der den Willen nicht biegt und nicht bricht. Mein Lebensgrundsatz ist: „Ich vermag alles in dem, der mich stärkt!"
Den genauen Tag meiner Abreise weiß ich noch nicht, werde jedoch Weihnachten wahrscheinlich schon drüben sein. Von dort schreibe ich Dir und gebe Dir meine Anschrift, falls Du mir schreiben kannst und willst. Eine Bitte: Besuche gelegentlich meine Eltern. Sie wissen von meinen Plänen nichts. Sage ihnen, daß es mir gut geht und ich immer an sie denken werde. Nochmals verzeih alles, wodurch ich Dir seelische Schmerzen bereiten mußte. Gott sei mit Dir und gebe Dir jenen Starkmut, mit dem ich das Dasein zwinge.
In inniger Liebe und Treue!
Dein Franz

53. Brief Ballhorns aus dem Konzentrationslager

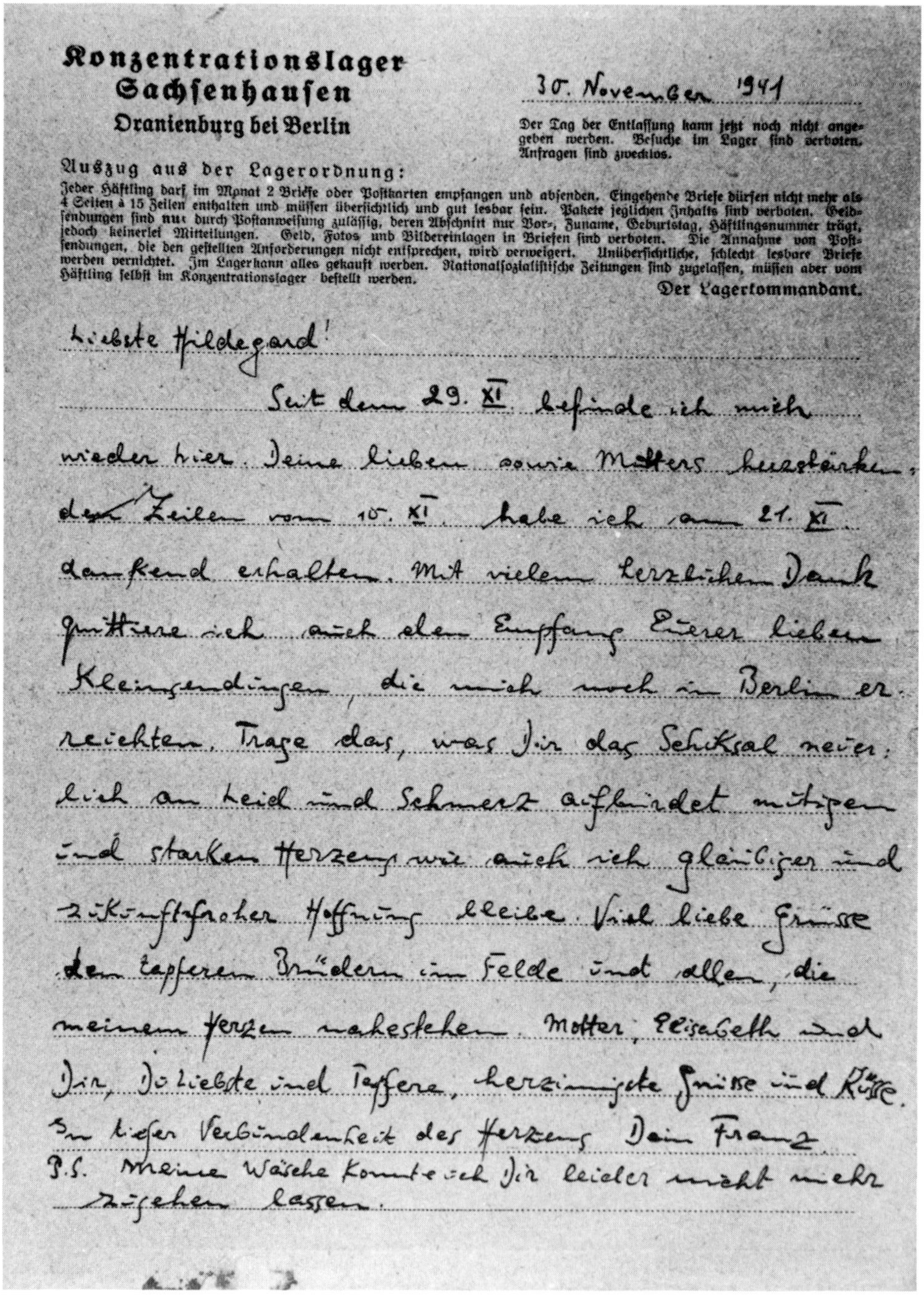

Konzentrationslager Sachsenhausen
Oranienburg bei Berlin

30. November 1941

Der Tag der Entlassung kann jetzt noch nicht angegeben werden. Besuche im Lager sind verboten. Anfragen sind zwecklos.

Auszug aus der Lagerordnung:
Jeder Häftling darf im Monat 2 Briefe oder Postkarten empfangen und absenden. Eingehende Briefe dürfen nicht mehr als 4 Seiten à 15 Zeilen enthalten und müssen übersichtlich und gut lesbar sein. Pakete jeglichen Inhalts sind verboten. Geldsendungen sind nur durch Postanweisung zulässig, deren Abschnitt nur Vor-, Zuname, Geburtstag, Häftlingsnummer trägt, jedoch keinerlei Mitteilungen. Geld, Fotos und Bildereinlagen in Briefen sind verboten. Die Annahme von Postsendungen, die den gestellten Anforderungen nicht entsprechen, wird verweigert. Unübersichtliche, schlecht lesbare Briefe werden vernichtet. Im Lager kann alles gekauft werden. Nationalsozialistische Zeitungen sind zugelassen, müssen aber vom Häftling selbst im Konzentrationslager bestellt werden.

Der Lagerkommandant.

Liebste Hildegard!
Seit dem 29. XI befinde ich mich
wieder hier. Deine lieben sowie Mutters herzstärkenden
Zeilen vom 10. XI habe ich am 21. XI
dankend erhalten. Mit vielem herzlichen Dank
quittiere ich auch den Empfang Eurer lieben
Kleinsendungen, die mich noch in Berlin erreichten. Trage das, was Dir das Schicksal neuerlich an Leid und Schmerz aufbindet mutigen
und starken Herzens wie auch ich gläubiger und
zukunftsfroher Hoffnung bleibe. Viel liebe Grüsse
den tapferen Brüdern im Felde und allen, die
meinem Herzen nahestehen. Mutter, Elisabeth und
Dir, Du Liebste und Tapfere, herzinnigste Grüsse und Küsse.
In tiefer Verbundenheit des Herzens Dein Franz
P.S. Meine Wäsche konnte ich Dir leider nicht mehr
zugehen lassen.

54. *Häftlingsnummer*

KZ-Häftlingsnummer von Franz Ballhorn mit rotem Dreieck für politische Gefangene.

55. Hilfsersuchen von Lütsches

Peter Lütsches an Graf Maximilian D. Arczynski in Rio de Janeiro. Utrecht, 5. September 1938

... erleichterte zwar die Gründung des amerikanischen Hilfswerkes in etwa unsere Lage, gab sie uns doch erstmals die Möglichkeit, Auswanderer auf den Weg zu bringen, so mußten wir doch schon sehr bald einsehen, daß die scharfen Einwanderungsbestimmungen der USA eine größere Emigration unmöglich machten ...

Als Sie uns zustimmend antworteten, hatten wir schon zahllose Appelle an Freunde in nahezu allen Staaten Südamerikas gerichtet. Es blieb ganz allgemein beim Ausdruck des Interesses und des Mitgefühls. Zu Taten konnte sich niemand aufraffen ... Heute liegen die Dinge in den Niederlanden sowie in Belgien so, daß der Anstrom von Flüchtlingen aus Deutschland und Österreich um nichts, aber auch um gar nichts nachgelassen hat ..., daß wir Wissenschaftlern z. B. aus Österreich, die eine Zierde des Landes bilden, deshalb nicht behilflich sein können, weil wir einfach unmöglich all die „Rufe" schaffen können, die immer von uns verlangt werden ... Es ist so entsetzlich viel Leid und Not in Wien, daß wir in diesen Tagen überlegen müssen, ob wir nicht rund 100 Personen (nur die allerschlimmsten Fälle) eine vorübergehende Bleibe in unserem Lande schaffen können. 100 Personen bedeuten aber nichts mehr denn einen Tropfen auf einen heißen Stein ...

Wenn Sie nun bedenken, daß die im Grunde genommen so kleine Schar der niederländischen Katholiken seit Jahren die größten materiellen Opfer zugunsten ihrer deutschen Glaubensgenossen willig trägt, so werden Sie verstehen und begreifen, wie sehr wir daran interessiert sind, uns Luft zu schaffen und Emigrationen durchzuführen.

Wir können uns nicht sperren, wenn Flüchtlinge an unsere Türe klopfen. Wir müssen, ob wir behördliche Genehmigungen finden oder nicht – helfen. Wir müssen hungrige Münder stopfen, wir müssen Obdachlosen Herberge verschaffen, wir müssen Bedürftige kleiden ...

(Druck: B. Breunig, Die Deutsche Rolandwanderung. 1983, S. 112 f.)

Peter Lütsches (1898–1959), Zentrum, Stadtverordneter; 1935 in die Niederlande emigriert, Leiter des Katholischen Flüchtlingskomitees für Deutschland; nach der Besetzung 1940 verhaftet, bis 1945 im KZ Sachsenhausen. Nach 1945 Stadtverordneter.

56. *Staatspolizeiliche Identifizierung von Lütsches*

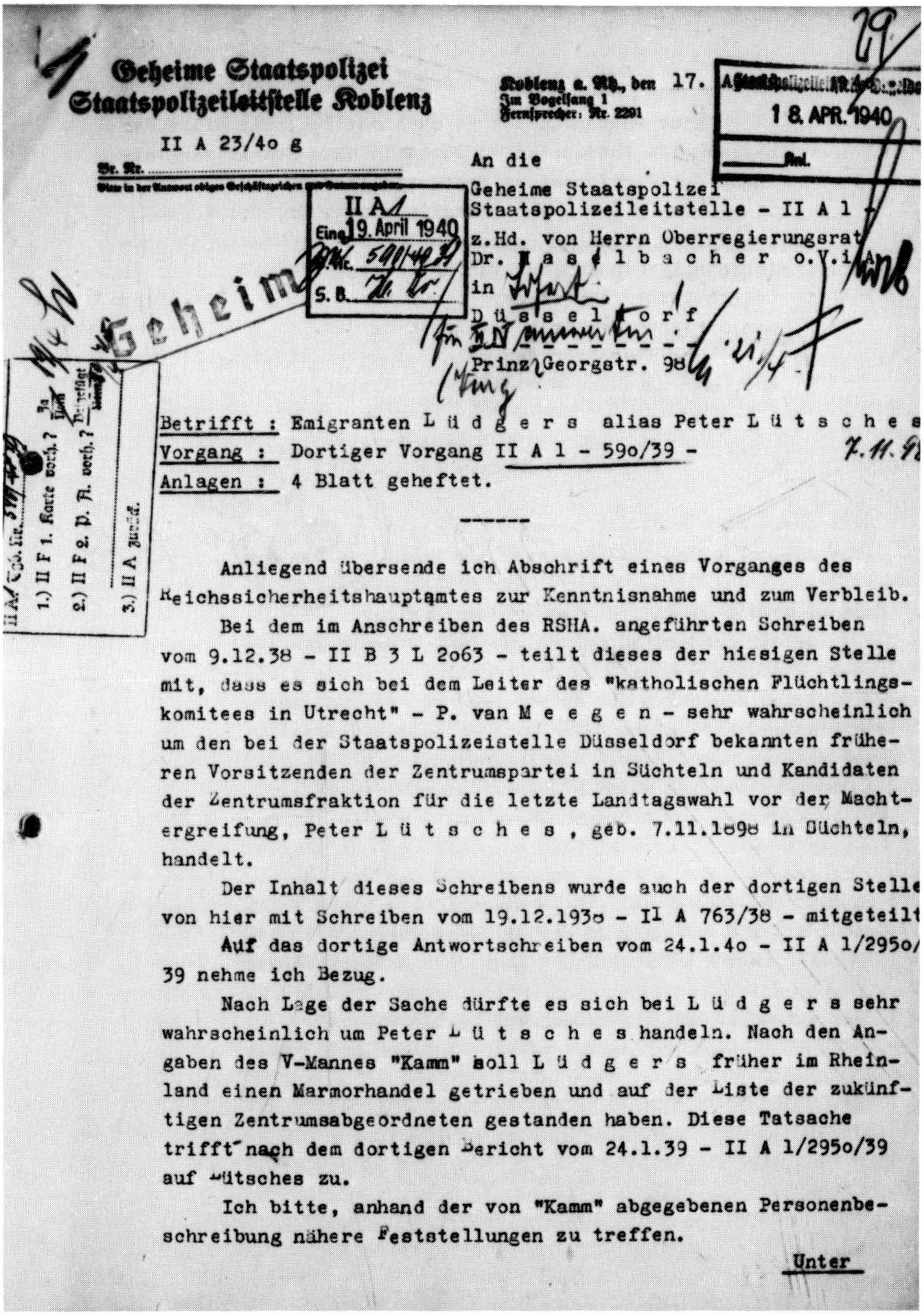

Geheime Staatspolizei
Staatspolizeileitstelle Koblenz

Koblenz a. Rh., den 17.
Im Vogelsang 1
Fernsprecher: Nr. 2291

II A 23/4o g

Br. Nr. ....

Bitte in der Antwort obiges Geschäftszeichen und Datum angeben.

18. APR. 1940

II A 1
Eing. 19. April 1940

Geheim

An die
Geheime Staatspolizei
Staatspolizeileitstelle – II A 1 –
z.Hd. von Herrn Oberregierungsrat
Dr. Haselbacher o.V.i.A.
in
Düsseldorf
Prinz Georgstr. 98

1.) II F 1. Karte vorh.? ja
2.) II F 2. P. A. vorh.?
3.) II A zurück.

Betrifft : Emigranten L ü d g e r s alias Peter L ü t s c h e s
Vorgang : Dortiger Vorgang II A 1 – 59o/39 –
Anlagen : 4 Blatt geheftet.

Anliegend übersende ich Abschrift eines Vorganges des Reichssicherheitshauptamtes zur Kenntnisnahme und zum Verbleib.

Bei dem im Anschreiben des RSHA. angeführten Schreiben vom 9.12.38 – II B 3 L 2o63 – teilt dieses der hiesigen Stelle mit, dass es sich bei dem Leiter des "katholischen Flüchtlingskomitees in Utrecht" – P. van M e e g e n – sehr wahrscheinlich um den bei der Staatspolizeistelle Düsseldorf bekannten früheren Vorsitzenden der Zentrumspartei in Süchteln und Kandidaten der Zentrumsfraktion für die letzte Landtagswahl vor der Machtergreifung, Peter L ü t s c h e s , geb. 7.11.1898 in Süchteln, handelt.

Der Inhalt dieses Schreibens wurde auch der dortigen Stelle von hier mit Schreiben vom 19.12.1938 – II A 763/38 – mitgeteilt.

Auf das dortige Antwortschreiben vom 24.1.4o – II A 1/295o/39 nehme ich Bezug.

Nach Lage der Sache dürfte es sich bei L ü d g e r s sehr wahrscheinlich um Peter L ü t s c h e s handeln. Nach den Angaben des V-Mannes "Kamm" soll L ü d g e r s früher im Rheinland einen Marmorhandel getrieben und auf der Liste der zukünftigen Zentrumsabgeordneten gestanden haben. Diese Tatsache trifft nach dem dortigen Bericht vom 24.1.39 – II A 1/295o/39 auf Lütsches zu.

Ich bitte, anhand der von "Kamm" abgegebenen Personenbeschreibung nähere Feststellungen zu treffen.

Unter

Unter Umständen ist es auch möglich, mit Hilfe der beigefügten Fotokopien in Süchteln eine Schriftvergleichung herbeizuführen um festzustellen, ob L ü t s c h e s mit P. van M e e g e n identisch ist. Die Fotokopien wurden der hiesigen Dienststelle von der Staatspolizeileitstelle Münster zur Verfügung gestellt und tragen die Originalunterschrift des P. van M e e g e n . Sie können zum dortigen Verbleib entnommen werden.

Nach Abschluss der getätigten Feststellungen bitte ich, mir umgehend Mitteilung zu machen.

Im Auftrag :
gez. J u n

Beglaubigt :

Kanzlei - Angestellte.

57. Bericht eines Polizeispitzels über Lütsches

32/

A b s c h r i f t

Auszugsweise Abschrift von Abschrift

Geheime Staatspolizei
Staatspolizeileitstelle Hamburg
II N - 26/4o g.

Geheim

Betrifft: Mitteilungen des V-Mannes "Kamm" über das in Utrecht (Holland), Drift 16, befindliche "Komitee zur Unterstützung der Glaubensverfolgung."

pp.

Der Geschäftsführer des Komitees ist heute noch ein gewisser

L ü d g e r s .

Dieser ist ungefähr 45 bis 48 Jahre alt, trägt blondmeliertes Haar, hat vorstehende glasige Augen und spricht rheinischen Dialekt. Lüdgers ist deutscher Emigrant und stammt aus einem Ort Jülich oder Zülpich in der Rheingegend, wo er einen Marmorhandel betrieben haben will. Er ist nach seinen eigenen Angaben in den Monaten Oktober und November 1934 aus Deutschland geflüchtet. Er will in seiner Heimat auf der Liste der zukünftigen Zentrumspartei-Abgeordneten gestanden haben. Es handelt sich bei Lüdgers um einen fanatischen Katholiken, der sich sehr an der "Caritas-Bewegung" beteiligt. Nach seinen eigenen Angaben sollte er in Deutschland verhaftet werden, weil er vor einer bevorstehenden Durchsuchung eines Klosters gewarnt haben will. Er bezeichnet sich aber außerdem als eine Person, die sich in Deutschland staatsfeindlich betätigt hat. Lüdgers wohnte nach seiner Flucht zunächst in dem Grenzstädtchen Kerkerade in dem dortigen Altmännerheim "Marienhaus". Von hier aus nahm er etwa im März-April 1935 Verbindung mit einem Herrn H o f m a n n , ehemaliger Redakteur und Chef der früheren Zeitung "Germania" in Berlin, auf. Hofmann war zur damaligen Zeit in Luxemburg, Bereldange-Walferdange, wohnhaft, Er verwies Lüdgers an seinen Sohn, der in Vals (eine Stunde von Kerkerade entfernt) in einem Jesuitenkolleg studierte. Mit diesem Sohn wandte Lüdgers sich alsdann an einen Geistlichen namens P o e l s , der in Masterich wohnte und der Fürsorger der "Christlichen Gewerkschaften" in Holland war. (Poels ist Holländer). Diese drei Personen gründeten nun gemeinsam einen Kurierdienst nach Deutschland zur Beschaffung von Dokumenten, die gegen Deutschland ausgewertet wurden. Sie bezeichneten ihre Organisation mit "Katholische Deutsche Opposition im Auslande". Diese Organisation behielt diesen Namen bis zur Gründung der "deutschen Freiheitspartei" (siehe Bericht des V.-Mannes "Kamm" vom 23.8.1939

über

über die "deutsche Freiheitspartei"). Über Poels wäre noch zu erwähnen, daß er sich zur damaligen Zeit u.a. mit dem ehemaligen deutschen Reichstagsabgeordneten August W i n k l e r , der in Wien als deutscher Emigrant aufhältlich war, in Verbindung setzte betr. Überführung des deutschen Generalsekretariats der kath.Gesellenvereine nach Amsterdam. Winkler war zur legalen Zeit in Deutschland der Generalsekretär der katholischen Gesellenvereine in Köln, Kolpingplatz.

Wie ich des weiteren erinnere, hatte L ü d g e r s zur damaligen Zeit einen guten Kontakt mit einem österreichischen Emigranten namens Josef S c h u h , der in Vals einen Buchhandeldel betrieb. Schuh will in Deutschland wegen Hochverrats gesucht werden. Im Zusammenhang mit Lüdgers erledigte er Flüchtlingstransporte von Aachen nach Holland und von Holland nach Belgien. Des weiteren hatte Lüdgers zur damaligen Zeit eine Verbindung mit dem in Deutschland (in Münster) lebenden Hermann M u c k e r m a n n, der ein Bruder des genannten Friedrich Muckermann ist. Lüdgers und Muckermann trafen sich verschiedentlich im Hause des Professors Dr. S c h m u t z e r in Utrecht, Maliesinger 22. Hermann Muckermann hatte in Münster eine Sekretärin Frl. K e l l e r , etwa 38 Jahre alt. Im Februar 1935 war diese in Begleitung eines Frl. Louise J o o s, ebenfalls im Hause des Professors Dr. Schmutzer in Utrecht aufhältlich. Frl. Joos ist die Tochter eines ehemaligen deutschen Reichsministers aus Köln-Lindenthal.

Über L ü d g e r s hörte ich noch im Sommer 1939 durch den Sekretär M ü l l e r des "Komitees zur Unterstützung der Opfer der Glaubensverfolgung", Zweigstelle Brüssel, Christoffel 6 (im Hause der "Katholischen Arbeitsbörse"), daß er von führenden katholischen Geistlichen in Rom für einen päpstlichen Orden vorgeschlagen sei. Seine Arbeiten sollen von der katholischen Kirche sehr geschätzt werden.

Der erwähnte M ü l l e r ist ebenfalls deutscher Emigrant. Er ist etwa 41 Jahre alt und war Beamter der Sittenpolizei im Rheinland. Wegen Amtsvergehens mußte er aus Deutschland flüchten. Von Utrecht aus wurde er als Sekretär des genannten Komitees in Brüssel eingesetzt."

gez. " Kamm".

Aufgenommen: gez.Matthiesen
Krim.Sekretär.

Geheime Staatspolizei – Staatspolizeistelle Koblenz – Kanzlei C

F. d. R.

Kanzleiangestellte.

58. Festnahme von Lütsches

Geheime Staatspolizei — Staatspolizeileitstelle Düsseldorf

Aufgenommen	Raum für Eingangsstempel	Befördert
Tag Monat Jahr Zeit: 29. Aug. 1941 • 16		Tag Monat Jahr Zeit
von durch		an durch
Nr. I B1 9827	Telegramm — Funkspruch — Fernschreiben — Fernspruch	Verzögerungsvermerk

++ DEN HAAG NR. 17059 29.8.41 1530 =WIS=
AN DIE STAPOLEITSTELLE DUESSLEDORF .==
BETR.: KATH. FLUECHTLINGSKOMMITEE IN UTRECHT .==
VORG.: DORT . FS. NR. 9727 VOM 26.8.41 ROEM. 2 B 1 -
80.10 LUETSCHES .==
DER SEKRETAER - PETER L U E T S C H E S , GEB. AM 7.11.98
IN OEDT, EMIGRANT, ZULETZT WOHNH. IN UTRECHT .--
DES KATH. FLEUCHTLINGSKOMMITEES WURDE ANLAESSLICH EINER
AKTION GEGEN DIE ZENTRALSTELLEN DES POLITISCHEN KATHOLISMUS
IN HOLLAND AM 28.6.40 FETSGENOMMEN UND BEFINDET SICH Z.ZT.
IN DER KRANKENABTEILU NG DES KZL - SACHSENHAUSEN . DER
VORGANG WIRD FEDERFUEHREND VOM RSHA . ROEM. 4 B 1 B.NR.
177/41 BEARBEITET .:: STAPOSTELLE KOBLENZ ERHIELT
GLEICHZEITIG MITTEILUNG .==

B.D.S. DEN HAAG ROEM. 4 B 1 B.NR. 6535/41 I.A. GEZ.: WOLFF
. SS- H' STUF ++++

59. „Das wahre Deutschland“

Das wahre Deutschland

Auslandsblätter der Deutschen Freiheitspartei

Aus dem Inhalt:

EUROPAS SCHWARZER TAG

DIE EINHEITSFRONT DER DEUTSCHEN CHRISTEN

GEWISSENSNOT IM DRITTEN REICH

DIE ANGST VOR DER BLOCKADE

KREUZZUG GEGEN DAS HAKENKREUZ

October 1938 BERLIN—LONDON 6d.

60. „Die christliche Einheitsfront in Deutschland“

Von einem Bekenntnispfarrer

Die Entstehung einer christlichen Einheitsfront in Deutschland ist einer der Hauptgründe, aus denen man die Entwicklung der D.F.P. (Deutsche Freiheitspartei) mit berechtigtem Optimismus betrachten darf. Gemeinsames Leid, gemeinsame Verfolgung, gemeinsame Hoffnung auf den Sturz der neuheidnischen Tyrannei haben die wahrhaft gläubigen Kreise beider Kirchen einander so nahe gebracht, wie es in den 400 Jahren deutscher Geschichte seit der Reformation noch nie der Fall gewesen ist. Deutsche fühlen heute, daß sie einander mehr sind als nur Volksgenossen. Wenn auch getrennt durch kirchliche Organisation und Verschiedenheit in theologischen Auffassungen, deren Bedeutung keinen Augenblick unterschätzt wird, sind sie geeint in dem Glauben an Christus, den für uns Sünder gekreuzigten und auferstandenen Heiland, den wahrhaftigen Gott, vom Vater in Ewigkeit geboren und auch wahrhaftigen Menschen, von der „jüdischen“ Jungfrau Maria geboren! Der Kampf der nationalsozialistischen Weltanschauung, der alle Machtmittel der Partei und des an die Partei verratenen und verkauften unglücklichen deutschen Staates zur Verfügung stehen, richtet sich gegen diesen Glauben. Der „erbgute“ nordische Mensch will in seinem satanischen Irrwahn nichts mehr von Sünde und Gnade, von menschlichem Verlorensein und göttlicher Erlösung wissen. Die nationalsozialistischen Führer wollen die vom totalen Staate freie und unabhängige Kirche beider Konfessionen vernichten, weil sie es nicht ertragen können, daß ihre ehrlosen, feigen, rachsüchtigen Heldentaten gegenüber wehrlosen Menschen mit den ewigen Maßstäben gemessen werden, deren Hüter die Kirche ist.

Der nationalsozialistische Staat, der nach seinem eigenen Bekenntnis unlösbar verbunden ist mit der nationalsozialistischen antichristlichen Weltanschauung, ist der Todfeind beider Kirchen. Der Nationalsozialismus ist wie ein neuer „Islam“, wie ein neuer Mohammedanismus, eine weltanschaulich-politische Bewegung, deren endgültiger Sieg die endgültige Vernichtung des Christentums bedeutet. Eine historische Ideenverbindung liegt nahe: einst waren Kleinasien und Nordafrika christliche Gebiete, die in der Geschichte der Kirche und der Theologie eine bedeutende Rolle gespielt haben. Jetzt herrscht dort der Halbmond. So wie der Halbmond aus diesen Ländern das Christenkreuz verdrängt hat, so droht das neuheidnische Hakenkreuz, Symbol des Hasses, das Christenkreuz, Symbol der Liebe, aus den deutschen Landen zu verdrängen. Hakenkreuz und Christenkreuz können nebeneinander nicht bestehen. Wer auf christlicher Seite das zu leugnen versucht, verrät wissentlich oder unwissentlich das Christentum.

Wer aber diese Wahrheit einmal erkannt hat, der weiß, daß es auch Verrat am Christentum wäre, wenn jetzt in der Stunde der Todesgefahr nicht alle wirklichen Christen ohne Unterschied der Konfession treu in Abwehr und Angriff zusammenstehen würden. Daß wir es spät, allzu spät erkennen, ist unser, der Christen, Schuld und Unglück! Es ist jetzt nicht an der Zeit, daß die Konfessionen einander Vorwürfe machen und eine die andere beschuldigt, an der konfessionellen Zerrissenheit und den konfessionellen Streitigkeiten in der Vergangenheit schuldtragend zu sein. Wir sind Christen und darum haben wir die moralische Kraft, unsere eigene Schuld und Sünde zu bekennen. Es hat uns vor 1933, dem unseligen Jahre des Zusammenbruchs, an der rechten Liebe zu den christlichen Brüdern in der anderen Kirche gefehlt. Wenn es anders gewesen wäre, wenn wir unsere Aufgaben, unsere Verantwortung vor der Geschichte und der Kirchengeschichte Deutschlands besser verstanden hätten, wäre alles anders gekommen. So wie in den glücklichen Niederlanden unsere niederdeutschen Stammesgenossen ihr Land vor dem Einbruch der rechts- und der links-radikalen Barbarei zu schützen wissen, weil die treu kirchlichen Protestanten und Katholiken in christlicher Gemeinschaft zusammenstehen, hätte es auch bei uns sein können. Es ist die Schuld der Protestanten, daß sie es nicht verstanden haben, sich zum

Schutze des christlichen Erbgutes, das ihnen anvertraut war, zusammenzuschließen. Es ist die Schuld der Katholiken, daß ihre politische Vertretung nicht stärker und überzeugender für die gemeinsamen christlichen Interessen eingetreten ist. Wir litten an konfessioneller Selbstsucht. Es fehlte uns an christlichem Gemeinschaftsgefühl. Dafür müssen wir schwer büßen. Um es in der Sprache der Kirche auszudrücken: Unsere Sünde war der Mangel an gegenseitiger Liebe.

Jetzt beten die Protestanten für Kardinal Faulhaber und die Katholiken für Pastor Niemöller. Wir haben einander achten und lieben gelernt. Wir wissen, daß beide Kirchen in untrennbarer Schicksalsgemeinschaft miteinander verbunden sind. Dadurch ist die Grundlage für die christliche Einheitsfront in Deutschland gegeben. Die gemeinsame Not zwingt uns zusammen.

Unser Volk und unser Vaterland sind in größter Not! Wirtschaftlich werden wir von wahnsinnigen Dilettanten dem Bankrott entgegengeführt. Politisch waren wir noch nie so isoliert und gehaßt wie jetzt. Wir wissen aber auch, daß man uns verachtet wegen der ehrlosen Feigheit, mit der die uns regierenden Abenteurer wehrlose Menschen diffamieren, ausplündern und mißhandeln. Wir wissen, daß der Nationalsozialismus unser armes Volk entsittlicht. Ein Regime, das auf der Lüge des Reichstagsbrandes aufgebaut ist, kann sich nur durch immer neue Lügen-Propaganda halten. Die Lüge vergiftet die Seele unseres Volkes. Diese innere, sittliche Not ist größer als die wirtschaftliche und politische Not, in die uns das Gewalt- und Lügen-Regime gebracht haben.

Aber: „Deutschland erwacht!“ Wir sehen die Fronten und wir wissen, was wir zu tun haben: wir Christen müssen uns zusammenschließen. Es geht nicht bloß um ein politisches Regime; es geht auch nicht um bestimmte Personen. Es geht in dem Kampf, in dem wir Christen beider Konfessionen stehen, um das zeitliche und ewige Schicksal unseres geliebten deutschen Volkes. Die fünfeinhalb Jahre Nationalsozialismus haben uns allen, auch den Lutheranern, denen am schwersten fiel, es zu sehen, gezeigt, daß man Politik und Lebensanschauung nicht trennen kann. Der rassistische Neuheide wird eine andere Innen- und Außenpolitik treiben als der Politiker, dessen Gewissen gebunden ist an die ewigen Maßstäbe von Gut und Böse, von Erlaubt und Unerlaubt, von Recht und Unrecht, die ihm sein christliches Gewissen eingibt. Das deutsche Volk ist ein christliches Volk und will nicht von Rosenbergianern, sondern von Christen regiert werden!

Wenn diese Forderung der Einheitsfront der Protestanten und Katholiken erhoben wird, braucht niemand sich vor dem Kinderschreck des „politischen Katholizismus“ fürchten. Keiner von uns will eine katholische oder eine evangelische Politik; wir wollen eine politische Führung, die Respekt hat vor den Grundsätzen und Maßstäben des christlichen Gewissens. Dieses wahrhaft christliche Gewissen ist auch bereit, religiös anders denkenden Männern und Frauen die Gewissensfreiheit und Gleichberechtigung zu gewähren, die es für sich selber in Anspruch nimmt. Es gibt kein Lebensgebiet, sei es im öffentlichen oder im privaten Leben, in dem nicht Jesu Wort gilt: „Alles, was ihr wollt, daß euch die Leute tun sollen, das tuet ihnen auch.“

Wir Christen wollen, daß dieses Wort unseres Führers und Herrn im Leben unseres deutschen Volkes zur Geltung kommt. Wir sehen mit Zorn und Beschämung, wie es heute von politischen Verbrechern täglich in den Schmutz gezogen und mißachtet wird.

Die Einheitsfront der Christen in unserem Vaterlande besteht. Der böse Feind unseres Volkes hat sie mit dem Hammer des Leides und der Verfolgung zusammengeschmiedet. Diese Einheitsfront verstärkt und verbreitert sich von Tag zu Tag. Sie wird von den gegenwärtigen Machthabern gefürchtet. Aber sie können der christlichen Front nicht viel anhaben. Gewiß, es ist tief schmerzlich, daß man unsere kirchlichen Führer diffamiert, verfolgt und einkerkert. Aber gerade weil man das tut, schmiedet man die Einheitsfront noch fester zusammen. Es ist doch nicht ganz so leicht und einfach, die Christen so hemmungslos zu verfolgen, wie die bedauernswerte jüdische Minorität. Man kann nicht Millionen Menschen einsperren.

Zu unserer Front gehören Bürger, Bauern und Arbeiter. Heer und Beamtenschaft stehen in unserer Front. Unsere Front erfaßt auch weit größere Teile der deutschen Jugend, als man ahnt. Die christliche Front in Deutschland sieht ihre politische Heimat in der „Deutschen Freiheitspartei". Das muß aus einem bestimmten Grunde einmal so deutlich gesagt werden, daß man es nicht nur in Deutschland, sondern auch im Auslande hört. Wir wissen, daß kaum etwas die politisch interessierten Menschen des Auslands so beschäftigt, wie die Frage: was kommt bei euch in Deutschland nach dem Zusammenbruch des Nationalsozialismus?

Wir können darauf getrost antworten: Das deutsche Volk hat genug von den „Segnungen" einer Diktatur. Wir wollen frei und glücklich sein, wie unsere Brüder im nordischen Skandinavien, in der Schweiz, in Holland. Wir wollen uns wieder selbst verwalten und selbst regieren. Wir denken nicht daran, die braune Diktatur gegen eine rote einzutauschen. Wir wissen auch, daß man gerade jetzt im deutschen Volk den unbeugsam aufrechten und todesmutigen christlichen Charakter wieder achten gelernt hat. Man möchte fast sagen: je mehr Christen man jetzt in das Konzentrationslager schickt, um so besser. Im vierten Reich wird man fragen: „Sind Sie im Konzentrationslager gewesen?" und „Wenn nicht, aus welchem Grunde waren Sie den Nazis nicht verdächtig?" Es gibt jetzt schon Kirchengemeinden, die den Pfarrern den Vorzug geben, die ihren Glaubensmut im Konzentrationslager oder Gefängnis bewiesen haben. Daß die Kirchen durch ihr tapferes Leiden einen solchen Schatz von Vertrauen in unserem Volke wieder gewonnen haben, erfüllt uns mit größter Hoffnung.

Beiden Kirchen steht in Deutschland eine große Zeit bevor! Das Volk hat noch nie so wie jetzt gefühlt, daß es eine Kirche braucht. Wir verdanken es der nationalsozialistischen Kirchenfeindlichkeit, daß die Kirche in einem weit höheren Maße volkstümlich ist, als sie es vor 1933 war.

Die Aufgabe der „Deutschen Freiheitspartei" ist es, den Willen zur Rettung und zum Neuaufbau unseres Vaterlandes, der in den breiten christlichen Massen lebt, zu wecken, zu formen und, wenn die Stunde, die Gott in seiner Gnade bald schenken möge, kommt, zum Einsatz zu bringen. Eine gewaltige Aufgabe! Gott segne und schütze die Männer und Frauen, die an dieser Aufgabe arbeiten. Du freies, christliches Deutschland erwache!

(Das wahre Deutschland, Oktober 1938)

61. „Die Zukunft“

Sondernummer: Die Verfolgten

Die Zukunft

Ein neues Deutschland: Ein neues Europa!

l'A... ..., Journal hebdomadaire

Nr. ... — 27. Januar 1939 — 12 S.

Pr... 50 frs. II. Jahrgang

...tion, Expedition und Verwaltung: ...aris 9e, 41, Bd. Haussmann.

Aus ...em Inhalt dieser Nummer:

Die Welt für die Verfolgten

Erklärungen von

Jean Kardinal Verdier

Erzbischof von Paris

Yvon Delbos

... französischer Aussenminister

François Mauriac

Monsignore E. Beaupin

Lord Robert Cecil

Harold Nicolson

Louise Weiss

George Peabody Gooch

Präsident der britischen Historischen Gesellschaft

Moderne Völkerwanderung

von Max Beer

Die Voraussetzung wirklicher Hilfe

von Geneviève Tabouis

Judenfrage und Faschismus

von Alexander Stein

Verfolgte Katholiken

...on Otto Maria Fidelis

Nur eine Lösung: Sturz der Diktatur

Die Zeit der Erniedrigung

...o... ...an Heger

Pra...tische Hilfe tut not

V... ...Hans Schwarzer

Pal...stina als Zwischenlös...ng?

v... ... Z. Kloetzel

Deutsche über Juden und Antisemiten

Die ...eutsche Emigration

... ...eorg Bernhard

Vol...swirtschaftlicher Nutzen der Emigration für Gr...sbritannien

... ...tto Leppien

Die Finanzierung der Auswanderung

Pas...ive Verfolgung

E... ...uationsbericht

Konzentrationslager Deutschland

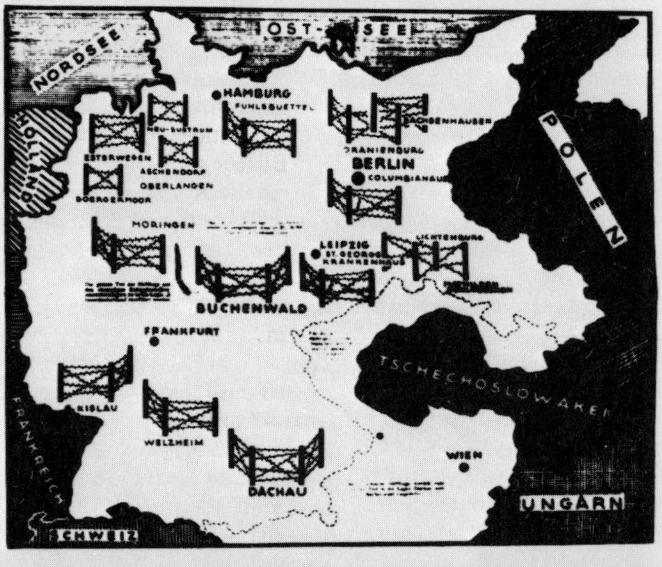

Seit der Errichtung des Dritten Reiches will die Welt nicht zur Ruhe kommen. Immer wieder wird sie mit Kriegsalarm erfüllt und dazu durch einen ununterbrochenen Flüchtlingsstrom geängstigt, der ständig zunimmt. Der allein Schuldige ist die nationalsozialistische Diktatur in Deutschland. Sie hat Europa und der Welt ein Wettrüsten aufgezwungen, das Milliarden und Abermilliarden verschlingt, den Wohlstand der Völker vernichtet und die Gefahr einer allgemeinen Wirtschaftskrise heraufbeschwört. Sie hat das Gleichgewicht Europas erschüttert durch die Okkupation Oesterreichs, die Zerstückelung der Tschechoslowakei. Sie hat es Mussolini ermöglicht, Abessinien zu erobern und im Bunde mit ihm den Kriegsbrand in Spanien entfesselt. Der Raubzug Japans nach China wäre ohne die europäischen Komplizen in der Achse Berlin-Rom unmöglich gewesen. Ueberall, wo in der Welt Unruhe herrscht, wo Militärrebellionen und Bürgerkrieg ausbrechen, wo Rassen und Völker gegeneinandergehetzt wurden, in Palästina, in Südamerika und anderwärts, hatte und hat das Dritte Reich die Hand im Spiele. Am furchtbarsten aber belastet ist das Schuldkonto dieser Diktatur dem deutschen Volke selbst gegenüber, das, zur Staatssklaverei verurteilt, die grössten Opfer für ein von einer barbarischen Ideologie getragenes und dazu noch tief korruptes Herrschaftssystem bringen muss. Ein System, das Christen (Katholiken und Protestanten, Bibelforscher und andere Sekten) und Juden, Deutschnationale und Pazifisten, Demokraten und Monarchisten, Sozialisten und Kommunisten grausam und blutig verfolgt, den Geist unterdrückt und das moralische Bewusstsein verfälscht und vernichtet. Ein System, das Hunderttausende über die Grenze jagt und andere Hunderttausende, Männer und Frauen, Greise und selbst Kinder verhaftet und einkerkert, in grausamen Konzentrationslagern viehischen Henkersknechten ausliefert, blutig foltert und tötet. Aber nicht nur für diese Opfer, für das ganze Volk ist Deutschland ein einziges riesengrosses Konzentrationslager und eine Riesenkaserne geworden. Gegen dieses System und diese Fülle der Grausamkeit, gegen diese Schändung des deutschen Namens und diese Bedrohung der ganzen Welt erheben wir feierlich Protest. Diesem System sagen wir unerbittlichen Kampf an und für diesen Kampf rechnen wir auf die Hilfe aller Menschen, die die Freiheit lieben und vor dem Recht Achtung haben.

62. Werner Thormann: Gibt es eine bürgerliche Opposition in Deutschland?

Daß die nationalsozialistische Diktatur sich bis heute zu stabilisieren vermochte, daß es ihr gelungen ist, breiten Massen des deutschen Volkes und nicht zuletzt der besitzenden Klasse Opfer aufzuerlegen, die der Demokratie verweigert wurden, und daß sie schließlich auch im Ausland von vielen maßgebenden Leuten als das kleinere Übel angesehen wird, ist in der Hauptsache auf den wesentlichen Propagandaerfolg des Dritten Reiches zurückzuführen: den Bolschewistenschreck. Die Behauptung, daß Hitler das Deutsche Reich in den ersten Monaten des Jahres 1933 vor einer unmittelbar drohenden kommunistischen Revolution gerettet habe, ist zwar eine Legende, aber sie wird im In- und Ausland von weiten Kreisen immer noch mit derselben Hartnäckigkeit geglaubt wie die nicht minder anfechtbare Behauptung, daß es zum gegenwärtigen Regime in Deutschland nur eine einzige Alternative gäbe: die Errichtung der proletarischen Diktatur in der Form eines Sowjetdeutschland. Gewiß hat man sich nun allmählich davon überzeugen müssen, daß die Opposition gegen den totalen Staat des Nationalsozialismus nicht auf die ein bis zwei Prozent von der Diktatur großmütig als „unbelehrbar" anerkannten Neinsager der letzten Plebiszite und auch nicht auf einige in der Welt verstreute „jüdisch-bolschewistische Hetzer" beschränkt ist. Jedoch fällt es selbst Ausländern, die sich jahrelang in Deutschland aufgehalten haben, sehr schwer, einen Blick hinter die Fassade zu tun, die das deutsche Volk in seiner übergroßen Mehrheit „einig und geschlossen", von Enthusiasmus erfüllt und von der Mystik des Nationalsozialismus tief durchdrungen, hinter seinem „Führer" zeigt.
Ausgehend von der Tatsache, daß der Nationalsozialismus mit der anti-marxistischen Parole um die Massen der Bauern und Bürger geworben hat und daß auch seine Außenpolitik ganz auf die Idee des Kampfes gegen die Kommunistische Internationale konzentriert erscheint, neigen zahlreiche, auch angeblich berufene Beurteiler immer noch dazu, in der Diktatur Adolf Hitlers ein Regime zu sehen, das die konservativen Kräfte der Gesellschaft an sich bindet und ihre Interessen gegen die Drohung einer sozialen Revolution wahrnimmt. Als einziger Schönheitsfehler [in diesem Bilde] wird der im Dritten Reiche gegen die [Juden] entfesselte Kampf zugelassen, aber mit einer [besonderen] deutschen Mentalität erklärt, wenn nicht entschuldigt.
Die Wirklichkeit sieht freilich sehr anders aus. Sie besteht vor allem darin, daß, abgesehen von einer sehr kleinen Minderheit fanatisch überzeugter Nationalsozialisten, von der schon wesentlich größeren Zahl der direkten und indirekten Nutznießer des Regimes und einer allerdings immer noch sehr breiten Schicht der durch die nationalsozialistische Erziehung gegangenen Jugend, das deutsche Volk in allen seinen Klassen und Schichten von der nationalsozialistischen Ideologie unberührt geblieben ist. Die Riten, die das Regime ihnen auferlegt hat, machen die meisten Deutschen wenn nicht widerwillig, so doch gleichgültig mit. Alle Verschiedenheit des politischen Regimes hindert nicht, daß weitab von der offiziell gepflegten Ideologie die persönlichen Sorgen und Nöte des kleinen Mannes in Deutschland dieselben sind wie die der kleinen Leute in aller Welt. Das Regime, dem er unterworfen ist, macht es ihm nur noch ein wenig schwerer, mit den Problemen seiner privaten Existenz fertig zu werden. Und so werden immer weitere Kreise von einem Mißbehagen erfaßt, das mindestens als latente Opposition betrachtet werden darf. In dieser Beziehung gibt es keinen Unterschied zwischen Bürgern und Arbeitern. Aber auch abgesehen von dieser unstreitig die Mehrheit des deutschen Volkes umfassenden Front des Mißvergnügens, existiert unter eigentlich politischen Gesichtspunkten die bürgerliche Opposition in Deutschland.
Sie existiert aus begreiflichen Gründen mit besonderer Lebhaftigkeit in dem vor einem halben Jahr okkupierten Österreich, wo nicht nur die von der sozialdemokratischen Partei und den Gewerkschaften der faschistischen Lüge gegenüber immunisierten Arbeiter, sondern ganz breite Massen der Bürger und Bauern die nationalsozialistische Diktatur als eine

mit innerem Widerstreben ertragene und mit Waffengewalt auferlegte Fremdherrschaft empfinden. Der Legitimismus, der gläubig katholische Volksteil, die in ihren Erwartungen auf eine Besserung der wirtschaftlichen und sozialen Verhältnisse betrogenen Kleinbürger und Bauern, stellen eine sehr kompakte, dem Regime feindliche Masse der Bevölkerung dar.

Auch im „Altreich" ist die bürgerliche Opposition vorhanden und verfügt sogar über politische Kader, die aktiv tätig sind. Wenn die Diktatur sie durch das Schreckensurteil herausfordern mußte, das deutschnationale Führer, die einmal so angesehen waren wie der vierundsiebzigjährige Graf Westarp und der frühere Reichstagsabgeordnete Laverrenz, kürzlich auf fünfzehn Jahre ins Zuchthaus schickte, so darf man darin schon einen Beweis für die Existenz nicht so sehr des den Verurteilten zum Vorwurf gemachten Komplottes, als einer konservativ-monarchistischen Strömung sehen, die auch vor den außenpolitischen Erfolgen Hitlers nicht abgerüstet hat.

Diese Opposition ist bei den altpreußischen Konservativen, den Anhängern des Hauses Hohenzollern und in jenen ostelbischen Provinzen zu suchen, die Hitler in den letzten Jahren der Republik das Hauptkontingent seiner Wähler gestellt haben. Sie existiert also neben den legitimistischen und föderalistischen Strömungen in Süddeutschland (Bayern) und Sachsen. Daß solche Strömungen den Machthabern des Dritten Reiches nicht als bloße Romantik, zum Aussterben verurteilte Vorkriegstradition, sondern als beachtenswert, ja gefährlich erscheinen konnten, hat seinen guten Grund darin, daß die auf wirtschaftliche und soziale Ursachen zurückzuführende Unzufriedenheit großbürgerlicher, bäuerlicher und Mittelstandskreise sich politisch immer wieder zugunsten der alten Rechten auszuwirken begann, in der diese Kreise die Repräsentanten einer glücklichen Vergangenheit sehen. Ihre Unzufriedenheit hat allerdings noch keinen direkten politischen Ausdruck gefunden, zumal von ihren alten politischen und wirtschaftlichen Interessenvertretungen nichts übriggeblieben ist. Sie kommt deshalb den oben skizzierten Konservativen und traditionalistischen Kräften zugute.

Die verarbeitende und die auf Export angewiesene Industrie sind im übrigen trotz aller Versuche zu einer Großraumwirtschaft im Troc-System mit dem europäischen Südosten noch keineswegs für die Opfer entschädigt, die ihnen die Errichtung der Autarkie zugefügt hat. Gerade diese Kreise haben das Gefühl, daß die Niederlage, die Schacht im Kampfe gegen Göring erlitten hat, ihre eigene Niederlage gewesen ist.

Im ganzen darf man wohl feststellen, daß die gerade Linie ins Verderben des deutschen Bürgertums, die von der liberalen Opposition des Jahres 1848 über die Bismarck-Lösung der deutschen Probleme, d.h. den Nationalliberalismus, zum Nationalsozialismus führte, heute abgebrochen ist. Es ist die gewiß nicht unwichtige Tatsache zu verzeichnen, daß breite Schichten jenes Bürgertums, das auf die Demokratisierung Deutschlands gerne verzichten wollte, wenn es ihm wirtschaftlich nur gut ging und im rein privaten Bezirk Gedanken- und Meinungsfreiheit herrschte, mit einem Schlage von der Bedeutung der politischen Freiheitsparole als dem absoluten Gegensatz zum totalitären System durchdrungen worden sind. Kreise, die sich unbestreitbar als wirtschaftliche Nutznießer der Diktatur betrachten können und auch lange versucht haben, durch äußere Gleichschaltung die Vorteile wahrzunehmen, die mit dem Lippenbekenntnis zum Nationalsozialismus verbunden waren, sind heute bereit, sich mit den schwersten materiellen Opfern den Ausweg in ein Leben zu erkaufen, das von dem Druck der Gleichschaltung befreit ist. So erklärt sich die vielen Beurteilern so überraschend gekommene Zugkraft der Deutschen Freiheitspartei. Zum ersten Male seit dem Jahre 1848 ist durch ihr Auftreten dem deutschen Bürgertum ein politisches und gesellschaftliches Ideal nahegebracht worden, das mit wirklicher oder scheinbarer Interessenvertretung nichts zu tun hat. Die übrigens nicht auf die Freiheitspartei beschränkte bürgerliche Freiheitsbewegung des heutigen Deutschland geht von dem Erlebnis von Millionen aus, daß Begriffe, die früher jedes konkreten politischen und gesellschaftlichen Gehaltes entkleidet schienen, wie die der demokratischen Freiheiten, die ursprüngliche menschliche Voraussetzung jeder Anteilnahme am öffentlichen Leben sind. Die Parolen der Deutschen Freiheitspartei sind deshalb selbst in Kreise gedrungen, die noch vor nicht allzu langer Zeit vollkommen der nationalsozialistischen Ideologie verfallen erschienen. Zahlreiche Intellektuelle haben ihre Hoffnungen jetzt ausschließlich auf die Wiedererlangung der bürgerlichen Freiheit gesetzt. Die Verhaftungen, die in den letzten Monaten in der akademischen Jugend, selbst im Offizierskorps und unter den ehemaligen Anhängern der Jugendbewegung vorgenommen wurden, sind ein Beweis für die von der Diktatur anerkannte politische Bedeutung einer Freiheitsbewegung, die im vorhitlerschen Deutschland noch undenkbar gewesen wäre.

Die Einführung der allgemeinen Wehrpflicht hat das Dritte Reich vor die Probleme gestellt, die ein Eindringen der in den Volksmassen selbst vorhandenen Oppositionsstimmung in die Armee bedeutet. Wichtiger aber als die Unzufriedenheit, die bei den Soldaten selbst durch das System des preußischen Drills, der Überbeanspruchung aller Kräfte und der Unzulänglichkeit der improvisierten Führung hervorgerufen werden muß, ist die Tatsache, daß das nach wie vor höchst einflußreiche und vor allen Dingen unentbehrliche höhere Offizierskorps – hervorgegangen aus den Traditionen des alten Heeres der Kaiserzeit und dem Geiste, der sich als Elitetruppe fühlenden Reichswehr der Republik – von sehr starken oppositionellen Strömungen durchsetzt erscheint. Dreimal: am 7. März 1936, bei der Okkupation Österreichs und in der jüngsten internationalen Krise wegen der Tschechoslowakei hat Hitler einer zur Vorsicht ratenden Generalität gegenüber Recht behalten. Im großen Generalsschub vom 4. Februar 1938 und in der endgültigen Verabschiedung des Generalstabschefs von Beck und des Wehrkreiskommandanten General von Rundstedt hat das seinen Ausdruck gefunden.

Sicher waren die Hoffnungen übertrieben, die sich an den Gegensatz zwischen Reichsheer und Partei knüpften. Die Möglichkeit zur Ablösung der nationalsozialistischen Diktatur durch eine Intervention der militärischen Kreise war immer sehr gering. Aber es genügt uns zu wissen, daß ein sehr beachtlicher Teil der militärischen Führung keineswegs mit den außenpolitischen und ideologischen Zielsetzungen des Regimes einverstanden ist. Die vor München sichtbaren Zeichen der militärischen Opposition sind allerdings vorläufig verschwunden, nachdem die Generalität aufs Neue erkennen mußte, daß Hitler in der Einschätzung der machtpolitischen europäischen Faktoren ihren Mahnungen gegenüber Recht behalten hat. Aber es ist unverkennbar, daß die äußere Gleichschaltung des deutschen Offizierskorps die Spannungen nicht beseitigt hat, die von allem Anfang an zwischen Militär und Partei bestehen mußten.

Es wäre ein verhängnisvoller Irrtum, annehmen zu wollen, daß die im deutschen Bürgertum weitverbreitete Ablehnung des totalitären Staates in absehbarer Zeit zu einer einheitlichen politischen Organisation führen könne. Viel zu viel noch wird die Opposition innerhalb des bestehenden Regimes ausgeübt. Es ist richtig, daß sie nur etappenweise zum Ziel kommen kann und sich deshalb in erster Linie der Kräfte bedienen muß, die für Einzelaktionen aktiviert werden können. Aber die vielleicht entscheidende Wendung, die sich in den letzten zwei Jahren innerhalb der bürgerlichen Opposition des Dritten Reiches vollzogen hat, ist die Zerstörung der Illusionen, daß man vom schlecht unterrichteten an den besser zu unterrichtenden Diktator appellieren und sich gerade die Teilfreiheit erobern könne, deren Besitz die Tolerierung des auf allen übrigen Gebieten totalitären Staates gestatte. Heute ist es allmählich gemeinsame Überzeugung auch der bürgerlichen Opposition geworden, daß mit dem nationalsozialistischen Totalitarismus keine Kompromisse geschlossen werden können. Die politischen Loyalitätskundgebungen, mit denen vor allem die religiöse Opposition ihren Widerstand gegen das Antichristentum und die ausgesprochene Kirchenfeindschaft des Dritten Reiches wirksamer machen zu können glaubte, sind heute fast verstummt. Gewiß, die Opposition der kirchlichen Kreise beschränkt sich auf

das rein religiöse Gebiet und bemüht sich ängstlich, der Diktatur jeden Vorwand zu nehmen, den Kampf auf das politische Gebiet zu übertragen. Aber die Hoffnungen, daß es wie in Italien, so auch in Deutschland zu einem modus vivendi zwischen Kirche und Staat kommen könne, sind begraben. Die nationalsozialistische Propaganda mag sich noch so sehr bemühen, die Existenz der protestantischen Bekenntniskirche auf ein Pastorengezänk zurückzuführen und die Massenbasis der der religiösen Gleichschaltung widerstrebenden protestantischen Kirche auf ein Minimum herabzusetzen – darüber kann kein Zweifel bestehen, daß breite Schichten des den eigentlich theologischen Problemen gegenüber recht gleichgültig gewordenen deutschen Bürgertums mit Bewunderung zu den standhaften Kämpfern der Bekenntniskirche aufsehen. Niemöller ist für sie nicht nur zum bedauerten Märtyrer, sondern auch zum als nachahmenswert empfundenen Heros geworden, dessen Legende den nationalsozialistischen Führerkult ins Herz trifft.
Die katholische Opposition schließlich ist bisher die einzige gewesen, die einen öffentlichen und fast schon organisierten Charakter annehmen konnte. Daß die Kader der Gläubigen sich angesichts der Verfolgung um so enger um ihre Kirche schließen, ist keine Überraschung. Daß aber breite Massen, die noch in den Zeiten der Republik, als die Mitgliederschaft zu einer katholischen Organisation und die öffentliche Beteiligung am kirchlichen Leben nur Vorteile bringen konnten, gleichgültig abseits standen, heute demonstrativ an den wenigen, außer dem Gottesdienst in der Kirche selbst noch gestatteten Manifestationen religiösen Charakters, den Wallfahrten, Prozessionen, Exerzitien teilnehmen, bedeutet zugleich einen unverkennbaren Protest gegen die Übergriffe der Staatsgewalt.
In den ersten Jahren der nationalsozialistischen Diktatur gab es Grund zur Annahme, daß, wie die gesamte bürgerliche, so auch die kirchliche Opposition sich durchaus auf ihr Teilgebiet beschränken und sich eine Art von Legitimität durch Überbetonung der politischen Loyalität zu erwerben suchen werde. Diese Situation hat sich gründlich geändert.
Die größten außenpolitischen Erfolge vermochten der nationalsozialistischen Diktatur keinen Ausgleich für die Antipathien zu verschaffen, die sie in den weitesten Schichten des bürgerlichen Deutschland sich zugezogen hat. Wenn die Kreise, die im Verlangen nach der Revision der Friedensverträge in vorderster Linie standen, heute ihre große Enttäuschung über die Konzessionen zum Ausdruck bringen, die Hitler in München gemacht worden sind, so liegt darin der sicherste Beweis für die tiefe Kluft, die die Diktatur im deutschen Volke aufgerissen hat, und für die unbesiegbare Skepsis, mit der auch das bürgerliche Deutschland jetzt den außenpolitischen Errungenschaften des Dritten Reiches gegenübersteht. Die bürgerliche Opposition ist bestimmt noch kein politischer Faktor in dem Sinne, daß sie zu offenem Kampfe bereit und in einem Maße organisierbar wäre, wie das bei den Kadern der sozialistischen Parteien der Fall ist. Aber sie politisiert sich zusehends und haftet nicht mehr, wie noch vor kurzer Zeit, an den Erscheinungen des Regimes, die dem einzelnen oder einzelnen Gruppen unsympathisch sein müssen. Sie durchdringt sich mehr und mehr mit der Überzeugung, daß die Rückkehr menschenwürdiger Zustände nur durch den Sturz der Diktatur und, was dasselbe bedeutet, durch die Begründung eines freiheitlichen und demokratischen Deutschland möglich sein wird. Die Machtmittel der Diktatur reichen noch aus, die öffentlichen Kundgebungen einer solchen Überzeugung zu verhindern. Noch gehorchen die Untertanen und Staatssklaven des Dritten Reiches. Aber ein Regime, das sich nur auf den erzwungenen Gehorsam von Millionen derer stützen kann, die seiner Errichtung nicht feindlich gegenüberstanden, trägt die Keime des Unterganges in sich.

(Die Zukunft, Nr. 5, 11. November 1938)

Werner Thormann (geb. 1894), Sekretär von Josef Wirth, Chefredakteur der Zeitschrift „Deutsche Republik"; 1933 nach Paris emigriert, 1938 Chefredakteur der Zeitschrift „Die Zukunft", 1940 in die USA emigriert.

63. „Fuchsen-Fabeln“

Die Fütterung

Piep, jammerte der Spatz; er hatte Hunger. Piep, piep ... bettelte es aus allen Käfigen. „Ihr seid hier nicht im alten Schlendrian“, belehrte sie der Fuchs, „hier wird nicht piep gepiepst, sondern Sieg!“ Sie schwiegen. Nach einer Weile probierte es ein Zeisig: Sieg! Da bekam er eine Krume. Sieg, Sieg ... dankte er; da gab's ein paar Finger voll. Sieg, Sieg, Sieg ... begann es nun von allen Seiten. Da warf der Fuchs ein paar Pfoten voll Hanf hinter die Gitter und trottete lachend davon. Das Spiel gefiel den kleineren Füchsen. Sie stellten sich an die Futterplätze im Lande, wo sie wußten, daß die Hungrigen hin mußten, und ließen niemanden heran, der es nicht laut ertönen ließ: Sieg! Etliche standen verbissen seitab, wurden mager, wurden hohl, wurden blaß. Schließlich, als ihre Jungen wimmerten, stießen sie es heraus: Sieg! Da lachten die Füchse; er ist doch ein gescheiter Kerl, unser Fuchs. So einfach ist also das Herrschen! Und sie ließen und lassen seitdem nicht ab von dem Spiel: Erst: Sieg, dann Brocken! Erst Dank, dann Fraß. Aus den Händen müssen sie fressen lernen ...! „Sieg! Sieg! Sieg!“ scholl es im Lande.

Der Marder

Der Fuchs ließ sich den Marder kommen. Alter Freund, sagte er zu ihm, da habe ich eine Aufgabe für Dich! Eine Sondermission, verstehst Du mich! Du kannst Dir meine Gunst damit erhalten. Also hör! Ich hab da so einen unbequemen Vertrag. Der Dompfaff, weißt Du, der über die Berge geflogen ist, dem hab ich da so ein ... wie sagt man: Gentlemanversprechen ... notifiziert. Feierliche Sache! Mit Unterschrift und Siegel, weißt schon! Mach ich, brummte der Marder. Nur langsam, alter Kampfgenosse, sagte der Fuchs. Die Sache ist so: Das Ding, dieser Vertrag, muß gehalten werden. Oho? wunderte sich der Marder. Jawohl, muß gehalten werden, fuhr der Fuchs fort. Prestigefrage! Ich werde also vorerst mal auf Hühnerbraten verzichten müssen. Na, laß sie nur gackern! Mehr können sie ja so nicht mehr. Aber jetzt paß auf! Da liegen nämlich in dem schwarzen Nest so etliche Vertragseierchen, verstanden! Zerbrechliche Dinger! Aber wichtig! Eminent wichtig! Daß Du mir keins davon zerbrichst! Keines! Nur ... weißt, deswegen habe ich Dich holen lassen ... Du bist doch Spezialist in einer gewissen Eierbehandlung! ... Ach jetzt versteh ich Dich: saugen! freute sich der Marder. Der Fuchs nickte: So und nicht anders! Saugen, aussaugen, bis nichts, aber auch nichts mehr drinnen ist. Aber nur ein einziges Löchlein erlaube ich Dir, so klein, daß es möglichst lange kann verborgen bleiben. Und die Eier bleiben liegen, auch wenn sie leer sind, solange ich es will. Verstanden? Da kniff der Marder die Augen zu einem Spalt zusammen und sagte nur: Wird gemacht! Dann aber fügte er bedauernd bei: Und die vielen schönen Gurgeln alle? ... Nur Geduld! Später! sagte der Fuchs.

(Deutsche Briefe, Nr. 91, 26. Juni 1936. Druck: Deutsche Briefe 1934–1938. Bearb. von H. Hürten. Veröffentl. der Kommission f. Zeitgeschichte, Reihe A, Bd. 6, II, 1969, S. 258f.)

64. „Der Deutsche Weg“

67. *„Europa"*

PREIS FR. 1.50

2. JAHR. - N° 19. — 9. MAI 1936

Europa

WOCHENZEITUNG FÜR TAT UND FREIHEIT

Fr. W. Foerster

Wer ist Hitler?

Walter Berger

DER AUTORITAERE STAAT

Autorität ist ein verführerisches Wort. Die Alten klagen, weil die Jugend keine Autorität mehr anerkenne, und Minister, wenn sie mit ihrer Kunst und Weisheit zu Ende, erklären, dass die Völker nur noch durch ein autoritäres Regime zu regieren seien. Doch was ist ein autoritäres Regime und was ist Autorität überhaupt? Nach den landläufigen Vorstellungen ist Autorität etwas, das sozusagen überliefert ud vererbt wird. Die Eltern, die Erzieher der Jugend, die Geistlichkeit, die Richter, die Polizei und schliesslich die Obrigkeit gemeinhin haben Anspruch auf Autorität. Wird sie ihnen verweigert, so sind jene strafbar und schuldig, welche die Autorität nicht anerkennen. Die Begriffe über die Autorität und ihren sozusagen sakrosanktenCharakter sind den Vorstellungen über das Gottesgnadentum entnommen, sie gehen noch weiter auf jene frühscholastischen Anschauungen zurück, welche nach dem paulinischen Wort jede Obrigkeit als von Gott gelenkt betrachtet. Demnach würde also auch jeder Obrigkeit eine eingeborene Autorität innewohnen.

Wir wollen über die Berechtigung solcher Auffassungen nicht diskutieren. Es genügt festzustellen, dass sie mit dem Wesen eines modernen Staates ebensowenig vereinbar sind, wie mit der Freiheit des Individuums. Die Klage aber, dass die Menschen und Völker den ihnen vorgesetzten Autoritäten den schuldigen Respekt verweigern, erinnert mich stets an den Jammer hilfloser Mütter, welche sich über den mangelnden Gehorsam ihres Kindes beschweren. Denn Autorität ist ebensowenig etwas apriorisch Gegebenes wie — fahre dahin naiver Aberglaube! — der legendäre Verstand, welcher jenem, dem Gott ein Amt gebe, verliehen werde. Was sollen wir lange diskutieren? Bekennen wir uns zu der Tatsache, dass jeder Erzieher, jeder Geistliche, jeder Vertreter der Obrigkeit, angefangen vom einfachen Polizeibeamten auf der Strasse bis zum Ministerpräsidenten oder bis zum König nur soviel tatsächliche Autorität ausüben kann, als ihm selbst innewohnt. Alles andere ist vom Uebel. Fordert er mehr, so ist er ein Betrüger, der einen moralischen Kredit zu erschwindeln versucht, für den er nicht gut ist.

Niemand fordert ungestümer die Anerkennung einer bestimmten Tugend als der, welcher diese Tugend sicher nicht besitzt. Auch die Forderung nach einem autoritären Regime wird am ersten von denen erhoben, welche weder über sich eine Autorität anerkennen, geschweige denn eine Autorität darzustellen vermögen. Sicher ist Autorität weniger eine Tugend als eine Gnade. Sie ist der Lohn der Gerechtigkeit. Wenn Regierungen versagen oder wenn eine ganze politische Epoche, wie die gegenwärtige, in der wir leben, mit den über sie hereinbrechenden Schwierigkeiten nicht fertig werden kann, so schwindet das Vertrauen der Regierten zur Obrigkeit. Wahre Autorität ist ohne Vertrauen aber nicht denkbar. Deshalb glauben viele, es käme dann nur darauf an, eine „autoritäre Regierung" zu installieren. Wir haben einmal von einem österreichischen Arbeiter geschrieben, der von dem „autoritären Gehirn" eines Fabrikanten sprach. In diesen Worten liegt die tiefgründige Erkenntnis des unverbildeten Menschen. Er spricht von dem „autoritären Gehirn" wie andere von der angegriffenen Lunge des Schwindsüchtigen. In dem einen Fall handelt es sich um eine physische, im anderen um eine psychische Infektion. Die Ursache des Leidens ist dieselbe, doch ihre Behandlung die denkbar widerspruchsvollste: Während sich die Gelehrten in hunderten und tausenden Experimenten um die Erkenntnis der Ursache einer physischen Krankheit und um ihre Heilung bemühen, während die ganze Forschung darauf ausgeht, den Bazillus zu entdecken und ihn durch ein Serum unschädlich zu machen, treten bei der psychischen Infektion andere sogenannte Gelehrte, Philosophen und Staatsrechtler auf, und wollen uns weismachen, die geistige Erkrankung, um bei unserem Beispiel zu bleiben, das „autoritäre Gehirn", sei gar kein Manko und kein Schaden, sondern ein weit höherer Zustand als der des gemeinen Gesunden.

Betrachten wir den autoritären Staat in seiner Praxis, so sehen wir, was für ein Unsinn in dieser vermeintlich höheren Weisheit verborgen liegt, doch was sage ich da: Verborgen? Gibt es da überhaupt noch etwas zu verbergen, ist nicht das ganze Fiasko dieser autoritären Idee schon offenbar? Geht es wirtschaftlich in irgend einem Staate schlechter als in den „autoritär" regierten?

Gehen wir zurück in jene vielgeschmähte, von Juden, Marxisten und Schwarzen beherrschte deutsche Republik. Sie ging, genau wie die Epoche der nationalsozialistischen Herrschaft, aus einer revolutionären Entwicklung hervor, und wer für die Grösse des Zusammenbruches der Monarchie ein Gefühl hatte, der war überrascht, wie schnell dieser revolutionäre Zustand liquidiert wurde. Unterstellen wir als wahr, dass jenes System von allen Mängeln des Parlamentarismus behaftet war, was leistete es aber dennoch? Es überwand die furchtbarste militärische Katastrophe, die ein Militärstaat je erlitten hatte, es baute die Wirtschaft neu auf, es ordnete nahezu reibungslos die Angehörigen der zurückflutenden Millionenmassen in den Wirtschaftsprozess ein, es überstand die furchtbare Krise der Inflation, es hätte ohne Frage auch die Erschütterungen durch den Verfall der Weltwirtschaft durchgehalten.

Aber waren Dinge denkbar wie diese: dass ein Reichsminister in einem befreundeten Staate gegen diesen Reden hält und dass dem beschwerdeführenden Botschafter dieses Landes vom Reichskanzler barsch erklärt wird, er, der Kanzler, könne nicht hinter jedem nachlaufen, der eine Rede halte.

Dass Jahre hindurch über die offiziellen Propagandastellen des Reiches hinweg versucht wird in einem Nachbarstaat eine revolutionäre Bewegung zu entfachen. Wie vergesslich ist unsere Zeit und wie rasch gewöhnt sie sich an das Ungewöhnliche. Wie rasch hatte sich die Welt und auch der Völkerbund damit abgefunden, dass im Reich aus flüchtigen Terroristen eines Nachbarlandes eine schwer bewaffnete Armee aufgestellt und zum Einmarsch in diesen Nachbarstaat bereitgehalten wird! Man versicherte nach Bedarf, der „autoritäre" Führer des Reiches wisse von diesen Dingen nichts, diese Erklärung aber lässt uns fragen, was grösser ist, die Zumutung an unsere Naivität oder die Beleidigung eines autoritären Regimes?

Alle Ausschreitungen und Uebergriffe, wie sie nun seit drei Jahren in zahllosen Fällen geschehen, einmal gegen die Wirtschaft, dann gegen die Kirche, gegen hohe Würdenträger, gegen ganze Bevölkerungsschichten, werden in diesem autoritären Staate am Ende damit entschuldigt, dass der Führer, der nur das Gute wolle, nichts davon wisse. Wäre das Gedächtnis der Menschen nicht so kurz, so würden sie derartige Entschuldigungen entweder als eine Beleidigung ihrer selbst oder ihres angebeteten Führers empfinden. Denn man tut gut, sich dessen zu erinnern, dass in dem angeblich so zügellosen und verlotterten Weimarer Reich nichts geschah, was die Regierung des Reiches nicht zu verantworten bereit war.

Das ist nur eine kurze Betrachtung, unzulänglich und lückenhaft gegenüber dem grossen Fragenkomplex. Und doch ist man hier schon versucht zu sagen: Wie der Mensch das am meisten betont, das er am wenigsten hat, so ist es auch mit den Staaten. Indem sie sich ihrer Autorität rühmen und die Harmlosen sie bewundern, schwindet sie völlig dahin.

Im Andenken an den letzten grossen Einiger im Geist des Christentums, Erasmus von Rotterdam, und im Bewusstsein der Leiden, die Millionen und Abermillionen von Menschen durch eine unchristliche Politik erduldeten und weiter zu erdulden haben, rufen wir auf zu einer

Front aller Christen

Wir proklamieren eine Politik der christlichen Entschiedenheit: eine Politik der sozialen Gerechtigkeit, der demokratischen Selbstbestimmung, der Freiheit und der Menschenwürde, der Verständigung und des Friedens. Wir rufen die Christen aller Bekenntnisse, denen die Verwirklichung der christlichen Grundsätze höher steht als das, was sie trennt, auf zur Sammlung.

Die Stunde der Entscheidung ist gekommen, die Entwicklung wird über uns hinweggehen, wenn wir nicht bereit und entschlossen sind, zu handeln. Männer aus allen christlichen Bekenntnissen stehen bereit um sich in den Dienst einer neuen Gerechtigkeit und Frieden erzwingenden Bewegung zu stellen. Wir rufen dazu auf, sich ihnen anzuschliessen. Wir sprechen in ihrem Namen, wenn wir alle, die ihren Aufruf vernehmen, bitten, an uns zu schreiben.

Wir wollen handeln, wir wollen eine europäische Avantgarde im Geiste des Christentums schaffen.

68. Exilpresse im Urteil der SS

Reichsführer SS, Abt. Presse, Schulungsmaterial, ca. 1936/1937

Katholische Emigrantenhetze

Vor der Machtübernahme haben die meisten katholischen Geistlichen und Ordensleute Seite an Seite mit dem Zentrum und der Bayerischen Volkspartei gegen den Nationalsozialismus in Front gestanden. Nach der Machtübernahme schalteten sich viele von ihnen äußerlich gleich. Mehrere aber gingen ins Ausland und fuhren dort nach wie vor fort, gegen das neue Deutschland Adolf Hitlers zu hetzen.

Tag für Tag streuen diese katholischen Hetzblätter ihre Greuelmärchen über Deutschland in die Welt. Allen voran „Der Deutsche Weg" in Holland, „Der Deutsche in Polen", „Der Christliche Ständestaat" in Österreich. „Der Deutsche Weg" ist nicht unerheblich von dem Jesuitenpater Friedrich Muckermann inspiriert. Dieser „Deutsche Weg" liebäugelt wie alle katholischen Emigrantenblätter ziemlich stark mit dem Bolschewismus. Zum Beispiel schreibt er in der Nummer vom 1. November 1936:

„Der Bolschewismus ist sterblich, und wir haben gar keinen Grund, seine Kraft zu überschätzen."

Das ist gefährlichstes Spiel mit dem Feuer!

Dagegen sieht der „Deutsche Weg" im Nationalsozialismus einen viel größeren Feind als im jüdischen Bolschewismus. In der Nummer vom 22. November 1936 schreibt er:

„Wir betonen, daß unter dem religiösen Gesichtspunkt der Umgang mit Kommunisten für Glaube und Sitte bestimmt nicht weniger gefährlich ist als der Aufenthalt in einem nationalsozialistischen Arbeitslager."

Der „Deutsche Weg" hat anscheinend von den Greueln der Kommunisten in Spanien noch nichts gehört. Er weiß wohl nicht, daß dort 11 000 katholische Priester grausam ermordet wurden, Kirchen zerstört und Klöster gebrandschatzt wurden usw. Wie könnte man sonst seine Greuelhetze gegen Deutschland und Adolf Hitler verstehen, der doch unser deutsches Volk und damit ganz Europa von der bolschewistischen Menschheitsseuche errettet hat.

In ähnlich unverschämter Weise wie der „Deutsche Weg" hetzt der „Deutsche in Polen". Dieses Blatt bringt es fertig, das mutige Vorgehen des Führers gegen den Bolschewismus auf dem Reichsparteitag in Nürnberg 1936 als „großangelegtes Betrugsmanöver" hinzustellen (Nr. v. 27. September 1936). Dann wird hämisch bemerkt: „Und diese Leute wollen den Bolschewismus überwinden." Nein, diese Leute wollen nicht, sondern sie haben die Gottlosigkeit des Bolschewismus in Deutschland überwunden.

Ein drittes katholisches Hetzblatt ist der „Christliche Ständestaat", der unter dem maßgeblichen Einfluß des Drittordensbruders Dietrich von Hildebrand steht. Hildebrand gehört zu den ausgebürgerten Emigranten. In der Nummer vom 11. Oktober 1936 sucht er den Nationalsozialismus lächerlich zu machen, macht sich dabei aber nur selber lächerlich, wenn er schreibt:

„Der Nationalsozialismus verkündet: Mit uns bricht eine neue Ära an, der von Himmler eine Dauer von 30 000 Jahren, von Goebbels gar ewige Dauer prophezeit wird."

Ein zweiter würdiger Hauptmitarbeiter dieses Hetzblattes ist der bekannte Pazifist Dominikanerpater Stratmann. Stratmann hat einst die Abrüstung Deutschlands nachdrücklich befürwortet, die Wehrhaftmachung der deutschen Jugend mit allen Mitteln zu hintertreiben versucht und das Militär als Ausfluß der Macht des Bösen auf Erden hingestellt.
Der Kampf geht nicht gegen einzelne Menschen, die als Volksgenossen immer unsere Blutsbrüder sind. Auch in der katholischen Geistlichkeit gibt es Männer, wie den Abt Schachtleitner, der schon 1922/23 für die Ideen des Führers eingetreten ist und dafür von der Kirche gemaßregelt wurde. Der Kampf gilt vielmehr dem politischen Machtsystem, das sich unter religiöser Tarnung als politischer Katholizismus dem Nationalsozialismus entgegenstellt. Dieses politische Machtstreben wird vom Nationalsozialismus abgelehnt, bekämpft und endlich vernichtet werden.

Widerstand in einem totalitären Staat ist nicht nur der politische Kampf in der Illegalität zum Sturz des Regimes, er äußert sich auch auf vielfältige Weise im alltäglichen Leben. Die Abwehrhaltung gegen die totale Vereinnahmung jedes einzelnen durch das System, die in der historischen Forschung häufig mit den Begriffen „Protest, Verweigerung, weltanschauliche Dissidenz, Nonkonformismus oder Resistenz" umschrieben wird, wurde von den nationalsozialistischen Machthabern als „staatsabträgliches Verhalten", „Heimtücke", „Wehrkraftzersetzung" verurteilt und mit harten Strafen geahndet. Der Widerstand im Alltag, das Nichtmitmachen, die freie Meinungsäußerung, die Hilfe für Verfolgte oder die Weitergabe von Informationen waren daher für jeden mit hohem Risiko verbunden. Vernichtung der Existenz, Gefährdung der Familie, Freiheitsentzug, körperliche und seelische Mißhandlung bis zum qualvollen Tod drohten als Konsequenz. Trotz totaler Überwachung und abschreckenden Gewaltmaßnahmen wagten einzelne und kleine Gruppen, ihre Wertvorstellungen, Lebensformen und Bindungen, die von der nationalsozialistischen Weltanschauung abwichen und deshalb vom Regime bekämpft wurden, zu bewahren und für die Zukunft zu retten.

Für Christen beider Konfessionen und die christlichen Politiker boten vor allem die Kirchen und ihre Organisationen, die eine begrenzte Autonomie bewahren konnten, Zuflucht und Tarnungsmöglichkeiten; nicht ohne Grund sah die Gestapo in ihnen Auffangstellungen der früheren konfessionellen Parteien. Die katholische Kirche konnte ihre Glaubenslehre, ihr Wertesystem und den institutionellen Aufbau vor nationalsozialistischer Infiltration bewahren durch die Aufrechterhaltung der vielfältigen katholischen Verbände und die Aktivierung der „Katholischen Aktion", einer Laienbewegung.

Im Unterschied dazu mußte sich die evangelische Kirche gegen die Vereinnahmung durch das NS-Regime (Errichtung der „Reichskirche Deutscher Christen") zur Wehr setzen. Gegen die staatliche Bevormundung schlossen sich seit Anfang 1934 in allen Gebieten des Reiches Gemeinden zur Bekennenden Kirche mit unabhängiger Leitung und eigenen kirchlichen Hochschulen zusammen. Viele christliche Demokraten waren Mitglieder der Bekennenden Kirche. So konnten sich auf dem Boden der Kirchen weltanschauliche Gegner des totalitären Staates zusammenfinden.

Sich verweigern

In einzelnen Fällen konnten Gegner des Hitler-Regimes, wenn sie Staatsbeamte
Nr. 69 oder Journalisten waren, durch die Ablehnung jeglicher Mitarbeit im neuen
Staat ein deutliches Zeichen setzen. Andere zeigten ihre negative Einstellung
durch die Nichtbefolgung des vom Regime geforderten Verhaltens in der
Nr. 70–75 Öffentlichkeit, z.B. Unterlassen des Hitler-Grußes oder einer angeordneten
Beflaggung, Behinderung von NSDAP-Feiern, Nichtbeteiligung an Straßen-
Nr. 82–84 sammlungen, Umgang mit jüdischen Bürgern. Einzelne entzogen sich dem tota-
litären Anspruch auf den ganzen Menschen, indem sie ungeachtet der nachteili-
Nr. 76–79, gen Folgen für ihre berufliche Existenz den Beitritt zur NSDAP und ihren Organi-
106 sationen, die alle gesellschaftlichen, wirtschaftlichen und beruflichen Bereiche
erfaßten, strikt ablehnten. Die Teilnahme an Gottesdiensten, Prozessionen und
Nr. 80, 81, Wallfahrten verstanden die Zeitgenossen als demonstratives Zeichen der
102 bewußten Abkehr von der nationalsozialistischen Ideologie.

69. Rücktritt des deutschen Botschafters in den USA, v. Prittwitz

Friedrich von Prittwitz und Gaffron an Reichsaußenminister Freiherrn von Neurath. Washington, 11. März 1933

Verehrter Herr Reichsminister!
Auf Ihr freundliches Telegramm vom 7. März darf ich Ihnen erwidern, daß ich es selbstverständlich durchaus verstehe, wenn Sie die hiesige Personalfrage in dem Ihnen passend erscheinenden Augenblick beim Herrn Reichspräsidenten zum Vortrag bringen. Andererseits werden Sie verstehen, daß mir an einer baldigen prinzipiellen Klärung gelegen ist.
Über fünf Jahre lang habe ich die deutsche Sache in den Vereinigten Staaten nach bestem Können und Gewissen vertreten. Getreu meiner Stellung als Berufsbeamter habe ich während dieser Zeit niemals Sonderinteressen irgendwelcher Art in den Vordergrund gestellt und lediglich versucht, meinem Vaterlande zu dienen. Allerdings habe ich während meiner hiesigen Tätigkeit, die mich häufig gezwungen hat, auch in der Öffentlichkeit das Wort zu ergreifen, niemals einen Hehl aus meiner allgemein-politischen Einstellung gemacht, die in dem Boden einer freiheitlichen Staatsauffassung und den Grundprinzipien des republikanischen Deutschlands wurzeln. Meine bescheidene Mitarbeit an dem politischen Wiederaufbau der letzten Jahre hat sich daher stets in einem Geiste betätigt, der nach Ansicht führender Mitglieder der jetzigen Reichsregierung zu verurteilen ist. Sowohl aus Gründen des persönlichen Anstandes wie solchen der sachlichen Aufgaben kann ich daher hier nicht mehr mit Erfolg wirken.
Wer 25 Jahre im Auswärtigen Dienst gestanden hat, schreibt solche Zeilen nicht leichten Herzens, am allerwenigsten, wenn sie durch die Fügung des Schicksals an einen Chef gerichtet werden müssen, mit dem ich zwar Meinungsverschiedenheiten, niemals aber eine verschiedene Auffassung über unsere außenpolitischen Ziele gehabt habe. Unsere langjährigen Beziehungen werden es Ihnen aber auch verständlich und erklärlich machen, daß ich nicht anders handeln kann, ohne mich selbst zu verleugnen.
Ich brauche kaum zu sagen, daß ich natürlich bereit bin, die technische Leitung dieser Behörde so lange beizubehalten, als dies im Interesse der Sache liegen kann und zur Abwicklung gewisser Dinge nützlich erscheinen mag. Besonders dankbar wäre ich, wenn bei meinem Ausscheiden aus dem Dienst die Schulpflicht meiner Tochter und die mit dem hiesigen Posten verbundenen finanziellen Schwierigkeiten berücksichtigt werden könnten.
Indem ich Ihnen aufrichtig Dank sage für alles persönliche Wohlwollen und von ganzem Herzen wünsche, daß es Ihnen gelingen möge, die außenpolitischen Geschicke unseres Vaterlandes vor Schaden zu bewahren, bin ich

gez. Prittwitz

Friedrich von Prittwitz und Gaffron (1884–1955), DDP, seit 1908 im Auswärtigen Dienst, 1927 Botschafter in Washington; nach seinem Rücktritt 1933 Wirtschaftsberater. Mitgründer der CSU, Landtagsabgeordneter.

70. Ein Vorfall in Bad Mergentheim

Ein Vorfall in Bad Mergentheim

Nach einer nationalsozialistischen Mitteilung sind in Mergentheim auf Veranlassung des Innenministeriums durch das Oberamt sämtliche Mitglieder der Fraktionen des Zentrums, der Demokratie und der Vertreter der „Schaffenden Stände“ mit sofortiger Wirkung bis zum Abschluß des gerichtlichen Dienstverfahrens ihres Amtes als Stadtrat enthoben worden. Dem Vorgehen des Oberamts liegt folgende Vorgang zugrunde: In der Sitzung des Gemeinderats vom 15. März forderte der Nationalsozialist Seiz zum Schluß einer Ansprache die Anwesenden auf, sich zu Ehren Adolf Hitlers von den Sitzen zu erheben und auf den deutschen Reichskanzler ein dreifaches „Sieg Heil!“ auszubringen. Die anwesenden Stadträte des Zentrums, der Demokratie sowie der Linken blieben auf ihren Plätzen sitzen. Die genannten Fraktionen gaben daraufhin in der „Tauberzeitung“ eine Erklärung ab, in der sie sich mit aller Entschiedenheit gegen die Behauptung verwahren, ihre Weigerung in der letzten Gemeinderatssitzung, in das „Sieg Heil!“ auf den Führer der nationalen Bewegung einzustimmen, stelle eine persönliche Beleidigung des Reichskanzlers dar. Stadtrat Seiz mußte sich bewußt sein, daß er mit seiner Aufforderung ein Ansinnen an die Gemeinderäte stellte, welche er kurz zuvor in einer Versammlung mit Ausdrücken wie „Schwarze Zigeuner, Schweinehunde“ usw. aufs gröblichste beleidigt hatte. Die Tatsache, daß die Fraktionen des Zentrums, der Demokratie und der Schaffenden Stände nicht in das „Sieg Heil!“ des Stadtrats Seiz einstimmten, war unter diesen Umständen niemals eine Verweigerung der üblichen Ehrenbezeugung für den Reichskanzler, sondern ausschließlich eine Ignorierung der Person des Sprechers.

(Deutsches Volksblatt, Stuttgart, 24. März 1933)

71. Störung der Sonnwendfeier in Mönchengladbach

Nationalsozialistische Deutsche Arbeiter-Partei

Gauleitung Düsseldorf

Gaugeschäftsstelle: Düsseldorf, Haroldstraße Nr. 26
Postscheckkonto: Köln Nr. 63855 Ludwig Kraft, Düsseldorf
Fernsprecher: Sammel-Nummer 10131

Gaukampfblatt: „Die Volksparole"
Herausgeber: Friedrich Karl Florian
Anschrift: „Die Volksparole", Düsseldorf
Graf Adolfpl. 2 / Fernsprecher 10431

Kreisleitung Erft

Ortsgruppe: M.Gladbach-Ost M.Gladbach, den 27. Juni 1933.

Der Polizei-Präsident
Gladbach-Rheydt
Eing. 27. JUNI 1933
Abt. ... Anlagen ...

An das

Polizei-Präsidium Gladbach - Rheydt
z.H. des Herrn Polizie-Präsidenten Grumnert

Gladbach

Betrifft : Sonnwendfeier im Volksgarten am 24.d.M.

Nachfolgende Personen können über die Vorfälle der Sonnwendfeier im Volksgarten aussagen und zwar:

1. darüber dass Becker die Versammlung geschlossen hat mit dem Hinweis, dass die Feier eine Feier der katholischen Jugendverbände sei,
2. dass die Musik in den Gesang des Horst-Wessel-Liedes eine andere Melodie gespielt hat, um den Gesang des Liedes unmöglich zu machen,
3. dass sie Personen gesehen haben, die bei Kindern den während des Gesanges des Horst-Wessel-Liedes erhobenen Arm heruntergedrückt haben.

Felix K a s t n e r (Weisswarengeschäft) ,wohnhaft Rohrplatz
Willi W e i t z, wohnhaft Lindenstrasse 20

Es empfiehlt sich ferner die Vernehmung der Beamten des III Polizei-Bezirkes, die während der Feier im Volksgarten Dienst getan haben. Die betreffenden Beamten sind von Seiten der Ortsgruppe nicht befragt worden, um diese, da sie teilweise frühere Mitglieder der Zentrumspartei sind, nicht auf die sich ergebenden polizeilichen Weiterungen aufmerksam zu machen.

Die Ortsgruppe bleibt bemüht noch weitere Zeugen ausfindig zu machen.

Heil Hitler!

[Unterschrift]

Ortsgruppenleiter Ortsgruppe M.Gladbach-Ost

Anschrift: Heinrich Köhnen M.Gladbach, Elisabethstr. 7

72. Verpflichtungsschein von Becker

Ich verpflichte mich hierdurch, mich in Zukunft jeder staatsfeindlichen politischen Betätigung zu enthalten. Ferner erkläre ich, daß Ansprüche auf Grund der gegen mich getroffenen polizeilichen Maßnahmen von mir nicht erhoben werden. Auch ist mir eröffnet worden, daß ich erneut in Schutzhaft genommen werde, falls ich gegen diese meine Verpflichtung verstoße.
Gladbach-Rheydt, den 2. Juli 1933
Curt Becker

Curt Becker (geb. 1905), Zentrum, Stadtverordneter, wegen seiner Tätigkeit in katholischen Jugendorganisationen wiederholt gemaßregelt. Bundestagsabgeordneter.

73. Verpflichtungsschein von Becker

Ich wurde hier vor meiner Entlassung besonders darauf hingewiesen, daß ich bereits zweimal durch eigenes Verschulden wegen Sabotierung ergangener polizeilicher Verfügungen in Schutzhaft genommen wurde. Mir wurde eröffnet, daß ich beim nächsten Fall, wenn ich mir nur auch das Geringste gegen ergangene Verordnungen und Gesetzesbestimmungen zuschulden kommen lasse, für längere Zeit in ein Konzentrationslager eingeliefert werde. Daß mir diese Verfügung ausdrücklich bekanntgemacht worden ist, bezeuge ich durch Namensunterschrift.
Mönchengladbach, den 10. März 1934
Curt Becker

74. Bericht über die Anhänger der BVP

... Die Front der „Staatsfeinde“ hat sich durch das konsequente und unbeirrbare Vorgehen der Regierung, das jeden Kompromiß ausschließt, naturgemäß verbreitert. Wenn auch aus dem Lager der Kommunisten, Marxisten und BVP große Teile zum Nationalsozialismus gestoßen sind, so ist doch aus diesen Kreisen heute noch stärkster Widerstand fühlbar, der teils auf rein politischer, teils auf weltanschaulicher Grundlage beruht. So konnte zuverlässig in Erfahrung gebracht werden, daß ehemalige Angehörige der BVP einen zweifellos organisierten Boykott, insbesondere auf wirtschaftlichem Gebiete, treiben. Dazu gehört nicht nur passiver Widerstand auf politischem Gebiete, sondern auch eine betonte Zurückhaltung in allen Fragen des öffentlichen Lebens. Die Lebenshaltung wird absichtlich auf ein Minimum herabgedrückt, der Besuch von Lokalen und die Einkäufe von Artikeln des täglichen Bedarfs möglichst eingeschränkt. Daß damit die Absicht verbunden ist, die seitens der Reichsregierung zur Belebung der Wirtschaft getroffenen Maßnahmen zu sabotieren, bedarf keiner besonderen Erwähnung.

(Halbmonatsbericht des Regierungspräsidiums von Unterfranken und Aschaffenburg an das Staatsministerium des Innern. Würzburg, 8. November 1933)

75. Aufruf der Katholischen Aktion zum 1. Mai 1934

Für den 1. Mai, den Tag der Nationalen Arbeit, hat das Bischöfliche Ordinariat angeordnet, daß in allen Pfarr- und Kuratialkirchen ein feierlicher Gottesdienst gehalten wird. Katholiken Berlins, Arbeiter der Hand und des Geistes, nehmt alle an diesen gottesdienstlichen Feiern teil!
Bekennt Euch am 1. Mai zur Soziallehre der Kirche, zum christlichen Staat, zur deutschen Volksgemeinschaft!
Katholische Aktion
Dr. Klausener

(Druck: W. Adolph, Erich Klausener, S. 91)

76. Entzug der Schulgeldfreistelle für Blank

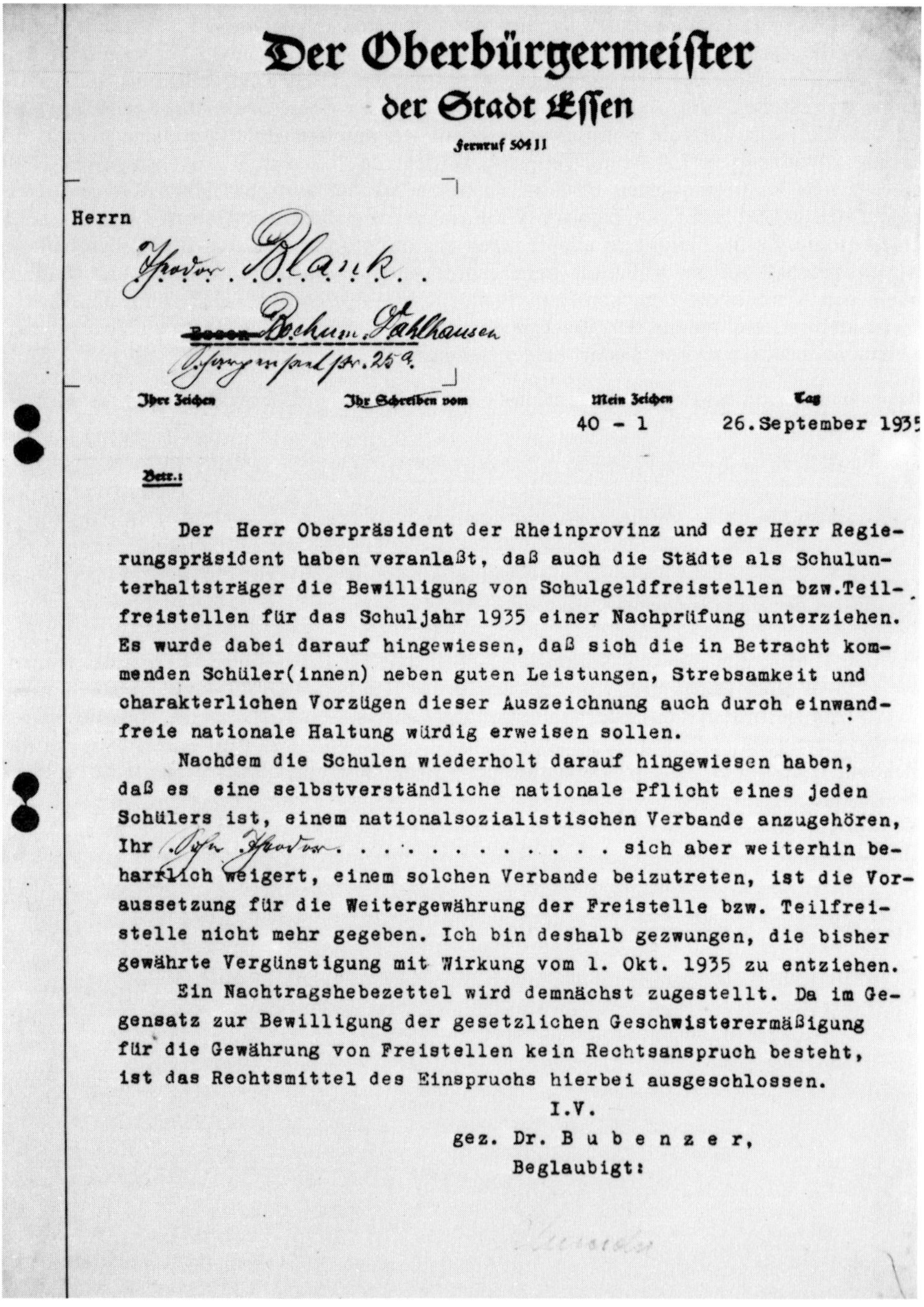

Der Oberbürgermeister der Stadt Essen

Fernruf 50411

Herrn

Theodor Blank

~~Essen~~ Bochum-Dahlhausen

Schulenpfad Nr. 25a

Ihre Zeichen	Ihr Schreiben vom	Mein Zeichen	Tag
		40 - 1	26.September 1935

Betr.:

Der Herr Oberpräsident der Rheinprovinz und der Herr Regierungspräsident haben veranlaßt, daß auch die Städte als Schulunterhaltsträger die Bewilligung von Schulgeldfreistellen bzw.Teilfreistellen für das Schuljahr 1935 einer Nachprüfung unterziehen. Es wurde dabei darauf hingewiesen, daß sich die in Betracht kommenden Schüler(innen) neben guten Leistungen, Strebsamkeit und charakterlichen Vorzügen dieser Auszeichnung auch durch einwandfreie nationale Haltung würdig erweisen sollen.

Nachdem die Schulen wiederholt darauf hingewiesen haben, daß es eine selbstverständliche nationale Pflicht eines jeden Schülers ist, einem nationalsozialistischen Verbande anzugehören, Ihr Sohn Theodor . . . . sich aber weiterhin beharrlich weigert, einem solchen Verbande beizutreten, ist die Voraussetzung für die Weitergewährung der Freistelle bzw. Teilfreistelle nicht mehr gegeben. Ich bin deshalb gezwungen, die bisher gewährte Vergünstigung mit Wirkung vom 1. Okt. 1935 zu entziehen.

Ein Nachtragshebezettel wird demnächst zugestellt. Da im Gegensatz zur Bewilligung der gesetzlichen Geschwisterermäßigung für die Gewährung von Freistellen kein Rechtsanspruch besteht, ist das Rechtsmittel des Einspruchs hierbei ausgeschlossen.

I.V.

gez. Dr. B u b e n z e r,

Beglaubigt:

Theodor Blank (1905–1972), 1933 als Sekretär der Christlichen Gewerkschaften entlassen, arbeitslos, holte 1935/36 das Abitur nach. Bundesminister.

77. Aufforderung zur Mitgliedschaft im Nationalsozialistischen Lehrerbund

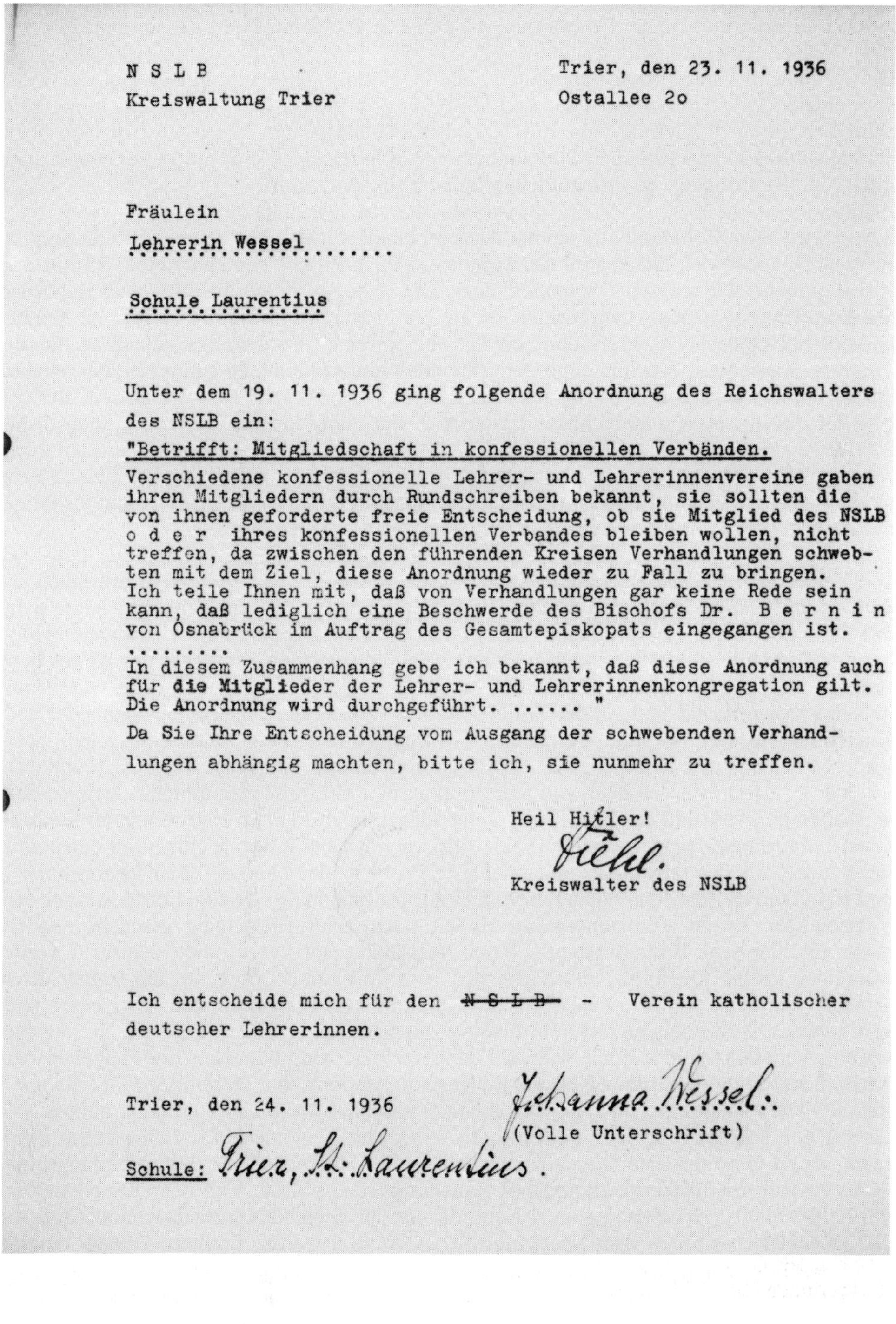

N S L B
Kreiswaltung Trier

Trier, den 23. 11. 1936
Ostallee 2o

Fräulein

Lehrerin Wessel........

Schule Laurentius

Unter dem 19. 11. 1936 ging folgende Anordnung des Reichswalters des NSLB ein:

"Betrifft: Mitgliedschaft in konfessionellen Verbänden.

Verschiedene konfessionelle Lehrer- und Lehrerinnenvereine gaben ihren Mitgliedern durch Rundschreiben bekannt, sie sollten die von ihnen geforderte freie Entscheidung, ob sie Mitglied des NSLB o d e r ihres konfessionellen Verbandes bleiben wollen, nicht treffen, da zwischen den führenden Kreisen Verhandlungen schwebten mit dem Ziel, diese Anordnung wieder zu Fall zu bringen. Ich teile Ihnen mit, daß von Verhandlungen gar keine Rede sein kann, daß lediglich eine Beschwerde des Bischofs Dr. B e r n i n von Osnabrück im Auftrag des Gesamtepiskopats eingegangen ist.
....
In diesem Zusammenhang gebe ich bekannt, daß diese Anordnung auch für die Mitglieder der Lehrer- und Lehrerinnenkongregation gilt. Die Anordnung wird durchgeführt. ...... "

Da Sie Ihre Entscheidung vom Ausgang der schwebenden Verhandlungen abhängig machten, bitte ich, sie nunmehr zu treffen.

Heil Hitler!
Diehl.
Kreiswalter des NSLB

Ich entscheide mich für den ~~N S L B~~ - Verein katholischer deutscher Lehrerinnen.

Trier, den 24. 11. 1936

Johanna Wessel.
(Volle Unterschrift)

Schule: Trier, St. Laurentius.

78. Entlassung katholischer Lehrerinnen

NSDAP-Kreisleitung an die Gauwaltung des NSLB in Koblenz. Trier, 31. Januar 1937

Die Gründe, die mich dazu veranlaßten, die Regierung Trier um Versetzung mehrerer katholischen Lehrerinnen aus Trier und Umgebung zu bitten, habe ich bereits in meinem Schreiben an die Regierung vom 30. Dezember 1936 dargelegt. Wenn ich trotzdem noch einmal zu dieser Angelegenheit Stellung nehme, so geschieht es nur aus dem Grunde, um die völlige Haltlosigkeit der bischöflichen Behauptung darzutun.

Schon seit vielen Monaten hatte ich die Absicht, einen solchen Antrag an die Regierung zu richten. Das zeitliche Zusammentreffen meines Antrages mit der bekannten Aktion des NSLB entbehrt des inneren Zusammenhangs. Die Behauptung der bischöflichen Behörde, die Versetzung von neun Lehrerinnen sei „in Verbindung mit ihrem Verbleib im Verein katholischer deutscher Lehrerinnen" erfolgt und sei eine „Vergeltungsmaßnahme für die Treue zu ihrem Standesverein" und der „Abschluß eines planmäßig geführten Vorgehens, um die Lehrerinnen zum Austritt aus ihrem Verein zu bewegen", entspringt dem Bestreben, für das durchaus unberechtigte Einmischen der bischöflichen Behörde in dienstliche Schulangelegenheiten eine Rechtsgrundlage zu schaffen. Die Behauptung erfolgt auch wider besseres Wissen; denn ich habe dem Generalvikar die wahren Gründe meines Versetzungsantrages genannt und ihm ausdrücklich erklärt, daß die Versetzung nicht als Folge des Austritts der Lehrerinnen aus dem NSLB aufgefaßt werden dürfe.

Die Versetzung der Lehrerinnen aus Trier wurde notwendig, weil ich die Lehrerinnen als politisch unzuverlässig erklären mußte. Schon gleich nach der Machtergreifung zeigte sich, daß die katholischen Lehrerinnen Triers zu den hartnäckigsten und unbelehrbarsten Gegnern der Bewegung gehörten, wie sie andererseits die treuesten Anhänger des Klerus darstellten. Das war an sich kein Wunder; denn unter der Zentrumsherrschaft waren nur unbedingt zuverlässige und „in der Wolle gefärbte" Pastorenanhängerinnen nach Trier und Umgebung versetzt worden. Wenngleich die Lehrerinnen später dazu übergingen, zahlende Mitglieder des Opferrings der NSDAP und einiger angeschlossener Verbände zu werden, so hielten sie sich doch von jeder praktischen Mitarbeit grundsätzlich fern, so daß von seiten der NSF und des BDM fortgesetzt Klagen über die passive Haltung der katholischen Lehrerinnen bei mir einliefen. Seit 1933 stieß ich bei jedem Überprüfen der politischen Lage auf das schwierige und ungelöste Problem der „katholischen Lehrerinnen", und ich erkannte, daß die seinerzeit vom Zentrum planmäßig durchgeführte Aktion der Versetzungen treuer Zentrumsanhängerinnen nach Trier rückgängig gemacht werden müsse und daß eine Blutauffrischung durch Versetzung der Lehrerinnen sich nicht werde vermeiden lassen. Die Lage verschärfte sich vom Frühjahr 1936 ab, als mir immer öfter gemeldet wurde, der Klerus habe genaue Kenntnis von allen wichtigen Vorgängen und vertraulichen Anordnungen auf dem Gebiete des Schulwesens. Der Verdacht fiel auf die katholischen Lehrerinnen, und wie sehr er berechtigt war, beweisen die Eingaben der bischöflichen Behörde an das Reichserziehungsministerium vom Dezember 1936; die meisten der Trierer katholischen Lehrerinnen sind tatsächlich „römische Spione in nationalsozialistischen Schulen". Schließlich wurde die Frage der Versetzung der Lehrerinnen dringend, als im Oktober 1936 für die Übungsschule der Hochschule für Lehrerbildung politisch einwandfreie Lehrerinnen namhaft gemacht werden sollten. Von den etwa 65 Lehrerinnen der Stadt Trier konnten im ganzen nur vier als geeignet vorgeschlagen werden, so daß jüngere Lehrerinnen vom Lande nach Trier versetzt werden mußten. Damals bereits stand mein Entschluß fest, in allerkürzester Zeit einen Antrag auf Versetzung von 12–15 Lehrerinnen bei der Regierung zu stellen. Ich nahm jedoch im Augenblick davon

Abstand, um die Freude über die Errichtung der Hochschule nicht durch die Erregung, die eine so umfangreiche Versetzung zwangsläufig mit sich bringen mußte, zu beeinträchtigen. Als dann jedoch Ende November 1936 meine Kreisfrauenschaftsleiterin, die von den bekannten Vorgängen im NSLB keine Kenntnis hatte, dringend um Entfernung der alten Lehrerinnen und Ersatz durch jüngere Kräfte bat, auch berechtigte Klagen gegen eine ganze Anzahl der Lehrerinnen vorbringen mußte, erklärte ich die aktivsten und klerikal gebundensten Lehrerinnen für politisch unzuverlässig und beantragte ihre Versetzung. Ich vertrete die Ansicht, daß diese Maßnahme viel zu milde ist, und bedauere, daß zur Zeit keine Handhabe besteht, die Lehrerinnen aus dem Schuldienst zu entfernen.

79. Aufforderung zur Mitgliedschaft im Reichsbund der Kinderreichen

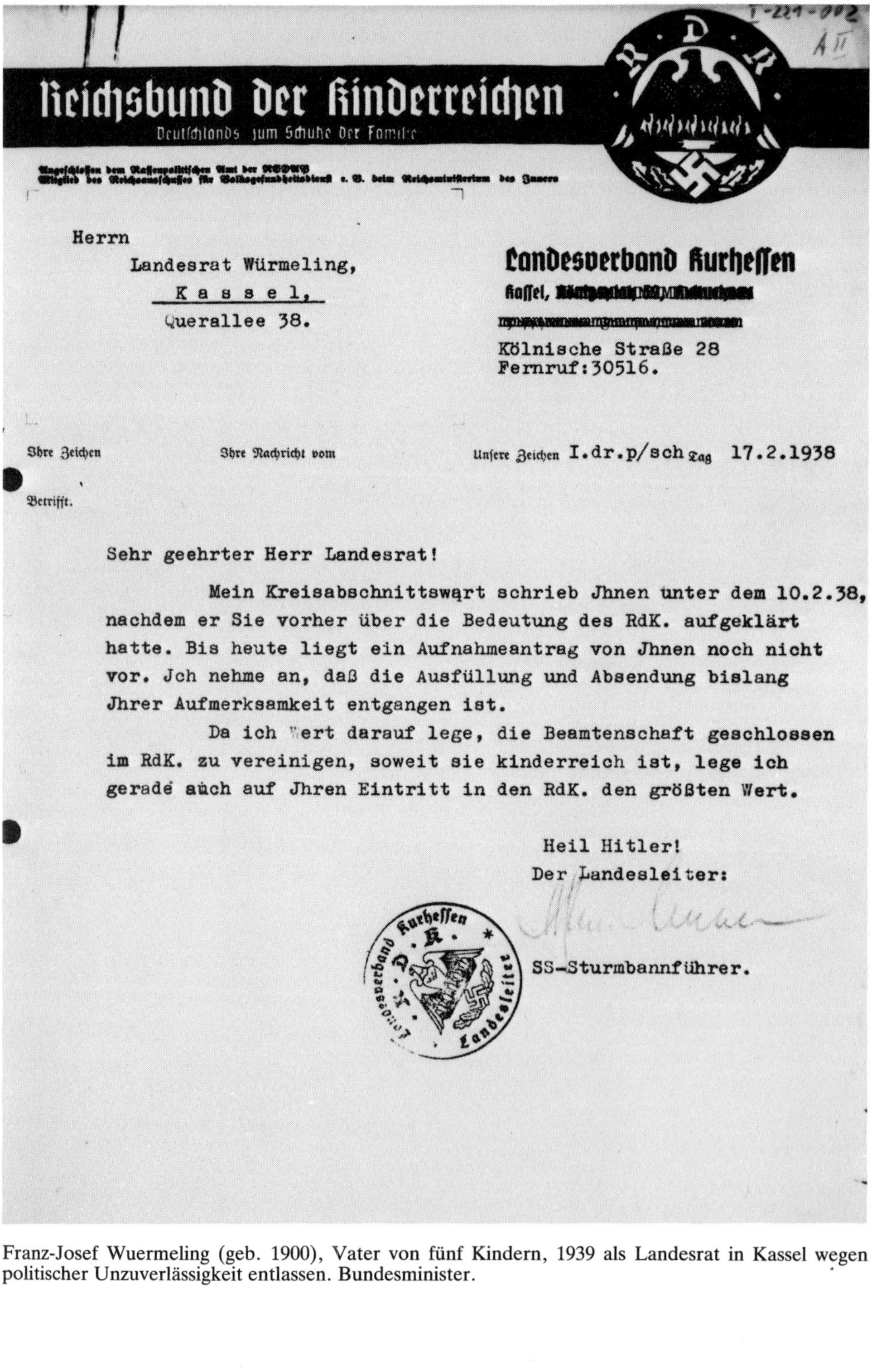

Reichsbund der Kinderreichen
Deutschlands zum Schutze der Familie

Angeschlossen dem Rassenpolitischen Amt der NSDAP
Mitglied des Reichsausschusses für Volksgesundheitsdienst e. V. beim Reichsministerium des Innern

Herrn
Landesrat Würmeling,
K a s s e l,
Querallee 38.

Landesverband Kurhessen
Kassel, [redacted]
Kölnische Straße 28
Fernruf: 30516.

Ihre Zeichen — Ihre Nachricht vom — Unsere Zeichen I.dr.p/sch — Tag 17.2.1938

Betrifft:

Sehr geehrter Herr Landesrat!

Mein Kreisabschnittswart schrieb Jhnen unter dem 10.2.38, nachdem er Sie vorher über die Bedeutung des RdK. aufgeklärt hatte. Bis heute liegt ein Aufnahmeantrag von Jhnen noch nicht vor. Jch nehme an, daß die Ausfüllung und Absendung bislang Jhrer Aufmerksamkeit entgangen ist.

Da ich Wert darauf lege, die Beamtenschaft geschlossen im RdK. zu vereinigen, soweit sie kinderreich ist, lege ich gerade auch auf Jhren Eintritt in den RdK. den größten Wert.

Heil Hitler!
Der Landesleiter:

SS-Sturmbannführer.

Franz-Josef Wuermeling (geb. 1900), Vater von fünf Kindern, 1939 als Landesrat in Kassel wegen politischer Unzuverlässigkeit entlassen. Bundesminister.

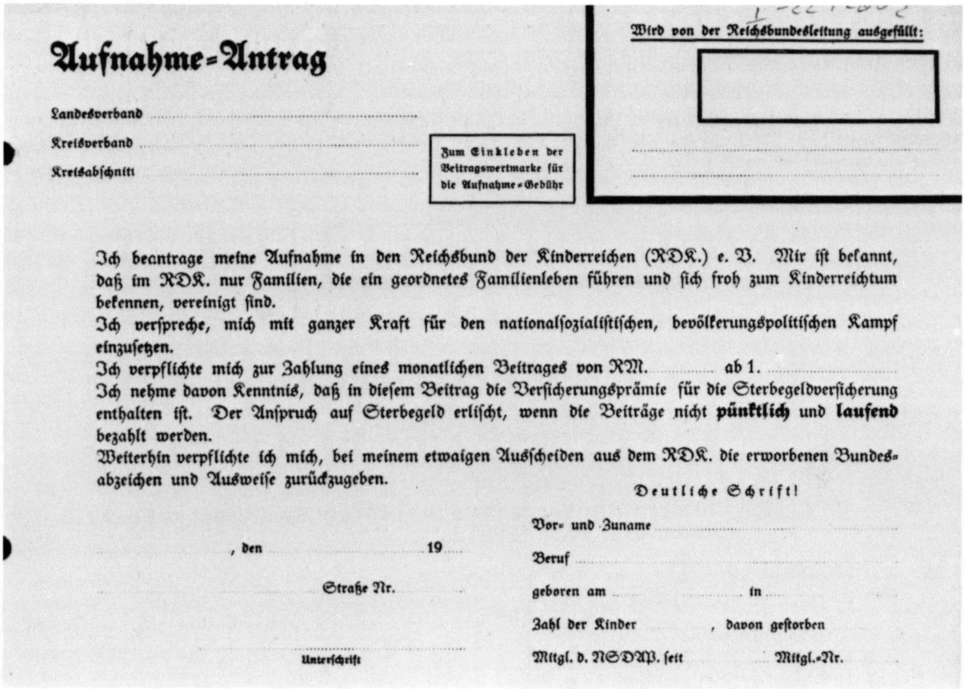

Wird von der Reichsbundesleitung ausgefüllt:

Aufnahme-Antrag

Landesverband ....

Kreisverband ....

Kreisabschnitt ....

Zum Einkleben der Beitragswertmarke für die Aufnahme-Gebühr

Ich beantrage meine Aufnahme in den Reichsbund der Kinderreichen (RDK.) e. V. Mir ist bekannt, daß im RDK. nur Familien, die ein geordnetes Familienleben führen und sich froh zum Kinderreichtum bekennen, vereinigt sind.
Ich verspreche, mich mit ganzer Kraft für den nationalsozialistischen, bevölkerungspolitischen Kampf einzusetzen.
Ich verpflichte mich zur Zahlung eines monatlichen Beitrages von RM. .... ab 1. ....
Ich nehme davon Kenntnis, daß in diesem Beitrag die Versicherungsprämie für die Sterbegeldversicherung enthalten ist. Der Anspruch auf Sterbegeld erlischt, wenn die Beiträge nicht **pünktlich** und **laufend** bezahlt werden.
Weiterhin verpflichte ich mich, bei meinem etwaigen Ausscheiden aus dem RDK. die erworbenen Bundesabzeichen und Ausweise zurückzugeben.

Deutliche Schrift!

.........., den .... 19....

.... Straße Nr. ....

....
Unterschrift

Vor- und Zuname ....

Beruf ....

geboren am .... in ....

Zahl der Kinder ...., davon gestorben ....

Mitgl. d. NSDAP. seit .... Mitgl.-Nr. ....

80. Gestapo-Bericht über Spelten

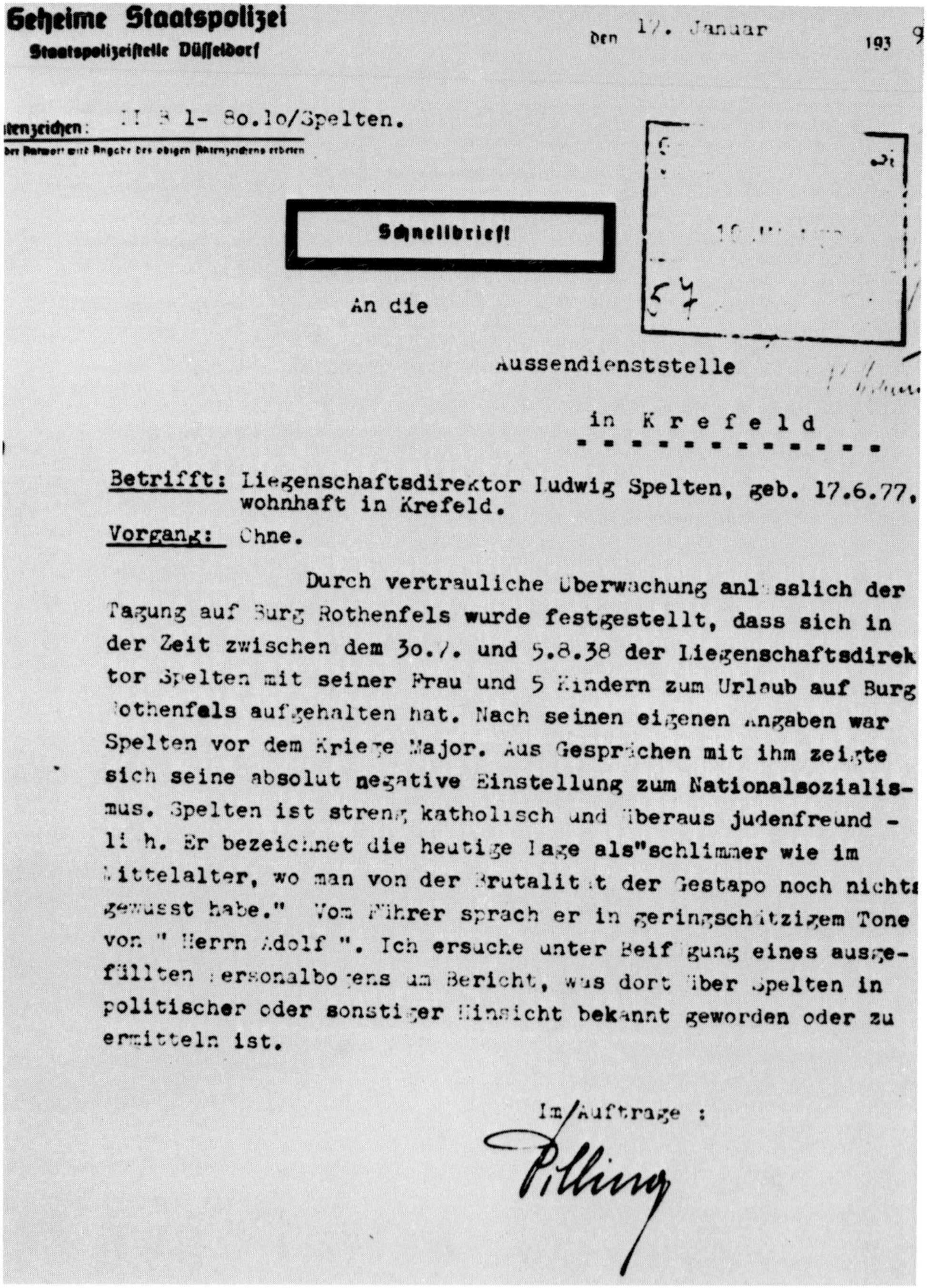

Geheime Staatspolizei
Staatspolizeistelle Düsseldorf

den 17. Januar 1939

Aktenzeichen: II B 1- 80.10/Spelten.
Bei Antwort wird Angabe des obigen Aktenzeichens erbeten

Schnellbrief!

An die

Aussendienststelle

in Krefeld

Betrifft: Liegenschaftsdirektor Ludwig Spelten, geb. 17.6.77, wohnhaft in Krefeld.

Vorgang: Ohne.

Durch vertrauliche Überwachung anlässlich der Tagung auf Burg Rothenfels wurde festgestellt, dass sich in der Zeit zwischen dem 30.7. und 5.8.38 der Liegenschaftsdirektor Spelten mit seiner Frau und 5 Kindern zum Urlaub auf Burg Rothenfels aufgehalten hat. Nach seinen eigenen Angaben war Spelten vor dem Kriege Major. Aus Gesprächen mit ihm zeigte sich seine absolut negative Einstellung zum Nationalsozialismus. Spelten ist streng katholisch und überaus judenfreundlich. Er bezeichnet die heutige Lage als "schlimmer wie im Mittelalter, wo man von der Brutalität der Gestapo noch nichts gewusst habe." Vom Führer sprach er in geringschätzigem Tone von " Herrn Adolf ". Ich ersuche unter Beifügung eines ausgefüllten Personalbogens um Bericht, was dort über Spelten in politischer oder sonstiger Hinsicht bekannt geworden oder zu ermitteln ist.

Im Auftrage :
Pilling

Ludwig Spelten (1877–1953), Zentrum, seit 1902 in der Stadtverwaltung Krefeld, 1928–1938 Liegenschaftsdirektor. Nach 1945 Leiter der Stadtwerke.

81. Gestapo-Bericht über Spelten

… 4. 1. 1939

Pol. Krefeld

II B 1 - 60.10/Spelten

1. Schreiben

An

die Geheime Staatspolizei
Staatspolizeistelle Düsseldorf

in D ü s s e l d o r f

Betrifft: Liegenschaftsdirektor Ludwig Spelten geb. 17.6.77 zu Düsseldorf aus Krefeld.

Vorgang: Schreiben vom 17.1.39 - II B 1 - 60.10/Spelten

Anlagen : Keine

~~Der genannte~~ Ludwig Spelten war ~~[illegible]~~ bis zum Mai 1938 Liegenschaftsdirektor der Stadt Krefeld. Er ist hier als fanatischer Anhänger des Katholizismus bekannt, der sich noch heute an öffentlichen, kirchlichen Prozessionen(Fronleichnamsprozession) beteiligt. Bis zum Jahre 1933 war er langjähriges Mitglied der Zentrumspartei, in deren Kreisen er auch jetzt noch ständig weiter verkehrt. Auf Grund dieser Einstellung wurde Spelten auf eigenen Wunsch am 31.5.1938 als Liegenschaftsdirektor i.R. aus städtischen Diensten entlassen.

Im ~~obigen~~ Sinne ist bereits ~~über~~ Spelten an die Abwehrstelle Münster berichtet worden, da Sp. in das Offizierkorps des Beurlaubtenstandes aufgenommen werden sollte. Sp. soll früher Major gewesen sein.

Ausser ~~der Mitgliedschaft bei~~ der N-S.V. gehört Sp. keinen N.S. - Organisationen an.

~~Im Auftrage~~

2. Zur Pers. Akte Ludwig Spelten

82. SD-Bericht über Frede

Der Sicherheitsdienst des RFSS, Leitabschnitt Düsseldorf, an das Reichssicherheitshauptamt – Amt IV A 3 – Berlin. Düsseldorf, 2. Oktober 1940.
Betr.: Wilhelm Frede, geb. 29. 6. 1875 in Duisburg-Meiderich, RD., kath., verh., wohnhaft in Kleve, Tiergartenstr. 4
Vorgang: Ohne
Die SD-Außenstelle Kleve berichtet über den obengenannten Konsulatssekretär W. Frede folgendes:
Es ist der Klever Bevölkerung unverständlich, daß der Konsulatssekretär W. Frede, der allgemein als fanatischer Gegner des Nationalsozialismus und pro-holländisch eingestellt bekannt ist, auf seinem Posten beim hiesigen niederländischen Konsulat, jetzt schwedische Hilfsstelle, belassen wird.
Frede ist Reichsdeutscher. Vor der Machtübernahme war er Mitglied des Katholischen Beamtenvereins. Er versäumt nie, an einer Prozession teilzunehmen und besucht regelmäßig den Gottesdienst. Auch heute noch ist er Gegner der NS-Weltanschauung. F. pflegt einen regen Verkehr mit der katholischen Geistlichkeit. Nur selten hebt er die Hand zum Deutschen Gruß. Bei Straßensammlungen bzw. Wirtschaftssammlungen für das W. H. W. gibt er nie etwas.
Folgender Vorfall, der sich Ende 1938 abspielte, zur Charakterisierung: Als ein Sammler bei einer Wirtschaftssammlung zu ihm an den Tisch kam, fragte F., wofür die Sammlung sei. Auf die Antwort, es sei für das W. H. W., lehnte er eine Spende ab.
Ebenfalls kennzeichnen zwei weitere Fälle aus der vorgenannten Zeit diesen katholischen Fanatiker: Am 11. November 1938 wurde der Obengenannte bei einer lebhaften Unterhaltung mit einer Jüdin beobachtet. Obwohl Frede die Aufmerksamkeit aller Vorübergehenden auf sich lenkte, dachte er nicht daran, seine Unterhaltung einzustellen, sondern ging in Begleitung der Jüdin die Herzogstraße hinaus.
Am 10. November warf ein 8–9jähriger Junge bei dem Juden Gonsenheimer in der Kavarinerstr. eine Fensterscheibe ein. In dem Augenblick, als der Junge fortlief, kam Frede an dem Hause der Juden vorbei. Er schimpfte auf den Jungen, der die Fensterscheibe zertrümmert hatte, und sicherte dem Juden, der aus dem Fenster sah, zu, die Personalien des Jungen festzustellen, damit die Eltern haftbar gemacht werden könnten.
Daß der Konsulatssekretär W. Frede politisch und weltanschaulich unzuverlässig ist und sein Verhalten eines Deutschen unwürdig ist, geht auch aus folgenden Begebenheiten hervor:
Am 6. September 1938 anläßlich des Jubiläums der holländischen Königin wurde von der holländischen Kolonie in Kleve eine Feier veranstaltet. Zum Schluß der Feier wurden die holländische Nationalhymne und das Deutschlandlied gesungen. Beim Absingen des Deutschlandliedes haben fast alle Holländer den Arm zum Deutschen Gruß erhoben, nur der reichsdeutsche Konsulatssekretär Frede hielt es nicht für nötig, mit erhobenem Arm mitzusingen. Diese Haltung mußte bei den anwesenden Holländern starkes Befremden auslösen.
Mitte 1938 machte Frede dem Amtsrentmeister Lensing, Kleve, Tiergartenstr., die größten Vorwürfe, weil er einem deutschen Staatsangehörigen geraten hatte, sein Geld, das er in Holland hatte (32 000 RM), in Deutschland anzulegen. U. a. meinte Frede, der Auslandsdeutsche hätte in Holland sein Geld viel sicherer als in Deutschland, der Amtsrentmeister hätte den Auslandsdeutschen falsch beraten.
Ferner ist bekannt, daß Frede Holländern, die die deutsche Staatsangehörigkeit erlangen wollten, Vorhaltungen machte, warum sie die deutsche Staatsangehörigkeit erwerben wollten, sie würden es später noch bereuen.

Alle diese Vorfälle und Begebenheiten sowie die Gesamthaltung des F. kennzeichnen ihn, wie schon bereits erwähnt, als einen scharfen Gegner des nationalsozialistischen Staates und als einen unwürdigen Deutschen.
Der Führer des SD-Leitabschnittes Düsseldorf

Unterschrift

Wilhelm Frede (1875–1942), Konsulatssekretär, 1941 verhaftet, am 14. Februar 1942 in das KZ Sachsenhausen überführt, am 13. März 1942 dort umgekommen.

83. Schutzhaftbefehl für Frede

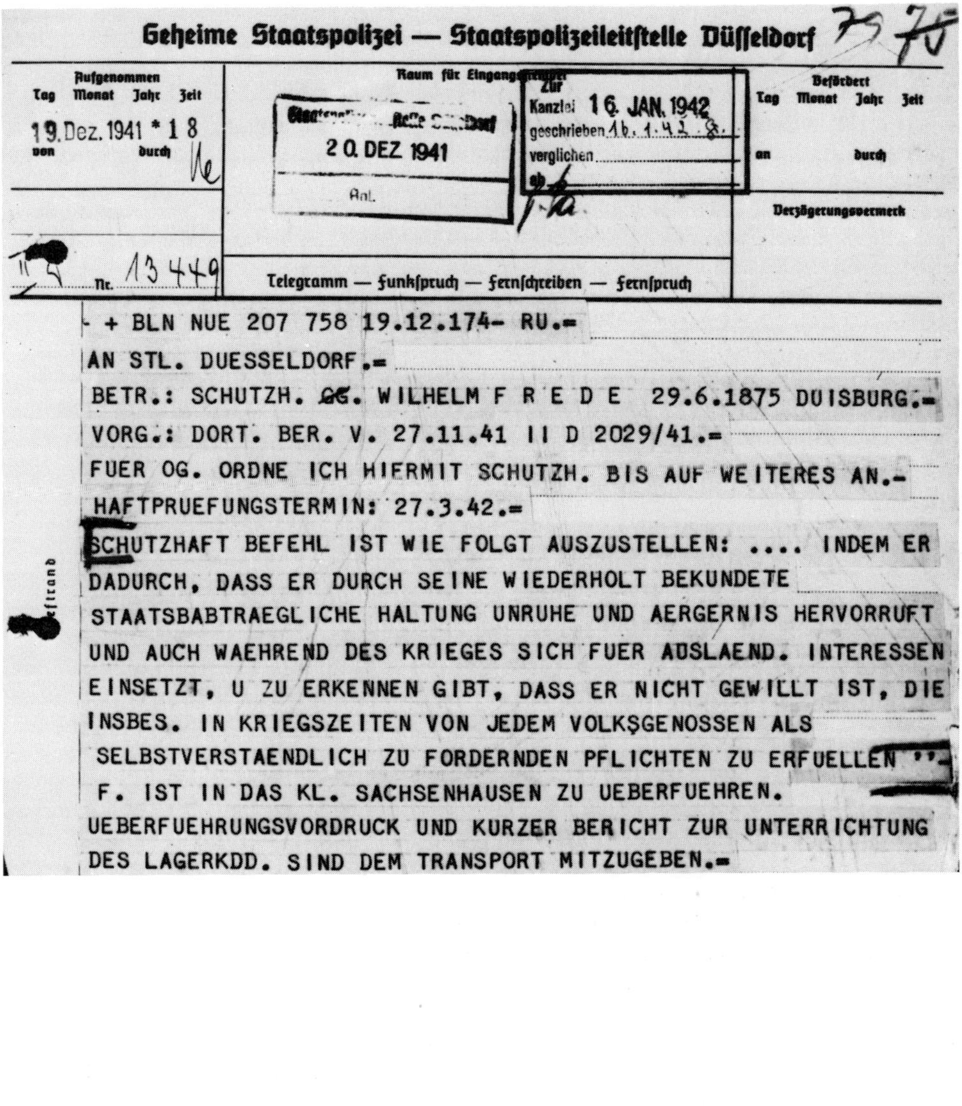

Geheime Staatspolizei — Staatspolizeileitstelle Düsseldorf

Aufgenommen Tag Monat Jahr Zeit 19. Dez. 1941 * 1 8 von durch

Raum für Eingangsstempel 20. DEZ. 1941

Zur Kanzlei 16. JAN. 1942 geschrieben 16.1.42 verglichen ab

Befördert Tag Monat Jahr Zeit an durch

Verzögerungsvermerk

Nr. 13449

Telegramm — Funkspruch — Fernschreiben — Fernspruch

\+ BLN NUE 207 758 19.12.174- RU.=
AN STL. DUESSELDORF.=
BETR.: SCHUTZH. GG. WILHELM F R E D E 29.6.1875 DUISBURG.=
VORG.: DORT. BER. V. 27.11.41 II D 2029/41.=
FUER OG. ORDNE ICH HIERMIT SCHUTZH. BIS AUF WEITERES AN.-
HAFTPRUEFUNGSTERMIN: 27.3.42.=
SCHUTZHAFT BEFEHL IST WIE FOLGT AUSZUSTELLEN: .... INDEM ER
DADURCH, DASS ER DURCH SEINE WIEDERHOLT BEKUNDETE
STAATSBABTRAEGLICHE HALTUNG UNRUHE UND AERGERNIS HERVORRUFT
UND AUCH WAEHREND DES KRIEGES SICH FUER AUSLAEND. INTERESSEN
EINSETZT, U ZU ERKENNEN GIBT, DASS ER NICHT GEWILLT IST, DIE
INSBES. IN KRIEGSZEITEN VON JEDEM VOLKSGENOSSEN ALS
SELBSTVERSTAENDLICH ZU FORDERNDEN PFLICHTEN ZU ERFUELLEN ".
F. IST IN DAS KL. SACHSENHAUSEN ZU UEBERFUEHREN.
UEBERFUEHRUNGSVORDRUCK UND KURZER BERICHT ZUR UNTERRICHTUNG
DES LAGERKDD. SIND DEM TRANSPORT MITZUGEBEN.=

84. Tod Fredes im KZ

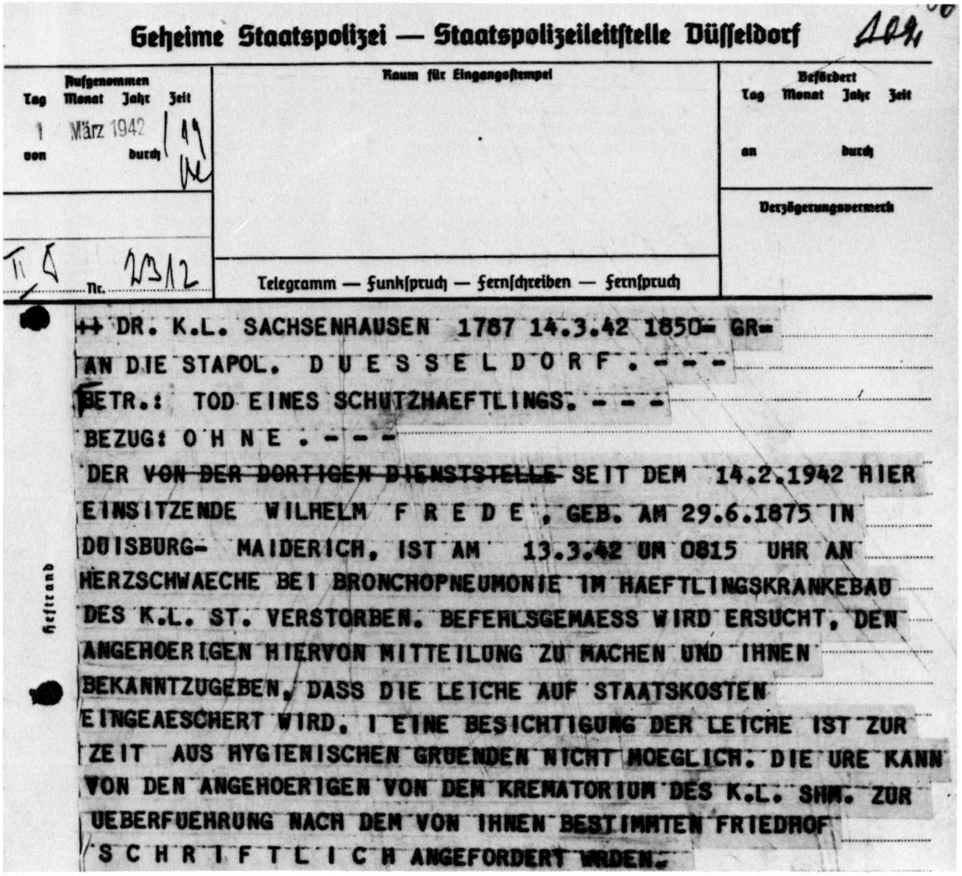

Geheime Staatspolizei — Staatspolizeileitstelle Düsseldorf

Aufgenommen: Tag 1 / Monat März / Jahr 1942 / Zeit — von — durch

Raum für Eingangsstempel

Befördert: Tag — Monat — Jahr — Zeit — an — durch

Verzögerungsvermerk

Nr. 2/3/12

Telegramm — Funkspruch — Fernschreiben — Fernspruch

++ DR. K.L. SACHSENHAUSEN 1787 14.3.42 1850= GR=
AN DIE STAPOL. D U E S S E L D O R F . - - -
BETR.: TOD EINES SCHUTZHAEFTLINGS. - - -
BEZUG: O H N E . - - -
DER ~~VON DER DORTIGEN DIENSTSTELLE~~ SEIT DEM 14.2.1942 HIER
EINSITZENDE WILHELM F R E D E , GEB. AM 29.6.1875 IN
DUISBURG- MAIDERICH, IST AM 13.3.42 UM 0815 UHR AN
HERZSCHWAECHE BEI BRONCHOPNEUMONIE IM HAEFTLINGSKRANKEBAU
DES K.L. ST. VERSTORBEN. BEFEHLSGEMAESS WIRD ERSUCHT, DEN
ANGEHOERIGEN HIERVON MITTEILUNG ZU MACHEN UND IHNEN
BEKANNTZUGEBEN, DASS DIE LEICHE AUF STAATSKOSTEN
EINGEAESCHERT WIRD. I EINE BESICHTIGUNG DER LEICHE IST ZUR
ZEIT AUS HYGIENISCHEN GRUENDEN NICHT MOEGLICH. DIE URE KANN
VON DEN ANGEHOERIGEN VON DEM KREMATORIUM DES K.L. SHM. ZUR
UEBERFUEHRUNG NACH DEM VON IHNEN BESTIMMTEN FRIEDHOF
S C H R I F T L I C H ANGEFORDERT WRDEN.

Heftrand

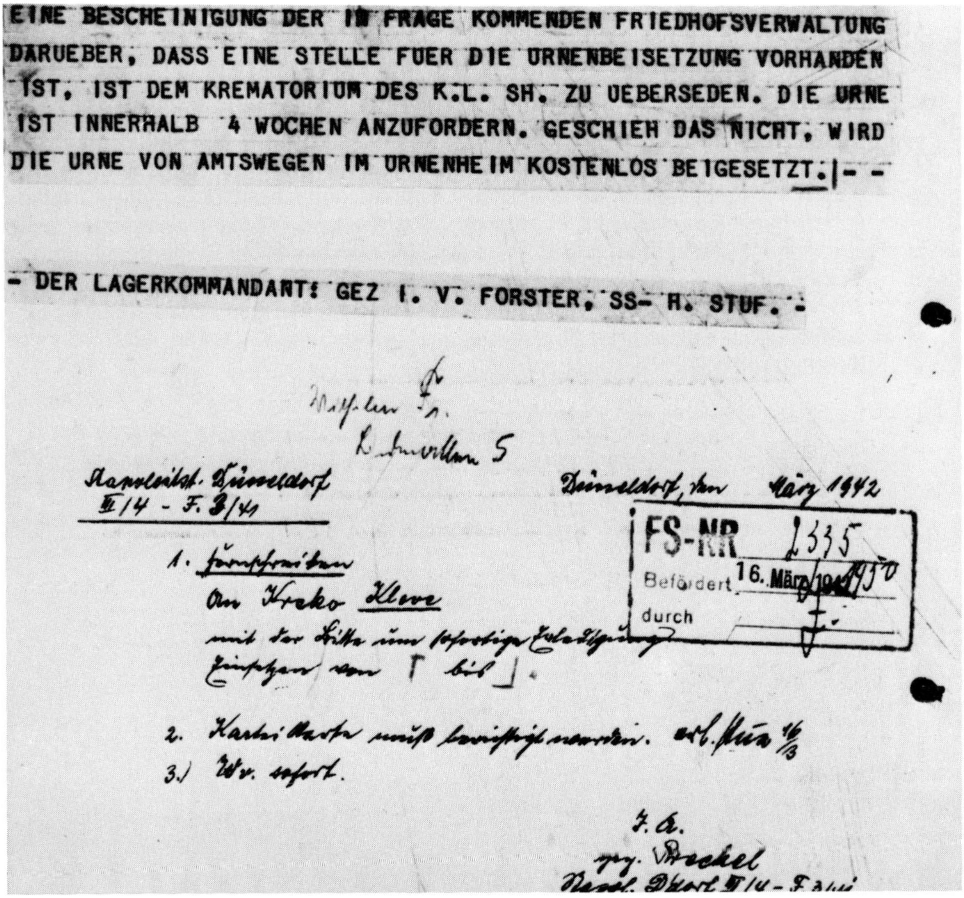

EINE BESCHEINIGUNG DER IN FRAGE KOMMENDEN FRIEDHOFSVERWALTUNG DARUEBER, DASS EINE STELLE FUER DIE URNENBEISETZUNG VORHANDEN IST, IST DEM KREMATORIUM DES K.L. SH. ZU UEBERSEDEN. DIE URNE IST INNERHALB 4 WOCHEN ANZUFORDERN. GESCHIEH DAS NICHT, WIRD DIE URNE VON AMTSWEGEN IM URNENHEIM KOSTENLOS BEIGESETZT. - -

- DER LAGERKOMMANDANT: GEZ I. V. FORSTER, SS- H. STUF. -

Düsseldorf, den März 1942

FS-NR 1335

Befördert 16. März 1942

durch

1. Fernschreiben

An Kreko Kleve

2. Karteikarte muß berichtigt werden.

3.) Wv. sofort.

I. A.

gez. Brackel

Zusammenhalten

Für die Oppositionellen kam es darauf an, trotz strenger Überwachung die Verbindung zu Gleichgesinnten in einer überwiegend angepaßten, gleichgültigen oder nationalsozialistisch gesinnten Umwelt aufrechtzuerhalten. Christliche Demokraten, die im Unterschied zu den Kommunisten und auch zu den Sozialdemokraten durch ihre parteipolitische Entwicklung nicht auf Untergrundarbeit vorbereitet waren und auch nicht ansatzweise eine illegale Organisation aufbauen konnten, hielten untereinander Kontakt unter dem Deckmantel freundschaftlicher Beziehungen ehemaliger Partei- und Verbandsmitglieder oder
Nr. kirchlicher Hilfsaktionen und Vereine. In der Form geselliger Zusammenkünfte in
89–102 kleinen Gruppen, Skatabenden, Kaffeekränzchen, Wanderungen oder Vorträgen konnten sie oft jahrelang zusammentreffen, um Meinungen auszutauschen und sich gegenseitig in ihrer Abwehrhaltung zu bestärken – wenn auch von der Gestapo mit Mißtrauen beobachtet.

85. Hilfsmaßnahmen der Bischöfe

Nach Tunlichkeit ist Fürsorge auch jenen Katholiken zuzuwenden, die durch die politische Umwälzung unverschuldet in Elend und Not geraten sind. Zu diesen gehören neben den Beamten und Redakteuren katholischer Zeitungen auch die Funktionäre der Organisationen der christlichen Arbeiterbewegung. Die Zahl derjenigen, die darum als politisch unzuverlässig diffamiert worden sind, weil sie sich zum „politischen Katholizismus" bekannten, die ihre Stelle und jede Möglichkeit zum Wiederaufbau einer Existenz verloren haben, ist sehr groß.
Gegen verbrieftes Recht verstoßen die teils vollzogenen, teils geplanten Maßnahmen finanzieller Art gegen die Angestellten der ehemaligen christlichen Gewerkschaften. Sie wurden fast alle fristlos oder unter Abkürzung ihres Vertragsverhältnisses entlassen, ohne Zubilligung der gesetzlichen Kündigung; die Ansprüche auf Pensionskassen, zu denen sie selbst hohe Beiträge bezahlt hatten, sind ihnen entzogen worden.
Die Bischöfe werden mit den Ministerien verhandeln, damit hier durchgreifende Änderung geschaffen und den Betroffenen ihr Recht wird.
Es soll ferner unter dem Vorsitz eines Bischofs ein Hilfskomitee gebildet werden, das den genannten Katholiken nach Tunlichkeit Hilfe bringt und ihnen nach Möglichkeit wieder eine Existenz eröffnet. Hierbei wird vor allem der Caritasverband als Sammel- und Verteilungsstelle mitwirken müssen.

(Protokoll der Plenarkonferenz des deutschen Episkopats, Fulda, 29.–31. August 1933.
Druck: Akten deutscher Bischöfe über die Lage der Kirche 1933–1945. Bearb. von B. Stasiewki. Veröffentl. der Kommission f. Zeitgeschichte, Reihe A, Bd. 20, I, 1968, S. 331)

86. Unterstützung durch das Caritas-Notwerk

Briefentwurf von Heinrich Krone für Prälat Dr. Kreutz, Juni 1934

Bisher sind 513 Fälle beim Caritas-Notwerk gemeldet. In der Hauptsache sind es frühere Angestellte der aufgelösten Christlichen Gewerkschaften, des Volksvereins für das katholische Deutschland, des Zentrums und der Bayerischen Volkspartei, weiter Beamte, die ohne Ruhegeld entlassen wurden oder deren Ruhe- bzw. Gnadengeld so gering ist, daß sie bei ihrer familiären Lage in Not gerieten. Die stellungslos gewordenen katholischen Schriftleiter und freien Schriftsteller sind erst zu einem geringen Teil in der genannten Zahl vorhanden, da wegen Wechsels der Wohnung und anderer Gründe ihre Erfassung schwieriger ist.

Die wirtschaftliche Lage der Betroffenen ist, wie aus ihren ausführlichen personalen Angaben hervorgeht, durchweg unerfreulich, teilweise sogar kritisch.

69 von ihnen haben den Schritt zum Aufbau einer eigenen Existenz (kleines Geschäft, Übernahme von Vertretungen) getan; der Verdienst ist so gering, daß sie ihr und ihrer Familie Leben damit noch nicht fristen können. Teilweise wurden sie wieder zur Aufgabe ihres Geschäftes gezwungen; nur ganz wenige melden befriedigende Ergebnisse.

Die Zahl derjenigen, die bei verhältnismäßig jungen Jahren wieder in ihren früheren handwerklichen Beruf zurückgehen konnten, ist sehr gering. Es sind nach den Meldungen nur vier.

Gering ist auch die Zahl jener, denen es gelungen ist, in einem Betriebe, einer Organisation oder bei Behörden eine Stelle als Angestellter zu finden. Nach den eingelaufenen Meldungen sind es 48, von denen nur fünf ihre Stellung als sicher bezeichnen. Die frühere Tätigkeit dieser Männer und Frauen wird noch immer sowohl von Unternehmern wie von Verbandsführern als erschwerend für eine Einstellung empfunden. Ich brauche nicht zu betonen, daß dieser Umstand neben den materiellen Schwierigkeiten eine besondere seelische Belastung für die Betroffenen bedeutet.

Der weitaus größte Teil, etwa 392, ist auch heute, nach ungefähr einem Jahr seit Verlust ihrer alten Stelle, ohne Stellung und Arbeit, sie sind auf Unterstützung aus öffentlichen und privaten Mitteln angewiesen. Die rechtlichen Forderungen, die die Angestellten der früheren Christlichen Gewerkschaften aus ihrem Vertragsverhältnis und aus Einzahlungen an die Pensionskasse herleiten, sind erst zu einem ganz geringen Teil erfüllt.

87. Auszug aus einer Liste unterstützter Gewerkschafter

lfd. Nr.	Adresse	Vom Deutschen Caritasverband unterstützt mit:	Bemerkungen
1.	Josef Brommer Düsseldorf Bergerallee 5	50 RM 3. 5. 1934	War 29 Jahre als Büroangestellter b. d. Hauptgeschäftsstelle d. Zentralverbandes christl. Textilarbeiter beschäftigt. 43 Jahre, verh., 2 Kinder. Erhält 19,80 RM wöch. Arbeitslosenunterstützung.
2.	Simon Kanabay Düsseldorf Kalkumer Str. 43	50 RM 7. 5. 1934	27 Jahre als Gew.Sekr. angestellt. Verheiratet, 57 Jahre alt, 1 Tochter, die auch arbeitslos ist.
3.	Eduard Verhülsdonk Neuwied	50 RM 2. 5. 1934	Früher Reichs- u. Landtagsabgeordneter. Durch Konkurs d. kath. „Rhein- u. Wiedzeitung" seine Existenz verloren. 2 Kinder, die sich in der Berufsausbildung befinden.
4.	Peter Nußbaum Düsseldorf Kalkumer Str. 41	50 RM 2. 5. 1934	Langjähr. Angestellter b. Zentralverband christl. Textilarbeiter. 51 Jahre alt, 3 unversorgte Kinder.
5.	Karl Buggle Rottweil a. N. Dammstr. 18	50 RM 2. 5. 1934	Wegen polit. Tätigkeit am 1. Okt. 1933 v. Beamtenverhältnis ins Angestelltenverhältnis zurückversetzt. Wegen Äußerungen a. einer Gaukonferenz d. Arbeitervereins v. 13., 21. März 1934 in pol. Schutzhaft. Verlor seine Stelle. Nahm die Stelle eines Straßenwarts an. Verheiratet, 6 Kinder.
6.	Johann L'habitant Breslau Aschenbrödelweg 15	50 RM 9. 5. 1934	Gewerkschaftssekretär des christl. Holzarbeiterverbandes Gau Schlesien. Hatte vor 1½ Jahren geh., Möbel gekauft f. ca. 1000 RM, heute noch darauf eine Schuld v. 285 RM. Erwerbslosenunterstützung wöch. 14,40 RM; monatl. 35 RM Miete bezahlen, 6,60 RM Zuschuß d. das Fürsorgeamt (Mietbeihilfe). L'habitant ist 30 Jahre alt.

88. Empfehlung des Caritasverbandes für Deutz

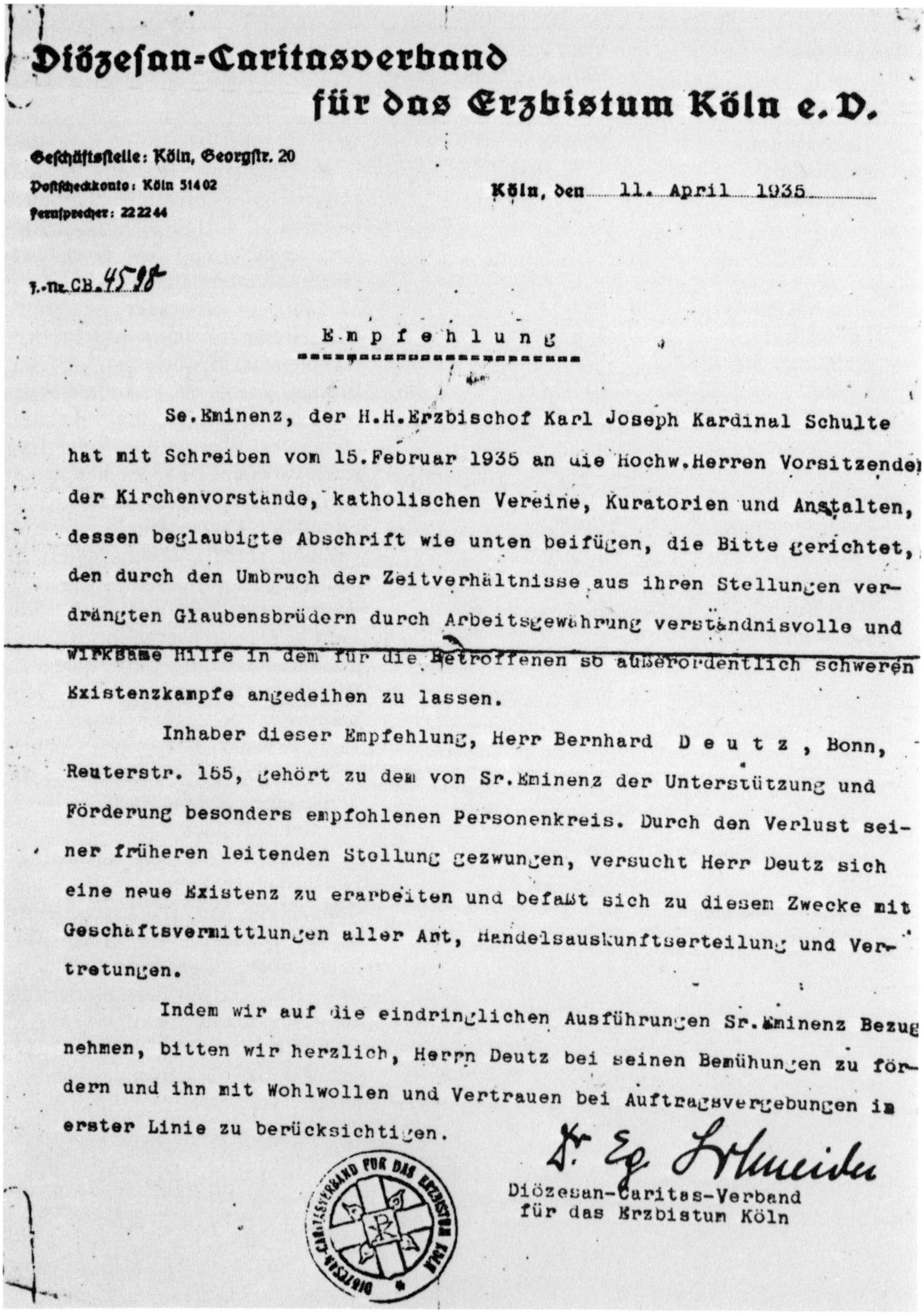

Diözesan-Caritasverband
für das Erzbistum Köln e. V.

Geschäftsstelle: Köln, Georgstr. 20
Postscheckkonto: Köln 51402
Fernsprecher: 222244

Köln, den 11. April 1935

J.-Nr. CB. 4598

E m p f e h l u n g

Se. Eminenz, der H.H. Erzbischof Karl Joseph Kardinal Schulte hat mit Schreiben vom 15. Februar 1935 an die Hochw. Herren Vorsitzenden der Kirchenvorstände, katholischen Vereine, Kuratorien und Anstalten, dessen beglaubigte Abschrift wie unten beifügen, die Bitte gerichtet, den durch den Umbruch der Zeitverhältnisse aus ihren Stellungen verdrängten Glaubensbrüdern durch Arbeitsgewährung verständnisvolle und wirksame Hilfe in dem für die Betroffenen so außerordentlich schweren Existenzkampfe angedeihen zu lassen.

Inhaber dieser Empfehlung, Herr Bernhard D e u t z , Bonn, Reuterstr. 155, gehört zu dem von Sr. Eminenz der Unterstützung und Förderung besonders empfohlenen Personenkreis. Durch den Verlust seiner früheren leitenden Stellung gezwungen, versucht Herr Deutz sich eine neue Existenz zu erarbeiten und befaßt sich zu diesem Zwecke mit Geschäftsvermittlungen aller Art, Handelsauskunftserteilung und Vertretungen.

Indem wir auf die eindringlichen Ausführungen Sr. Eminenz Bezug nehmen, bitten wir herzlich, Herrn Deutz bei seinen Bemühungen zu fördern und ihn mit Wohlwollen und Vertrauen bei Auftragsvergebungen in erster Linie zu berücksichtigen.

Dr. Eg. Schneider
Diözesan-Caritas-Verband
für das Erzbistum Köln

Diözesan-Caritasverband für das Erzbistum Köln

Bernhard Deutz (1888–1964), als Sekretär der Christlichen Gewerkschaften 1933 entlassen, arbeitslos, dann Bürohilfskraft; Kontakte zu Jakob Kaiser. Nach 1945 Stadtverordneter.

89. Bitte Kaisers um finanzielle Unterstützung

Jakob Kaiser an Ministerialrat August Wegmann. Köln, 7. März 1934

Sehr geehrter Herr Wegmann!
Kollege Ersing hat mir wiederholt davon gesprochen, daß er Ihnen vorgeschlagen hat, mir aus den Restmitteln der früheren Reichstagsfraktion [Zentrum] einen bestimmten Betrag zuzuteilen. Ich war Ersing für dieses Interesse dankbar. Im Zusammenhang mit dem Geschehen in der Arbeiterbewegung muß ich mich um die Ausräumung von Härten für meinen früheren Kollegenkreis kümmern, wie sie im Zuge der Revolution keiner anderen Gruppe des Volkes gegenüber zu verzeichnen waren. Der Großteil der Menschen, für deren moralischen und materiellen Rechte ich mich dabei einsetzen muß, gehörte zu unserer früheren politischen Gemeinschaft. Viele von ihnen waren aktiv in ihr tätig.
Meine Bemühungen, die leider noch lange nicht abgeschlossen, verursachen Ausgaben über Ausgaben. So mußte ich wochenlang in Berlin sein, um vorwärtszukommen. Ich brauche Ihnen das alles nicht näher zu schildern. Sie wissen auch so zu beurteilen, Herr Wegmann, wie mühsam und schwierig es gerade auch für einen Mann der früheren Gewerkschaften ist, Verständnis und Gehör zu finden. Wenn die Not in meinem früheren Kameradenkreis nicht so unsagbar groß wäre, hätte ich diese meine Bemühungen längst aufgegeben. So aber muß ich die mir gewordene Aufgabe weiter verfolgen, und dazu brauche ich immerhin auch finanzielle Mittel.
Von diesen Erwägungen war Ersing ausgegangen, als er Ihnen vorschlug, mir einen Betrag aus dem Restvermögen der Fraktion zuzuteilen. Ich möchte nicht annehmen, Herr Wegmann, daß gegen diesen Vorschlag Bedenken bestehen. Gewiß greift meine Aufgabe über den persönlichen Bereich der früheren Fraktion hinaus. Aber sie deckt sich mit der Aufgabe, die der Fraktion selbst einmal gestellt war, in sinnvoller Weise denen zu dienen und zu helfen, deren Vertrauen die Basis unseres politischen Wirkens war.
Bemerken möchte ich noch, daß ich früher niemals Mittel der Partei oder ihrer Organe in Anspruch genommen habe. Alle Aufwendungen, die mir z.B. als Mitglied des Geschäftsführenden Vorstandes der Reichspartei usw. erwuchsen, habe ich immer selbst bestritten.
Meine persönliche Lage – von der ich aber nicht weiter sprechen möchte – wird dadurch mit charakterisiert, daß ich, wie viele meiner Kameraden, seit Bildung der Arbeitsfront – Mitte 1933 – ohne jede Gehaltszahlung usw. geblieben bin. Die von mir in den entscheidenden Tagen eingenommene Haltung macht es mir dabei unmöglich, der Arbeitsfront gegenüber für mich selber Schritte zu unternehmen. Ich kann mich lediglich für das Recht meiner früheren Kollegen einsetzen und bemühen. Daß ich für diese meine Arbeit auch von anderen Seiten bisher keine finanzielle Förderung fand, möchte ich zu Ihrer Orientierung noch hinzu erwähnen.
Mit besten Grüßen
Ihr J. Kaiser

Jakob Kaiser (1888–1961), Zentrum, Reichstagsabgeordneter, bis 1933 Landesgeschäftsführer der Christlichen Gewerkschaften in Westdeutschland, 1938 wegen Hoch- und Landesverrats sieben Monate in Haft. Nach dem 20. Juli wegen seiner Verbindung zu Goerdeler steckbrieflich gesucht. Der Verhaftung entging er nur, weil er sich bis Kriegsende in einem Keller in Berlin versteckt hielt. Bundesminister.
August Wegmann (1888–1976), Zentrum, Reichstagsabgeordneter; 1944 inhaftiert. Nach 1945 Staatsminister in Niedersachsen.

90. Kaiser an die früheren Angestellten der ehemaligen Christlichen Gewerkschaften

An Alfons Reinhardt. Berlin, Dezember 1941

Liebe Freunde,
dieser und jener Restbestände wegen ist zwar meine Aufgabe gegenüber der Reichsfeststellungsbehörde und der Deutschen Arbeitsfront noch immer nicht völlig abgeschlossen, aber es drängt mich doch, jedem von Euch, dessen Entschädigungsvorgang im Laufe der letzten Monate seinen Abschluß fand, am Ausklang des Jahres noch einen Gruß zu sagen. Ich schreibe Euch diesen Gruß nicht ohne Bewegung, da es wohl das letzte Wort ist, das aus der Gemeinsamkeit unserer früheren Zusammenarbeit den Weg zu Euch findet. Dabei erfüllt es mich immerhin mit tröstlicher Genugtuung, daß dieser Gruß zugleich das abschließende Wort einer Aufgabe ist, die ich nach so vielen Schwierigkeiten und Hemmungen doch noch einigermaßen erfolgreich und versöhnlich für Euch, meine Kameraden, zu Ende führen durfte.
Dieser Gruß soll vor allem auch ein Ausdruck des Dankes sein für jeden von Euch, der die Erfüllung meiner Aufgabe durch ein finanzielles Opfer erleichtern half. Der Gemeinsinn, der ihn dieses Opfer bringen hieß, bleibt ein unvergeßliches Zeichen kameradschaftlicher Verbundenheit, die ihm selbst und unserer früheren Gemeinschaft zur Ehre gereicht.
Sachlich ist noch eine Bemerkung zur Steuerfrage nötig. Ich hatte Euch schon wissen lassen, daß ich mich auch dieses Mal um die Steuerbefreiung der zur Auszahlung kommenden Beträge bemüht habe. Die Angelegenheit fand ihren positiven Abschluß durch einen Erlaß des Reichsministers der Finanzen. Ich verweise diejenigen von Euch, die zur Abgabe einer Steuererklärung verpflichtet sind, auf den in der Anlage beigefügten Auszug eines Schreibens des Reichsfinanzministers an die Deutsche Arbeitsfront.
Ich sage nun noch jedem von Euch alle meine Grüße und Wünsche. Mit diesen Grüßen und Wünschen verbinde ich die Versicherung, daß ich Euer aller in Treue und Kameradschaft weiter gedenke.

Jakob Kaiser

91. Gestapo-Bericht über Zusammenkünfte ehemaliger Zentrumsmitglieder

Essen, den 23. Juli 1935
Bericht über den ehemaligen Gewerkschaftssekretär Heinrich Strunk, geb. am 12. 4. 1883 zu Essen, kath., wohnhaft in Essen, Grassmannstr. 9
Strunk war früher Gewerkschaftssekretär; bis zur Machtübernahme war er mit im Vorstand der Deutschen Volksbank. In Listen zeichnet er sich jetzt stets als erwerbslos ein. Über seine jetzige Tätigkeit konnte nichts in Erfahrung gebracht werden. Er lebt aber noch immer in guten Verhältnissen. Eine Beflaggung an nationalen Feiertagen kommt für Strunk nicht infrage, wenn er schon flaggt, so zeigt er stets die Kirchenfahne. Den Deutschen Gruß erwidert er stets mit „Guten Tag“ und zieht dabei den Hut. In seinem Hause geben sich oft frühere Zentrumsleute ein Stelldichein, angeblich um Skat zu spielen, es sind in der Regel fünf und mehr Personen. Diese verlassen dann auch immer das Haus sehr spät.

Unterschrift

Heinrich Strunk (1883–1952), christlicher Gewerkschafter, Zentrum, Mitglied des Preußischen Staatsrates, als Direktor der genossenschaftlichen Volksbank AG Essen 1933 entlassen; Verbindungsmann zu Kaiser und Goerdeler; im August 1944 verhaftet. Nach 1945 Landtagsabgeordneter.

92. Gestapo-Bericht über Zusammenkünfte ehemaliger Zentrumsmitglieder

Essen, den 6. September 1935
Von vertraulicher Seite wurde mir mitgeteilt, das in Mülheim/Ruhr im Katholischen Vereinshaus in der Aktienstraße (Bürgergarten) jeden Monat an einem Mittwochnachmittag – welcher Mittwoch in Frage käme, konnte die V.-Person nicht angeben – Zusammenkünfte von ehemaligen Reichstags-, Landtagsabgeordneten und Stadtverordneten der Zentrumspartei stattfinden sollen. U.a. wurden die Namen des früheren Beigeordneten der Stadt Essen, Kloft, und des früheren Bankdirektors der Essener Volksbank, Strunk, genannt. Über den Zweck dieser Zusammenkünfte konnte die V. Person Näheres nicht angeben.

Kriminalsekretär

Kloft, Christian (1867–1938), Sekretär der KAB, Zentrum, Mitglied des Preußischen Landtags, seit 1920 Beigeordneter der Stadt Essen.

93. Gestapo-Bericht über Zusammenkünfte der Anhänger des Friedensbundes Deutscher Katholiken

Staatspolizeistelle
für den Regierungsbezirk Düsseldorf.
[illegible]

Aktenzeichen: P.J. 6770/35.

Essen, den 29. August 1935.
Büscher-Straße Nr. 2.

Betrifft: Ehemaliger Anhänger des Friedensbundes deutscher Katholiken und von "Heimat und Volk".
Bezug: Mein Bericht vom 10.11.1934 - P.J. 5363/34 -.

Nach in der Zwischenzeit getroffenen Feststellungen verhalten sich die Anhänger obiger Organisationen seit der Saarabstimmung ziemlich zurück. Zusammenkünfte in der früheren Art haben bisher nicht mehr stattgefunden. Zur Zeit finden nur gegenseitige Besuche in den Privatwohnungen statt, wo in vorsichtiger Art die Lage besprochen wird.

Jn den letzten Tagen sind den Anhängern Prospekte aus Düsseldorf als Drucksache übersandt worden, in denen zwei Bücher "Bolschewismus als Weltgefahr", Verfasser ein angeblicher Waldemar Gurian, und "Revolution und Jugend", Verfasser ein angebl. Gert H., Theunissen, angeboten werden. Beide Bücher erscheinen im Vita Nova Verlag in Luzern. Das Buch "Revolution und Jugend" ist durch das Geheime Staatspolizeiamt in Berlin - Beschlagnahmeverfügung vom 21.5.35 II/1 B. 1. 4153/35 - verboten. Ein Prospekt füge ich bei.

Da die Prospekte von Düsseldorf aus zum Versand gekommen sind, wird vermutet, dass der schon in meinen früheren Berichten erwähnte und auch dort bekannte Kaplan Rossaint aus Düsseldorf die Versendung der Prospekte vorgenommen bezw. in die Wege geleitet hat. Die Briefumschläge trugen keinen Absendervermerk.

Weiter wurde vertraulich nach hier berichtet, dass ehemalige Funktionäre der Zentrumspartei in den Kreisen früherer Parteimitglieder und bei Anhängern immer wieder die Behauptung aufstellten, die Hitler-Regierung würde nur noch kurze Zeit, höchstens aber zwei Jahre am Ruder sein. Den früheren Funktionären wird in diesen Kreisen natürlich nur allzu gern Glauben geschenkt und sehen diese in der Hoffnung, die Regierung würde bald gestürzt, mit Ruhe und Gelassenheit der weiteren Entwicklung entgegen.

An
die Staatspolizeistelle
in
Düsseldorf.

J.V.
gez: Schweim.

Beglaubigt:
Kr.-Ass.

94. Gestapo-Bericht über illegale Zusammenkünfte mit Schmittmann

Staatspolizei, Außendienststelle Essen, an Staatspolizeistelle Düsseldorf. Essen, 22. Januar 1936.
AZ: II 1 B II/5363/34 Sofort! Geheim!

Betrifft: Katholische Vereinigung „Heimat und Volk“
Bezug: Verfügung vom 6. 1. 1936 – Abt. II/Bo, 10/2513/35.
Nach vertraulichen Ermittlungen soll sich Professor Schmittmann in Köln neuerdings wieder – jedoch in äußerst vorsichtiger Weise – für die illegal fortbestehende katholische Vereinigung „Heimat und Volk“ betätigen, die sich, wie bereits berichtet, jetzt „Heimat und Reich“ nennt. Größere Zusammenkünfte werden vermieden. Zu bestimmten Besprechungen empfängt Professor Schmittmann nur noch kleine Personengruppen in seiner Wohnung in Köln. – Bei einer unlängst in seiner Wohnung in Köln stattgefundenen Besprechung waren außer der hiesigen Vertrauensperson die früheren Essener Funktionäre Peters und Schmitz sowie zwei unbekannte männliche Personen anwesend. Professor Schmittmann habe die beiden unbekannten Männer nicht mit Namen, sondern lediglich als Freunde vorgestellt. Er habe die Besprechung mit den Worten begonnen, daß er sich freue, daß man die Verbindung mit ihm wieder aufgenommen habe. Hierbei hätte er erklärt, daß er bei seiner Tätigkeit äußerst vorsichtig sein müßte, da er beobachtet würde. Insbesondere solle man ihm nicht schreiben. Wenn etwas Wichtiges mitzuteilen sei, solle man vertrauenswürdige Personen zu ihm schicken. Die hierfür entstehenden Ausgaben würden erstattet.
Über die politische Lage habe Professor Schmittmann folgendes gesagt: Man solle sich nicht täuschen lassen über die scheinbar feste Position der Regierung Hitler. Er könne im Vertrauen sagen, daß die heutige Regierung keineswegs gefestigt dastehe, da Hitler bald gehen müßte. – In diesem Zusammenhang teilt die Vertrauensperson mit, daß Professor Sch. ein Schulfreund des früheren Vizekanzlers und jetzigen österreichischen Gesandten von Papen sei. Professor Schmittmann hätte damals auch das baldige Ende der Regierung von Papen vorausgesagt.
Schmitz, Essen, habe gefragt, was für Arbeit im Sinne von „Heimat und Reich“ zweckmäßig sei. Professor Sch. habe erklärt, daß bei dem augenblicklichen „Kulturkampf“ intensive Pfarrarbeit Erfolg verspreche. Die Essener Gruppe in „Heimat und Reich“ solle sich hierbei an Kaplan Havenith von der Herz-Jesu-Pfarre halten. – Er wolle auch versuchen, demnächst wieder eine Audienz beim Papst zu erhalten. Diese Pfarrarbeit wird, wie vertraulich ermittelt wurde, in der Weise geleistet, daß man junge Männer im Alter von 18 bis 30 Jahren durch entsprechende schriftliche Einladungen für gemeinsame Besprechungen an Abenden zu gewinnen versucht, indem man besonders hervorhebt, daß eine vereinsmäßige Bindung nicht in Frage käme, daß vielmehr Fragen der katholischen Weltanschauung bei diesen Zusammenkünften erörtert und besprochen würden.
Schließlich habe Professor Schmittmann erklärt, daß er beabsichtige, in der nächsten Zeit Flugblätter für „Heimat und Reich“ in einer Druckerei in Süddeutschland drucken zu lassen. Den Ort und die Druckerei habe er nicht näher bezeichnet.
Weiter konnte vertraulich ermittelt werden, daß sich „Heimat und Reich“ neuerdings auch im Sinne der christlichen Ständeordnung betätigt. Dies wurde bekannt durch einen vertraulich erfaßten Brief an den früheren Funktionär von „Volk und Heimat“, Johann Hatkämper aus Essen.

Unterschrift

95. Gestapo-Bericht über Zusammenkünfte mit Schmittmann

Geheime Staatspolizei, Außendienststelle Essen, an die Geheime Staatspolizei, Düsseldorf. Essen, 14. April 1937. AZ: I. 2693

Vertraulich wurde mir mitgeteilt, daß der Professor Schmittmann aus Köln am Sonntag, dem 11. April 1937, in Essen geweilt hat und etwa 30 seiner ehemaligen Gesinnungsgenossen um sich versammelt hatte. In Form eines Kaffeekränzchens hat um 16.30 Uhr im Kolpinghaus in Essen eine Zusammenkunft stattgefunden. Die Einladungen wurden mündlich den einzelnen Personen überbracht. Die Vertrauensperson ist angewiesen, nähere Einzelheiten über den Besuch des Professors Schmittmann in Essen in Erfahrung zu bringen. Die Vertrauensperson wurde von der Einladung nicht erreicht, weil sie von dem einladenden Gesinnungsgenossen zu Hause nicht angetroffen worden war.

Unterschrift

96. Gestapo-Bericht über Zusammenkünfte mit Schmittmann

Geheime Staatspolizei, Außendienststelle Essen, an die Geheime Staatspolizei, Düsseldorf. Essen, 19. April 1937. AZ: I/2693/37

Zum Bericht vom 14. des Monats wird vertraulich weiter mitgeteilt, daß bei der Zusammenkunft im Kolpinghaus u. a. folgende Personen anwesend waren:
Hatkämper, Glöckner, Peters, Frau Schumacher, Herr und Frau Scheer mit zwei Töchtern, Frau Anderheyden, Norbisrat, Frau Professor Schmittmann.
Norbisrat soll bei seiner Begrüßungsansprache zum Ausdruck gebracht haben, daß es sich nur um eine lose Zusammenkunft mit gemütlichem Kaffeetrinken handele, wobei über Politik nicht gesprochen würde. Er freue sich, daß es keine vereinsmäßige und keine politische Zusammenkunft sei, sondern nur eine familiäre. Nach Norbisrat hat Peters eine kleine Ansprache gehalten und dann einen Brief verlesen, der von einem General-Superintendenten geschrieben worden sei. Dieser General-Superintendent sei im Jahre 1933 von der Regierung abgesetzt worden. Über den Inhalt des Briefes konnte die Vertrauensperson noch nichts erfahren. Auch der Name des General-Superintendenten ist nicht bekannt geworden.
Hierauf habe Professor Schmittmann gesprochen und dabei ausgeführt, daß wohl von Norbisrat gesagt worden sei, daß über Politik nicht gesprochen werden solle, aber etwas müsse er doch dazu sagen. U. a. führte er dann aus, daß die Krise in der Regierung von Tag zu Tag größere Fortschritte mache. Die Regierung würde sich sowieso nicht mehr lange halten. Bei seiner letzten Rede habe Adolf Hitler auf die bolschewistische Regierung in Rußland geschimpft, und nun ginge er her und schlösse mit Rußland sogar ein Bündnis* ab. Vor diesem Bündnis hätten die Polen aber eine wahnsinnige Angst. Auf eine Anfrage, ob er (Prof. Schm.) der Meinung sei, daß es bald zum Kriege kommen würde, erklärte er, daß das nicht der Fall sei; denn Göring habe bei seiner Rede** über den Vierjahresplan selbst gesagt, ihm liege die Sorge um das tägliche Brot näher als ein Krieg.
Wie weiter berichtet wurde, ist eine neue Zusammenkunft der ehemaligen Anhänger von „Heimat und Volk" geplant. Auch zu dieser Zusammenkunft soll Professor Schmittmann erscheinen. – Es erweckt den Anschein, daß die Anhänger Schmittmanns wieder aktiver werden wollen. Eine Beobachtung dieses Kreises erscheint dringend geboten.

Unterschrift

* Bündnis mit Rußland: der im Dezember 1936 verlängerte Handelsvertrag des Deutschen Reiches mit der Sowjetunion.
** Rede Görings: Oktober 1936 im Berliner Sportpalast.

97. Schutzhaftbefehl für Massoth

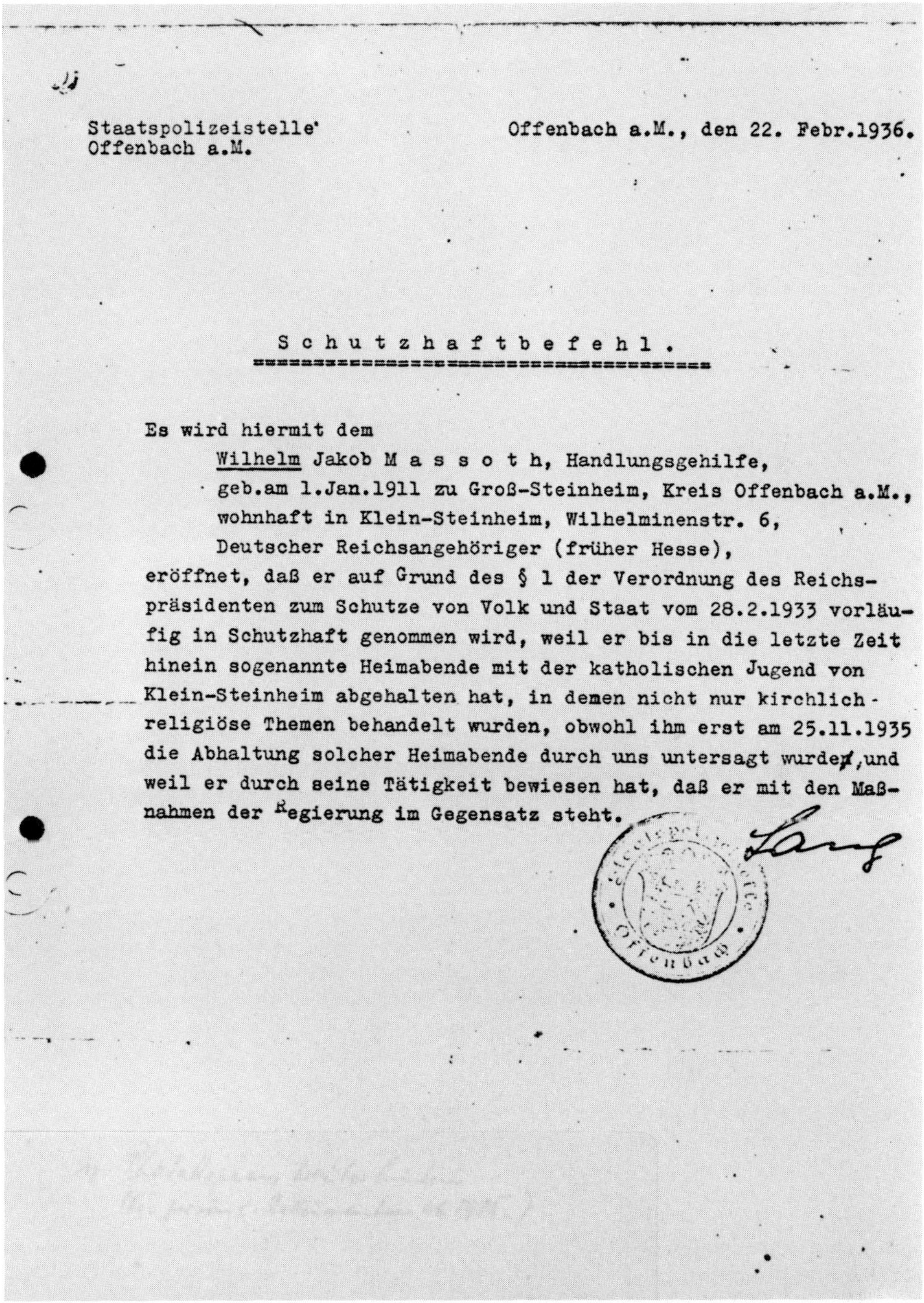

Staatspolizeistelle
Offenbach a.M.

Offenbach a.M., den 22. Febr.1936.

Schutzhaftbefehl.

Es wird hiermit dem

Wilhelm Jakob Massoth, Handlungsgehilfe,
geb.am 1.Jan.1911 zu Groß-Steinheim, Kreis Offenbach a.M.,
wohnhaft in Klein-Steinheim, Wilhelminenstr. 6,
Deutscher Reichsangehöriger (früher Hesse),

eröffnet, daß er auf Grund des § 1 der Verordnung des Reichspräsidenten zum Schutze von Volk und Staat vom 28.2.1933 vorläufig in Schutzhaft genommen wird, weil er bis in die letzte Zeit hinein sogenannte Heimabende mit der katholischen Jugend von Klein-Steinheim abgehalten hat, in denen nicht nur kirchlich-religiöse Themen behandelt wurden, obwohl ihm erst am 25.11.1935 die Abhaltung solcher Heimabende durch uns untersagt wurde, und weil er durch seine Tätigkeit bewiesen hat, daß er mit den Maßnahmen der Regierung im Gegensatz steht.

Willy Massoth (1911–1978), 1934 und 1936 verhaftet wegen verbotener Tätigkeit in katholischen Jugendgruppen; Wehrdienst. Bundestagsabgeordneter.

98. Wanderung der evangelischen Jugend

Wanderung einer evangelischen Jugendgruppe 1937 mit Justus Perels (1. Reihe Mitte) und Hermann Ehlers (2. von links). Perels (1910–1945), Rechtsberater der Bekennenden Kirche, 1945 zum Tode

verurteilt, am 23. April von einem SS-Kommando ermordet. Ehlers (1904–1954), Leiter der Verwaltung der evangelischen Bekenntniskirche in Preußen. 1950–1954 Bundestagspräsident.

99. Strafbefehl für den Leiter einer katholischen Jugendgruppe

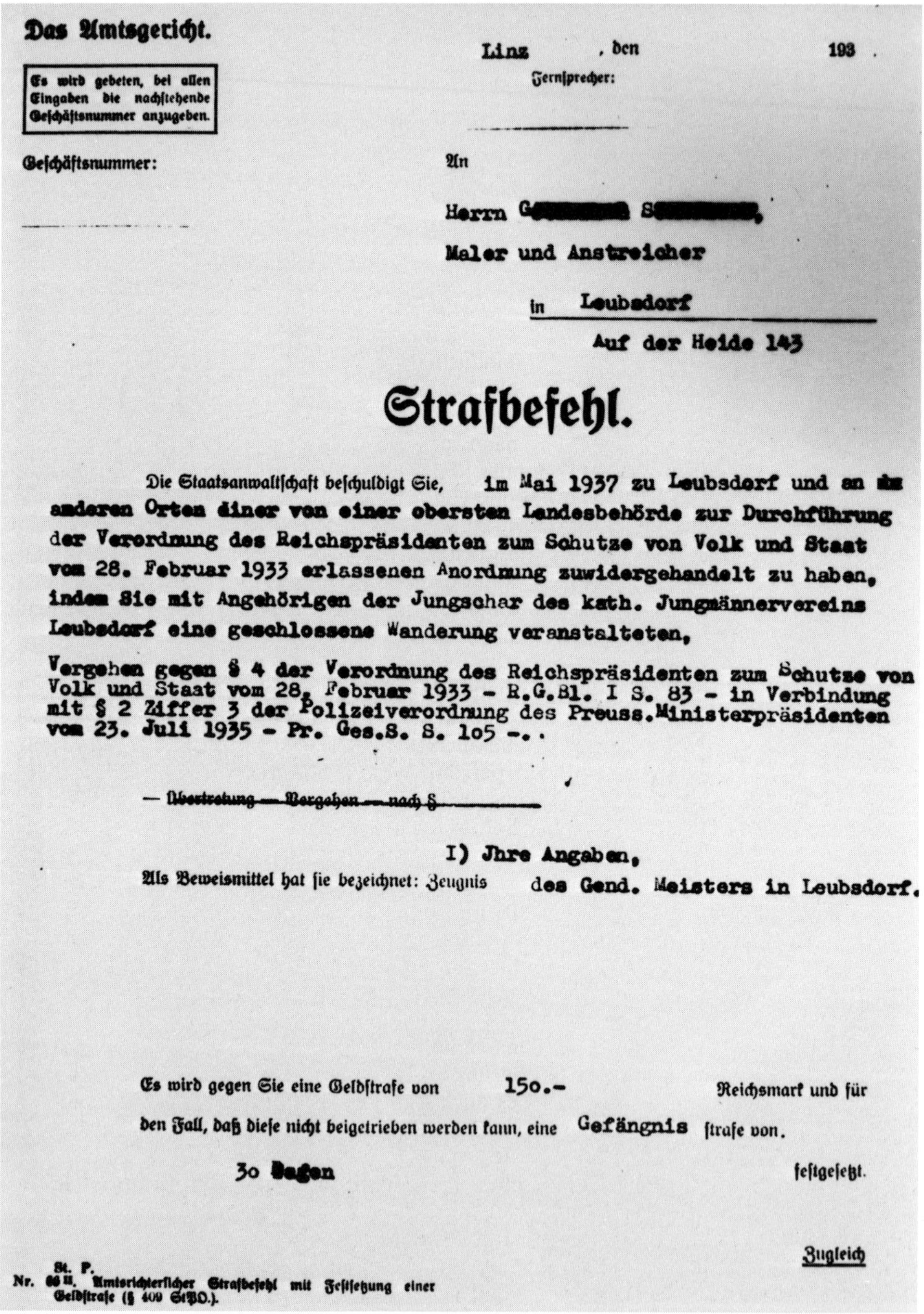

Das Amtsgericht.

Es wird gebeten, bei allen Eingaben die nachstehende Geschäftsnummer anzugeben.

Geschäftsnummer:

Linz , den 193 .

Fernsprecher:

An

Herrn G[redacted] S[redacted],

Maler und Anstreicher

in Leubsdorf

Auf der Heide 143

Strafbefehl.

Die Staatsanwaltschaft beschuldigt Sie, im Mai 1937 zu Leubsdorf und an anderen Orten einer von einer obersten Landesbehörde zur Durchführung der Verordnung des Reichspräsidenten zum Schutze von Volk und Staat vom 28. Februar 1933 erlassenen Anordnung zuwidergehandelt zu haben, indem Sie mit Angehörigen der Jungschar des kath. Jungmännervereins Leubsdorf eine geschlossene Wanderung veranstalteten,

Vergehen gegen § 4 der Verordnung des Reichspräsidenten zum Schutze von Volk und Staat vom 28. Februar 1933 - R.G.Bl. I S. 83 - in Verbindung mit § 2 Ziffer 3 der Polizeiverordnung des Preuss. Ministerpräsidenten vom 23. Juli 1935 - Pr. Ges.S. S. 105 -..

— ~~Übertretung — Vergehen — nach §~~

I) Jhre Angaben,

Als Beweismittel hat sie bezeichnet: Zeugnis des Gend. Meisters in Leubsdorf.

Es wird gegen Sie eine Geldstrafe von 150.- Reichsmark und für den Fall, daß diese nicht beigetrieben werden kann, eine Gefängnisstrafe von

30 Tagen festgesetzt.

Zugleich

St. P. Nr. 66 II. Amtsrichterlicher Strafbefehl mit Festsetzung einer Geldstrafe (§ 409 StPO.).

100. Auflösung katholischer Arbeitervereine

Hochverräterische Umtriebe gegen die Deutsche Arbeitsfront
Auflösung katholischer Arbeitervereine wegen staatsfeindlicher Haltung

dnb. Münster, 16. September. Die Staatspolizei für den Regierungsbezirk Münster teilt mit:

Aufgrund der Verordnung des Reichspräsidenten zum Schutz von Volk und Staat vom 28. Febr. 1933 in Verbindung mit § 14 des Polizeiverwaltungsgesetzes sind die katholischen Arbeitervereine im Bereich des Regierungsbezirks Münster mit sofortiger Wirkung wegen staatsfeindlicher Betätigung aufgelöst worden. Das Vermögen der genannten Vereine wurde beschlagnahmt.

Kürzlich wurde an der holländischen Grenze der Bezirkssekretär der katholischen Arbeitervereine für den Bezirk Bocholt, Josef Jakobs aus Bocholt, festgenommen. In seinem Besitz wurden Aufzeichnungen staatsfeindlichen Inhalts und Schriften vorgefunden, die die verneinende Einstellung der katholischen Arbeitervereine gegenüber dem heutigen Staat deutlich zum Ausdruck bringen. Im Besitze des Jakobs wurden ferner verschiedene Briefe des Diözesanpräses Dr. Konermann, der der Leiter der katholischen Arbeitervereine der hiesigen Diözese ist, vorgefunden. In einem der Briefe, der mit einem Vermerk „Zur Vorsicht" versehen ist, wird Jakobs von Dr. Konermann angewiesen, Vertrauenswürdige von Haus zu Haus zu schicken, um die Tätigkeit der Arbeitsfront zu sabotieren, da der Deutschen Arbeitsfront kein Einbruch glücken dürfe. Ganz besonders bezeichnend für die staatsfeindliche Einstellung der katholischen Arbeitervereine gegenüber dem heutigen Staate und insbesondere gegenüber der Deutschen Arbeitsfront ist das nachstehende, von dem Diözesanpräses Dr. Konermann in Münster an den Bezirkssekretär Jakobs gerichtete Schreiben:

„M. lb. J.! Ihren Brief an den Bischof habe ich am Samstag erhalten. Ich dachte, daß ich gestern mit Ihnen darüber hätte reden können, aber Sie wurden durch Rhede festgehalten. Wenn Sie zu Ihrem Bezirk – sonst ist überall Ruhe – ein Wort vom Bischof haben wollen, dann müssen Sie mit Can. Jansen eben persönlich nach hier kommen. Dieses bischöfliche Wort müßte eine ganz spezielle Prägung für die dortige Gegend haben. Auch Versprechungen, was kommt, kann kein Bischof, kein Kaiser machen. Überlegen Sie also mal! Sprach gestern auch mit Dr. Müller (Verbandspräses Msg. Dr. Müller, Köln, Odenkirchener Straße 26), der ja auch nichts versprechen kann. Dr. Müller ist sogar gegen jede weiteren Verhandlungen. Wir müßten uns eben jetzt durchkämpfen, meint er, auch in B. müßten die Leute unbedingt festhalten! Was sie an Renten bekämen, sparen sie jetzt wieder an Beiträgen an der Arbeitsfront. Dr. Müller meinte auch (so auch andere Präsides), sollten nicht ganz einfach ganze Betriebe ihren Austritt aus der Arbeitsfront anmelden, wenn diese Reibereien so weitergehen? Unsere Leute müßten jetzt selbst zum Angriff übergehen. Wenn das so weitergeht, Massenaustritte! Vorläufig Drohung! Es wäre sicherlich auch gut, wenn unter Bocholt eine Erklärung im Kirchenblatt stände. Auch unter Verwendung des Hirtenbriefes. Vielleicht ist es auch gut, daß Sie baldigst Ihre Vorstands- und Vertrauensleute eigens zusammenrufen und dazu käme ein Herr der Zentrale herüber. Dr. Müller oder ein anderer ist gern bereit. Ich war ja in letzter Zeit schon so oft dort.

Also mit Gott (!) und guten Mutes weiter! In Haldern war es gestern großartig! Riesenmassen kommen zu den Apostolatskursen, auch junge Leute von dort.

Recht herzlichen Gruß Ihr Dr. Konermann. Münster, 18. 7."

Aus diesem Schreiben geht nicht nur hervor, daß der Führer der katholischen Arbeitervereine Deutschlands, Dr. Msg. Müller, Köln, jede Verhandlung mit der Regierung ablehnt, sondern, daß er sich vielmehr zum offenen Kampf gegen den Staat und dessen Maßnahmen ausspricht. Aus dem Schreiben geht weiter hervor, daß man seitens der Leitung der katholischen Arbeitervereine beabsichtigt, ganze Betriebe zum Austritt aus der Deutschen Arbeitsfront zu bewegen, und Massenaustritte zu organisieren. Da von seiten des Staates ein derartiges an Hochverrat grenzendes Verhalten nicht geduldet werden kann, mußten die katholischen Arbeitervereine im hiesigen Bezirk aufgelöst werden.

(Völkischer Beobachter, 17. September 1935)

101. Bericht der Gestapo über das Katholische Kasino in Rosenheim

Geheime Staatspolizei, Staatspolizeileitstelle München, an den Landrat – Stadtkommissar – Rosenheim. München, 28. Februar 1939

Betreff: Versammlung des Katholischen Kasinos.
Die bischöflichen Ordinariate haben bereits vor mehreren Jahren die Pfarrämter angewiesen, daß die Aushändigung von Mitgliederlisten katholischer Vereine an Polizeibehörden bzw. Parteidienststellen nur mit Zustimmung des Ordinariats erfolgen darf. Die Pfarrämter bzw. die Präsides der Vereine verweigern seit dieser Zeit unter Berufung auf diese Anweisung des Ordinariats grundsätzlich die Aushändigung der Mitgliederlisten.
Die Staatspolizeistellen haben verfügt, daß eine generelle Einforderung von Mitgliederlisten bei konfessionellen Vereinen und Verbänden z. Zt. untunlich erscheint, da der gegenwärtige Rechtszustand keine Anwendung von Zwangsmaßnahmen zuläßt. Das Geheime Staatspolizeiamt Berlin hat bisher auch tatsächlich keine polizeilichen Zwangsmaßnahmen zur Erfassung der Mitgliederlisten angeordnet. Eine endgültige Regelung des Vereinswesens steht in Aussicht. Eine Ausnahme der Einforderung von Mitgliederlisten besteht unter bestimmten polizeilichen Voraussetzungen, wenn beispielsweise konkrete Unterlagen für ein staatsfeindliches Verhalten im Rahmen der vereinsmäßigen Betätigung vorliegen, der dringende Verdacht sonstiger bestimmter strafbarer Handlungen gegeben ist, oder wenn sich in die Vereine Personen aus früheren Parteien einschleichen und eine illegale Fortführung einer aufgelösten früheren Partei i. S. des Gesetzes vom 14. Juli 1933 zu befürchten ist.
Mit der dortigen Maßnahme, daß dem Katholischen Kasino in Rosenheim, solange der Verein nicht die Mitgliederliste herausgibt, keine Versammlung genehmigt wird, besteht Einverständnis. Die Mitglieder des Katholischen Kasinos in Rosenheim sind insofern von Interesse, weil wahrscheinlich der größte Teil von ihnen gleichzeitig auch Mitglieder der ehemaligen BVP waren. Das erzbischöfliche Ordinariat München-Freising wird auf geeignetem Wege zur Herausgabe der Mitgliederliste des katholischen Kasinos veranlaßt werden.

Unterschrift

102. Trauerfeier für Pfarrer Fritze

Bericht der Kriminalpolizei über die Trauerfeier des Freundeskreises von Pfarrer Fritze am 7. Januar 1939, 20 Uhr, in der Kirche in Köln-Riehl, Stammheimer Str. 22.

Anwesend waren etwa 500 Personen. Zu Beginn der Feierstunde betete die Gemeinde gemeinsam. Umrahmt von Orgelvortrag und Gesang sprachen Pfarrer Encke und der Präsident der Rheinischen Kirchensynode der evangelischen Bekenntniskirche. Pfarrer Encke gab einen kurzen Lebenslauf des Verstorbenen, angefangen von seiner ersten Tätigkeit im Kohlenrevier Belgiens, über seine Pfarrertätigkeit in einem kleinen Ort des Harzes bis zu seiner Berufung als Pfarrer nach Köln. Mit einem gewissen Nimbus wurde von dem Studierzimmer des Verstorbenen gesprochen. Über die Kölner Tätigkeit des Pfarrer Fritze sagte Pfarrer Encke, er habe viel Lasten vor 1933 auf sich nehmen müssen, aber die Lasten seien ins Unermeßliche gewachsen nach 1933. Über sein Privatleben schwieg der Redner angeblich aus Pietät.
Nach Pfarrer Encke ergriff der Präsident der Rheinischen Kirchensynode das Wort und sprach zu der Gemeinde. Nach einigen kurzen Worten über Pfarrer Fritze legte der Präsident anhand eines Bibelspruches den Sinn der evangelischen Bekenntniskirche aus. Sinn der evangelischen Bekenntniskirche sei, allen das Wort Gottes zu bringen. Es sei kein Unterschied zu machen nach Rasse, Kultur und Bildung. Es sei nicht nur Aufgabe des Pfarrers oder des jungen Vikars, den Brüdern und Schwestern aus der Gemeinde das Wort Gottes zu bringen, sondern jeder einzelne soll mitarbeiten. Von Mund zu Mund müsse die Bibel ausgelegt und verbreitet werden. Mit einem wahren Fanatismus sprach der Vortragende über dieses Laienapostolat. Je größer die Schwierigkeiten würden, die man ihnen in den Weg legen würde und je mehr Pfarrer in die Verbannung geschickt würden und damit Gemeinden verwaist daständen, um so eifriger müsse der einzelne arbeiten.
Im Anschluß an diesen Vortrag wurden aus einer Liste namentlich die Pfarrer und Brüder der Kirche vorgelesen, die sich heute noch im Konzentrationslager befinden. Aber nicht genug damit, sondern es wurden auch die Namen derer verlesen, denen das Gehalt gekürzt bzw. entzogen wurde. Als Hauptmärtyrer stand Pfarrer Niemöller an der Spitze. Nachdem die Namen verlesen waren, forderte ein Geistlicher die Gemeinde auf, für die soeben Verlesenen zu beten und Gottes Hilfe für die verwaisten Gemeinden zu erbitten.

Georg Fritze (1874–1939), evangelischer Pfarrer in Köln, den „religiösen Sozialisten“ nahestehend.
Hans Encke (1896–1976), seit 1925 evangelischer Pfarrer in Köln, Mitglied des rheinischen Bruderrates der Bekennenden Kirche, 1945 Superintendent in Köln, Mitgründer der CDU.

Verbreiten der Wahrheit

Das Regime setzte Presse, Rundfunk, Theater und Kunst als propagandistische Mittel für die Ideen und Ziele des nationalsozialistischen Staates und die ideologische Gleichschaltung aller Bürger ein. Die Knebelung der Presse durch Reichspressekammer, Schriftleitergesetz und amtliche Sprachregelungen für die tägliche Berichterstattung verhinderte nicht nur eine wahrheitsgemäße oder kritische Stellungnahme, sondern bezweckte die Desinformation der Bürger und die Lähmung jedes möglichen kritischen Bewußtseins.

Nr. Katholische Tageszeitungen und Zeitschriften, die die NSDAP noch im Wahl-
103–105, kampf 1933 als politischen Gegner bekämpft hatten, wurden bereits kurz
33 danach wie die kommunistische und die sozialdemokratische Presse aufgrund der „Verordnung zum Schutz von Volk und Staat" zeitweise oder unbefristet verboten. Durch die Entlassung und Verhaftung „politisch unzuverlässiger"
Nr.35,106 Redakteure und ihre Ersetzung durch nationalsozialistische Schriftleiter wurden sie entweder inhaltlich angepaßt oder durch Papierkürzung und Inseratenbeschränkung wirtschaftlich ruiniert.

Die wenigen nach 1935 noch existierenden, nicht nationalsozialistisch orientierten Zeitschriften konnten ihre Kritik nur in getarnter Form veröffentlichen, indem
Nr. sie aktuelle Ereignisse durch historische Themen und Persönlichkeiten satirisch
107,108 veranschaulichten oder das nationalsozialistische Gewaltregime durch die Darstellung ausländischer Diktaturen und des stalinistischen Terrors beschrieben. Die Verschlüsselung jeder Art von Kritik war der Preis für die Möglichkeit der Veröffentlichung. Zum Teil war deshalb die Wirksamkeit auf ein gebildetes Publikum begrenzt, das mehr zwischen den Zeilen zu lesen verstand als die nationalsozialistischen Zensoren.

Nr.59–68, Offene Kritik konnte nur in den Exilzeitschriften geübt werden, die heimlich in
114,115 Deutschland verbreitet wurden.

Nr. Aufklärung zu treiben gegen die gelenkte öffentliche Meinung, die verlogene
109–113 Propaganda und falsche Berichterstattung, war für einzelne nur mit bescheidenen Mitteln möglich. Wahrheitsgemäße Informationen mußten teilweise aus dem Ausland und durch Abhören ausländischer Rundfunksender beschafft,
Nr.50,51, durch Flüsterpropaganda, Flugblätter und Rundschreiben verbreitet werden.
112,116, Kritik konnte nur im Kreis Gleichgesinnter ausgesprochen werden und hatte bei
142 Anwesenheit eines Spitzels immer den Freiheitsentzug zur Folge. Die Angst vor
Nr.93–96 Denunziation verhinderte offene Gespräche auch in der Familie, mit Nachbarn, Bekannten oder Freunden; jede der Gestapo bekannt gewordene Kritik am
Nr.117 Regime, am „Führer" oder an der Kriegsführung wurde seit 1942 als Wehrkraftzersetzung bestraft, in vielen Fällen sogar mit dem Tode.

103. Verbot der katholischen Wochenzeitung „Junge Front“

JUNGE FRONT

WOCHENZEITUNG INS DEUTSCHE JUNGVOLK

2. Jahr. Nr. 8 — Düsseldorf, 19. Februar 1933 — 10 Pfg.

In dieser Nummer:
Aufruf katholischer Verbände
Faschistische Taktik
Presseball

Schreie, Wahrheit!

J. M. Als man im Februar 1919 in der Weimarer Nationalversammlung über das Gesetz zur Bildung einer vorläufigen Reichswehr debattierte, begrüßte ein deutschnationaler Abgeordneter die alten Berliner Schutzleute, die von der Revolution abgesetzt worden waren und dann, wie man sagt, unter Noskes Hilfe wieder in Weimar erschienen, mit dem mehr als bezeichnenden Wort: „So kommt hoffentlich eins nach dem andern wieder!“ Es ist alles eins nach dem andern wiedergekommen.

Und wer rückblickend einmal die Geschichte des Zusammenbruchs der Revolution von 1918 verfolgt, auf der sich dann die Revolution vom Januar 1933 aufbaute, der wird mit Erstaunen feststellen, mit welcher Leichtgläubigkeit die führenden Männer der Demokratie sich immer wieder von ihren erbittertsten Gegnern übers Ohr hauen ließen. Und mit welchem lächelnden Hohn die neuen Herrn dem deutschen Volke nach und nach den ganzen alten Klempnerladen wieder einrichten konnten, den es damals mit unendlichem Ekel ausgeräumt hatte. Aber die tapferen patriotischen Filme, die Reden, die vom Salböl der Gerechtigkeit troffen und den Himmel auf die Erde zu zaubern versprachen, und nicht zuletzt der „rollende Rubel“, der aus den Taschen derer um Hugenberg, Papen und Hitler zu recht eindeutigen Zwecken unter das ausgepowerte Volk geschmissen wurde, — alles das hat seine sicher berechnete Wirkung nicht verfehlt.

Wir sind wieder so weit,

daß wir meinen, ein Volk sei im Rausch der Begeisterung zusammenzuschmieden und wir haben aus den gegen alle bisherigen Maßnahmen früherer Regierungen wie ein Puppentheater wirken. „Das Ende der roten Futterkrippenwirtschaft“, schreibt der „Völkische Beobachter“. Soll es der Anfang einer braunen oder schwarzweißroten Futterkrippenwirtschaft sein? Was die Republik im Jahre 1918 nicht wagte, ja was nicht einmal nach dem Kapp-Putsch im Frühjahr 1920 sich durchsetzte, nämlich eine in Haupt und Gliedern eindeutige Verwurzelung der Demokratie, das ist für den neu… Fa-schismus und für Hugenbe… erste und unerläßliche V… Besetzung der maßgeber… Parteibuchbeamten. Si… scheinlich Joseph d… französischen Staats… aber sie handeln … Worte: „Um die … man die Mensche… nutzen sie ihre M… und lassen alles, … fällt, in die Wüst…

Und diese neue … nicht so, wie es … Parteien zu tun beliebt… immer wieder an einflußreic… len diejenigen ansetzten, die … „politisch nahe standen“. Die wußten dann im gegebenen Moment nichts Besseres zu tun, als schleunigst den Staub ihrer alten politischen Heimat von den Füßen zu schütteln, wenn sie glaubten, daß ihre Leckstiefel von der Demokratie vielleicht ein paar Dreckspritzer von unten her mitbekommen könnten, die ihnen das Fortkommen erschweren würden.

Es ist gut, daß wieder einmal der Sturm durch die Aeste pfeift! Daß wir wieder einmal sehen, wer denn noch wagt, sich zu uns zu bekennen! Daß wir die Spreu wieder einmal vom Weizen sondern können! Daß wieder handlungen langsam Schritt für Schritt neuen Boden für Deutschland gewinnen. Eine Tätigkeit, die Stresemanns frühen Tod zum Beispiel mitverschuldete und Brünings innerdeutsche Aufbauarbeit erschwerte.

Eines dürfen diese „Novemberparteien“ jedenfalls für sich in Anspruch nehmen: die Ehrenerklärung, die ihnen die Rechtsparteien in der Nationalversammlung abgaben, als sie es fertigbrachten, sich an der Ratifizierung des Versailler Friedens vorbeizudrücken. … Ehrenerklärung sollte heute von …tsäulen und allen Zäunen … deutschen Volke erzäh… Deutschland Leute aus …eben hat, die den … dunkelste Stück … die Fahne … und …

… Inh… scherte, Volkes ges…

Auf Kosten des deutschen Vo…

Wie immer, so versucht auch jetzt eine kleine Schicht, zusammengesetzt aus Großlandwirten, aus Teilen der Schwerindustrie, aus ehemaligen Generälen, die wieder Morgenluft wittern, ihre Suppe an unserem Feuer zu kochen. Das Volk soll der Steigbügel mer … unden. Die „g… … eben nicht.

Wilhelm der … …int wieder einmal in Deutschland den Ton anzu…

heft zu begraben und der Zukunft ein Stück entgegen zu arbeiten. Denn schließlich ist das Vergangene immer nur der Anfang zum Streit, während es unsere Aufgabe wäre in fruchtbarer …

Schnitt von Leopold Krause

Verboten!

Das Erscheinen der „Jungen Front“ ist bis zum 17. März ds. Jahres verboten worden.

104. Verbot der Tageszeitung „Wormser Echo“

Der Staatskommissar für das Polizeiwesen in Hessen. Darmstadt, 22. März 1933
Zu Nr. M.d.J. 3526

Ich verbiete aufgrund der §§ 9 Absatz 1 Ziffer 5 und 7, 10 der Verordnung des Reichspräsidenten zum Schutze des Deutschen Volkes vom 4. Februar 1933 die Tageszeitung „Wormser Echo“, Erscheinungsort Worms, auf zwei Wochen, beginnend mit dem 24. März 1933.
Gründe:
Die in Worms erscheinende Tageszeitung „Wormser Echo“ bringt in ihrer Nummer 69 vom 21. März 1933 einen Aufsatz unter der Überschrift „Der Tag von Potsdam“. In diesem Aufsatz wird ausgeführt:
1. „Der Geist von Potsdam ist nicht unser Geist! Er ist uns zu eng! Wir sehen Deutschland geographisch und geistig weiter als die, die den Geist von Potsdam geprägt haben.“
Diese Ausführungen enthalten eine Beschimpfung und böswillige Verächtlichmachung der leitenden deutschen Staatsmänner, insbesondere des Herrn Reichspräsidenten, die soeben anläßlich eines feierlichen Staatsaktes in der Potsdamer Garnisonkirche den Geist von Potsdam als die Kraft bezeichnet haben, die Deutschland allein wieder zu Macht, Ehre und Ansehen führen kann.
2. Es wird in dem Aufsatz ferner ausgeführt, die Demokratie habe in den letzten 14 Jahren, „nur nüchtern-sachlich“ gearbeitet, und es wird demgegenüber behauptet, daß die Reichsregierung nach der Maxime „panem et circenses“ verfahre. Damit werden die leitenden Staatsmänner beschimpft und böswillig verächtlich gemacht, die als äußeren Ausdruck des geschichtlichen Wandels, der sich vollzogen hat, die staatliche Feier in der Potsdamer Garnisonkirche angeordnet haben.
3. Es wird behauptet, daß in Deutschland das Recht der freien Meinungsäußerung aufgehoben, Gesinnungszwang ausgeübt und der katholische Volksteil bewußt ausgeschaltet sei. Diese Behauptungen stellen offensichtlich unrichtige Nachrichten dar, deren Verbreitung geeignet ist, lebenswichtige Interessen des Staates zu gefährden.
Es rechtfertigt sich daher das ausgesprochene Verbot. Eine Verbotsdauer von zwei Wochen, beginnend mit dem 24. März 1933, scheint angemessen und ausreichend.

Unterschrift

105. Liste verbotener Zeitungen in Bayern

V E R Z E I C H N I S

der vom Chef der Staatskanzlei angeordneten und sonst bearbeiteten Zeitungsverbote.

Nach der Zeitfolge geordnet .

1. Forchheimer Zeitung. 15.3.33 RK 10 . 1 Woche; Behauptung: Ausschaltung der deutschen Katholiken aus dem politischen Leben.

2. Fränkisches Bauernblatt. 13.3.33 RK 22. 4 Wochen; zahlreiche die Reichsregierung beschimpfende Ausdrücke.

3. Straubinger Tagblatt. 17.3.33 RK 84. 1 Woche; schwere Beleidigungen der Reichsregierung.

4. Tagblatt für Spessart und Frankenland. 17.3.33 RK 115. 1 Woche; Beleidigungen der Reichsregierung.

5. Fränkisches Volksblatt. 20.3.33 RK 175. 1 Woche; Verächtlichmachung von Regierungsmaßnahmen. Am 24.3.33 RK 716 Verbot auf 3 Tage abgekürzt.

6. Kurier für Niederbayern. 20.3.33 RK 176. 1 Woche; Behauptung, Reichsregierung kein Verständnis für die Selbständigkeit der Länder, werde religionsfeindliche Bestrebungen nicht bekämpfen.

7. Waldkirchener Anzeiger. 20.3.33 RK 366. 1 Woche; Verächtlichmachung von Maßnahmen der Staatsregierung.

8. Legauer Anzeiger. 24.3.33 RK 497. 14 Tage; versteckte Angriffe gegen die Reichsregierung.

9. "Vom frohen Leben". 12.4.33 RK 2075. Wegen pazifistischer Haltung Verbot bei der Preuß.Regierung beantragt.

10. Ludendorff's Volkswarte. 11.4.33 RK 2376. Beschlagnahme einer Nummer in Bayern.

11. Mittelfränkische Volkszeitung. 14.6.33 III 15213. Aufruf von Guttenberg: "An die königstreuen Bayern".Verbot von der Staatskanzlei fernmündl. auf 8 Tage verlängert.

\- 2 -

12. Forchheimer Zeitung. 17.6.33 III 15975.3 Tage; Behauptung: Hitler habe in außenpolitischen Fragen die Grundsätze seiner Vorgänger übernommen.

13. Bayerischer Kurier. Verbot vom 23.-30.6.33 wegen des Artikels "Der dritte Schlag gegen den Marxismus"; fernmündlicher Auftrag.

14. Nabtal-Bote. 3.7.33 III 18965. 3 Tage; abfällige Kritik an polizeilichen Maßnahmen.

15. Hallertauer Generalanzeiger. 22.7.33 III 21444. 8 Tage; Vorschlag des Bez.Amts Kelheim, wegen politischer Unzuverlässigkeit ein Verbot zu erlassen, gebilligt.

16. Deggendorfer Donaubote. 25.8.33 III 25461. Verbot telegrafis[ch] aufgehoben, weil Eingriff in den Konkurrenzkampf der Zeitungen.

17. Bamberger Volksblatt. 16.9.33 III 27367. Gebilligt, daß wegen der Berichte über den Katholikentag in Wien Verbot nicht erlassen wurde.

18. Bamberger Volksblatt. 13.10.33 III 30037. 1 Woche; Berichterstattung über eine Gerichtsverhandlung, die leitende Männer lächerlich machte.

München, den 29. November 1933.

106. Beurteilung des Schriftleiters Pfeiffer

Geheime Staatspolizei an die NSDAP – Reichsleitung – Stabsleiter – (Reichsleiter für die Presse). Düsseldorf, 22. Oktober 1937. AZ: B. Nr. II P/32.00/Pfeiffer

Der im Verlage der „Vereinigten Dreistädte-Zeitung“ GmbH in Viersen als Verlagsleiter und Hauptschriftleiter tätige Peter Pfeiffer ist am 21. Juni 1906 zu Buer i.W. geboren, kath., Reichsdeutscher, verh. und in Viersen, Königsallee 9, wohnhaft.
Pfeiffer ist erst am 29. April 1936, von Worms kommend, in Viersen zugezogen, wo er die Verlagsleitung und Hauptschriftleitung der „Vereinigten Dreistädte-Zeitung“ übernahm. Ich habe zunächst über sein Vorleben und seine Tätigkeit in Worms Erhebungen angestellt und hierbei folgendes in Erfahrung gebracht:
Pfeiffer zog in Worms am 22. Mai 1930, von Mannheim kommend, zu. In Mannheim ist Pfeiffer Sekretär der Zentrumspartei gewesen. In Worms behielt er die Mitgliedschaft der Zentrumspartei bis zu deren Auflösung bei. Nach der nationalen Erhebung konnte sich Pfeiffer als eingefleischter und verstockter Zentrumsmann nur langsam und widerwillig in die neuen Verhältnisse einfinden und mußte sogar wegen seines Verhaltens vom 30. Juni 1933 bis 6. Juli 1933 in Schutzhaft genommen werden.
Am 1. Januar 1933 übernahm Pfeiffer den Verlag der „Wormser Nachrichten“, der von diesem Zeitpunkte an die Bezeichnung „Wormser Echo“ führte. Pfeiffer vertrat hier eifrig die Interessen der Zentrumspartei und verstand es, in katholischen Kreisen für seine Zeitung Reklame zu machen. Im Herbst 1935 hatte dieses Blatt, dessen Bezieher sich nur aus Katholiken zusammensetzten, eine Auflage von 1900 Exemplaren. Die Gründung des „Wormser Echo“ hatte Pfeiffer in einem Briefe dem Papst Pius XI. mitgeteilt und hierbei zum Ausdruck gebracht, daß sich die Zeitung „ganz in den Dienst der von Seiner Heiligkeit verkündeten Katholischen Aktion“ stellen werde. Gleichzeitig hat Pfeiffer in diesem Briefe den päpstlichen Segen erbeten.
Am 3. Juni 1933 wurde Pfeiffer zum Vorsitzenden des „Windthorst-Bundes“ in Worms gewählt. Nach seiner Entlassung aus der Schutzhaft hat sich Pfeiffer bis zu seinem Wegzuge von Worms am 6. Juli 1936 zurückgehalten, so daß Nachteiliges über ihn nicht mehr bekannt geworden ist.
Die „Vereinigte Dreistädte-Zeitung“ in Viersen, die Pfeiffer gegenwärtig leitet, ist ebenfalls ein katholisches Blatt. Auch der Verlag dieses Blattes ist stets katholisch eingestellt gewesen und hat vor der Machtübernahme genauso wie die übrige Zentrumspresse die NSDAP bekämpft. Auch heute noch verleugnet die „Vereinigte Dreistädte-Zeitung“ nicht ihre katholische Einstellung, denn sie bringt nicht nur die jeweiligen Gottesdienstordnungen in besonders breitem Raume ihren Lesern zur Kenntnis, sondern auch Bekanntmachungen über Exerzitien in einer in der heutigen Zeit ganz unmöglichen Klassifizierung der Stände, wie z.B.
von ... bis ... für Frauen
von ... bis ... für Damen
von ... bis ... für gebildete Damen
Auch Versammlungsankündigungen von katholischen Vereinen erscheinen regelmäßig im Gegensatz zu solchen anderer Vereine.
Pfeiffer versteht es, seine Stellung als Hauptschriftleiter und Verlagsleiter zu vermengen. Nach dieser Richtung geht er mit großer Dreistigkeit vor. Wenn Abbestellungen von Beziehern der „Vereinigten Dreistädte-Zeitung“ eingehen, scheut sich Pfeiffer nicht, durch entsprechende Zeitungsartikel diejenigen mit „Angsthasen“ zu bezeichnen, die anstatt der „Vereinigten Dreistädte-Zeitung“ die NS-Presse bestellen.
Es würde zu weit führen, an dieser Stelle noch weitere Beispiele für das zwiespältige Spiel Pfeiffers anzuführen. Fest steht jedenfalls, daß Pfeiffer versucht, seine alten Beziehungen

zur römisch-katholischen Kirche und deren Vereinen und Bruderschaften zugunsten der „Vereinigten Dreistädte-Zeitung" auszunutzen, wobei es ihm nicht darauf ankommt, die Propaganda für NS-Veranstaltungen hintanzusetzen, wenn er bei dieser nicht auch geschäftlich profitieren kann.
Pfeiffer ist nach wie vor innerlich überzeugter Zentrumsmann; er versteht es jedoch, sich so geschickt zu tarnen, daß ihm eine staatsfeindliche Einstellung nicht nachgewiesen werden kann.
Bezeichnend ist, daß Pfeiffer keiner NS-Gliederung angehört, obgleich er zum mindesten Gelegenheit genug gehabt hätte, wenigstens durch Beitritt zur NSV seinen guten Willen zur Mitarbeit im Interesse der Volksgemeinschaft zu beweisen.
Pfeiffer muß nach dem über ihn vorliegenden Ermittlungsergebnis als in jeder Hinsicht unzuverlässig für die durch die Übernahme durch „Phönix" gestellte Aufgabe bezeichnet werden. Sein weiteres Verbleiben als Verlagsleiter und Hauptschriftleiter bei der „Vereinigten Dreistädte-Zeitung" würde mehr schaden als nutzen, da er von der von ihm verfolgten Linie im Sinne der Katholischen Aktion kaum abgehen wird.
Sein Ersatz durch einen wirklichen Nationalsozialisten ist ein Gebot der Notwendigkeit.

Peter Pfeiffer (1906–1976), Sekretär der Zentrumspartei in Mannheim, Verlagsleiter bei „Wormser Nachrichten"/„Wormser Echo"; 1933 inhaftiert, 1936–38 Leiter der „Vereinigten Dreistädte-Zeitung", Viersen. Mitgründer der CDU Südbaden, Bürgermeister von Ramstein.

107. Rudolf Pechel: „Sibirien“

„Denn mit jedem Zoll der Vertiefung der Revolution braucht die Macht mehr und mehr Menschen, die nicht überlegen und die keine Gewissensbisse haben ...“ „Die Religion hat vor Ihnen den Vorzug, daß ihre Versprechungen im Jenseits realisiert werden sollen. Gehen Sie mal hin, prüfen Sie nach! Doch Ihre Versprechungen konnte man schon nachprüfen. Um so mehr, da Sie es nicht so eilig damit haben ...“ „Ein schlechter Trost ist es, zu versuchen, durch die Organisation einer Kaschemme mit Weltausmaßen das verlorene Spiel wieder wettzumachen ...“ (Iwan Solonewitsch, „Die Verlorenen“)

Bei ähnlich gearteten Vorgängen wiederholen sich in der Geschichte auch die politischen Begleitumstände in merkwürdiger Übereinstimmung von Peisistratos über Napoleon zu Stalin. Nur die Methoden verfeinern und verschärfen sich mit dem Fortschritt der Technik. Grundsätzlich ist jeder Volksgenosse politisch unzuverlässig im Sinne der unumschränkten Machthaber. Dieser Verdacht macht nicht etwa halt vor dem durch das Parteibuch Legitimierten, ja nicht einmal vor sehr hohen Funktionären und Ministern, da bei diesen eine politische Unzuverlässigkeit nur zu oft dem Anwärter auf ihren Posten erwünscht ist. Die Folge einer Gesinnung, nach der schlechthin jeder als verdächtig erscheint, ist ein bis ins letzte durchgebildetes Spitzelsystem, das zur Verlumpung des ganzen Volkes führt. Die Bespitzelung dringt bis in die letzten Poren des Volksorganismus, jedes private Leben ist aufgehoben. Gesinnungsschnüffelei und Gebärdenspäherei begleiten jeden einzelnen. Der Freund wird gegen den Freund, das Kind gegen die Eltern gehetzt. Es macht hier wenig Unterschied, ob die verdächtigen Volksgenossen sich schon in Konzentrationslagern oder Gefängnissen befinden oder ob sie in der „Freiheit“ sind. Denn auch der nicht hinter Gefängnismauern oder Stacheldraht Sitzende ist der ständigen Bespitzelung, Unterdrükkung und Ausplünderung nach wechselnden Methoden je nach dem Bildungsgrad des Erpressers unterworfen. Die Eingekerkerten haben vor den in „Freiheit“ Befindlichen die Gewißheit ihres Loses voraus, den anderen ist die Angst der ständige Begleiter. Im Lager ist alles einfacher, denn da fällt jeder ideologische Zierat fort wie jede Rücksicht auf das Ausland, und die Insassen bleiben wenigstens vor den Versuchen, sie umzuschulen oder umzuschmieden, verschont. Hier ist nicht mehr die Rede von „Heroismus“, „Begeisterung“, „Mystik“, „Volksseele“ und wie die gängigen Schlagworte alle heißen.

Die Bespitzelung ist die notwendige Folge eines Systems der erbarmungslosen Unterdrükkung. Denn über dem Ganzen steht ein Apparat in Form der GPU* von einer Stärke, wie ihn die Weltgeschichte noch nie gesehen hat. Er bringt das ganze Land in den Zustand des besetzten Gebietes. Die Etappe in ihrer fürchterlichsten Form ist Herrin der Bewohner. Irgendwelche Hemmungen sittlicher oder ethischer Art kennt dieser Apparat nicht. Wie er wertvolles Menschenleben in Massen vernichtet, so kümmert's ihn in keiner Weise, ob durch die Verhaftung oder die Ermordung von Familienvätern Frauen und Kinder zugrunde gehen. Rücksicht auf irgendwelche seelische Vorgänge kennt er nicht. Im Anfang arbeitet der Terrorapparat wie ein Dampfhammer mit zermalmenden Schlägen, die in der ganzen Welt hörbar sind. Das schafft internationale Aufmerksamkeit und unsympathische Presseäußerungen. Deshalb wählt man das Mittel der hydraulischen Presse, die mit unhörbarer Stetigkeit das ganze Leben erfaßt, ohne daß dem Ausland, da diese Arbeit geheim bleibt, Gelegenheit zur Entrüstung gegeben würde. Die Methoden der Behandlung der von dem Apparat Erfaßten sind im Grunde primitiv und wären lächerlich, wenn nicht die ständige Todesdrohung dahinter stände. Was in den Verhören den Verdächtigen als Material vorgelegt wird, ist zumeist ein blöder Unsinn, verbrämt mit einer ekelhaften Pinkerton-Romantik und dem ganzen Aufgebot bösartiger, aber dummer Spione. Ursprünglich saßen vielleicht in dem Apparat auch Männer, die ein hoher idealistischer Glaube an die von der Partei laut und aufdringlich vertretenen Ziele beseelte; sie waren aber seelisch den befohlenen Mitteln nicht gewachsen. Infolgedessen haute man den Apparat zusammen aus Lumpenpack, und dadurch wurde er unüberwindlich. Denn für Lumpenpack gibt es keine Zweifel, keine Gedanken, kein Erbarmen und kein Mitleid. Sie sind die Un- und Untermenschen schlechthin. Die Auslese erfolgt nach den Merkmalen der moralischen und intellektuellen Stupidität, der Bewährung in Unterdrückung, Ausplünderung und Denunziation und der blinden Ergebenheit gegenüber der Macht, für die gemordet zu haben eine besondere Auszeichnung bedeutet. Sie verkörpern den Typ eines Menschen „mit dem Gehirn des Hammels, dem Gebiß des Wolfes und dem Moralgefühl der Protoplasmen“. Dieser Menschentyp sucht die Lösung seiner abscheulichen Probleme in dem aufgeschlitzten Bauch seines Nächsten. Da sie aber in diesem Bauch keinerlei Lösung finden, so bleiben eben die Probleme ungelöst, aber die Bäuche schlitzt man weiter auf.

Der Apparat kann allein seine Aufgabe nicht lösen, schon weil er zahlenmäßig der Masse des Volkes gegenüber trotz der Bereitwilligkeit zur letzten Gewaltanwendung zu schwach wäre. Deshalb hat er sich Hilfstruppen geschaffen, für die ihm eine kompakte Masse von Gesinnungslumpen zur Verfügung steht. Bei der unbegrenzten Verfügungsmöglichkeit über die Gelder des Staates und weil ein Viertel des Gesamtvolkes Spitzeldienste leistet, ein anderes Viertel willenlos sich Gelder erpressen läßt, kann der Apparat auch ohne Gehirn funktionieren. Regiert in der GPU die sinnvolle Grausamkeit, ein wohlüberlegtes, erbarmungsloses System, so ist das Kennzeichen für die unter und hinter ihr stehenden Helfer der sinnlose Eifer, der die Grausamkeit in die höchste Potenz steigert, sie aber zugleich zu einem unnützen Mittel macht, weil nicht einmal den Zwecken des Apparates damit gedient wird.

Jeder kleine Parteigenosse möchte natürlich aus der Masse emporsteigen. Das einzige Mittel ist, in einer der zahlreichen Gemeinschaftsorganisationen sich auszuzeichnen oder aufzufallen. Dazu sind weder eigene Gedanken noch Rednertalent erforderlich. Alles Gedankengut liegt ja in Form von festem Klischee vor. Man braucht also nur diese Gedanken, möglichst laut und übersteigert, vorzutragen und die eigene „Unnachgiebigkeit“ gegenüber den Partei- und Staatsfeinden hinauszuposaunen. Die Phrasen können ohne jeden Zusammenhang beliebig aneinandergereiht werden. Empfehlenswert ist auch das Mitmachen in dem Byzantismus von bisher ungekanntem Ausmaß und die Speichelleckerei, deren Widerwärtigkeit unüberbietbar ist. Man muß die Gewaltherren und ihre Taten noch lauter loben, als diese selbst es tun. Vermeidung von eigenen Gedanken ist ratsam, denn das hat immer irgendwie einen Anflug von etwas Unerlaubtem oder sogar Unzuverlässigem. Deshalb tut man gut, als Sprungbrett für die eigene Laufbahn den Angriff gegen einen anderen in Form der Verdächtigung zu wählen. Man will um jeden Preis heraus aus der Organisation, bei der die Feiertage nach einem Worte Saltykows** sich von den Werktagen nur durch die verstärkten Marschübungen, bei denen Teilnahme Pflicht ist, unterscheiden. Das tut man am besten durch Zeigen, wie hartgesotten und unnachgiebig die eigene Seele ist gegenüber allem menschlichen Leid, menschlicher Not und vor allem jedem Menschenleben.

Mit solchem Gesindel läßt sich regieren und auch der blanke Wahnsinn in die Tat umsetzen. Hier findet man jede Unterstützung, wenn eine neue Gedankenblase aufsteigt, und hier wird willig zugunsten des gerade herrschenden Planes alles andere vernachlässigt. Steht das Brotgetreide im Vordergrunde, so muß eben das Vieh sterben. Geht's um den Export, so bringt man die eigene Industrie durch Verschleudern der ihr notwendigen Rohstoffe zum Erliegen. Und immer stehen die erforderlichen Phrasen zur Verfügung, die den neuesten Versuch, er mag so blödsinnig sein, wie er will, als die größte, die säkulare Lösung verherrlichen.

Das ganze Land ist ein großes Zuchthaus geworden, das von dem unerbittlichen Apparat beherrscht wird. Das ist der Seelenmord am laufenden Bande und die Entwürdigung und Schändung jeden Menschentums. Die Herrschenden haben nur einen Grundsatz: so lange wie möglich an der unumschränkten Macht zu bleiben. Jedes Mittel dazu ist recht. Hemmungen kennen sie nicht. Die Grundsätze der Partei sind längst zu Mitteln geworden, das Volk zu betrügen, auf dessen Sympathie, so lange der Terrorapparat funktioniert, im Grunde gespuckt wird, bei aller Umschmeichelung der Masse. Deshalb variiert man sie auch, und eine neue Aufputzung alter Phrasen läßt sie in herrlichem Glanz erstrahlen. Sei es nun, daß sie heißen: das Wohl der Masse des werktätigen Volkes, der Arbeiter von Stirn und Faust, oder die nationale Verteidigung. Hinter allem steht nur der brutale Machtwille. Eine gewisse Milderung findet dadurch statt, daß auch in der Partei jeder dem andern ein Wolf ist, und daß dadurch – aber nur gelegentlich – die Schlagkraft gegen die „Volksfeinde" gehemmt wird.

Auf der einen Seite steht also die Partei mit ihrem Terrorapparat und das Lumpengesindel, auf der anderen Seite – das Volk. Das Volk, das ja immerhin den einen Vorzug hat, zahlenmäßig sehr viel größer zu sein als die Partei, hat sich, da aktiver Widerstand nicht möglich ist, Methoden der Anpassung, d.h. der Tarnung und des Ausweichens, geschaffen und bewahrt hierin seinen Widerstandswillen. Die Scheidewand zwischen der Staatsgewalt und dem Volke ist mit einer solchen Schärfe aufgerichtet, wie sie gewöhnlich nur zu Zeiten einer feindlichen Besetzung sich findet. Die Insassen der Konzentrationslager sind in ein gigantisches Unternehmen zur Ausbeutung kostenloser Arbeitskräfte verwandelt, die andern sind das Objekt grausamer Verwaltungsmaßnahmen. Sie leben in Dumpfheit und Furcht, aber nicht ohne Hoffnung. Sie warten auf ihre Zeit, und eines steht fest: Sobald ein Krieg beginnt, wird die andere Partei, das Volk, die Waffen gegen ihre Herrscher wenden, und wer von den Trägern des Apparats und seinen Mitläufern nicht die Möglichkeit der Flucht ins Ausland hat, der wird erschlagen wie ein toller Hund. Denn ein Paktieren ist nicht möglich. Ein abgründiger Haß und ein Meer von Blut und Tränen trennen beide Parteien auf ewig. Das Volk glaubt nichts mehr von dem, was ihm von der Partei gesagt wird. Deshalb sind die Apparatträger und das Gesindel die einzig wirklich Parteitreuen – sie haben keine Rückzugslinie. Die Gangster müssen zu ihrem Häuptling halten. An die Möglichkeit einer Evolution: daß die ungeeigneten Werkzeuge der großen Ideen vielleicht verschwinden und die Ideale dann in reinen Händen zur Wirklichkeit werden, das glauben nur eingewickelte Ausländer, über die das Volk die Achseln zuckt. Denn es weiß, daß die Idee der Partei gar nicht die innere Voraussetzung für eine Evolution in sich trägt. Es weiß, daß alles Betrug ist, bewußter Betrug, und daß die heiligsten Werte geschändet und entehrt sind und daß die Machthaber aus einer Zwangslage heraus handeln. Denn jede Revolution läuft eigengesetzlich ab, gegen den Willen ihrer Macher. Die haben Versprechungen und aber Versprechungen abgegeben. Diese aber lassen sich nachprüfen, denn sie sind in die Zeit gebunden. Der Ausbruch des Paradieses auf Erden ist terminmäßig festgelegt, auch wenn dieser Termin immer wieder prolongiert wird. Auch die glanzvollste Ausmalung des angeblich Erreichten, die stärkste Beschwörung der Zweifler frommt nicht mehr. Der Einbruch der Wirklichkeit in das Reich der Lüge ist nicht aufzuhalten. Das Volk wartet auf seine Stunde.

Das ist die Bilanz und die Summe der russischen Revolution, wie sie Iwan Solonewitsch*** in dem ersten Teil seines Werkes: „Die Verlorenen. Eine Chronik namenlosen Leidens" (Essen, Essener Verlagsanstalt) aus eigener Anschauung schildert. Solonewitsch ist ein Russe, der niemals zu den „weißen" Russen gehörte. Er stammt aus bäuerlichen Kreisen,

gehört also weder zu den Aristokraten noch zu den „Burschuis". Er hat in der Sowjetunion gearbeitet, bis er verhaftet und von einem Konzentrationslager ins andere gebracht wurde. Endlich gelang ihm die Flucht.
Das ist ein Buch, das jeder lesen sollte ...

(Deutsche Rundschau, Leipzig, 252. Bd., 1937, S. 172–175)

Rudolf Pechel (1882–1961), Herausgeber der „Deutschen Rundschau"; Kontakte zum Ketteler-Haus in Köln und zu Wirmer in Berlin; 1942–1945 KZ Sachsenhausen und Ravensbrück. Mitgründer der CDU.

* GPU = Gossudarstwennoje polititscheskoje uprawlenije (politische Staatspolizei in Sowjetrußland)

** Michail Jewgrafowitsch Saltykow (1826–1889), russischer sozial-utopischer Schriftsteller

*** Iwan Solonewitsch (1891–1939), Journalist, Sportfunktionär, 1933 nach einem gescheiterten Ausreiseversuch zu 8 Jahren Zwangsarbeitslager verurteilt. Nachdruck von „Die Verlorenen" Essen (1937) unter dem Titel „Im Feuerofen", Wobbenbüll 1982.

108. „Lebendige Vergangenheit"

Mong Dsi (372 bis 289 v. Chr.)
König Süan von Tsi befragte den Mong Dsi und sprach: „Es heißt, daß Tang den König Giä verbannt; daß König Wu den Dschou Sin getötet habe. Ist das wahr?" Mong Dsi erwiderte und sprach: „Die Überlieferung hat es so." Der König sprach: „Geht das denn an, daß ein Diener seinen Fürsten ermordet?" Mong Dsi sprach: „Wer die Liebe raubt, ist ein Räuber; wer das Recht raubt, ist ein Schurke. Ein Schurke und Räuber ist einfach ein gemeiner Kerl. Das Urteil der Geschichte lautet, daß der gemeine Kerl Dschou Sin hingerichtet worden ist; ihr Urteil lautet nicht, daß ein Fürst ermordet worden sei."

(Deutsche Rundschau, Berlin/Leipzig, 267. Bd., 1941, S. 75)

109. Verhaftung der Dora Wiese

Staatspolizeistelle Düsseldorf, 17. Dezember 1934. AZ: Abteilung III K.4/1260
Auszug aus dem Tagesbericht 199 vom 16. 12. 1934 I/4
Festgenommen wurde die Lehrerin a.D. Dora Wiese, geb. am 19. 11. 1884 zu Essen-Bredeney, wohnhaft in Essen-Werden, Heckstraße 67, wegen Verbreitung von Greuelnachrichten im Auslande. Die Wiese hat als fanatische Anhängerin der früheren Zentrumspartei seit längerer Zeit in maßloser Weise gegen die heutige Regierung gehetzt. Weitere Festnahmen in dieser Sache sind noch zu erwarten.

110. Ermittlungen der Gestapo im Fall Wiese

Staatspolizeistelle Düsseldorf an das Geheime Staatspolizeiamt Berlin. Düsseldorf, 11. Februar 1935. AZ: Abteilung III/K.4/1260/34

Betrifft: Festnahme der Geschwister Dora und Eberhard Wiese aus Essen wegen Landesverrats
Bezug: Meine Tagesberichte Nr. 199 vom 16. 12. 1934 I/4 und Nr. 200 vom 17. 12. 1934 I/4
In vorbezeichneter Sache berichte ich folgendes: Bei der am 15. Dezember 1934 erfolgten Festnahme der Dora Wiese wurden bei dieser bei der körperlichen Durchsuchung unter den Kleidern versteckt drei weiße Beutel gefunden, die Briefe enthielten, aus denen hervorging, daß sich die Wiese mit Greuelpropaganda befaßt. Die Briefe waren teils an ihren in Kanada wohnenden Bruder Francis Wiese und teils an ein Fräulein M. Kaufmann in Zürich gerichtet. Der Inhalt befaßte sich in der Hauptsache mit den Ereignissen des 30. Juni und [enthielt] Mitteilungen darüber, daß bei Krupp Tag und Nacht Munition hergestellt werden würde. Aus dem beschlagnahmten Material geht zweifellos hervor, daß es das Bestreben der Beschuldigten war, durch die Verbreitung von Schmäh- und Hetzschriften den nationalsozialistischen Staat zu sabotieren.
Der festgenommene Vertreter Eberhard Wiese hat die Hetzdruckschriften „Die Wahrheit über Deutschland und den 30. Juni 1934" und „Hitler rast" gleichfalls angeblich zu Informationszwecken anderen überlassen. Über die Herkunft dieser Druckschriften sind die Ermittlungen noch nicht abgeschlossen.
Bei der Beschuldigten Dora Wiese kommt neben Greuelpropaganda auch noch versuchter Landesverrat in Frage. Die Einlassung der Dora Wiese, ihr Bruder Francis Wiese in Kanada, dem sie von der Munitionsherstellung bei Krupp Mitteilung machte, würde hiervon nie Gebrauch machen, ist durch einen beschlagnahmten Brief, den dieser an die Wiese sandte, widerlegt. Es heißt u.a. hier wörtlich unter Bezugnahme auf die Veröffentlichungen eines ausländischen Korrespondenten: „Jetzt weiß ich, daß er die Wahrheit sagt, und kann ihm also unsere Erlebnisse zur Verfügung stellen, wenn die deutsche Regierung ihm die bisher verweigerte Gelegenheit geben will, die Wahrheit seiner Berichte an Ort und Stelle zu prüfen und die Dementis des deutschen Generalkonsuls in Montreal, über die hier jeder lächelt, ad absurdum zu führen." Weiter schreibt der Francis Wiese an seine Schwester, daß er infolge der in Deutschland herrschenden Verhältnisse sich habe naturalisieren lassen. Es unterliegt

gar keinem Zweifel, daß Francis Wiese alle ihm übermittelten Nachrichten, die sich mit den innerdeutschen Verhältnissen befaßten, seinen Bekannten und wahrscheinlich auch der Presse übermittelt hat. Die Wiese mußte also von vornherein damit rechnen, daß ihre Mitteilungen nicht nur ihr Bruder, sondern auch andere Personen erfuhren.
Das Verfahren schwebt beim Volksgerichtshof in Berlin ...

Dorothea Wiese (1884–1944), Zentrum, Lehrerin, 1933 entlassen.
Eberhard Wiese (1880–1951), Vertreter.

111. Urteil gegen die Geschwister Wiese

Sondergericht beim Landgericht Dortmund, 5. September 1935

Die Angeklagten Eberhard und Dora Wiese sind des fortgesetzten vorsätzlichen, die Angeklagte Oppenheimer des grob fahrlässigen Vergehens gegen § 3 der Verordnung des Reichspräsidenten zur Abwehr heimtückischer Angriffe gegen die Regierung der nationalen Erhebung vom 21. März 1933 in Verbindung mit dem Gesetz gegen heimtückische Angriffe auf Staat und Partei und zum Schutze der Parteiuniformen vom 20. Dezember 1934 schuldig und werden deshalb verurteilt:
Eberhard Wiese zu einem Jahr und acht Monaten Gefängnis, Dora Wiese zu zwei Jahren Gefängnis, Silva Oppenheimer zu drei Monaten Gefängnis.
Die Kosten des Verfahrens fallen den Angeklagten zur Last.
Die von den Angeklagten Eberhard und Dora Wiese erlittene Untersuchungshaft wird auf die erkannte Strafe angerechnet.

112. Beschlagnahmung illegaler Schriften bei Könzgen

Staatspolizeistelle Düsseldorf. Duisburg-Hamborn, 21. März 1935

Gelegentlich der Inschutzhaftnahme des Arbeitersekretärs Könzgen wurden unter anderen Schriften und Büchern in seiner Wohnung vorgefunden und beschlagnahmt:
1. Abschrift eines vertraulichen Berichts eines Landjägers.
2. Abschrift eines Aufsatzes „Warum Deutschland seinen Verbindlichkeiten nicht nachkommt – Geldpolitik im Zusammenbrechen".
3. Abschriften aus ausländischen Zeitungsartikeln vom 26. 11. 1934 (4 Blatt).
4. SA, SS und Reichswehr (Havas-Meldung) (4 Blatt).
5. Abschrift des Artikels „Faschismus ist ein Riesenbetrug" von W.N. Ewer (4 Blatt).
6. Abschrift eines Berichts der „Zürcher Nachrichten", 2. Blatt Nr. 215 vom 9. 8. 1934: „Zum Tode von Dr. Fritz Gerlich" *[vgl. Nr. 34]*.

Zu 1.:
Der angebliche vertrauliche Bericht des Landjägers bringt Schlagworte von Referaten der Teilnehmer, des Lagerleiters, der Leiter und Helfer des angeblichen Arbeitsdienstlagers laut Tagesnotizbuch, die der betreffende Landjäger einem Pfarrer gegeben haben soll, der ihn zur Freude aller Katholiken verbreitet, wie dieses aus dem Schlußsatz des vertraulichen Berichts zu entnehmen ist.
Herausgreifen aus diesen Referaten möchte ich nur:
– Die noch bestehenden Konfessionen (katholisch und evangelisch) müssen schnellstens verschwinden –.
– § 24 des Parteiprogramms ist nur ein aus Werbungszwecken eingeführter Köder für die Schwarzen aller Schattierungen –.
– Im NS-Staat sind Kirchen undenkbar. Die Kirchen sind politische Institutionen und als solche, weil staatsfeindlich, auszurotten –.
– Kritik [ist] in jeder Form vollständig verboten. Weder an dem Führer noch an den Führern bis zum Blockwart herunter, noch an der Meinungs- und Willensäußerung darf kritisiert werden –.

Hieraus ist zu ersehen, daß der nationalsozialistische Staat in diesem vertraulichen Bericht in der abscheulichsten Weise beschmutzt und beschimpft wird.
Könzgen erklärte auf Befragen zunächst, daß ihm diese Schrift von unbekannter Seite zugesandt worden sei. Erst als ich ihm nachwies, daß ich an Hand von Schriftvergleichen festgestellt hätte, daß diese Schrift auf seiner Schreibmaschine gefertigt worden sei, gab er die Möglichkeit zu. Auf meinen weiteren Vorhalt, daß er mir nun auch den Pfarrer nennen müsse, der von dem Landjäger den Brief bekommen habe, erklärte er, daß er das nicht könne. Das Original müsse ihm wohl auch zugesandt worden sein. Er war nicht in der Lage, mir den Verbleib des Originals nachzuweisen.
Nach der ganzen Einstellung des K. vertrete ich die Ansicht, daß der angeblich vertrauliche Bericht sein Geistesprodukt sein wird, und zwar so lange, bis er das Gegenteil beweist.
Zu 2.:
Es handelt sich um wirtschaftliche Betrachtungen, die ebenfalls auf der Schreibmaschine des K. hergestellt wurden, was er, wie zu 1., zunächst bestritten hat.
Zu 3.:
Der erste Teil befaßt sich mit den Beziehungen zwischen Reichswehr und Parteien; der zweite Teil sind Betrachtungen zur Saarfrage vom Geldstandpunkt aus gesehen. Diese Blätter wurden nicht auf der Schreibmaschine des K. geschrieben. K. will dieselben, wie er vermutet, von einem Kollegen aus der Nachbarschaft haben. Ich halte dieses für sehr naheliegend.

Zu 4.:
Diese Blätter enthalten Gedanken über angebliche Spannungen zwischen SA, SS und der Reichswehr. In einem weiteren Abschnitt sind Aufsätze aus ausländischen Zeitungen, die sich mit dem evangelischen Kirchenstreit befassen, und zuletzt kommt ein Artikel über Boykottbewegung, wo der Schreiber am Schluß seine Wünsche in dem Satz zusammenfaßt: „Ob wir Juden oder Nichtjuden sind, Gelbe* oder Schwarze, wir müssen zusammenstehen gegen das verruchte Vorgehen des Deutschland von heute." – Diese Blätter wurden ebenfalls nicht auf der Schreibmaschine des K. hergestellt. Auch hier gibt er an, sie von einem seiner Kollegen zugeschickt bekommen zu haben.
Zu 5.:
Dieser Aufsatz des W. N. Ewer gipfelt in seiner Überschrift: „Faschismus ist ein riesenhafter Betrug". Im übrigen ist er in staatsfeindlichem Sinne gehalten, weshalb es zu beachten ist, daß er im Besitze des Könzgen gefunden wurde. K. will den Aufsatz ebenfalls von einem auswärtigen Kollegen zugesandt bekommen haben. Auf seiner Schreibmaschine wurde der Aufsatz nicht geschrieben.
Zu 6.:
Dieser Aufsatz befaßt sich mit Mißhandlungen des Dr. Fritz Gerlich und seinem Tode. Er ist als Greuelnachricht schlimmster Art zu bewerten. Der Höhepunkt dürfte wohl in der Behauptung liegen, „daß der Führer mit eigener Hand seine Nichte Geli erschossen hat". Herkunft des Artikels: wie lfd. Nr. 5.
Aus der Tatsache, daß die Anlagen 1 bis 6 bei dem Sekretär der katholischen Arbeitervereine in Duisburg gefunden wurden, ist zu schließen, daß die katholischen Arbeitervereine sich eifrig mit Politik befassen und Greuelpropaganda machen. Die Anlagen 1 und 2 sind auf der Schreibmaschine des katholischen Arbeitervereins in Duisburg hergestellt worden. Die Anlagen 3 bis 6, nach den Angaben des Könzgen, sind zwar nicht auf derselben Schreibmaschine hergestellt, doch will K. dieselben vielleicht von seinen Kollegen aus den Nachbarstädten erhalten haben. Es unterliegt keinem Zweifel, daß die Vervielfältigung dieser Aufsätze geschehen ist, um sie zu verbreiten. Dafür spricht, daß die Blätter, nach ihrem äußeren Ansehen zu urteilen (sie sind vielmals geknickt), in der Tasche nachgetragen worden sind. Ganz bestimmt ist das mit der Anlage 5 der Fall. K. hat somit den Inhalt dieser Blätter zumindest seinen nächsten Bekannten bekanntgegeben.
Mit Rücksicht auf das bei K. vorgefundene Material habe ich eine genaueste Durchsuchung seines Büros angeordnet, um weitere Beweisstücke seines staatsfeindlichen Treibens herbeizuschaffen. Die benutzte Schreibmaschine wird zunächst als Beweisstück sichergestellt.

Unterschrift

Gottfried Könzgen (1896–1946), bis 1933 Sekretär der KAB Duisburg, Zentrum, Stadtverordneter; März bis Juli 1935 verhaftet, 1938 Redeverbot; Kontakte zum Ketteler-Haus in Köln; August 1944 verhaftet, im März 1945 im KZ Mauthausen ermordet.

* Gelbe: Bezeichnung für Protestanten

113. Verbreitung von Klebezetteln

Monatsbericht der bayerischen Politischen Polizei. München, 1. Mai 1936

... Der verheiratete Kaufmann Rudolf Löffler in Lambrecht, Bezirksamt Neustadt a.d. Haardt, hat in der Zeit vom September 1935 bis zur Wahl 1936 sieben Klebezettel versehen mit Schmähschriften in Lambrecht angeschlagen. Die mit Balkenschrift versehenen Klebezettel tragen Aufschriften wie „Alles ist Schwindel", „Die Bonzen schlemmen, der Arbeiter hungert", „Heul Hitler", „Parteitag der Freiheit, Volksknechtung, Massenbluff, Affentheater, Lüge und Trug" usw. Löffler ist geständig. Zu seiner Verteidigung gibt er an, daß er durch die Schreibweise einiger nationalsozialistischer Zeitungen als Katholik verletzt und dadurch in Erregung geraten sei. Löffler war früher Stadtratsmitglied der ehemaligen Bayerischen Volkspartei. Zwei seiner Söhne befinden sich bei der HJ. Er wurde wegen Vorbereitung zum Hochverrat festgenommen und dem Richter vorgeführt.

114. Schmuggel verbotener Zeitschriften

Der Bürgermeister als Ortspolizeibehörde an den Landrat in Wesel. Wesel, 3. Mai 1937.
AZ: V Pers-192/37

In der Anlage wird ein Schreiben des Polizeipräsidenten in Amsterdam, betrifft Anmeldung des Heinrich Spindler, vorgelegt. Nach einer Mitteilung des Polizeipräsidenten in Utrecht ist Spindler Mitte April des Jahres dort ebenfalls zur Anmeldung gelangt; dem Herrn Landrat wurde am 19. April hierüber folgender Bericht vorgelegt:
Bei dem Anstreicher Heinrich Spindler, geb. am 31. März 1877 zu Wesel, wohnhaft hier, Isselstraße 35, verheiratet, katholisch, deutscher Reichsangehöriger, wurde kürzlich beim Grenzübertritt von Holland nach Deutschland bei der Zollkontrolle eine in Holland erscheinende Zeitschrift „Der Deutsche Weg" mit staatsfeindlichem Inhalt vorgefunden. Durch seine Anmeldung in Utrecht ist anzunehmen, daß Spindler sich der Verantwortung durch die Flucht entzogen und Deutschland aus politischen Gründen verlassen hat.
Spindler hat sich hier nicht polizeilich abgemeldet. In politischer Beziehung gehörte er vor der Machtübernahme dem Zentrum an und war hier auch in der Christlichen Gewerkschaft führend tätig. Nach seinem Allgemeinverhalten zu urteilen ist Spindler Gegner der heutigen Staatsform. Der Partei oder einer NS-Organisation gehört er nach den bisherigen Ermittlungen nicht an. Am 12. Januar 1934 ist er wegen groben Unfugs vom Amtsgericht Wesel zu 30 RM Geldstrafe oder sechs Tagen Haft verurteilt worden. Spindler war zuletzt als Vertreter bei der Feuerversicherungs-Gesellschaft „Rheinland" in Neuss beschäftigt. Die am 19. April 1934 in seinen Wohnräumen vorgenommene Durchsuchung verlief ergebnislos. Spindler wird hier als Emigrant geführt, und erfolgt dieser Bericht terminmäßig.

115. „Der Deutsche Weg“

DDW
KATH. WOCHEN-ZEITUNG
NUMMER 33
22 August 1937
Viertes Jahr

In 36 Ländern erscheint:

DER DEUTSCHE WEG

FÜR WAHRHEIT FREIHEIT RECHT

Was kommt nach Hitler?

Von der Frage: „Was kommt nach Hitler?“ hat das nationalsozialistische System in Deutschland geradezu gelebt. Selbst jene, die schwerwiegende Einwände gegen den Nationalsozialismus hatten und haben, liessen oder lassen sich oft genug betören durch eine Propaganda, die immer wieder betont, dass Adolf Hitler das Land vor dem Bolschewismus bewahrt habe und dass der Sturz des Nationalsozialismus unmittelbar den Bolschewismus zur Folge haben werde. Oft genug haben wir dargelegt, dass in ihrem Wesenskern der Nationalsozialismus und der Bolschewismus einander sehr ähnlich sind, dass sie beide unter den gemeinsamen Nenner eines terroristischen Kollektivismus gebracht werden müssen. Beide zersetzen, zerstören, erschüttern die Grundlage der Moral und verfolgen das Christentum bis aufs Blut. Dennoch, so meinen manche, bestände eine Gefahr, dass nach dem Nationalsozialismus der Bolschewismus folgt,

wenn jene, die das echte und wahre Deutschland wünschen, ihren Weg nicht klar vor sich sähen, wenn sie kein Programm hätten. Dasselbe wollen auch wohl jene sagen, die uns am „Deutschen Weg“ nach einem Programm für die Zukunft fragen.

Manche von diesen schreiben, es habe der Sozialismus sein Programm, der Kommunismus, auch vielleicht der Liberalismus, aber dem Katholizismus fehle es. All diesen müssen wir antworten, dass sie eine total falsche Auffassung haben. Es ist nicht wahr, dass der heutige Kommunismus ein klares Programm hat. Es ist nicht wahr, dass die Sozialisten der verschiedensten Schattierungen sich über den Weg in die Zukunft einig sind. Von den Liberalen aber reden wir besser überhaupt nicht, haben doch die Vertreter des einst so stolzen Liberalismus eine Charakterlosigkeit und Ziellosigkeit bewiesen, die nur Verachtung auslösen kann. Wahr ist aber, dass allein der Katholizismus ein Programm hat, dass dieses Programm auch schon fertig vorliegt, soweit man das von Programmen überhaupt erwarten kann.

Niemand ist sich klarer über die deutsche Zukunft als wir am „Deutschen Weg“, die wir oft und feierlich verkündet haben: Unser Programm ist die katholische Glaubens- und Sittenlehre mit all ihren Auswirkungen im kulturellen Leben der Menschheit. Dieses Programm hat für unsere Zeit seine spezifische Form erhalten durch die drei letzten Enzykliken des Hl. Vaters. Mit Ruhe und Festigkeit können wir sagen, dass diese drei Enzykliken unser Programm darstellen.

Man betrachte nur die Vorzüge dieses Programms, das heute in Wirklichkeit Neid und Bewunderung aller andern erregt, die ohne solch eine sichere Orientierung hilflos und verzweifelt in einer chaotisch verwirrten Welt herumtasten. An dieser Tatsache ändert man nichts, selbst wenn man die Zukunft aus volksfrontsozialistischen und ähnlichen- oder faschistischen Gedankengängen heraus, mehr oder weniger unklar aufzeichnet, dies als das Allheilmittel ansieht und sich für berechtigt hält, auch die Gefolgschaft der Katholiken für ein solches „Programm“ zu fordern.

Unser Programm hat erstens eine unverrückbare geistige Grundlage. Es enthält ausser den Wahrheiten der Offenbarung alle Weisheit, die jemals von den anerkanntesten Führern und Lehrern aller Völker aller Zeiten ausgesprochen ist. Was insbesondere den deutschen Raum betrifft, so sind in unserm Programm enthalten alle Werte unserer eigenen Dichter und Denker aus der Gegenwart und aus der Vergangenheit. Was immer man von dem Scheiterhaufen der Inquisition denken mag, niemals hat die kirchliche Autorität so viele wertvolle Kulturschätze den Flammen und den Zensoren geopfert, wie das heute im nationalsozialistischen Deutschland geschieht.

Zweitens ist unser Programm weit entfernt von den Ideologien und den Utopien, wie sie von den neuen Profeten in den leeren Raum produziert werden. Diese unsere Worte sind nicht nur in ihrem letzten göttlichen Ursprung Wahrheit und Leben, sondern sie richten sich immer noch an den totalen Menschen, so wie er ist mit seinen Leidenschaften, seinen Schwächen und seinen Tugenden. Sie bleiben nicht in den Wolken hängen sondern sie suchen die praktische Arbeit auf dem Gebiet der Politik der Wirtschaft, des Sozialen und was es immer sei, zu regeln und zu formen.

Mag es sich um einen Staatsmann handeln, um einen Wirtschaftsführer, um einen Lehrer der Wissenschaften, sie alle werden in diesen drei Enzykliken alles das finden, was ihnen tatsächlich bis in ihre Alltagssorgen hinein, Hilfe und Führung sein kann. Wir schwärmen nicht in Ideologien, wir arbeiten in der wirklichen Existenz.

Drittens ist unser Programm so weit, dass es allen Menschen etwas Entscheidendes sagt, in welchen politischen und wirtschaftlichen Systemen sie auch leben. Es ist nicht nur das Programm für eine Nation, sondern das Programm für Alle. Eben deshalb ist es in so vorzüglicher Weise national; denn immer noch sind die wesentlichsten nationalen Werte Menschheitswerte gewesen. Die Tatsache dass wir allen Völkern etwas zu bieten, in der Lage sind, und die Tatsache, dass wir jedem einzelnen Volke sein besonderes Schicksal, seinen eigenen Rhythmus, seine Sendung in der Welt lassen und dass wir das Allgemeine eben immer im besonderen bluthaft verwirklichen,

gibt uns jene unvergleichliche Ueberlegenheit in einer Geschichtsepoche, die den Ausgleich zwischen national und international, zwischen dem Allgemeinen und dem Besonderen, zwischen der Gemeinschaft und der Persönlichkeit verloren hat.

Mit diesem Programm in der Hand werden die Deutschen, die bis über die weite Erde hin verstreut leben, nicht nur sich selber und ihre eigene Tradition pflegen, sondern auch in dem staatlichen Organismus, in dem sie nun einmal leben, wertvolle Glieder sein. — — —

Was kommt nach Hitler? Es kann doch in den Augen aller vernünftigen Menschen nur etwas kommen, was Freiheit heisst, Recht, Menschenwürde, Ehre, etwas was nach all dem undeutschen Wesen dieses wahnsinnig gewordenen Nationalismus wieder Ausdruck deutschen Wesens und deutscher Art ist. Es kann und darf doch nur etwas kommen, was dem Bruderzwist nicht nur im eigenen Lande, nicht nur zwischen Deutschland und Oesterreich nicht nur in jeder deutschen Siedlung und Kolonie ein Ende macht, sondern auch dem Absinken der Ehre des deutschen Namens bei ungefähr allen Völkern der Erde.

Niemals nämlich ist seit den Tagen Friedrichs des Grossen und Bismarcks, um von den alten grossen Zeiten zu schweigen, das deutschen Volk so sehr in aller Welt verachtet gewesen, wie das seit den Tagen des Nationalsozialismus der Fall ist. Wie sich im Einzelnen die deutschen Dinge nach dem Sturz eines Systems, das wahrscheinlich nur noch seine Nutzniesser hinter sich hat, gestalten sollen, das hängt von den Umständen ab und von der ganzen geschichtlichen Entwicklung.

Uns genügt es, zu wissen, welche Werte wir unter allen Umständen und in jeder geschichtlichen Konstellation zu retten, zu bewahren haben. Das muss in einem Programm stehen, und hinter diesem Programm müssen möglichst viele Menschen sich sammeln. Gerade unser Programm hat ja den Vorzug, dass nicht nur Katholiken und gläubige Protestanten, sondern überhaupt alle Menschen, die noch ein Verantwortungsbewusstsein in sich tragen, dafür eintreten können.

Es bleibt nur noch zu sagen, dass kein anderes Programm so wie das unsere, vom Blut der Märtyrer in allen Jahrhunderten befruchtet worden ist und dass gerade dieses ein heiliger Imperativ unserer Tradition ist, der Imperativ, sich der Väter wert zu erweisen.

Was nach Hitler kommt? Eine politische, gesellschaftliche und wirtschaftliche Ordnung aus dem Geist der drei Enzykliken heraus kommt nach Hitler, oder Deutschland geht unter.

SOZIALE ORDNUNG

„Die gewissenhafte Beobachtung der zehn Gebote Gottes und der Kirchengebote, welch letztere nichts anderes sind als Ausführungsbestimmungen zu den Normen des Evangeliums, ist für jeden Einzelmenschen eine unvergleichliche Schule planvoller Selbstzucht, sittlicher Ertüchtigung und Charakterformung. Eine Schule, die viel verlangt; aber nicht zuviel. Der gütige Gott, der als Gesetzgeber spricht, „du sollst“, gibt in Seiner Gnade auch das Können und Vollbringen. Sittlichkeitsbildende Kräfte von so starker Tiefenwirkung ungenützt lassen oder ihnen den Weg in die Bezirke der Volkserziehung gar bewusst versperren, ist unverantwortbare Mitwirkung an der religiösen Unterernährung der Volksgemeinschaft.

Die Auslieferung der Sittenlehre an subjektive, mit den Zeitströmungen wechselnde Menschenmeinung, statt ihrer Verankerung im heiligen Willen des ewigen Gottes, in Seinen Geboten, öffnet zersetzenden Kräften Tür und Tor. Die damit eingeleitete Preisgabe der ewigen Richtlinien einer objektiven Sittenlehre zur Schulung der Gewissen, zur Veredlung aller Lebensbereiche und Lebensordnungen ist eine Sünde an der Zukunft des Volkes, deren bittere Früchte die kommenden Geschlechter werden kosten müssen.“

Aus der Enzyklika „Mit brennender Sorge“.

EIN TRAURIGER REKORD

(Der Tiefstand der deutschen Presse. - Streicher veranlasst Pogrome in Oberschlesien. - Wie wird man Pressechef? - Das Ausland verachtet die Schmutzblätter.)

Es gibt unter den politischen Flüchtlingen, die dem nationalsozialistischen Deutschland den Rücken gekehrt haben, zwei Kategorien. Die einen, und das ist vielleicht menschlich verständlich, wenn auch nicht entschuldbar, sind von ihrem Hass gegen den Nationalsozialismus so erfüllt, dass sie jede Minderung des deutschen Ansehens in der Welt als Schlappe des Nationalsozialismus bejubeln. Die anderen denken nicht daran, den Nationalsozialismus mit Deutschland zu identifizieren. Und deshalb schmerzt es sie, wenn sie sehen, wie das Dritte Reich den Ruf Deutschlands als Kulturnation schändet, wie es allen Feinden Deutschlands eine Handhabe für ihre Behauptung bietet, die man gerade in letzter Zeit so oft hört: „Wir haben es ja immer gesagt“, erklären diese geschworenen Gegner Deutschlands, „die Deutschen sind Barbaren, ihre Kultur war stets nur eine dünne Schicht, die sie sich aus schlauer Berechnung angeschminkt haben, und die sie sofort verschwinden liessen, als sie sich kräftig genug wussten, um mit der Faust auf den Tisch zu schlagen.“

Versucht man, diese Leute eines Besseren zu belehren, dann verweisen sie auf die typischen Blätter des Dritten Reichs, auf den „Stürmer“, den „Arbeitsmann“, den „SA-Mann“, das „Schwarze Korps“ und den „Durchbruch“. Dies Argument ist allerdings so durchschlagend, dass man nichts mehr dagegen anführen kann.

Die deutsche Presse hat einen Tiefstand erreicht, den man früher nicht für möglich gehalten hätte. Worauf ist die beschämende Tatsache zurückzuführen? Einerseits darauf, dass sie ein willenloses Werkzeug des Propagandaministers geworden ist. Mehr noch aber darauf, dass der früher so geachtete Journalistenberuf eine Zufluchtsstätte für Elemente geworden ist, die früher kaum eine Zeitung in die Hand genommen haben, geschweige denn eine Zeile schreiben oder veröffentlichen durften. Jedes „verkommene Genie“, das sich irgend ein „Verdienst“ um die Partei erworben hatte, wurde, wenn man garnichts anderes mit ihm anzufangen wusste, Schriftleiter. Was brauchte er Geist oder Begabung, wenn er nur die notwendige „Gesinnung“ aufweisen konnte? Die „Richtlinien“ des Propagandaministeriums erhält er prompt geliefert, es wird ihm bedeutet, wen man gerade an-

(Fortsetzung nächste Seite)

Die nächsten Seiten bringen u.a.

Angst vor katholischen Kundgebungen
Rom und Russland
Ist das sozial?
Amerika sieht den Nazismus richtig
Kulturbolschewismus im 3. Reich
Die Sorge um Oesterreich.

Die Christusfront

Seit wenigen Monaten ist im Kulturkampf im nationalsozialistischen Reich eine Entwicklung zu beobachten, die, wiewohl in den Tagesmeldungen der ausländischen Zeitungen von ihr kaum so bald die Rede sein wird, in hohem Grad politisch wichtig ist: es ist das „Bewusstwerden der christlichen Solidarität“. In Predigten und Gebeten, in Hirtenbriefen und in den konfessionellen Zeitschriften wird die „Waffenbrüderschaft“ zwischen Katholiken und Protestanten erklärt, katholische Bischöfe und Geistliche sympathisieren auf der Kanzel mit den verhafteten Bekenntnispfarrern, Pastoren verteilen in ihren Gemeinden, wie der „Angriff“ kürzlich feststellte, die trotz des Verbots gedruckten Hirtenbriefe und die Enzyklika „Mit brennender Sorge“. Unter den Augen der Diktatur und ohne dass sie zu einem Schlage fähig gewesen wäre, ist die „Christusfront“ gegen die Totalität des Nationalsozialismus entstanden. Das Regime antwortete mit einem Manöver, das geradezu ein Modell für das Funktionieren der nihilistischen, ganz und gar wert-freien nationalsozialistischen Propagandamaschine ist: beschuldigte der Nationalsozialismus bisher die Kirchen, den konfessionellen Zwiespalt zu vertiefen, so versucht er jetzt, die zwei Bekenntnisse gegeneinanderzuhetzen. In einer Reihe von Aufsätzen zu der Weltkirchenkonferenz in Oxford wurde in der offiziellen nationalsozialistischen Presse dem Protestantismus die Bedrohung durch die „Gegenreformation des 20. Jahrhunderts“ vor Augen geführt und ihm zum Kampf gegen Rom das Bündnis des Hitlerreiches angeboten.

Die Oxforder Konferenz brachte dieser Entwicklung einen bedeutenden Fortschritt. Die Bewegung dehnte sich auf die Oekumene aus. Die nationalsozialistische Regierung hatte die Ausrichtung des Kongresses durch das Ausreiseverbot für die Vertreter der Bekenntniskirche und durch die Entsendung eigener Werber umbiegen zu können geglaubt. Das Ergebnis der Konferenz war aber — und das ist das Werk des Nationalsozialismus — ein Zeugnis der neu begründeten Einheit der Oekumene, der Universalität der Kirche aus dem Christentum. Die römische Kirche hat auf die freundliche Botschaft der Konferenz ebenfalls mit einer Solidaritätserklärung geantwortet. In einer Zuschrift an die „Times“ hat der katholische Erzbischof von Westminster, Hinsley, auf die Uebereinstimmung der Oxforder Entschliessungen mit den päpstlichen Rundschreiben hingewiesen. Die vatikanischen Korrespondenten berichten, dass das Resultat von Oxford den Papst mit „Freude und Hoffnung“ erfüllt hat.

Die Solidarität ist weit mehr als die gegenseitige Sympathie für die verfolgten Geistlichen und Laien; sie ist das Bekenntnis des Christlichen Gewissens, sie ist der Beweis für das Bestehen einer verbindlichen christlichen Ethik. Die „Gemeinschaft der Christusgläubigen“ hat sich aus der besonderen Lage der Kirchen in der nationalsozialistischen Diktatur gebildet.

Mit Verboten ist da nichts mehr zu machen. Der Ort dieses Widerstandes gegen die nationalsozialistische Totalität ist das christliche Gewissen. Es hülfe der Diktatur auch nichts, wenn sie die Kirchen schlösse. Gegenüber den beiden Konfessionen, gegenüber dieser Christusfront, ist das Hitlerreich in der Ratlosigkeit, in der es sich von Anfang an gegenüber der Bekenntniskirche befand. Aber was hier entstanden ist, ist mehr als der Schutzwall der Konfessionen. Das deutsche Volk hat das Organ erhalten, mit dem es die nationalsozialistische Diktatur zu erkennen vermag; das Organ, das allein so beschaffen ist, dass es die nationalsozialistische Propaganda abwehren kann.

Die nationalsozialistische Propaganda, d.i. die Form der Machtausübung der Diktatur des totalen Nationalsozialismus und die einzige Möglichkeit, durch die sie existiert — denn es ist nicht wahr, dass eine erkannte reine Diktatur in Deutschland eher möglich sei als anderswo — besteht darin, dass das gesamte psychische, moralische und soziale Gefüge des Einzelmenschen und der Gesellschaft in eine ständige heftige Vibration versetzt wird, die keine Empfindung und keinen Begriff an seinem Platz lässt und alle Werte täglich neu durcheinanderrüttelt. Dieser

(Schluss nächste Seite)

116. Verbreitung ausländischer Rundfunknachrichten

Der Oberreichsanwalt beim Volksgerichtshof. 5. April 1943. AZ: 8 J 388/42 g

Anklageschrift gegen
Johannes Prassek, Kaplan an der Herz-Jesu-Kirche in Lübeck
Hermann Lange, Vikar beim katholischen Pfarramt in Lübeck
Eduard Müller, Adjunkt bei der katholischen Pfarrkirche in Lübeck
Adolf Ehrtmann, Geschäftsführer bei der katholischen Gemeinde in Lübeck
Robert Köster, Angestellter beim katholischen Pfarramt
...
4. Ehrtmann
a) Das Abhören und Verbreiten ausländischer Rundfunknachrichten durch den Angeschuldigten Ehrtmann.
Der Angeschuldigte Ehrtmann, der von 1920–1933 der Zentrumspartei in Lübeck als Vorstandsmitglied angehört hat und seit 1926 ferner als Abgeordneter der Zentrumspartei Mitglied der Lübecker Bürgerschaft gewesen ist, hörte, wie er auf Vorbehalt der Angaben der Mitangeschuldigten Lange und Köster nach anfänglichem Leugnen zugegeben hat, auf seinem Rundfunkgerät seit 1940 fortlaufend die Nachrichtenübertragungen des englischen Rundfunks ab. Die empfangenen Sendungen betrafen unter anderem das politische Tagesgeschehen, Kriegsereignisse, innerdeutsche Vorgänge wie die Schließung von Klöstern sowie den Englandflug des Reichsministers Rudolf Heß.
Ehrtmann erzählte die abgehörten Auslandsnachrichten in den Geschäftsräumen der katholischen Gemeinde in Lübeck den Mitangeschuldigten Köster und Lange weiter und besprach sie mit diesen. Dabei teilte ihnen Köster, der ebenfalls die Übertragungen des englischen Rundfunks empfing, auch den Inhalt der von ihm abgehörten Meldungen mit. Ferner unterzog Ehrtmann bei diesen Aussprachen die kirchenpolitischen Maßnahmen der nationalsozialistischen Regierung einer abfälligen Kritik. Ehrtmann hat behauptet, daß der Beweggrund, der ihn zum Abhören des englischen Rundfunks veranlaßt habe, lediglich Neugierde gewesen sei.
b) Die Mitwirkung des Angeschuldigten Ehrtmann bei der auf den Gruppenabenden des Müller betriebenen Zersetzungspropaganda.
Der Angeschuldigte Ehrtmann gehörte der von dem Mitangeschuldigten Müller geleiteten Gruppe seit ihrer Gründung Anfang 1941 an und nahm bis zur Festnahme des Müller im Juni 1942 regelmäßig an den Gruppenabenden teil, deren Verlauf im einzelnen im Abschnitt III 3b der Anklageschrift dargestellt worden ist. Nach den Angaben des Müller unterstützte er diesen bereits bei der Aufstellung der Gruppe und war in der Folgezeit dessen „rechte Hand". Ehrtmann will bei der Verlesung der Rede des Erzbischofs von Freiburg, Gröber, die in dieser Hetzschrift enthaltenen Angaben über den deutschen Bombenabwurf auf das Freiburger Münster angezweifelt haben, jedoch von Müller dahin belehrt worden sein, daß der Inhalt der Schrift richtig sei.
Ehrtmann erhielt während seiner Teilnahme an den Gruppenzusammenkünften auch eine Anzahl Abzüge der im Abschnitt III 3b der Anklageschrift aufgeführten, von Müller vertriebenen Zersetzungsschriften. Einen Teil dieser Flugblätter gab er an andere Personen weiter, die anzugeben er sich weigert. Den Rest will er nach dem ersten staatspolizeilichen Einschreiten gegen Lange im Spätherbst 1941 verbrannt haben.
Auf einer Gruppenzusammenkunft, die kurz vor der Festnahme des Müller im Juni 1942 stattfand, forderte Ehrtmann die erschienenen Gruppenteilnehmer auf, im Falle ihrer Vernehmung anzugeben, daß die Abende „rein religiöser Art" gewesen und Flugschriften nicht verteilt worden seien. Den Vorschlag des Gruppenmitglieds Grethe, die Gruppenzusammenkünfte mit Rücksicht darauf, daß sie in dem Vorraum der Kegelbahn des Gesel-

lenhauses stattfanden, als Kegelabende anzugeben, lehnte er als unzweckmäßig ab. Nach den Angaben des Grethe wies Ehrtmann in diesem Zusammenhange ferner darauf hin, daß Flugblätter dieser Art auch von englischen Fliegern abgeworfen worden seien, und fügte hinzu, daß deshalb ja nicht unbedingt die mitangeschuldigten Geistlichen die Hersteller und Verbreiter der etwa vorgefundenen Schriften zu sein brauchten.

Adolf Ehrtmann (1897–1979), Zentrum, Stadtverordneter in Lübeck; wegen Tätigkeit im Widerstandskreis um Kaplan Prassek 1942 verhaftet und zu fünf Jahren Zuchthaus verurteilt. Nach 1945 Senator in Lübeck.

117. Todesurteil gegen Wölfel wegen Wehrkraftzersetzung

Urteil des Volksgerichtshofs vom 10. Mai 1944
AZ: $\frac{6\ I\ 43/44}{3\ J\ 246/44}$

Im Namen des Deutschen Volkes!

In der Strafsache gegen den Rechtsanwalt Johann Wilhelm Wölfel aus Bamberg, geboren am 30. März 1902 in Bad Hall,
zur Zeit in dieser Sache in gerichtlicher Untersuchungshaft,
wegen Wehrkraftzersetzung und Feindbegünstigung hat der Volksgerichtshof, 6. Senat, auf Grund der Hauptverhandlung vom 10. Mai 1944, ... für Recht erkannt:
Der Angeklagte Wölfel hat im Juli 1943 im Familienkreise, jedoch im Beisein einer fremden Zeugin Äußerungen getan, die geeignet waren, den Willen des deutschen Volkes zur wehrhaften Selbstbehauptung zu lähmen.
Er wird deshalb wegen Wehrkraftzersetzung zum Tode und zu lebenslangem Ehrverlust verurteilt.
Er trägt auch die Kosten des Verfahrens.

Gründe

I.

Der Angeklagte Wölfel entstammt einer Familie mit neun Kindern, die in Bad Hall in Österreich ansässig war. Sein Vater ist Reichsdeutscher und seine Mutter Steiermärkerin. Mit 13 Jahren kam er zu einem Oheim nach Bamberg, wo er das Gymnasium bis zur Reifeprüfung besuchte. Anschließend studierte er Rechtswissenschaft und ließ sich 1929 in Bamberg als Rechtsanwalt nieder.
In seinem Elternhause und von seinem Oheim ist der Angeklagte im vaterländischen und großdeutschen Sinne erzogen worden. Im Jahre 1919 trat er, nachdem er sich vorher wegen seiner Jugend vergeblich um Aufnahme in das Freikorps Epp bemüht hatte, in das Freikorps Berthold ein und nahm in diesem in München auch an Kämpfen teil. Da er sich bewährte, wurde er zum Gefreiten ernannt. Von 1920 bis 1923 gehörte er dem Freikorps Oberland an. Nach seiner Niederlassung als Rechtsanwalt wurde Wölfel Mitglied der Bayerischen Volkspartei und ferner Vorsitzender des Ortskartells der katholischen Vereine Bambergs. In letzterer Eigenschaft trat er wiederholt als Redner auf, unter anderem auf einer Versammlung des katholischen Jungmännervereins in Waischenfeld, bei der es ohne sein Hinzutun zu Tätlichkeiten gegen Nationalsozialisten kam. Im Jahre 1932 nahm er in einem Zeitungsartikel gegen den Nationalsozialismus Stellung.

Seit der Machtübernahme ist der Angeklagte Mitglied der NSV, des RLB und des NSRB. Im September 1942 wurde er zur Wehrmacht einberufen, aus dieser aber bereits im Oktober 1942 wegen seines Zuckerleidens als dauernd untauglich entlassen. In seinem Berufe hat sich Wölfel seit Kriegsbeginn in uneigennütziger Weise für solche Volksgenossen, die durch den Krieg betroffen wurden, eingesetzt. So hat er sechs zum Wehrdienst einberufene Berufskameraden vertreten und fortgesetzt Angehörige von Soldaten beraten, die ihm zum Teil durch die NSV zugewiesen waren, beides ohne eine Entschädigung zu verlangen. Da er infolge dieser Überbeanspruchung oft Nächte hindurch arbeiten mußte, war er im Jahre 1943 wiederholt einer nervösen Erschöpfung nahe. Von Personen, die den Angeklagten kennen, so u.a. von dem früheren Landgerichtspräsidenten und dem Präsidenten der Anwaltskammer in Bamberg, wird er als ein jederzeit vaterlandsliebender Mann geschildert. Als die NSV nach dem Terrorangriff auf Hamburg Schwierigkeiten bei der Unterbringung einer bombengeschädigten sechsköpfigen Familie hatte, erklärte sich der Angeklagte sogleich zur Aufnahme derselben bereit und brachte auch durch eigene Bemühungen die erforderlichen sechs Betten zusammen ...

II.

Ende Juli 1943 unternahm der Angeklagte zur Wiederherstellung seines angegriffenen Gesundheitszustandes zusammen mit seiner Ehefrau und seiner minderjährigen Tochter eine kurze Urlaubsreise in das Allgäu ... Eingangs der Unterhaltung wurde über die Vorgänge in Italien gesprochen, da einige Tage zuvor der Verrat an Mussolini bekanntgeworden war. Als die Zeugin G. die Befürchtung äußerte, daß die Italiener uns wieder im Stich lassen könnten, erklärte der Angeklagte, diese könnten nichts machen. Da säßen wir ja drunten. Wir machten natürlich weiter, aber nicht mehr lange. Er kam dann auf den Bombenterror zu sprechen und sagte, dieser werde noch viel schlimmer werden. Jetzt komme München, Berlin und Nürnberg an die Reihe. Dann werde sich schon etwas tun. Wenn es dann soweit sei, würden „wir" auch unser Möglichstes tun, daß das Dritte Reich ad absurdum geführt werde. Dabei machte er eine geringschätzige Handbewegung. Als die Rede auf Afrika kam, äußerte der Angeklagte, der Führer habe in seinem Buch gesagt: „Es ist das größte Verbrechen, wenn man einem Volk die Wahrheit vorenthält." Bei uns sei es aber so, uns habe man die Wahrheit über Afrika vorenthalten. Der Führer sei der größte Wortverdreher aller Zeiten. In bezug auf Österreich äußerte der Angeklagte, die Österreicher kochten jetzt vor Wut, es geschehe ihnen aber ganz recht, denn sie seien ja ganz närrisch auf den Anschluß gewesen. In Verbindung damit erzählte er einen Witz, daß den Österreichern früher Unrecht geschehen sei und daß ihnen heute Recht geschehe. Im Verlauf des weiteren Gesprächs fragte der Angeklagte die Zeugin G., ob sie schon in München im Haus der Deutschen Kunst gewesen sei. Als die Zeugin dies verneinte, erklärte er, das sei befohlene Kunst. Der Nationalsozialismus sei die größte Kulturschande des Jahrhunderts. Er erzählte auch Fälle aus seiner Praxis, u. a. daß er einmal im Gerichtssaal von einem Zuhörer als „Schwarzer Hund" beschimpft worden sei und daß er Klienten auf den Herbst vertröste, weil sich dann wohl etwas tun werde ...

III.

Der Angeklagte stellt die festgestellten Äußerungen sowohl dem Wortlaut wie dem Sinne nach in Abrede ...

Aufgrund der Hauptverhandlung ist er jedoch im Sinne der getroffenen Feststellungen überführt. Die Zeugin G., die während des ganzen Vorfalls zugegen war und zuweilen von dem Angeklagten angesprochen worden ist, hat dessen Äußerungen in der Form, wie sie festgestellt worden sind, in allen Einzelheiten, und zwar in der Hauptverhandlung und im Vorverfahren übereinstimmend wiedergegeben. Sie hat bei ihrem Auftreten als Zeugin einen unbedingt zuverlässigen und glaubwürdigen Eindruck gemacht ...

Die hiernach feststehenden Äußerungen des Angeklagten haben in ihrem Zusammenhang einen zersetzenden Inhalt. Dies ergibt sich für die Bemerkungen über Italien und den Bombenterror, wenn man sie für sich betrachtet, nicht ohne weiteres. Diese lassen für sich allein die von dem Angeklagten zu seinem Schutz vorgebrachte harmlose Deutung zu. Dies gilt auch von der Äußerung, im Herbst werde sich was tun, weil darunter auch deutsche Maßnahmen, etwa die Vergeltung, verstanden werden konnten. Die darauf folgenden Ausführungen des Angeklagten lassen dann aber an Deutlichkeit im staatsfeindlichen Sinne nichts zu wünschen übrig.

Die Bemerkung, wenn es dann soweit sei, würden „wir" auch unser Möglichstes tun, daß das Dritte Reich ad absurdum geführt würde, und die sie unterstreichende Handbewegung sind völlig klar und eindeutig. Damit ist unmißverständlich zum Ausdruck gebracht, daß der Angeklagte zum Herbst die Niederlage und damit den Zusammenbruch erwartet und daß er selbst dann seinerseits zur Überwindung des Dritten Reiches, mindestens in geistiger Beziehung, beizutragen beabsichtigt. Damit wird auch klargestellt, was er unter seiner Bemerkung, es werde sich etwas tun, verstanden hat; ferner gewinnen auch die Äußerungen über Italien und den Bombenterror das rechte Licht. Den letzteren und die Vorgänge in Italien sah der Angeklagte danach offenbar als Vorläufer des ungünstigen Endes an.

Diese Beurteilung wird durch die weiteren Äußerungen, durch die er den Führer und den Nationalsozialismus beschimpft, und sinngemäß die Behauptung aufstellt, daß die Ostmärker den Anschluß bedauerten, bestätigt. Im ganzen waren diese entmutigenden und staatsabträglichen Reden des Angeklagten geeignet, in den Zuhörern den Glauben an den Sieg und die Bereitschaft, ihrerseits alles für die Erringung dieses Ziels zu tun, zu erschüttern. Dieser Bedeutung seiner Ausführungen war sich der Angeklagte auch voll bewußt. Er weiß als Rechtswahrer seine Worte wohl abzuwägen und die Tragweite, die ihnen innewohnt, zu erfassen. Dabei hatte er keineswegs die Gewißheit, daß seine Reden nicht über den Kreis seiner unmittelbaren Zuhörer hinausdringen würden. Er kannte die Zeugin G. kaum einen Tag und konnte von ihr nicht annehmen, daß sie das Gehörte für sich behalten werde. Er rechnete vielmehr mit der Möglichkeit, daß sie es weitergeben werde. Der Angeklagte hat mithin durch seine Handlungsweise bewußt öffentlich den Willen des deutschen Volkes zur wehrhaften Selbstbehauptung zu lähmen gesucht und sich damit eines Verbrechens nach § 5 Absatz 1 Nr. 1 KSSVO schuldig gemacht.
Daß der Angeklagte durch sein Verhalten gleichzeitig auch die Voraussetzungen eines Verbrechens der landesverräterischen Begünstigung des Feindes nach § 91 StGB erfüllt habe, hat der Senat nicht angenommen, da nicht nachgewiesen ist, daß Wölfel in seine Vorstellung aufgenommen hat, daß er durch seine Tat auch die Geschäfte des Feindes besorgte.

IV.

Bei der Strafzumessung hat der Senat nicht verkannt, daß zugunsten des Angeklagten angeführt werden kann, daß es sich bei seiner Tat um einen einmaligen Vorgang handelt, der sich zudem im erweiterten Familienkreis zugetragen hat. Auch spricht für den Angeklagten, daß er sich während des Krieges in seinem Berufe durch die Vertretung eingezogener Berufskameraden und die Beratung mittelloser Volksgenossen selbstlos und unermüdlich, ohne auf seinen angegriffenen Gesundheitszustand Rücksicht zu nehmen, für die Allgemeinheit eingesetzt und er ferner auch durch die Aufnahme einer sechsköpfigen bombengeschädigten Familie in seine Wohnung und durch die Unterstützung seines von dem Schuschniggsystem* verfolgten Bruders ein mitfühlendes Herz für in Not befindliche Volksgenossen bewiesen hat. Diese Verdienste und günstigen Umstände konnten jedoch nach der Auffassung des Senats nicht dazu führen, die Tat des Angeklagten als minderschweren Fall zu beurteilen. Die Reden des Angeklagten, insbesondere seine Äußerungen über das Dritte Reich und die Beschimpfung des Führers, wiegen außerordentlich schwer, vor allem wenn man in Betracht zieht, daß sie, wie es bei dem Angeklagten der Fall ist, aus dem Munde eines Rechtsanwalts stammen, der die Bedeutung seiner Worte genau übersieht und durch seine Reden deshalb eine erhöhte Gefahr herbeiführt, weil er von seinen Zuhörern für besonders urteilsfähig gehalten wird. Zum Schutze der kämpfenden Front und der schwerem Feindterror ausgesetzten Heimat mußte daher die ganze Schärfe des Gesetzes gegen den Angeklagten zur Anwendung kommen. Es wurde mithin die Todesstrafe gegen ihn für notwendig und angemessen erachtet. Da er ehrlos gehandelt hat, wurden ihm auch die Ehrenrechte auf Lebenszeit aberkannt.
Die Kostenentscheidung beruht auf § 465 StPO.

Unterschriften

Hans Wölfel (1902–1944), BVP, Vorsitzender der Katholischen Aktion in Bamberg; wegen Wehrkraftzersetzung verurteilt und am 3. Juli 1944 hingerichtet.

* Kurt Edler von Schuschnigg (1897–1978), österreichischer Bundeskanzler 1934–1938.

Die anfänglichen Erfolge Hitlers in der Innen- und Außenpolitik und die totale Überwachung aller Lebensbereiche verhinderten den Aufbau einer breiten und einheitlichen Widerstandsbewegung innerhalb Deutschlands.
Hitlergegner aus allen Schichten und allen Parteien beteiligten sich an Widerstandszirkeln. Sie entwickelten programmatische Vorstellungen für eine künftige Gestaltung Deutschlands und suchten die Zusammenarbeit mit anderen Widerstandskreisen.

Widerstand um Jakob Kaiser

Die gegen Ende des 19. Jahrhunderts gegründeten Christlichen Gewerkschaften strebten danach, die wirtschaftliche Lage der Arbeiter durch angemessene Entlohnung, kollektive Arbeitsverträge und soziale Gesetzgebung zu verbessern. Im Unterschied zum marxistischen Klassenkampfdenken und zur internationalen Orientierung des Sozialismus betonten sie ihre Verantwortung für Gesamtwirtschaft, Gemeinwohl und Nation.
Unter dieser Voraussetzung waren die Christlichen Gewerkschaften bereit, diejenige Regierung zu unterstützen, die die wirtschaftlichen Probleme lösen und somit den Arbeitern ein menschenwürdiges Dasein sichern wollte. Von der NSDAP jedoch fürchteten sie eine Gefährdung der sozialen Errungenschaften der Weimarer Republik und machten dies in den Wahlappellen gemeinsam mit den anderen Gewerkschaften deutlich.
Noch im April 1933 verständigten sich führende Repräsentanten der Richtungs-
Nr.118 gewerkschaften auf Grundsätze zur Bildung einer Einheitsgewerkschaft, um damit ihren Handlungsspielraum gegenüber dem nationalsozialistischen Staat zu wahren: Wilhelm Leuschner (Sozialistische Gewerkschaften), Jakob Kaiser (Christliche Gewerkschaften) und Anton Erkelenz (liberale, Hirsch-Dunckersche Gewerkschaften). Dieses Vorhaben ließ sich jedoch nicht mehr verwirklichen.
Obwohl Gewerkschaftsführer aller Richtungen in den ersten Wochen eine gewisse Kooperationsbereitschaft mit dem neuen Regime erkennen ließen, wurden die Arbeiterorganisationen nach dem „Tag der nationalen Arbeit" (1. Mai 1933) zerschlagen und in die Nationalsozialistische Deutsche Arbeitsfront (DAF) überführt. Die Auflösung der Sozialistischen Gewerkschaften erfolgte am 2. Mai, die der Christlichen Gewerkschaften am 24. Juni; ihre Büros wurden besetzt, ihr Vermögen und ihre Zeitungen beschlagnahmt, ein Teil der Funktionäre verhaftet und die Gewerkschaftssekretäre fristlos entlassen. Ein Jahr später wurden diejenigen Arbeiter mit dem Ausschluß aus der DAF und dem Verlust des Arbeitsplatzes bedroht, die zugleich Mitglieder im Katholischen Arbeiter- und Gesellenverein waren.
Jakob Kaiser, bis 1933 Landesgeschäftsführer der Christlichen Gewerkschaften für Rheinland und Westfalen, übernahm es, sich für die arbeits- und schutzlos
Nr.89,90 gewordenen Sekretäre der Christlichen Gewerkschaften einzusetzen, in Notfällen Hilfe zu leisten und ihre materiellen Rechte auf Gehaltsentschädigung und Rentenansprüche zu vertreten. Durch diese Tätigkeit als „Bevollmächtigter der ehemaligen Angestellten der früheren Christlichen Gewerkschaften" getarnt, konnte er den Kontakt zu den christlichen Gewerkschaftern überall im Reich jahrelang aufrechterhalten und den Zusammenhalt der oppositionellen Kräfte
Nr. 122, stärken. Er hielt u.a. Verbindung mit Joseph Ersing (Stuttgart), August Kuhn
123 (Rastatt), Heinrich Strunk (Essen), Heinrich Baumer (Waldkirch bei Freiburg), Va-

lentin Eichenlaub (Baden-Baden), Hubert Erpenbeck (Nürnberg), Reimer Mager (Dresden), Franz Leuninger (Breslau), Heinrich Körner (Bonn), dem Kölner und dem Düsseldorfer Widerstandskreis (Müller, Letterhaus, Groß bzw. Arnold, Hensel, Lehr). Viele dieser ehemaligen christlichen Gewerkschaftssekretäre, die als Versicherungsvertreter, Zigarrenhändler und Angestellte kirchlicher Verbände tätig waren, trafen sich wiederum mit Gesinnungsfreunden und bildeten örtliche Widerstandszirkel. Nr.120 Nr.91

1934 war Kaiser nach Berlin übersiedelt. Dort setzte er gemeinsam mit Wilhelm Leuschner, der nach 14monatiger Haft aus dem Konzentrationslager entlassen worden war, und Max Habermann, einem Vertreter des Deutschnationalen Handlungsgehilfenverbandes, die Aktivitäten gegen die Hitlerdiktatur fort. Kaisers Wohnung in der Wittelsbacherstraße wurde zu einem konspirativen Treffpunkt von politischen Freunden aus dem liberalen, sozialdemokratischen und christlichen Lager; besonders bedeutsam war die Zusammenarbeit mit dem Berliner Rechtsanwalt Josef Wirmer. In vielen Gesprächen wurden nicht nur die Beratungen über die Schaffung einer Einheitsgewerkschaft fortgesetzt, sondern auch Pläne und Ziele für den Staats- und Gesellschaftsaufbau eines vom Nationalsozialismus befreiten Deutschland entworfen. Um den Rückfall in die Weimarer Parteienzersplitterung zu vermeiden, sollte eine umfassende Partei der Arbeit geschaffen werden. Man war sich darüber einig, daß nicht ein Arbeiteraufstand, sondern nur die Wehrmacht die Hitlerdiktatur stürzen konnte. „Mit bloßen Händen läßt sich gegen ein schwer bewaffnetes, mit ausgeklügeltem Terror arbeitendes System keine Revolution machen“ (Kaiser 1947). Deshalb knüpften Kaiser und seine Freunde bereits 1935/36 Kontakte zu Wehrmachtskreisen, vor allem zu Kurt von Hammerstein-Equord, bis 1934 Chef der Heeresleitung, und zu Generaloberst Fritsch, die sie in Denkschriften über die Haltung der oppositionellen Arbeiterschaft informierten.

Eine neue Phase des Widerstandskampfes – die direkte Zusammenarbeit der Gruppen um Kaiser, Leuschner, Habermann und Wirmer mit Carl Goerdeler und führenden Männern der Militäropposition – begann Ende 1941. In den regelmäßig stattfindenden Beratungen erhielten die Gewerkschafter Kenntnis von den Planungen des militärischen Widerstandes und nahmen Einfluß auf Goerdelers Pläne zur Neugestaltung Deutschlands. Es gelang ihnen dabei, Goerdeler für eine fortschrittliche Sozialpolitik zu gewinnen. Die Gewerkschafter führten Goerdeler die hinter ihnen stehende Arbeiterschaft zu, die den notwendigen Sturz des Regimes mittragen und politische Verantwortung übernehmen wollte.

Das Scheitern des Attentats vom 20. Juli hatte für viele Beteiligte im Widerstandskreis um Kaiser Verhaftung und Hinrichtung zur Folge; er selbst konnte untertauchen und sich bis Kriegsende in einem Keller in Berlin-Babelsberg versteckt halten. Nr.160 Nr.165

118. Zusammenschluß der Richtungsgewerkschaften

Berlin, 28. 4. 1933
Führerkreis der vereinigten Gewerkschaften
Die nationale Revolution hat einen neuen Staat geschaffen. Dieser Staat will die gesamte deutsche Volkskraft einheitlich zusammenfassen und machtvoll zur Geltung bringen.
Aus diesem volklichen Einheits- und Machtwillen heraus kennt er weder klassenmäßige Trennung noch volksabgewandte Internationalität. Diese Tatsache stellt das gesamte deutsche Volk, jeden seiner Stände und jeden einzelnen vor die Notwendigkeit, seine Haltung zu diesem Staat festzulegen.
Die deutschen Gewerkschaften sind sich bewußt, daß auch an sie die Neugestaltung von Volk und Nation Forderungen stellt. Sie sind überzeugt, daß von ihrer bewußten Einordnung in die Neugestaltung die Zukunft des deutschen Volkes entscheidend beeinflußt wird. In dieser Erkenntnis sind sich alle Richtungen der deutschen Arbeitergewerkschaften einig. Sie sind, getreu ihrer staatspolitischen Tradition, zu positiver Mitarbeit am neuen Staat bereit.
Die deutschen Gewerkschaften sind in den Jahrzehnten ihrer Geschichte mit dem wirtschaftlichen, sozialen und kulturellen Dasein des ganzen Volkes verwachsen. Sie waren und sind gestaltende und tragende Kräfte seiner Lebensordnung. Weder die Wirtschaft noch die Gesellschaft noch der Staat können ihre positive Mitarbeit entbehren, ohne daß die Gesamtinteressen der Nation Schaden leiden.
Die deutschen Gewerkschaften sind des Glaubens, daß sie der großen Aufgabe des neuen Staates, alle Kräfte des deutschen Volkes zu einer stärkeren Einheit zusammenzufassen, am besten dienen, wenn sie sich über alle Trennungen der Vergangenheit hinweg zu einer einzigen umfassenden nationalen Organisation der Arbeit vereinigen. Deshalb bekunden der Bundesvorstand des Allgemeinen Deutschen Gewerkschaftsbundes [ADGB], der Hauptvorstand des Gesamtverbandes der christlichen Gewerkschaften Deutschlands [GCGD] und der Hauptvorstand des Verbandes der Deutschen Gewerkvereine [HD] die Absicht, die bestehenden Spitzen- und Berufsverbände mit dem Ziel der Umformung und Vereinheitlichung zusammenzuschließen.
Zur Vorbereitung und Durchführung dieses Zieles bestimmen die Vorstände einen Führerkreis, für den jede Gewerkschaftsrichtung drei Personen stellt.

Der Führerkreis hat folgende Aufgaben:
1. Die geistige Grundlage der Einheitsgewerkschaften zu klären und festzulegen;
2. die Voraussetzungen für den organisatorischen Zusammenschluß der einzelnen Berufsverbände durch Verhandlungen mit den Verbandsvorständen zu schaffen;
3. den Bund der vereinigten Gewerkschaften technisch vorzubereiten, Satzungen auszuarbeiten und die Führer- und Personalfrage nach Zahl und Namen zu lösen;
4. die praktischen Zielsetzungen der Einheitsgewerkschaften festzulegen. Dabei ist zu beachten, daß
a) die Gewerkschaften die berufenen Vereinigungen zur Vertretung der sozialen und wirtschaftlichen Interessen der Arbeiter und Arbeiterinnen sind;
b) das höchste Ziel ihrer Arbeit die Förderung eines gesunden Staates und Volkes als Voraussetzung zur Sicherung der sittlichen, kulturellen, staatlichen und wirtschaftlich-sozialen Lebensrechte des deutschen Arbeiterstandes ist;
c) die religiösen Grundkräfte in ihrer staats- und gesellschaftsaufbauenden Bedeutung geachtet und anerkannt werden;
d) die Gewerkschaften parteipolitisch völlig ungebunden sein müssen.
5. Die Verhandlungen mit der Regierung und sonstigen verantwortlichen Stellen zu führen;

6. das aktive und passive Vermögen in die gemeinsame Verwaltung überzuleiten;
7. die immobilen und mobilen Werte der Verbände, der Orts- und Bezirksausschüsse bzw. Kartelle, der Arbeitersekretariate usw. als gemeinsame Einrichtungen zu überführen und der gemeinsamen Benutzung dienstbar zu machen.

Der Führerkreis handelt im Auftrag der gesamten Vorstände selbständig und bindend. Er kann zu seinen Beratungen Sachverständige zuziehen und sie gutachtend hören. Er kann für Spezialgebiete Unterausschüsse einsetzen.

Bis zum Abschluß der Vorarbeiten des Führerkreises enthalten sich die Vorstände jeder Sonderverhandlungen über die Umgestaltung der Gewerkschaften.

Der Führerkreis verpflichtet sich, den Vorständen über die entscheidenden Abschnitte der Verhandlungen jeweils Bericht zu erstatten.

[Für den ADGB:] Theodor Leipart, Peter Graßmann, Wilhelm Leuschner, Franz Spliedt.

[Für den GCGD:] Fritz Baltrusch, Franz Behrens, Jakob Kaiser, Bernhard Otte, Adam Stegerwald.

[Für den VDG (HD):] Ernst Lemmer

(Druck: G. Beier, Zur Entstehung des Führerkreises der vereinigten Gewerkschaften, April 1933, in: Archiv für Sozialgeschichte 15, 1975, S. 388–392)

119. Fahndungsbefehl gegen Kaiser

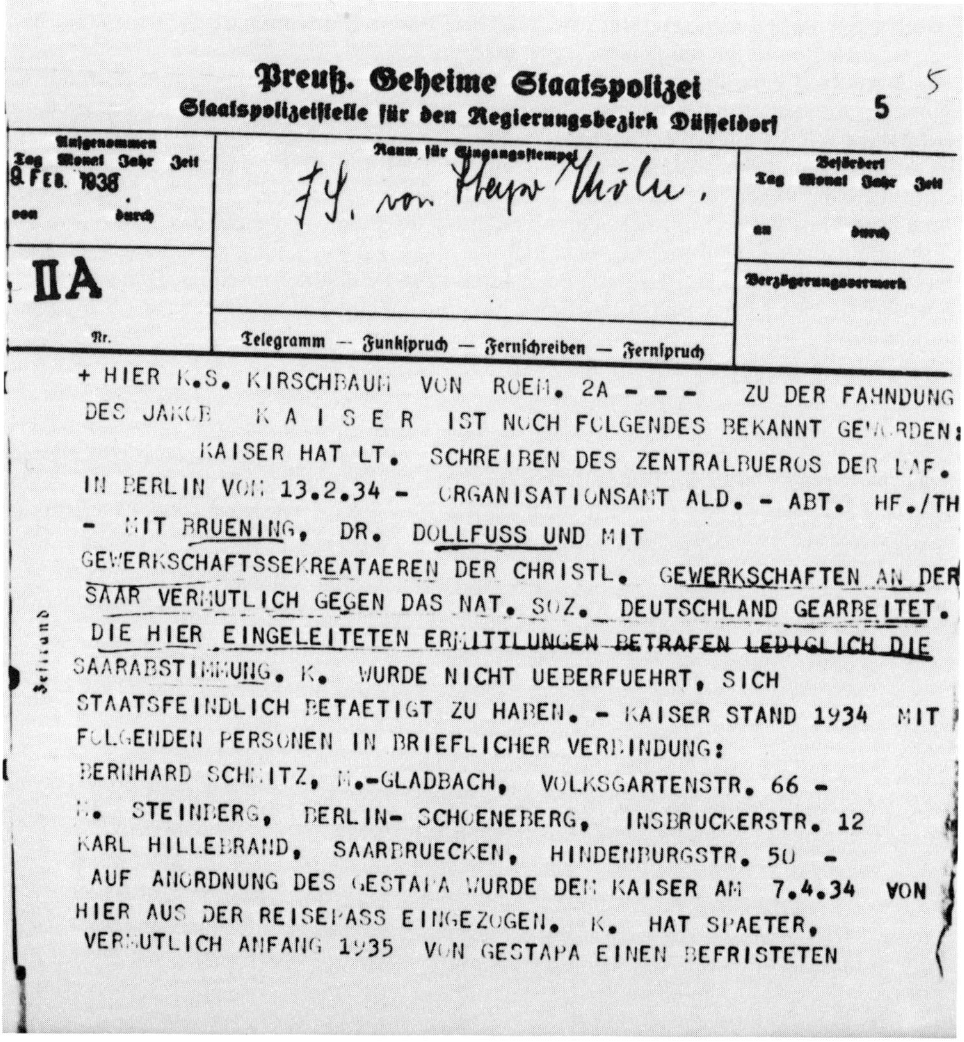

Preuß. Geheime Staatspolizei
Staatspolizeistelle für den Regierungsbezirk Düsseldorf 5

Aufgenommen Tag Monat Jahr Zeit 9. FEB. 1936 von durch

Raum für Eingangsstempel: F.S. von Stapo Köln.

Befördert Tag Monat Jahr Zeit an durch

Verzögerungsvermerk

IIA Nr.

Telegramm — Funkspruch — Fernschreiben — Fernspruch

+ HIER K.S. KIRSCHBAUM VON ROEM. 2A - - - ZU DER FAHNDUNG DES JAKOB K A I S E R IST NOCH FOLGENDES BEKANNT GEWORDEN: KAISER HAT LT. SCHREIBEN DES ZENTRALBUEROS DER DAF. IN BERLIN VOM 13.2.34 - ORGANISATIONSAMT ALD. - ABT. HF./TH - MIT BRUENING, DR. DOLLFUSS UND MIT GEWERKSCHAFTSSEKREATAEREN DER CHRISTL. GEWERKSCHAFTEN AN DER SAAR VERMUTLICH GEGEN DAS NAT. SOZ. DEUTSCHLAND GEARBEITET. DIE HIER EINGELEITETEN ERMITTLUNGEN BETRAFEN LEDIGLICH DIE SAARABSTIMMUNG. K. WURDE NICHT UEBERFUEHRT, SICH STAATSFEINDLICH BETAETIGT ZU HABEN. - KAISER STAND 1934 MIT FOLGENDEN PERSONEN IN BRIEFLICHER VERBINDUNG:
BERNHARD SCHMITZ, M.-GLADBACH, VOLKSGARTENSTR. 66 -
M. STEINBERG, BERLIN- SCHOENEBERG, INSBRUCKERSTR. 12
KARL HILLEBRAND, SAARBRUECKEN, HINDENBURGSTR. 50 -
AUF ANORDNUNG DES GESTAPA WURDE DEM KAISER AM 7.4.34 VON HIER AUS DER REISEPASS EINGEZOGEN. K. HAT SPAETER, VERMUTLICH ANFANG 1935 VON GESTAPA EINEN BEFRISTETEN

REISEPASS ERHALTEN, UM IM AUFTRAGE DER DAF. IN DER SCHWEIZ
VERUNTREUTE GEWERKSCHAFTSGELDER AUS DEM SAARGEBIET
SICHERZUSTELLEN. - WEGEN DER EINZIEHUNG DES REISEPASSES HAT
K. SCHRIFTLICH BEI GESTAPA EINSPRUCH ERHOBEN. GESTAPA WURDE
IN DIESER SACHE ZUM ERLASS ROEM. 2 1 A 2 - B. NR. 22 399/89
VOM 16.7.34 UND ROEM. 2 1 A 2 B. NR. 57037/645 VOM
8.10.34 VON HIER AUS BERICHTET. LICHTBILDER DES K. WERDEN
NACHGESANDT. - UEBER DEN AUFENTHALT DES K. IST HIER WEITER
NOCH NICHTS BEKANNT. IST DORT ETWAS NAEHERES BEKANNT ?? +
+ GUT, DIE SACHE WIRD VON MIR SOFORT WEITER VERFOLGT.
DANKE IHNEN SEHR UND HHI?+ BITTE SEHR, HHI

120. Vernehmung von Kaiser

Düsseldorf, 25. April 1938
Vorgeführt erscheint der beschuldigte Jakob Kaiser, persönlich bekannt, und erklärt weiter ...
Mit irgendwelchen politischen Emigranten bin ich während meines Schweizer Aufenthaltes in keiner Form in Verbindung getreten.
Im Oktober 1933 habe ich eine Reise nach Prag unternommen. Dort habe ich verabredungsgemäß den bereits erwähnten Johann Staud aus Wien getroffen. Anlaß hierzu gab der Tod des früheren Vorsitzenden des Gesamtverbandes der Christlichen Gewerkschaften Deutschlands und des Internationalen Bundes der Christlichen Gewerkschaften, Bernhard Otte; dieser war kurz vorher, und zwar durch Unfall, ums Leben gekommen. Gelegentlich der Beerdigung des Otte erfuhren wir von holländischen Gewerkschaftlern, die an der Beerdigung teilgenommen hatten, später auch durch schriftliche Anfragen seitens ausländischer Gewerkschaftler bei den Hinterbliebenen, daß man im Auslande den Verdacht geschöpft hatte, daß Otte eventuell im Anschluß an eine Festnahme eines nicht natürlichen Todes gestorben sei. Mir war u. a. daran gelegen, unseren österreichischen Freunden Klarheit über den tatsächlichen Hergang des Ablebens Aufschluß zu geben. Im weiteren ging es Staud und mir um eine Aussprache über die Verhältnisse, wie sie inzwischen sich in Deutschland und Österreich entwickelt hatten.
Was meine Verbundenheit zu Österreich angeht, möchte ich bemerken, daß ich von Kriegsende ab zu den Aktivisten in der Anschlußfrage gehört habe, aus der Erkenntnis heraus, daß deutsches Volk zu deutschem Volk gehört. Ich war von Anfang an tätiges Mitglied im deutsch-österreichischen Volksbund und in der deutsch-österreichischen Arbeitsgemeinschaft. Zu den unter meiner Leitung in Königswinter stattfindenden nationalpolitischen Tagungen zog ich außer Vertretern der Arbeiterschaft der Saar und von Eupen-Malmedy auch stets Vertreter aus Österreich hinzu. Unter den Referenten dieser Tagungen wirkten immer maßgebliche Persönlichkeiten Österreichs mit, so Professor Dr. Srbik und Dr. Hermann Neubacher, der heutige Bürgermeister der Stadt Wien.
Mein Aufenthalt in Prag währte damals zwei Tage. Außer Staud habe ich dort keinen Vertreter der Gewerkschaften gesprochen, auch keinen Emigranten ...
Etwa November 1937 erfuhr ich durch den mir bekannten Rechtsanwalt Josef Wirmer in Berlin, daß der Stadtsyndikus Dr. Walther Hensel in Düsseldorf aus politischen Gründen festgenommen worden sei. Ich kannte Hensel seit etwa zehn Jahren. Er interessierte sich vor der Machtübernahme auch für die Fragen der Christlichen Gewerkschaften und hatte hier und da in Unterrichtskursen und sonstigen Bildungsveranstaltungen derselben als Vortragender mitgewirkt. Auch im politischen Leben bin ich ihm in Veranstaltungen der Zentrumspartei wiederholt begegnet. Seit 1933 habe ich Hensel auch verschiedentlich noch gesehen. Ich hatte mit ihm geschäftlich, d. h. wegen Abwicklung der Angelegenheiten der Christlichen Gewerkschaften oder wegen Obliegenheiten, die sein Arbeitsgebiet berührten, nichts zu tun. Unsere Zusammenkünfte waren ganz zwanglos; wir haben uns lediglich als alte Bekannte über dieses und jenes unterhalten. Bei diesen Gelegenheiten mußte ich die Feststellung treffen, daß Hensel sehr temperamentvoll war und leider in einer nicht immer objektiven Form zu Fragen des Tages Stellung nahm. Ich schätze, daß ich Hensel seit 1933 zwei- bis dreimal in Düsseldorf, einmal in Bonn und höchstens viermal in Berlin getroffen und gesprochen habe. An keinem anderen Ort habe ich Hensel seit dieser Zeit je gesehen. Wie ich schon sagte, hatte der Grund unseres Zusammenseins noch einen persönlichen Anlaß. So traf ich ihn in Düsseldorf z. B. stets im Beisein des früheren Geschäftsführers des Kartells Christlicher Gewerkschaften Karl Arnold. Wir gingen gewöhnlich in ein Café oder in ein Restaurant zu einem Glas Bier. Zuletzt war ich mit Hensel in Düsseldorf 1937 gelegentlich der Reichsausstellung „Schaffendes Volk“ zusammen. Gelegentlich

eines Feiertages – ich schätze Ende 1933 – trafen wir uns einmal in Bonn bei meinem Freunde Heinrich Körner, meinem früheren Mitarbeiter an der Landesgeschäftsstelle der Christlichen Gewerkschaften in Köln. Hierbei war der Nachbar von Körner, der frühere christliche Gewerkschaftler und Bonner Stadtverordnete Bernhard Deutz noch zugegen. Verschiedentlich hat mich auch Hensel gelegentlich von Dienstreisen in Berlin aufgesucht. Wir trafen uns in der Stadt; einmal hat er mich auch in meiner Wohnung, Wittelsbacherstraße, besucht, ein anderes Mal trafen wir uns bei dem Rechtsanwalt Josef Wirmer in dessen Wohnung, Berlin-Lichterfelde, Holbeinstraße.
Mir wird vorgehalten, daß ich nach den Bekundungen des Dr. Hensel, die mir bisher nur inhaltlich, aber noch nicht wörtlich bekanntgegeben worden sind, an der Lancierung eines Artikels beteiligt war, der im August 1937 in der Emigrantenzeitung der SPD „Neuer Vorwärts" in Karlsbad erschienen ist. Der Artikel trug die Überschrift „Der Düsseldorfer Korruptionssumpf. Erlauschtes und Erlebtes in der Stadtverwaltung. Der Fall Esch".
Ich habe hierzu kurz folgendes zu sagen: Ich entsinne mich genau, von Hensel etwa Mitte 1937 eine mit der Maschine geschriebene Ausführung, den Korruptionsfall Esch betreffend, in Berlin in der Wohnung des Rechtsanwaltes Josef Wirmer erhalten zu haben. Ich weiß auch noch genau, mich des Wortes „Erlauschtes" zu entsinnen. Ebenfalls weiß ich genau, daß Hensel im Oktober 1937 mich in Berlin in meiner Wohnung aufsuchte und sehr nervös war. Er drückte mir gegenüber die Befürchtung aus, daß er verfolgt bzw. beobachtet würde; angeblich handelte es sich um eine Angelegenheit mit Holland, soviel ich mich heute noch entsinne. Im Laufe des Gesprächs fragte er mich dann auch, was ich mit der von ihm mir übergebenen Ausarbeitung betreffend den Fall Esch gemacht hätte. Wahrheitsgemäß habe ich ihm erklärt, daß ich dieselbe vernichtet hätte, ohne sie jemandem zum Lesen gegeben zu haben. Mir fällt allerdings jetzt ein, daß ich sie der Wohnungsinhaberin Frau Dr. Nebgen wohl gezeigt hatte; diese hatte aber höchstens zwei Seiten der ca. fünf oder sechs Seiten umfassenden Schrift gelesen. Hensel erklärte mir noch mit den Worten: „Gott sei Dank, dann ist es gut", er hätte nämlich einige Tage vorher irgendeinen Sender zufällig in seinen Apparat bekommen und hierbei festgestellt, daß teilweise der Inhalt seiner Schrift durchgegeben worden sei.
Ich erkläre nochmals, daß ich an der Verbreitung vorerwähnter Schrift nicht beteiligt bin.
Die Vernehmung wird abgebrochen.
Auf Vorlesen der laut diktierten Verhandlung wird verzichtet.

gez. Jakob Kaiser
Unterschriften

121. Aus der Fahndungskartei der Gestapo betreffend Kaiser

Aufgenommen am: 18.10.1938

durch

Name: [Unterschrift]

Amtsbezeichnung: Krim. Oberassistent.

Stichwortartige Darstellung des politischen Lebenslaufes:
(Der Raum darf nicht zur Absetzung von Verfügungen verwandt werden.)

K. wurde am 19.4.1938 auf Veranlassung der Stapo-Düsseldorf in Duderstadt festgenommen und am 21.4.1938 nach Düsseldorf überführt. K. war bis 1933 Landesgeschäftsführer der christlichen Gewerkschaften für Westdeutschland. Er hat nach Auflösung der Gewerkschaften mit führenden Gewerkschaftlern des Auslandes noch im Verbindung gestanden und wärde durch die Ermittlungen in der Hochverratssache gegen den Dr. Walther Hensel aus Düsseldorf dringend verdächtigt, mit illegal arbeitenden SPD-Kreisen in der CSR in Verbindung gestanden zu haben. Ein im August 1937 im " Neuen Vorwärts " erschienener Artikel soll dorthin durch Kaiser lanciert worden sein.

Am 17.10.38 wurde K. in U-Haft genommen.
Am 27.10.38 wurde K. durch den 6. R. Anwalt in Berlin aus der U-Haft entlassen.
Siehe auch Prof. Akte Dr. Walther Hensel.

122. Haftbefehl gegen Leuninger

Der Ermittlungsrichter des Volksgerichtshofes. Berlin, 5. Dezember 1944

AZ: $\frac{\text{O J 51/44 g. Rs.}}{\text{230/44 556}}$

Der am 28. Dezember 1898 in Mengerskirchen geborene Geschäftsführer Franz Leuninger aus Breslau ist zur Untersuchungshaft zu bringen. Er ist dringend verdächtig, gemeinschaftlich mit anderen das hochverräterische Unternehmen, mit Gewalt die Verfassung des Reiches zu ändern und den Führer seiner verfassungsmäßigen Macht zu berauben, vorbereitet zu haben, wobei die Tat darauf gerichtet war, zur Vorbereitung des Hochverrats einen organisatorischen Zusammenhalt herzustellen.

Verbrechen nach §§ 80 Absatz 2, 81, 83 Absatz 2, Absatz 3 Ziffer 1, 47 StGB. Leuninger hat bereits in den Jahren 1941/1942 von dem ihm von früher her gut bekannten ehemaligen sozialdemokratischen Gewerkschaftssekretär Fritz Voigt erfahren, daß gewisse Kreise des Adels und der Wirtschaft zur Herbeiführung eines Sonderfriedens mit den Westmächten eine Änderung der Regierung anstrebten. Dies wurde ihm später von dem früheren Landesgeschäftsführer der Christlichen Gewerkschaften Jakob Kaiser in Berlin bestätigt, der ihm auch nähere Mitteilungen über die geplante Überführung der DAF in eine deutsche Einheitsgewerkschaft machte. Wenn Leuninger auch über die Kräftegruppe, die hinter der neuen Bewegung stand, und über ihren Weg nicht näher unterrichtet gewesen sein will, so nahm er doch an, daß sich diese Gruppe unter Beseitigung der gegenwärtigen Regierung auf irgendeine Art der Gewalt im Staate bemächtigen würde. Obwohl er also über den hochverräterischen Charakter dieser Bestrebungen nicht im Zweifel sein konnte, unterließ er nicht nur eine Anzeige, sondern beteiligte sich im Spätherbst 1943 in der Wohnung Voigts in Breslau zusammen mit Voigt, dem früheren sozialdemokratischen Gewerkschaftssekretär Wiersich und dem früheren sozialdemokratischen Landesrat Winzer an der Erörterung der Frage, wer bei der Regierungsänderung für den leitenden politischen Posten in Niederschlesien in Frage käme. Auch Leuninger erklärte sich zur Mitarbeit für die neue Regierung durch Überwachung der wirtschaftlichen Organisation bereit.

Die Untersuchungshaft wird verhängt wegen Fluchtverdachts, weil ein Verbrechen den Gegenstand der Untersuchung bildet.

Gegen den Haftbefehl kann Beschwerde erhoben werden, die besonderer Zulassung bedarf.

gez. Dr. Ehrlich, LGDir.

Franz Leuninger (1898–1945), Zentrum, Stadtrat, Sekretär des Christlichen Bauarbeiterverbandes; nach 1933 Angestellter einer Wohnungsbaugesellschaft, Verbindungsmann zu Kaiser in Breslau. Leuninger wurde im August 1944 verhaftet, am 26. Februar 1945 zum Tode verurteilt und am 1. März hingerichtet.

123. Haftbefehl gegen Ersing

Der Ermittlungsrichter des Volksgerichtshofes. Berlin, 9. Januar 1945

AZ: $\frac{\text{O J 63/44 g. Rs.}}{\text{4/45 556}}$

Der am 4. Februar 1882 in Ochsenhausen geborene Rentner und frühere Gewerkschaftslandesgeschäftsführer Joseph Ersing aus Stuttgart ist zur Untersuchungshaft zu bringen. Er ist dringend verdächtig, das hochverräterische Unternehmen, die Verfassung des Reiches mit Gewalt zu ändern, vorbereitet zu haben.

Verbrechen nach den §§ 80 Absatz 2, 83 Absatz 2. Ersing hat in der Zeit von etwa April 1942 bis Juni 1944 in zahlreichen, teils in Berlin, teils in Stuttgart geführten Besprechungen mit dem früheren Gewerkschaftsführer Jakob Kaiser, dem früheren Oberbürgermeister Dr. Goerdeler, dem ehemaligen Staatspräsidenten Bolz und bei gelegentlichen Zusammenkünften mit dem früheren Reichs- und Ernährungsminister Hermes und dem ehemaligen Staatsminister Leuschner u. a. Personen erkannt, daß Dr. Goerdeler im Zusammenwirken mit einer Gruppe von Stabsoffizieren in pessimistischer Beurteilung der Kriegslage unter Ausschaltung der bisherigen Regierungsgewalt neue staatsrechtliche Verhältnisse, die er zur Abwendung einer Katastrophe für notwendig hielt, herbeizuführen beabsichtigte. Obwohl er sich darüber im klaren sein mußte und war, daß dies nach Lage der Sache nur unter Gewaltanwendung gegenüber der bisherigen Regierung geschehen konnte, hat er in Billigung dieser Bestrebungen nicht nur an den Besprechungen teilgenommen, sondern außerdem auf Wunsch von Dr. Goerdeler durch Vermittlung der Bekanntschaft derartige Besprechungen zwischen Dr. Goerdeler und anderen Personen, z. B. Bolz, Dr. Käppi und Dr. Jauch herbeigeführt. Die Untersuchungshaft wird verhängt wegen Fluchtverdachts, weil ein Verbrechen den Gegenstand der Untersuchung bildet.

Gegen diesen Haftbefehl kann Beschwerde erhoben werden, die besonderer Zulassung bedarf.

gez. Dr. Ehrlich, LGDir.

Joseph Ersing (1882–1956), Sekretär des Gesamtverbandes der Christlichen Gewerkschaften in Karlsruhe, Zentrum, Reichstagsabgeordneter; im Juni 1933 verhaftet, Verbindungsmann zu Kaiser, im Januar 1945 verhaftet. Nach 1945 Landtagsabgeordneter.

Widerstand um Carl Goerdeler

Carl Goerdeler wurde seit Ende der 30er Jahre die treibende Kraft und Integrationsfigur im zivilen Widerstand.
In der Weimarer Republik war Goerdeler als Bürgermeister in Königsberg (seit 1920) und Oberbürgermeister von Leipzig (seit 1930) einer der maßgebenden Kommunalpolitiker; 1931 wurde er zum Reichskommissar für Preisüberwachung in der Regierung Brüning ernannt. Da er die Ziele der Habsburger Front ablehnte, kam es zum Bruch mit den Deutschnationalen (DNVP) und zu seiner Entlassung als Reichskommissar.
Wie viele andere sah er die Machtergreifung Hitlers und der NSDAP anfangs positiv, weil er auf ein autoritäres Übergangsregime zur Überwindung der schweren politischen und wirtschaftlichen Krise Deutschlands setzte. Er dachte daran, ein „bürgerliches Reformprogramm altpreußischen Stils“ (Ritter) verwirklichen zu können. Ende 1934 erneut als Reichspreiskommissar berufen, trat er in zahlreichen Gutachten und Eingaben für Rechtsstaatlichkeit, für liberale Grundsätze in der Wirtschafts- und Finanzpolitik sowie für Erhaltung kommunaler Selbstverwaltungsrechte ein. Als er mit diesem Versuch, aus einer Position innerhalb des Systems eine Reformpolitik zu betreiben, scheiterte und in Gefahr geriet, ein Werkzeug der NS-Machthaber zu werden, trat er zurück, 1937 auch von seinem Leipziger Oberbürgermeisteramt. Von da an führte ihn sein Weg in den Widerstand.
Die Unterstützung durch die Stuttgarter Firma Bosch, als deren Finanzberater er offiziell auftrat, erlaubte ihm, im In- und Ausland insgeheim Kontakte zu oppositionellen Personen und Kreisen zu halten; so wurde er zu einer Zentralfigur der deutschen Widerstandsbewegung. Einen „Kreis“ oder eine „Gruppe“ Goerdeler hat es jedoch, obwohl solche Bezeichnungen in der Literatur vorkommen, nicht gegeben. Goerdelers Widerstandshandeln berücksichtigte, wie kaum ein anderes, pragmatisch die Möglichkeiten, ein totalitäres Regime zu beseitigen. Klarer als andere erkannte er, daß unter den gegebenen Umständen ein Umsturz nur gelingen und gegenüber dem Ausland und im Innern auch legitimiert werden konnte, wenn das „anständige Deutschland“ als Ganzes dahinterstehen würde und nicht nur eine bestimmte Richtung, Schicht oder Gruppe.
Seine Offenheit und Kompromißbereitschaft in Organisations- und Sachfragen zeigen, daß es ihm hauptsächlich darum ging, eine möglichst breite tragfähige Basis für den Umsturz zu schaffen, die von gewerkschaftlicher und sozialdemokratischer Seite, über Kirchen und Militär bis zu Kreisen der NSDAP selbst reichen und als „Volksbewegung“ in Erscheinung treten sollte. In einem aus der Todeszelle geschmuggelten Brief vom November 1944 hat er seine Aktivität gegen das NS-System als „Widerstand sammeln“ charakterisiert.
Zu diesem Zweck suchte und unterhielt Goerdeler, oft durch Mittelsmänner, Nr.124
regelmäßige Verbindungen zu fast allen bedeutenden Widerstandsgruppen: zum militärischen Widerstand um den Chef des Generalstabs Beck und um General Olbricht/Hauptmann Kaiser, zu den oppositionellen Diplomaten des Auswärtigen Amtes, zum gewerkschaftlichen Widerstand um Leuschner, Kaiser, Habermann, dem zahlenmäßig stärksten Element der Widerstandsbewegung, zur Bekennenden Kirche um Dibelius und Wurm, zu einzelnen Kreisen, wie den Kreisauern um Moltke und Yorck von Wartenburg, wenn auch zu letzteren nur im Hinblick auf eine baldige Aktion. Alle suchte er mit Überzeugungskraft und Risikobereitschaft auf eine gemeinsame Umsturzplanung einzuschwören.

Sein Verdienst war es, daß die Regimegegner unterschiedlicher politischer
Nr.125 Richtungen und aller sozialen Schichten sich auf ein Programm für die zukünf-
tige politische Gestaltung Deutschlands und auf die personelle Zusammenset-
Nr.126,127 zung einer Regierung nach Hitler verständigten. Für ein Amt in der geplanten
Regierung Goerdeler oder als Politischer Beauftragter in den Wehrkreisen
waren auch namhafte christliche Demokraten aus dem Widerstand vorgesehen:
Nr.128 Der frühere württembergische Minister und Staatspräsident Eugen Bolz, ein
prominenter Vertreter des politischen Katholizismus, als Innen- oder Kultusmini-
ster. Als Justizminister der den Gewerkschaften nahestehende Berliner Rechts-
Nr.131 anwalt Josef Wirmer, der seit 1942 in enger Zusammenarbeit mit Goerdeler ins-
besondere zwischen den demokratischen und konservativen Kräften der Wider-
Nr.132 standsbewegung vermittelt hatte. Auf ihn geht auch der Entwurf der „Fahne der
Männer des 20. Juli" zurück, der die Farben der ersten deutschen Demokratie
und das Kreuz als Symbol für die Werte des christlichen Europas nach dem
Muster der skandinavischen Fahnen verband. Der Wirtschaftspolitiker Paul
Lejeune-Jung, vormals Mitgründer der Konservativen Volkspartei und Reichs-
tagsabgeordneter, war bereit, als Wirtschafts- bzw. Arbeitsminister in das Kabi-
Nr.134,135 nett Goerdeler einzutreten, und der frühere Reichsminister für Landwirtschaft
und Ernährung, danach Präsident der Deutschen Bauernvereine, Andreas Her-
mes, war wieder für dieses Ressort vorgesehen. Auch der ehemalige Reichsmi-
nister und Reichskommissar für die Osthilfe, der einstige Reichstagsabgeord-
nete der Christlich-Nationalen Bauern- und Landvolkpartei, Hans Schlange-
Schöningen, stand hierfür zur Verfügung. Für das Verkehrsministerium waren
Adam Stegerwald, der in der Weimarer Republik Reichsverkehrs- und Reichsar-
beitsminister sowie Vorsitzender des Deutschen Gewerkschaftsbundes und
des Gesamtverbandes der Christlichen Gewerkschaften Deutschlands gewesen
war, oder der ehemalige Oberbürgermeister von Hagen, der Kollege und
Nr.130 Freund Goerdelers, Cuno Raabe, im Gespräch. Ein eventuelles Ministerium für
Wiederaufbau sollte der ehemalige Verbandssekretär der KAB und Zentrums-
Nr.138 abgeordnete des Preußischen Landtags, Bernhard Letterhaus, übernehmen,
der als Abwehroffizier im OKW einer der wichtigsten Informanten der Wider-
standskämpfer war. Seinem Zusammenwirken mit Jakob Kaiser war die ent-
scheidende Annäherung des Kölner Kreises an Goerdeler zu verdanken. Seine
Schlüsselstellung kommt auch darin zum Ausdruck, daß er auf jeden Fall als
Politischer Beauftragter im Wehrkreis (WK) Münster vorgesehen war. Sein Ver-
treter sollte hier der ehemalige Landrat von Ahaus, Felix Sümmermann, sein.
Als Politische Beauftragte aus der Gruppe der christlichen Demokraten sind fer-
ner zu nennen: für den WK Breslau der ehemalige Oberpräsident von Ober-
schlesien Hans Lukaschek und sein Vertreter, der ehemalige Oberbürgermeister
von Ratibor Adolf Kaschny, für den WK Wiesbaden der ehemalige Staatsmini-
ster der Völkerbundregierung des Saarlandes, der Gewerkschafter Bartholo-
mäus Koßmann, für den WK Stuttgart als Beauftragter für Baden der Karlsruher
Nr.129 Rechtsanwalt und Strafverteidiger vor dem Volksgerichtshof Reinhold Frank.
Nr.133 Der Rechtsanwalt Otto Lenz sollte schließlich Staatssekretär in der Reichskanz-
lei werden.

Die Zusammenstellung der Ministerliste für die provisorische Reichsregierung und die Auswahl der Politischen Bauftragten, die das Zusammenwirken militärischer und ziviler Dienststellen gewährleisten sollten, zeigen das Bestreben, die verschiedenen in der Widerstandsbewegung vereinigten Gruppen und Richtungen möglichst gleichmäßig zu beteiligen und parteipolitische Einseitigkeit zu vermeiden.

Im historischen Rückblick ist darin die Bedeutung Goerdelers zu sehen, daß er alles daran setzte, um die einzelnen zivilen und militärischen Widerstandsgruppen zusammenzuführen und zur gemeinsamen Aktion zu drängen. Im Unterschied zu den aufopfernden Aktionen vieler Widerstandskämpfer gegen den übermächtigen Unterdrückungsapparat, im Unterschied auch zum Neuordnungsdenken in exklusiven Widerstandszirkeln hatte dieser „Goerdeler-Verbund" eine echte, wenn auch minimale Chance auf Erfolg. Das ist ein Aspekt, der bei den Untersuchungen des Verhaltens und der Vorstellungen des deutschen Widerstands auf keinen Fall außer acht gelassen werden darf.

Es ist daher sehr fraglich, ob man Goerdeler gerecht wird, wenn man ihn nur als Exponent einer „nationalkonservativen Elite" sieht. Nach dieser These, die neuerdings von Teilen der historischen Forschung vertreten wird, habe diese Elite zunächst im Pakt mit Hitler – außenpolitisch – die deutsche Hegemonie in Europa und – innenpolitisch – ihre eigene Machtposition neu zu fundieren getrachtet; sie sei aber abgestoßen von Hitlers Totalitarismus und der Kriegspolitik in Gegensatz zum System geraten und habe sich schließlich zum aktiven Widerstand und zum Staatsstreich entschlossen.

Das primäre Anliegen Goerdelers war, den Umsturz eines totalitären Systems von innen heraus bei herrschendem Kriegszustand möglich zu machen, und danach muß man seine Person und sein Wirken bewerten. Goerdeler war ein „wahrhaft politischer Geist", „der nicht im Theoretisch-Konzeptionellen verharrte..., sondern sich auf die Kunst des Möglichen verstand und bei aller Aufgeschlossenheit für das Grundsätzliche doch über das nötige Quantum an Pragmatismus verfügte" (Thielicke, Stunde Null, S. 9).

124. Urteil des Volksgerichtshofs gegen Goerdeler u. a.

AZ: $\frac{\text{O J 17/44 g. Rs.}}{\text{1 L 316/44}}$ Geheime Reichssache!

8. September 1944

Im Namen des Deutschen Volkes!

In der Strafsache gegen
1. Dr. Carl Goerdeler, ehemals Oberbürgermeister aus Leipzig, geboren am 31. Juli 1884 in Schneidemühl,
2. Wilhelm Leuschner, Fabrikant aus Berlin-Charlottenburg, geboren am 15. Juni 1890 in Bayreuth,
3. Josef Wirmer, Rechtsanwalt aus Berlin-Lichterfelde, geboren am 19. März 1901 in Paderborn,
4. Ulrich von Hassell, ehemals Botschafter aus Potsdam, geboren am 12. November 1881 in Anklam,
5. Dr. Paul Lejeune-Jung, Geschäftsführer aus Berlin-Charlottenburg, geboren am 16. März 1882 in Köln,

sämtlich zur Zeit in dieser Sache in Staatspolizeihaft, wegen Verrats, hat der Volksgerichtshof, 1. Senat, auf die am 5. September 1944 eingegangene Anklage des Herrn Oberreichsanwalts in der Hauptverhandlung vom 7./8. September 1944, an welcher teilgenommen haben
als Richter: Präsident des Volksgerichtshofs Dr. Freisler, Vorsitzender, Senatspräsident Nebelung, Ersatzvorsitzender, Volksgerichtsrat Dr. Koehler, General der Infanterie Reinecke, Gartentechniker und Kleingärtner Kaiser, Bürgermeister Ahmels,
Ersatzbeisitzer: Bäcker Winter, Ingenieur Wernecke,
als Vertreter der Anklage: Oberreichsanwalt Lautz, Oberstaatsanwalt Dr. Görisch,
als Protokollführer: Amtsrat Thiele,
für Recht erkannt:

Ehrgeizzerfressene, ehrlose, feige Verräter sind Carl Goerdeler, Wilhelm Leuschner, Josef Wirmer und Ulrich von Hassell.

Sie verschworen sich – Goerdeler sogar als politischer Kriegsspion für unsere Feinde – mit einer Gruppe eidbrüchiger Offiziere, die unseren Führer ermorden wollte, als Minister einer feindhörigen Verräterregierung unser Volk in dunkler Reaktion zu knechten und unseren Feinden auf Gnade und Ungnade auszuliefern.

Auch Lejeune-Jung ist ein für immer ehrloser Verräter: er stellte sich der Verräterregierung als Minister zur Verfügung.

Statt mannhaft wie das ganze deutsche Volk, dem Führer folgend, unseren Sieg zu erkämpfen, verrieten sie – wie niemand je in unserer Geschichte – mitten im Daseinskampf das Opfer unserer Krieger, Volk, Führer und Reich; alles, wofür wir leben und kämpfen.

Sie werden mit dem Tode bestraft.

Ihr Vermögen verfällt dem Reich.

Gründe

In zwei Gruppen war die Verräterbande organisiert, die am 20. Juli endgültig zur Tat schritt, uns unseres Führers durch Meuchelmord zu berauben und dann unser Volk der Willkür unserer Feinde zur Vernichtung auszuliefern:

Der militärischen Gruppe fiel – geleitet von Claus Graf von Stauffenberg – der Mord am Führer und die Ergreifung der Macht unter dem Schutze von Belagerungszustand und Standgerichten zu. Ihre Haupttäter sind gerichtet.

In diesem Verfahren stand der Kern der zivilen Gruppe vor dem Volksgerichtshof; er ist mit diesem Urteil gerichtet.
Ihr Haupt und Motor ist Carl Goerdeler – deutschnationaler Vergangenheit, einst Reichspreiskommissar und Oberbürgermeister von Leipzig –, der offenbar nicht verwinden konnte, daß er in den letzten Jahren kein einflußgebendes leitendes Amt hatte.
Er ist Verräter durch und durch. In einem der Aufrufentwürfe, die für die ersten Tage seiner „Regierung" vorbereitet waren und die er eigenhändig korrigiert hat, brüstet er sich damit, bereits kurz vor Kriegsbeginn, also während höchster Kriegsgefahr, die Westfeinde gewarnt zu haben, unser Führer arbeite auf den Krieg hin!! Ein gemeiner Kriegsspionagedienst, den er damit dem Feinde leistete. Nach einer amtlichen deutschen Veröffentlichung, die uns vorgelegen hat, bestätigte ihm denn auch kürzlich News Chronicle, daß er 1938 und 1939 England wertvolle Informationen gab!
Dieser Verräter erging sich bereits 1941 mit den schon gerichteten Verrätern Beck und Olbricht in gelegentlichen Zusammenkünften in defaitistischen Erörterungen. In dieses Horn stieß mit ihnen vor allem auch der damalige preußische Finanzminister Popitz, nach Goerdelers Beurteilung ein „Mann von schillernder Wendigkeit, ungeheurem Ehrgeiz, seltener Intelligenz, außerordentlicher Rednergabe" und intrigantem Charakter.
Ihre Gespräche – bald zu zweit, manchmal auch zu viert – führten schließlich dazu, man müßte eine Aktion unternehmen, um „die Kriegführung wieder zum Mittel der Politik zu machen, den totalen Krieg der totalen Politik unterzuordnen".
Unter dem Eindruck von Stalingrad kam es dann zur – wie Goerdeler sich ausdrückt – ersten „formalen Besprechung" zwischen ihm, Beck, Olbricht, Popitz und von Hassell, was wohl getan werden müsse. Als Ergebnis übernahm es Beck, sich an den ältesten Feldmarschall zu wenden, um einen gemeinsamen Schritt von Generalfeldmarschällen bei unserem Führer herbeizuführen, der die „Totalität der Führung des Generalstabes wiederherstellen" sollte. Nicht nur eine Torheit, weil wir in unserem Führer ja die vollkommenste und umfassendste Ganzheit der Führung vereinigt haben, die möglich ist; nicht nur eine Vermessenheit militärischer Ignoranten, sondern bereits eine weitere Verrattat.
Um dieselbe Zeit nahm Goerdeler in Verfolg seiner in kirchlich-politischer Gebundenheit reifenden politisch-konspirativen Pläne mit Kardinal Faulhaber Fühlung, ob die beiden Hauptkonfessionen nicht zusammengehen könnten. Faulhaber beantwortete das, die Zeit sei mehr als jede andere angetan, das Gemeinsame zu betonen.
Die Besprechungen und damit die Konkretisierung verräterischer Pläne dauerten weiter, wenn sie auch eine Zeitlang unter dem Eindruck der Ernennung des Generalobersten Zeitzler zum Generalstabschef abflauten, da man annahm, er „gehe mit dem Führer durch dick und dünn". Dabei erfuhr Goerdeler, daß bei Beck und seinen militärischen Komplizen der Gedanke Raum und Herrschaft gewann, das an sich schon Unsoldatische einer gemeinsamen Vorstellung bei unserem Führer unter den Druck einer Zernierung des Führerhauptquartiers durch drei Divisionen zu setzen. Ein Gedanke, der von seinem Verratscharakter nichts dadurch verliert, daß er an der Treue des deutschen Soldaten von vornherein scheitern mußte.
Die verräterischen Pläne Goerdelers und seines Kreises – von Popitz hatte er sich inzwischen wegen dessen maßlosen Ehrgeizes, der ihn auf Postenbettel zu Beck geführt hatte, getrennt – gewannen Auftrieb, als im August der damalige Oberst von Tresckow mit defaitistischen Behauptungen und Prognosen von der Front zurückkam.
Bei weiteren Besprechungen im Spätherbst 1943 kamen Beck und Goerdeler überein, die schon gerichteten Verräter Fellgiebel und Stieff aus dem Führerhauptquartier zu rufen, damit sie Beck einen Vortrag über die militärische Lage hielten. Nach diesem Vortrag sah Beck die Lage noch schwärzer und beauftragte Goerdeler, jetzt sein „Kabinett" zu bilden und überhaupt die erforderlichen Vorbereitungen zu treffen; denn der militärische Sektor werde nun bald zur Aktion schreiten.

Goerdeler war inzwischen auch bekannt geworden, daß die Verräteroffiziere die Ermordung des Führers als Auftakt und „unabdingbare Voraussetzung“ der Regierungsanmaßung ansahen und zum Meuchelmord schreiten wollten. Goerdeler will zwar demgegenüber immer wieder den Standpunkt vertreten haben, man solle ihm die Möglichkeit geben, am Rundfunk offen dem Führer entgegenzutreten, und nicht den Weg des Mordes gehen. Aber selbst wenn er das getan haben sollte, so kann er sich doch damit nicht von der Mordverschwörung trennen. Denn in Kenntnis dieser Absicht der militärischen Verräterbande arbeitete er mit ihr weiter und wollte die politische Frucht des Mordes – die Macht – pflücken und genießen. Nur Meldung der Meuchelmörder bei der Polizei hätte zwischen ihnen und ihm einen Trennungsstrich ziehen können.

Carl Goerdeler hatte sich inzwischen außer mit seinen engeren Komplizen Wirmer und von Hassell mit zwei „politischen“ Gruppen umgeben: der Gewerkschaftsgruppe, die aus Leuschner von den früheren sozialdemokratischen, Kaiser von den Christlichen Gewerkschaften und Habermann vom einstigen Deutschnationalen Handlungsgehilfenverband bestand; und der „Grafengruppe“ oder „jungen Generation“, wie sie in den Verschwörerkreisen genannt wurde, die Claus Graf von Stauffenberg nahestand; zu ihr gehörten die schon gerichteten Verräter Graf Schwerin, Graf von der Schulenburg, Graf Trott zu Solz u. a. Mit Mitgliedern dieser Gruppe hielt Goerdeler nun öfters Besprechungen über Fragen des „Regierungs“programms oder der „Kabinetts“zusammensetzung. Schließlich hatte Goerdeler sein „Kabinett“ auch beisammen. So sollte und wollte Leuschner Vizekanzler, Wirmer Justizminister, von Hassell Außenminister und Lejeune-Jung Wirtschaftsminister werden. Carl Goerdeler stellte auch in Besprechungen mit Leuschner und mit Wirmer eine Liste politischer Gaubeauftragter auf, die den Militärbefehlshabern als Berater zugesellt werden sollten.

Endlich bemühte er sich in unendlichen Besprechungen darum, der überhandnehmenden Intrigen im Verschwörerkreis Herr zu werden und über ein „Regierungs“programm Einigkeit zu erzielen sowie für die ersten Tage Aufrufe und anderes Propagandamaterial fertigzustellen. Dabei halfen Stauffenberg, Wirmer und von Hassell; der erste lieferte selbst Entwürfe, die beiden anderen sahen sie durch und verbesserten sie.

Für den 25.–27. Dezember 1943 war Carl Goerdeler „vorgewarnt“. Er ließ auch die politischen „Gaubeauftragten“ vorwarnen. Die Tage vergingen aber, ohne daß etwas geschah. Über diese nutzlose Alarmierung beschwerte sich Goerdeler.

Je mehr Zeit verstrich, desto mehr Enttäuschungen und Spannungen entstanden unter den Verschwörern.

Als Monat für Monat verging, ohne daß der militärische Sektor die „Aktion auslöste“, glaubten manche überhaupt nicht mehr an eine Aktivität der Offiziersverschwörer, so daß Goerdeler sich von Graf Stauffenberg das „Ehrenwort“(!) geben ließ, daß er handeln werde. Auch führte dieser Zweifel die Aktivität der Offiziersgruppe dazu, daß man sich schlüssig wurde, die Vorbereitungen auch oder in erster Linie beim „natürlichen Ablauf der Entwicklung“ – womit man den militärischen Zusammenbruch meinte – zum Zuge kommen zu lassen. Hier tritt also schamlos ungetarnt die Absicht zutage, Ordnungsbüttel unserer Kriegsfeinde bei uns zu werden!

Der politische Ehrgeiz Graf von Stauffenbergs und der „Grafengruppe“ sowie die zwar müdere aber völlig anders geartete Richtung der Gewerkschaftssekretäre machten Goerdeler die Leitung immer schwerer. Vor allem war da noch ein früherer sozialdemokratischer „Politiker“, Leber, den Leuschner in den Verschwörerkreis gebracht hatte. Er unterhielt, wie der Volksgerichtshof vor wenigen Tagen in einem anderen Verfahren festgestellt hat, Beziehungen zu einer Gruppe unterirdischer Kommunisten und vertrat kommunistische Forderungen, wenn auch nur, um, wie Goerdeler meint, „durch radikale Schlagworte die Kommunisten zu überspielen“. Er lehnte Goerdeler ab und wollte Leuschner an seine Stelle setzen, was dieser wieder nicht wollte, weil er Goerdeler nach einigen Wochen

„Regierung" – beerben wollte!! Schon das zeigt jedem die Entwicklungslinie Miljukow – Kerenski – Lenin als Prognose einer Entwicklung Goerdeler, Leuschner, Bolschewismus.
Diese Ehrgeiz getriebenen Gegensätze prallten im Mai 1944 bei einer Besprechung zusammen, auf der Goerdeler ein „Regierungs"programm verlesen und zur Annahme bringen wollte, aber gar nicht dazu kam, weil Leber massive Angriffe gegen ihn wegen seiner „Westpolitik" richtete und ihr die Forderung einer Rußlandpolitik gegenüberstellte; auch die kirchenhörige Politik Goerdelers und Wirmers bekämpfte.
Man beschloß eine neue Zusammenkunft etwa 14 Tage später. In ihr wurde Leber noch massiver, so daß man die Explosion nur dadurch einfangen konnte, daß man sich zu einer dritten Besprechung verabredete, für die Wirmer einen Programmentwurf vorlegen sollte. Zu ihr kam es nicht mehr, weil Goerdeler sich zu ihrem Termin bereits versteckt hielt.
All das Zeichen echt parlamentarisch-koalitionsmäßiger Hilfe und Richtungslosigkeit. Das wäre eine „Regierung" gewesen!!
Und worauf beruhte der „Regierungs"gedanke der Verschwörer?
Sie behaupten, gedacht zu haben, Churchill werde, wenn sie nur gleich eine „moralische Friedensoffensive" einleiten würden, mit ihnen Frieden schließen; Erzberger-Psychose also! Und Deutschland werde diesen Frieden dadurch erreichen, daß es für England und zusammen mit angloamerikanischen Truppen den Bolschewismus bekämpfe; Anerkennung des englischen Festlanddegengedankens also! Eintritt Deutschlands in die Reihe der Blut opfernden Hilfsvölker des britischen Empire!
Carl Goerdeler hatte im Kriege den Verrat sogar so weit getrieben, daß er – wieder ein Kriegsspionagedienst! – durch den Schweden Wallenberg bei Churchill wegen der Möglichkeiten des Friedensschlusses mit einer Goerdeler„regierung" sondierte. Er flog auch schnurstracks auf die Churchillsche Leimrute, die bejahende Antwort, die Wallenberg ihm brachte! Und er erzählte diesen „Erfolg" seinen nächsten Komplizen Leuschner und Wirmer.
Erschreckend ist die Ideenlosigkeit dieser „Regierung", dieses Liquidationsausschusses unseres Lebens. Sie spiegelt sich in ihrer vermotteten Vorgestrigkeit, in den „Regierungs"-gedanken, die Carl Goerdeler vor der Polizei darlegte.
Nur einige Kostproben:
Die persönliche Freiheit solle gesichert werden!
Noch nie aber war der Anständige freier als im nationalsozialistischen Reich!
Die Kirchen sollten zur Erziehung der Jugend und zur Betreuung der Bedürftigen herangezogen werden.
Unsere Kinder wollte man also unkontrollierbarer Beeinflussung ausliefern; den nationalsozialistischen Gedanken der Gemeinschaftshilfe wieder auf den Almosengedanken zurückschrauben.
Religionsunterricht sollte – auch gegen den Willen der Eltern – bis zum 14. Jahre Zwang sein; die deutsche Oberschule wollte man abschaffen; die Heidelberger Universität zu einem College englischer Art machen!
Für die öffentliche Verwaltung bemächtigte man sich des Schlagwortes Selbstverwaltung, ohne doch zu sehen, daß wir infolge der Stellung und Kraft der NSDAP die vollendetste Selbstverwaltung haben. Der Staat sollte die kommunale Selbstverwaltung nur auf ihre Gesetzmäßigkeit, nicht auf sachliche Richtigkeit überprüfen dürfen.
Für die Wirtschaftspolitik lobte man sich das liberalistische Rezept des freien Spiels von Angebot und Nachfrage mit dem kurzsichtig-falschen Ziel niedrigster Preise. Für die Wirtschaftsverfassung wollte man auf die überwundene Methode des Weimarer Zwischenstaates mit gegenüberstehenden Berufsgruppen der „Kapitalseite" und der „deutschen Gewerkschaft" auf der „Arbeiterseite" mit Tarifverträgen und Schiedsprüchen, die mangels Autorität wie damals wirkungslos sein würden, zurückgreifen.
In der Ernährungspolitik wollte man die Rechtsgeborgenheit des bäuerlichen Besitzes im

Erbhof beseitigen, dadurch also im Verein mit der Niedrigste-Preise-Politik den Zwangsversteigerungen unserer Bauernhöfe den Weg wieder freigeben.
Die „Sozialpolitik" sollte auf Fälle der Krankheit, des Unfalls, des Alters, der Invalidität und unverschuldeter Arbeitslosigkeit beschränkt sein. Also gänzliches Fehlen prophylaktischer Sozialhygiene! Und wie sie aussehen sollte! Die Sozialversicherung sollte der Arbeiter allein bezahlen, dann könne er auch ruhig ihre Leistungen beliebig steigern!!! Die Arbeitslosenunterstützung sollten bis zu drei Monaten Gewerkschaft und Berufsorganisation, von da bis zu neun Monaten die Gesamtgewerkschaft und die gesamten Berufsgruppen, bei mehr als neun Monaten Reich, Gaue, Kreise und Gemeinden tragen; warum? Weil die Vermutung dafür spreche, daß je nach der Dauer der Arbeitslosigkeit die genannten Kostenträger an ihr schuld seien!!!
In der Finanzpolitik verdient außer der Staffellosigkeit der Einkommensteuer der Großbetrug der Kriegschuldentilgung Erwähnung: 100 Milliarden sollten halbprozentig verzinsliche, nicht rückzahlbare „ewige Reichsschuld" werden, das übrige wollte man nicht verzinsen, aber mit 0,5% amortisieren. Und da das zur Wertlosigkeit führen würde, erfand man das naive Mittel zu gestatten, die Forderungen ans Reich in die Bilanzen doch zum Vollwert aufzunehmen; und mit diesem Hexenmeisterrezept sollte die Sache erledigt sein.
Verbrecherisch naiv endlich der außenpolitische Gedanke, der Londoner Polenausschuß werde die Angloamerikaner hindern, Deutschland im Westen weiter zu bedrängen, da Polen ja von Deutschland gegen die Sowjets geschützt werden müsse!!
Eine Mischung also von kindischen Naivitäten und Ehegestrigem! Kein Wunder, daß eines der Mitglieder des Militärsektors sagte, es sei zu viel von „Wiederherstellen" die Rede. Es ist eben die Reaktion in Hochpotenz.
Kein Zweifel, alle „Minister" dieses Verschwörerkreises waren sich klar: mit solchem Programm hätten sie nur unter dem Gewaltschutz unserer Feinde „regieren" können!
Ihn zu erbetteln waren daher auch die Aufrufe und das sonstige Propagandamaterial geartet, das man bereitgestellt hatte: „das Material für RK" (= Reichskanzler, also für den „Pressechef" Verräter Kiep), nach Goerdelers Behauptung zwar von Graf von Stauffenberg verfaßt, aber von Goerdeler und von Hassell handschriftlich durchredigiert; der „Aufruf an die Wehrmacht", ebenfalls mit handschriftlichen Korrekturen Goerdelers; der „Aufruf an das deutsche Volk", angeblich von Graf von Stauffenberg, jedenfalls aber im Hotel Goerdelers gefunden; die „Regierungserklärung N 2 (3. Fassung)" mit Anhang (Stichworte), nach Wirmers Angabe von Goerdeler verfaßt, während dieser das nicht mehr wissen will; ebenfalls von Goerdeler und von Hassell verbessert.
Außer wüsten Beschimpfungen auf unseren Führer, er habe den Ehrenschild des deutschen Volkes befleckt und seinen Ruf besudelt – er habe schamlose Bereicherung einzelner auf Kosten des eigenen und fremder Völker befohlen – er habe seinen dem Vaterlande geleisteten Eid gebrochen, nicht vom deutschen Volke gerufen, sondern durch Intrigen schlimmster Art sei er an die Spitze der Regierung gekommen – er habe Rechtlosigkeit, Vergewaltigung der Gewissen, Verbrechen und Korruption auf den Thron gesetzt – er wüste mit der Zukunft des deutschen Volkes, als ob es Holz und Steine wären – und vielen anderen, außer dem allem schwelgt dies Material in Lust der Selbsterniedrigung unseres Volkes, in liebedienerischem Kotau vor unseren Feinden, in Anerkennung der Kriegsschuld und allen feindlichen Greuelmärchen über uns, im Herbeirufen unserer Feinde als etwas Erwünschtem, worüber man sich freue!
Oder ist es etwas anderes, wenn es dort heißt: Zu einer in Regeln formulierten (– also Völkerbundversklavung) mit Machtschutz (– also Polizeibombern unserer Feinde) ausgestatteten Zusammenarbeit mit unseren Feinden sei man bereit? Man erkenne die Staaten, „wie sie sich im Laufe der Geschichte gebildet haben" (also den Status quo des USA- und Sowjet-Imperialismus), an; man freue sich, daß Amerika auch nach dem Kriege sich wieder um Europa kümmern werde, man glaube ja nicht, daß es sich hier und in Afrika fest-

setzen wolle; und wenn – nun so würde es damit die – recht teuere – Verantwortung für Deutschland übernehmen!
„Wir verstünden Empörung und Haß des polnischen Volkes nach allem, was geschehen ist, sehr wohl. Wir würden ebenso fühlen" – was Goerdeler im Gerichtssaal als „ein paar freundliche Worte an die Polen" verniedlichen wollte!
Eine kleine Schar von Glücksrittern und Verbrechern – unsere Regierung nämlich – sei schuld am Kriege!
Diese erbärmliche Selbstbesudelung also sollte die „moralische Friedensoffensive" sein! Und das wäre nach Goerdelers Absicht nicht ein zersetzendes Stammtischgespräch gewesen, das auch als solches und für sich allein bereits die Todesstrafe verdiente, das sollten offiziöse und offizielle Verlautbarungen einer deutschen Regierung werden! Unausdenkbar das Todesschicksal unseres Volkes, wenn diese Erklärungen hinausgegangen wären!
Goerdeler sagt zwar, er habe die Entwürfe nicht benutzen, sondern durch neue, bessere ersetzen wollen. Aber er hat sie eigenhändig verbessert, und zwar nirgends im Sinne einer Abschwächung, sondern eher durch Verschärfungen, wie etwa durch Ersetzen des Wortes „Drückebergerei" durch „Drückebergerei durch Pg.". Und das, obgleich jeder weiß, daß die Statistik, wenn man sie schon befragt, bekennen muß, daß das Lebensopfer der Parteigenossen in diesem Kriege das Durchschnittliche übersteigt!
Und er wagt es, in seiner „Regierungs"erklärung zu sagen: „Der Lüge sagen wir den Kampf an. Die Sonne der Wahrheit soll ihre dichten Nebel zerstreuen." Es ist zwar nicht so gemeint, aber man kann es nur als unfreiwillige Selbstkritik hinnehmen, wenn er fortfährt: „Gott kennt in seiner Ordnung keine doppelte Moral. Auch die Lüge der Regierungen haben kurze Beine und sind immer aus Feigheit oder Machtsucht geboren."
Die Beschimpfungen unseres Führers, der Kotau vor dem Kriegsfeind, der Betrug am eigenen Volk ließen sich durch weitere Beispiele aus diesen Entwürfen vermehren; etwa durch die kaum verhüllte Ankündigung einer Inflationspolitik: Die „ausgleichende Sozialpolitik" solle „da eintreten, wo das Interesse, Ersparnisse (Kapital) zu erhalten, in Widerspruch gerät mit dem Interesse, die Arbeitskraft der jetzt Lebenden zu sichern".
Es mag aber genug sein.
Über die letzten Attentatstermine, den 10., 15. und 20. Juli, mag Goerdeler nicht vorher unterrichtet worden sein. Das war ja auch zur Durchführung gar nicht nötig. Und er sagt selbst, er habe gewußt, daß es wieder in der Luft lag.
Am 18. Juli warnte ihn Kaiser, ihm drohe Verhaftung; er begab sich nun zu einem Bekannten, Palombini bei Herzberg, erlebte dort den 20. Juli und setzte dann seinen Fluchtweg nach Berlin, um Berlin herum und durch Berlin hindurch schließlich nach Westpreußen fort, wo ihn die Aufmerksamkeit von Volksgenossen entlarvte und dingfest machte.
Alles, was bisher festgestellt ist, entspricht, soweit nicht ausdrücklich etwas anderes gesagt ist, Carl Goerdelers eigener Darstellung im Untersuchungsverfahren vor der Polizei und jetzt vor dem Volksgerichtshof. Das gilt ebenso über das, was dies Urteil zur Beteiligung von Leuschner, Wirmer und von Hassell feststellt.
Wilhelm Leuschner, alter Gewerkschaftsfunktionär der sogenannten „freien" sozialdemokratischen Gewerkschaften und in den letzten fünf Jahren des Weimarer Zwischenstaates hessischer Innenminister, hatte vom Nationalsozialismus 1933 eine Chance bekommen: Reichsorganisationsleiter Dr. Ley nahm ihn zur Genfer internationalen Arbeitskommission mit. Er benahm sich dort aber so, daß er ein Jahr lang ins Konzentrationslager mußte. Auch danach bekam er wieder die Möglichkeit freier Betätigung: er gründete in Thüringen eine eigene Fabrik, die er bis jetzt besaß. Er hätte also dankbar sein können. Statt dessen wurde er „Vizekanzler" des Goerdelerschen „Kabinetts".
Goerdeler, der ihn von früher kannte, wollte um die Wende 1942/43 von ihm etwas über die Stimmung der deutschen Arbeiterschaft hören. Darauf mußte Leuschner antworten,

sie sei für den Nationalsozialismus, denn die Arbeitsverhältnisse hätten sich günstig entwickelt. Nun kam Goerdeler mit der Frage heraus, ob er, „wenn Schwierigkeiten entstehen", in irgendeiner Form „mitarbeiten" wolle. Aus Leuschners Ja wurde in weiteren Besprechungen die Vereinbarung, er solle im Revolte„kabinett" Goerdelers Vizekanzler ohne Arbeitsbereich werden.

Was Leuschner mitbrachte, war nichts. Er erklärte das selbst: „Eine tragende Idee hatte ich nicht mitzubringen." Dagegen war er von dem Gedanken besessen, eine „deutsche Gewerkschaft" als Einheitsorganisation der deutschen Handarbeiter zu bilden, also an Stelle des syndikalistischen Gewerkschaftsorganisationsprinzips das Einheitsprinzip zu stellen. Darüber hatte er schon 1932/33 mit Kaiser von den Christlichen Gewerkschaften und Habermann vom Deutschnationalen Handlungsgehilfenverband verhandelt; die drei unter sich mit Erfolg; nach außen jedoch ohne Erfolg. Denn inzwischen hatte der Nationalsozialismus nicht nur diese Einheit organisatorisch verwirklicht, nicht nur sie darüber hinaus zur Einheit aller Schaffenden einschließlich der Betriebsführer entwickelt, sondern sie vor allem einer tragenden Idee, dem nationalsozialistischen Gemeinschaftsideal, dienstbar gemacht. Dieser veraltete, längst überholte, rein formale Plan und seine beiden seinerzeitigen Verhandlungspartner also waren alles, was Leuschner – außer maßlosem Ehrgeiz – mitbrachte. Und das war nichts. Goerdeler mochte wohl wähnen, sein Name werde ihm Millionen zuführen.

Goerdeler weihte Leuschner im Laufe der Zeit in großen Zügen ein.

Leuschner ging auch zu Beck, um zu hören, wie „die Generale" sich das Auslösen der Aktion dächten, gewaltsam oder nicht. Er erfuhr: „beide Erwägungen spielten eine Rolle". Über die „generalstabmäßige Vorbereitung" (!!) könne er sich nicht näher auslassen. Leuschner rechnete also mit gewaltsamer Lösung, d.h. auch mit einer Ermordung unseres Führers.

Im Herbst 1943 sagte ihm Goerdeler, die Generäle wollten nun handeln; er sprach von eigenmächtigem „Rückmarsch von der Front und Besetzen des Führerhauptquartiers", also einer Meuterei, die – selbst wenn das nicht Absicht gewesen wäre – zum Mord am Führer führen konnte. Die Aktion – sagte Goerdeler – sei nötig, um „durch rechtzeitigen Kriegsabbruch die Friedensverhandlungen aussichtsreicher" (!) zu gestalten.

Leuschner arbeitete aktiv bedeutsam mit Goerdeler mit: z.B. in der Personalauswahl; so schlug er Leber als Innenminister und Noske als politischen Beauftragten für Frankfurt am Main vor.

So unterhielt er sich auf Claus Graf von Stauffenbergs Wunsch auch mit diesem und beantwortete dessen Frage, ob nicht besser ein „Arbeitervertreter" – er, Leuschner – an der Spitze stehe, ablehnend, weil er „glaubte, daß der Aufbau der Regierung nur von Menschen dieser Gesellschaftsschicht gemacht werden könne" und „daß die Politik der bürgerlichen Kreise zu einer Belastung des Ganzen führen müsse". Er rechnete also mit seiner Nachfolge nach Goerdelers baldigem politischen Bankrott.

So nahm er an der ersten der beiden Mai-Juni-Besprechungen teil, in der die Gegensätze und Intrigen aufeinander platzten, und hörte auch vom Gange der zweiten und von nachherigen Vermittlungsaktionen.

Er rechnete bestimmt mit einem Attentat als dem zündenden Faktor. War ihm doch Graf von Stauffenberg als „der junge Offizier geschildert worden, der im Gegensatz zu den Generälen der Meinung war, man müsse Gewalt anwenden"; und hatte er doch ihm gesagt, eine „kleine Gruppe von Aktivisten könne sich sehr wohl durchsetzen". Leuschner hat schon vor der Polizei bekannt, unter „Aktivismus" habe er sich alles denken können!

Gewiß war Leuschner ohne Glauben in den Bestand einer solchen „Regierung". Denn er sagte uns selbst, er sei überzeugt gewesen, daß das „Schicksal dieser reaktionären Regierung in wenig Wochen besiegelt sein würde, weil sie keine genügende Grundlage im Volke habe, und daß dann die Arbeiterbewegung folgen müßte".

Er hat aber nach allem Obigen dennoch – wohl mit Beerbungshintergedanken – leitend mitgemacht!
Als Personifikation verbissenen Hasses gegenüber unserem Führer und unserer nationalsozialistischen Lebensart benahm sich Josef Wirmer vor dem Volksgerichtshof; ein bisheriger Rechtsanwalt, dessen politische Einstellung durch seine einstige Syndikusstellung der katholischen Studentenverbände (K. V.) und seine Zentrumsgesinnung, zu der er sich auch heute bekennt, gekennzeichnet wird; ein Mann, der – obgleich 1940 k. v. gemustert und obgleich Jahrgang 1901 – es bis heute verstanden hat, sich zu drücken. Er wartete, bis er kriegsdienstverpflichtet wurde; und zwar bei der „chemischen Erzeugung", von der er gar nichts versteht, wo er also Arbeiten tat, die auch ein anderer hätte leisten können; und wo er dann bis jetzt (!) u. k. gestellt wurde!
Dieser Drückeberger und Goerdeler bezeichnen sich selbst als nächste Mitarbeiter im zivilen Sektor der Verschwörung. Wirmer wurde mit Goerdeler durch Kaiser 1942 bekannt. Beide „fanden sich im gemeinsamen Respekt vor der Brüningschen Außenpolitik". Dieser „hätte wohl auch die Korridorfrage gelöst". Hätte wohl auch! Sie fanden sich weiter in Kritik an der Art der Vereinigung mit den Alpen- und Donaugauen. Obgleich doch gerade diese Art so ist, daß selbst der feindliche Völkerrechtstheoretiker sie anerkennen muß. Sie waren weiter einig, der Führer hätte das Molotow-Angebot annehmen sollen! Sie stimmten in Goerdelers oben geschilderten innen- und außenpolitischen Anschauungen überein. Sie waren im militärischen Defaitismus einig, wobei Goerdeler freilich häufig terminmäßig Katastrophen voraussagte, die dann nicht eintraten.
Sie waren einig im vielfach potenzierten Erzberger-Dolchstoß einer „moralischen Friedensoffensive".
Und nach Stalingrad fanden sie sich mit der militärischen, kleinen, aber in Schlüsselstellungen sitzenden Verrätergruppe darin, man müsse die Regierung ergreifen, um „den Frieden herbeizuführen"; und wußten, daß die Verräteroffiziere das dadurch erreichen wollten, daß sie sich unseres Führers vergewisserten, „tot oder lebendig".
Auch Josef Wirmer sagt, Goerdeler hätte den „offenen Kampf" vorgezogen, aber die militärischen Verschwörer hätten das „wegen der Rückwirkungen auf die Front", in Wirklichkeit wohl in Erkenntnis der absoluten Aussichtslosigkeit solchen Unterfangens, abgelehnt. Josef Wirmer wußte also: die militärischen Verräter planten ein Attentat. Er gibt das auch zu.
Wirmer erlebte die weiteren Phasen wie Goerdeler. Er kannte alle Hauptbeteiligten des zivilen und des militärischen Sektors, die Gewerkschafts- und die Grafengruppe. Er nahm an den personal-politischen Besprechungen Goerdelers teil. Er sah die oben erwähnten Entwürfe durch, verbesserte sie auch. Er erlebte den verpufften Alarm Ende Dezember 1943, die „enttäuschten Hoffnungen", weil die „militärische Aktion" immer wieder ausblieb.
Er hielt in seiner Wohnung die Besprechungen vom Mai und Juni 1944 ab, die Tummelplatz der Intrigen, ehrgeizigen Ambitionen und sachlichen Uneinigkeit der zivilen Verrätergruppe waren. Er startete nach ihnen einen Vermittlungsversuch mit Leber. Ihm war auch bekannt, daß man Schuschnigg als Kulturminister (!) vorgesehen hatte, weil sich das außenpolitisch gut mache.
Kurz, er bekennt sich als leitend mitbeteiligt.
Nicht so Ulrich von Hassell; der Mann, den der Führer mit solchem Vertrauen belohnt und beehrt hatte, und der doch, wie er selbst sagt, schon vor Kriegsausbruch den Glauben verloren hatte, das Reich werde seine geschichtliche Belastungsprobe bestehen.
Er hat zu Beginn seiner Haft in einer handschriftlichen Erklärung mit Entrüstung jede Schuld zurückgewiesen, dann etwa 25 Protokollseiten lang zwischen Lüge und wahrheitsverschleiernder Halbheit geschwankt, um schließlich zuzugeben und vor uns zu wiederholen, daß er bei den eingangs geschilderten Gesprächen Beck – Goerdeler – Popitz –

Olbricht beteiligt gewesen sei; daß Goerdeler auch Verbindung „mit Vertretern der Arbeiterschaft“ gehabt habe (die Gewerkschaftsgruppe), daß man sich „in der jüngeren Generation“ (der Grafengruppe) Sorge mache, und daß er dann bei einer Sitzung unter Becks Vorsitz mit Goerdeler, Popitz, Graf Schulenburg, Moltke, Yorck von Wartenburg und Trott zu Solz gewesen sei. Deren Sinn war „Aussprache über künftige Regierungsmaßnahmen“.
Er gestand weiter, daß er etwa um die gleiche Zeit an einer Sizung bei Popitz teilnahm – in Gegenwart von Beck, Olbricht und Goerdeler, in der es darauf ankam, „Unterlagen dafür zu gewinnen, welche Maßnahmen im zivilen Sektor bei einer Aktion zu ergreifen seien“. Alle, sagt von Hassell, waren sich darüber klar, daß es sich dabei um die Beseitigung unserer nationalsozialistischen Regierung handelte.
Bei diesen und anderen Besprechungen machte von Hassell die zugehörigen außenpolitischen Ausführungen. Er erklärt selbst, daß für alle Beteiligten, wenn das auch nicht wörtlich ausgesprochen wurde, Klarheit bestanden habe, daß er als Kandidat für das Amt des Außenministers in Frage komme.
Endlich beteiligte sich von Hassell, wie schon geschildert, im Spätherbst 1943 am Durchsehen und Verbessern der „Regierungserklärung“, des „Aufrufs an das deutsche Volk“ und des „Aufrufs an die Wehrmacht“.
Wenn von Hassell auch das alles zugibt, so legt er aber doch großen Wert auf die Behauptung, er habe nicht gewußt, daß die Aktion mit einem Mord am Führer eingeleitet werden solle. Er gibt jedoch zu, daß ihm Goerdeler und Beck gesagt hatten, die militärischen Verräterkreise planten, „notfalls Gewalt gegen den Führer anzuwenden“. Er habe aber wohl an die „Realität dieses Planes“, nicht aber an seine Realisierbarkeit geglaubt. Allein: er selbst hat bei der Vorbereitung der machtpolitischen Auswertung eines solchen Gewaltaktes erheblich mitgearbeitet; das hätte er – schon wegen des außerordentlichen, damit verbundenen Gefahrenrisikos – nicht getan, wenn er überzeugt gewesen wäre, daß dabei sicher nie etwas herauskommen könne. Und daß Gewalt gegen den Führer mit dessen Ermordung enden kann, darüber ist wie jeder auch von Hassell sich klar gewesen; selbst wenn er ein konkretes Bild des Gewaltaktes nicht gehabt haben sollte. Von Hassell ist danach also Teilhaber der Mordverschwörung.
Zwar kann man ihm nicht nachweisen, daß er noch 1944 über die Weiterentwicklung unterrichtet wurde. Aber das löst ihn nicht aus dieser Schuld. Seine Weiterunterrichtung war ja nicht mehr nötig. Der zivile Sektor hatte seine Vorbereitungen beendet. Sein Mitgehen stand für die anderen Komplottanten fest. Ja, selbst eine Absage – die er gar nicht gab –, hätte seine Schuldverstrickung nicht gelöst, nur eine Meldung bei der Polizei.
Diese vier, Carl Goerdeler, Wilhelm Leuschner, Josef Wirmer und Ulrich von Hassell, haben sich also – Goerdeler sogar als politischer Kriegsspion für unsere Feinde – mit einer Gruppe eidbrüchiger Offiziere, die unseren Führer ermorden wollte, verschworen, als Minister einer feindhörigen Verräterregierung unser Volk in dunkler Reaktion zu knechten und unseren Feinden auf Gnade und Ungnade auszuliefern. Denn es gibt niemanden, der nicht wüßte, daß durch solche Selbstentmannung Deutschlands unsere Kampfkraft hinweggefegt und wir alle wehrlos und ehrlos dem triumphierenden Feinde ausgeliefert gewesen wären. Der hielt ja, wie in News Chronicle steht, Goerdeler für geeignet, unter seiner Aufsicht zu „regieren“!
Ein für immer ehrloser Verräter ist auch Paul Lejeune-Jung. Er war bis Anfang der dreißiger Jahre deutschnationaler Abgeordneter und beschäftigte sich vor allem mit Wirtschaftspolitik. Hier vertrat er den Standpunkt der „Reichsgerechtsame“: An den Naturschätzen, Luft, Wasser, Erz, Kohle, kurz an dem, was abgebaut im Gegensatz zu dem, was angebaut werde, habe das Reich Obereigentum, und das müsse es in Anspruch nehmen.
Er kannte von früher Habermann. Der vermittelte ihm nach Stalingrad eine Besprechung mit dem ihm bis dahin nur oberflächlich bekannten Goerdeler. Diese Besprechung behan-

delte Fragen der Wirtschaftspolitik, ging zu der Feststellung über, ein erträglicher Friede sei nur zu erreichen, wenn man mindestens die Desnalinie* halten könne, und endete mit der Verabredung, sich noch einmal zu besprechen.

Nach einer Kur Lejeune-Jungs in Altheide kam Habermann wieder zu ihm und bat ihn, seine Anschauungen einmal in kleinem Kreise vorzutragen. Er tat das in seiner Wohnung vor Kaiser und Leuschner. Bald darauf sprach er noch einmal auf Habermanns Bitte vor Graf Schulenburg, Josef Wirmer und Graf Schwerin. Angesichts des Weiteren ist nicht wahrscheinlich, mag aber sein, daß er nicht wußte, damit sein Examen vor dem „Vizekanzler" und Gewerkschaftskreis und vor dem nächsten Mitarbeiter Goerdelers und dem Grafenkreis abzulegen.

Danach kam Goerdeler wieder zu ihm; sagte ihm, nach Besprechungen, die er mit Beck und Olbricht gehabt habe, seien innere Unruhen, insbesondere Aufstände ausländischer Arbeiter möglich, man müsse deswegen mit der Verhängung des großen Belagerungszustandes rechnen, und dann solle der vollziehenden militärischen Gewalt ein ziviles Kabinett zur Seite gestellt werden. Ob er in ihm Wirtschaftsminister zu werden bereit sei. Lejeune-Jung bejahte.

Trotzdem will er guten Glaubens gewesen sein. Er flüchtete vor der Polizei und auch vor uns in die Dummheit. Er habe geglaubt, dies „Kabinett" komme „natürlich" legal, mit Zustimmung unseres Führers, zustande. Er habe an einen Vorgang wie die Bevollmächtigung von Seeckts durch Ebert 1923 gedacht!!!

Das ist aber nicht wahr; macht Lejeune-Jung auch einen geistig kleinen Eindruck, so dumm ist er nicht!

1. Goerdeler hat erklärt, daß er Lejeune-Jung reinen Wein eingeschenkt hat. Goerdeler hat sich dadurch nicht entlastet; auch kein Interesse, Lejeune-Jung hineinzulegen.

2. Ein solches Angebot hätte weder Goerdeler noch irgendein anderer in solcher Lage und mit solchen Absichten gemacht, ohne den damit „Beehrten" in großen Zügen ins Bild zu setzen.

3. Lejeune-Jung wußte sehr gut, daß

a) der Führer im Fall von Unruhen selbst öffentlich die Verantwortung für ihre Überwindung übernommen hätte, der Vergleich mit Ebert ist eine Unverschämtheit;

b) daß eine solche Vollmacht an Generäle ihnen nie das Recht geben würde, ein Kabinett zu bilden;

c) daß der Führer nicht diese Form wählen würde, ihm – durch einen Mann ohne amtliche Stellung, sozusagen um einige Ecken herum – das Wirtschaftsministerium „anzubieten"; er gibt auch zu, daß Goerdeler sich nicht, auch nicht indirekt, auf den Führer berufen habe.

4. Lejeune-Jung hat zuerst vor der Polizei diesen ganzen Vorgang abgestritten. Das bezeugt zu allem Überfluß sein schlechtes Gewissen.

Wir sind also fest überzeugt: er wußte: Dies Angebot ist hochverräterisch. Und das mitten im Kriege! Ihm war klar, welche Erschütterung vor allem jetzt ein solcher, natürlich nur gewaltsam durchführbarer Versuch für unsere Kampfkraft bedeuten, wie er unseren Kriegsfeinden helfen würde!

Mag also auch Lejeune-Jung keine Vorstellung gehabt haben, daß die Gewalt zur Usurpierung der Regierung zugleich eine Gewalt [gegen] unseren Führer sein sollte (obgleich es kaum möglich ist, sich [das] vorzustellen), – auch schon dadurch, daß er sich der Verräterregierung als Minister zur Verfügung stellte, ist er ein für immer ehrloser, verräterischer Handlanger unserer Kriegsfeinde geworden, [denn] das ist Treulosigkeit, vollkommener Verrat, innerhalb dessen es wertbare Steigerungen nicht mehr gibt!

So haben also alle fünf wie die schon gerichteten Verräter der Offizierverschwörung so wie niemand je in unserer Geschichte das Opfer unserer gefallenen Krieger, Volk, Führer und Reich verraten; alles was wir sind, die deutschen Geschlechter vor uns und die nach uns;

alles, wofür wir leben und kämpfen. Während sie doch die Pflicht hatten, wie wir alle treu unserem Führer mit aller Kraft für unseren Sieg zu kämpfen!
Dieser vollendete Verrat macht sie zu Aussätzigen unseres Volkes. Er sprengt die Engen vorher ausdenkbarer Straftaten der Gesetze; erfüllt mehrere, viele zugleich. Er ist nicht nur Hochverrat, Defaitismus und Hilfe für unsere Kriegsfeinde, nicht nur darüber hinaus wie bei den vier ersten Mord am Führer und wie bei Goerdeler obendrein mehrfache Kriegsspionage. Er ist der Verrat schlechthin.
Dieser Verrat ist weit schlimmer als jenes Terrorverbrechen in den ersten Monaten der Auferstehung unseres Volkes, das unser Reich veranlaßte, für besonders gemeine Taten die Strafvollstreckung durch den Strang vorzusehen.
Auf diesen Verrat kann es nur die Todesstrafe geben. Vor ihm verblaßt zu nichts alles, was der einzelne Verräter vielleicht früher einmal Ordentliches geleistet hat. Denn dieser Verrat hat die Ehre des Täters, damit seine Persönlichkeit und seine Leistungen zu einem Nichts atomisiert.

gez. Dr. Freisler Dr. Koehler

(Druck: Spiegelbild einer Verschwörung. Hrsg. von H.A. Jacobsen. 1984, Bd. 1. S. 533ff.)

Carl Friedrich Goerdeler (1884–1945), bis 1931 DNVP, 1930–1937 Oberbürgermeister von Leipzig, 1931/32 und 1934/35 zugleich Reichskommissar für Preisüberwachung. Als provisorischer Reichsverweser im Fall eines erfolgreichen Staatsstreiches vorgesehen; am 12. August 1944 verhaftet, am 8. September zum Tode verurteilt, am 2. Februar 1944 hingerichtet.

* Desnalinie: Rückgrat des im August/September 1943 geplanten „Ostwalls" (Desna = Nebenfluß des Dnjepr)

125. Entwurf eines Regierungsprogramms Goerdelers

Geheime Denkschrift Goerdelers für die Generalität. 26. März 1943

...Somit Programm:
a) Im Innern: Die verantwortliche Reichsregierung, die wieder in ordnungsmäßigen Kabinettsberatungen arbeiten muß, erhält genügend Bewegungsfreiheit, um führen zu können; unerläßlich aber ist eine Kontrolle durch eine Vertretung des Volkes. Einstweilen nur Beratungsorgane in Reich, Kreisen, Ländern und Gemeinden. Endgültige Verfassung erst nach Rückkehr der Frontsoldaten.
Sofort Wiederherstellung der alleinigen Souveränität des Staates;
Wiederherstellung von Recht und Anstand, von Gewissens- und Geistes-, von Glaubens- und Religionsfreiheit;
Trennung von Staat und Kirchen, die sich selbst erhalten müssen und keine Politik betreiben dürfen. Saubere Vermögensauseinandersetzung; dafür weist der Staat ihnen lebensnahe Aufgaben, insbesondere auf dem Gebiet der Wohlfahrtspflege und der Erziehung zu und bekennt sich klar zu christlichen Grundsätzen. Eine Abteilung für kirchliche Angelegenheiten im Ministerium übt die erforderlichen Aufsichtsrechte aus.

Aufbau aller Verwaltungen auf Sachkunde und Verantwortungsbewußtsein;
Wiederherstellung der Selbstverwaltung in Gemeinden, Kreisen und Ländern und gleichzeitige Beseitigung übertriebener Zentralisation;
Ordnung der Finanzen und der Währung;
Vereinfachung der Kriegswirtschaft unter voller Aufrechterhaltung der kriegsbedingten Zwangswirtschaft. Baldmögliche Überleitung der letzteren in eine Wirtschaft, die sich ebensosehr auf den Unternehmungsgeist der Persönlichkeit wie auf den notwendigen Verantwortungssinn gegenüber der Allgemeinheit, auf Anerkennung der Bedeutung des Wertes des Arbeiters und der Bedeutung des Kapitals stützt. Privatmonopole werden in Reichsgerechtsame überführt.
Wiederherstellung eines klaren Erziehungswesens, das auf jeder Stufe Grundkenntnisse lehrt und den Blick aufs Ganze richtet. Besonders wichtig die Bildung des Charakters auf christlicher Grundlage und eine wirtschaftliche Erziehung, die allein Unternehmer und Arbeiter befähigt, den Tatsachen Rechnung zu tragen, in gegenseitiger Achtung zusammenzuwirken sowie die rechte Grenze zu finden zwischen den berechtigten Interessen der Sparer und den berechtigten Interessen der Arbeiter, zwischen Einzelunternehmen und öffentlichen Betrieben.
Aufrechterhaltung einer genügend starken deutschen Wehrmacht, deren Offiziere und Unteroffiziere Aussichten haben müssen, vorübergehend (zwecks Fortbildung) oder dauernd in die Verwaltung, die Wirtschaft oder in das Erziehungswesen übergehen zu können.
b) Nach außen: Zusammenfassung aller Kräfte; Bereitschaft zur Verständigung, die die Lebensnotwendigkeit des deutschen Volkes sichert.
Einigung Europas auf der Grundlage selbständiger europäischer Staaten. Die Einigung wird stufenweise durchgeführt. Sofort wird eine europäische Wirtschaftsunion mit einem ständig tagenden europäischen Wirtschaftsrat gebildet. Erst einer solchen wirtschaftlichen Einigung kann später politisches Zusammenwachsen folgen.
Wiederherstellung der weltwirtschaftlichen Beziehungen unter Berücksichtigung der nationalen Notwendigkeiten eines lebensfähigen Bauerntums und unter Einsatz frei werdender Teile der Marine- und Luftstreitkräfte. Mitwirkung an der Stabilisierung der Währungen, ohne die Weltwirtschaft nicht möglich ist.
c) Alle diese Maßnahmen sollen plastisch den Willen verkörpern, daß wir kein 1918, sondern Deutschland und unser Volk zu nationaler Behauptung starken wollen. Wir müssen uns aber klar sein, daß die Wiederholung von 1918 eben nur vermeidbar ist, wenn rechtzeitig so, wie hier vorgeschlagen, gehandelt wird.

(Druck: G. Ritter, Carl Goerdeler und die deutsche Widerstandsbewegung. 1954, S. 591 f.)

126. Vorgesehene Regierung

127. Verbindungsoffiziere und Politische Beauftragte

	Außen	Innen	Krieg	Justiz	Finanz
Jan 1944	Hassell	Leber		Wirmer	Loeser
Juli 1944	Hassel oder Graf v. d. Schulenburg	Leber	Olbricht	Wirmer	Loeser
ohne Zeitpunkt, von Gestapo ermittelt	Hassel oder Graf v. d. Schulenburg	Leber oder Graf v. d. Schulenburg	Hoepner Olbricht Graf von Stauffenberg	Kriege	Popitz oder Loeser

Wehrkreise	I. Königsberg	II. Stettin	III. Berlin	IV. Dresden	V. Stuttgart	VI. Münster	VII. München
Verbindungs-offiziere	Graf v. Lehndorff	Graf v. Blumenthal	v. Oertzen	Oster	–	–	Freiherr v. Leonrod
Politische Beauftragte	Graf zu Dohna-Schlobitten	Freiherr v. Willisen		Cramer	Fischer	Letterhaus	Geßler
Unter-beauftragte		v. Kleist-Schmenzin			Frank	Sümmermann	

Vorgesehene Regierung der Widerstandsbewegung

Reichspräsident	Reichskanzler	Generalstatthalter u. Oberbefehlshaber der Wehrmacht
Leuschner	Goerdeler	Generaloberst Beck

Vizekanzler
Leuschner

Wirtschaft/Arbeit	Ernährung/Landw.	Kultus	Wiederaufbau	Verkehr
Lejeune-Jung	Hermes	Bolz		Stegerwald oder ein SPD-Politiker
Lejeune-Jung	Hermes	Bolz	Letterhaus	Raabe
Blessing oder Lejeune-Jung	Blessing oder Lejeune-Jung	Bolz		Herrmann
	Lüninck oder Hermes	Reichwein oder Schuschnigg		
	Schlange-Schöningen			

Nach Peter Hoffmann: Widerstand, Staatsstreich, Attentat. München 1979, S. 453 f.

Verbindungsoffiziere und Politische Beauftragte der vorläufigen Regierung in den Wehrkreisen

III. reslau	IX. Kassel	X. Hamburg	XI. Hannover	XII. Wiesbaden	XIII. Nürnberg	XX. Danzig	XXI. Posen
Scholz-Babisch	Freiherr v. Sell	–	Wagner	Kaiser	Freiherr Truchseß v. Wetzhausen	v. Boehmer	Kißling
Lukaschek	Noske	Dahrendorf	Menge	Schwamb	Böhme	Freiherr v. Lüninck	Vollert
Voigt	Frölich	Tantzen	Lüdemann	Koßmann			
Kaschny							

Nach Peter Hoffmann: Widerstand, Staatsstreich, Attentat. München 1979, S. 431 f., 440 f.

128. Urteil des Volksgerichtshofs gegen Bolz u. a.

31. Dezember 1944
Eugen Bolz hat sich Goerdeler für den Posten eines Reichsministers in dessen Regierung für den Fall unseres Zusammenbruchs zur Verfügung gestellt und viele Verratsbesprechungen mit engsten Mitverrätern Goerdelers gehalten.
Für immer ehrlos wird er dafür mit dem Tode bestraft ...
Gründe:
Eugen Bolz, jahrzehntelang Abgeordneter des Zentrums und zuletzt in der Zeit des Weimarer Zwischenstaates Staatspräsident in Württemberg, bekannte heute vor uns, daß er kein Nationalsozialist sei. Er vermisse bei uns die individuelle Freiheit!
Aus seiner früheren Tätigkeit kannte er die gerichteten Verräter Goerdeler, Wirmer und Leuschner und den früheren Zentrumsgewerkschaftsführer Kaiser sowie den einstigen Zentrumsreichsminister Hermes. Mit allen hat er in der Zeit von 1942 bis 1944 über den Verrat Goerdelers beraten und sich selbst für ihn zur Verfügung gestellt.
Goerdeler suchte ihn in Stuttgart, seinem Wohnort, im Herbst 1942 auf und entwickelte ihm, der Krieg stehe schlecht, wahrscheinlich gehe er verloren, und dann stehe der Kommunismus bereit da, während andere, die ihn in einem solchen Katastrophenfall abwehren wollten, nicht bereit seien. Dann berieten beide, ob man den Dingen ihren Lauf lassen oder ein aktives Eingreifen schon jetzt vorbereiten solle. Sie wurden darin einig, daß man schon jetzt für diesen Fall Vorbereitungen treffen müsse, und Goerdeler sagte nun, er suche Männer für eine Regierung unter ihm als Reichskanzler und für leitende Stellungen in den einzelnen Ländern. Loeser solle Finanz-, Popitz Kultus-, Wirmer Justiz-, von Hassell oder von der Schulenburg Außenminister werden, Leuschner Vizekanzler. Ob er sich auch für ein Amt in der Reichsregierung zur Verfügung stelle. Er denke für ihn an den Innenminister. Bolz erklärte sich bereit. An der Spitze soll ein General als Reichspräsident stehen. Früher hat Bolz dies sein Bekanntmachen mit den Namen der vorgesehenen Minister auf eine spätere der von da ab in zwei- bis dreimonatigen Abständen folgenden Zusammenkünfte zwischen ihm und Goerdeler verlegt. Doch ändert es nichts Wesentliches am Verhalten von Bolz, ob er das alles schon in der ersten Besprechung oder nach und nach von Goerdeler erfahren hat.
Im Laufe der weiteren Zusammenkünfte erzählte ihm Goerdeler auch, in Wehrmachtskreisen könne man hören, man müsse sehen, daß man die vollziehende Gewalt in die Hand bekomme, vielleicht auf dem Weg über Befehle an die Stellvertretenden Generalkommandos, wodurch man das Heimatheer in der Hand habe. Damit befaßten sich besonders Offiziere im Oberstenrang, die ihre Vorgesetzten in diesem Sinne bearbeiteten, und auch nicht ohne Erfolg Frontoffiziere entsprechend beeinflußten. Er war sich darüber klar, daß so etwas nur gewaltsam möglich sein würde. Doch will er das nur für Gerede, für „Unmutsäußerungen" gehalten haben.
Später sagte ihm Goerdeler, als Innenminister sei ein Sozialdemokrat, Leber, vorgesehen, womit seine Nominierung erledigt war. Doch blieb seine weitere Bereitschaft bestehen, irgendeinen Ministerposten zu übernehmen.
Darüber hinaus wurde Bolz auch aktiv für den Goerdelerverrat tätig. So sah er sich auf Goerdelers Wunsch bei einer Privatreise nach Wien nach der dortigen Stimmung um und schilderte sie als Deutschland ungünstig.
Auch nannte er Goerdeler auf dessen Wunsch als für Baden geeigneten Zentrumsmann den Rechtsanwalt Frank in Karlsruhe, setzte sich mit ihm in Verbindung, erhielt dessen Bereitschaft und teilte das Goerdeler mit, so daß dieser sich mit ihm in Verbindung setzen konnte.
Zweimal (Spätsommer 43 und Mai-Juni 44) suchte ihn auch Hermes auf, der sich informiert zeigte, und dem er klar machte, daß man wirklich schon jetzt Vorbereitun-

gen für den Zusammenbruch treffen müsse. So festigte er dessen schwankende Haltung. Um die Wende 1942, im Sommer 1943 und um die Wende 1943/44 sah er sich auch mit dem früheren Zentrumsgewerkschaftler Kaiser, der, wie er wußte, eine leitende Stellung in einer zu gründenden Einheitsgewerkschaft bekommen sollte, und der ihm sagte, als Staatspräsident sei Beck vorgesehen. Kaiser erzählte ihm, daß er diese Gewerkschaft zusammen mit Leuschner und Habermann aufbauen wolle.

Bei Kaiser sah Bolz einmal Wirmer, den als Justizminister vorgesehenen Zentrumsmann. Zweimal endlich besuchte ihn in Stuttgart Leuschner, der sich vorsichtiger ausdrückte, aber, wie Bolz wußte, als Vizekanzler vorgesehen war.

In Stuttgart endlich kam Bolz oft mit dem früheren Zentrumsabgeordneten Ersing zusammen, der ebenfalls im Bilde und bei den Besprechungen mit Goerdeler meist zugegen war. Manchmal besuchte die frühere Zentrumsabgeordnete Weber oder die frühere Zentrumsabgeordnete Teusch Bolz. Dabei machte er aus seinen und Goerdelers Plänen ebenfalls kein Hehl.

All das hat Bolz heute vor uns zugegeben. Trotzdem erklärt er, sich unschuldig zu fühlen. Er habe doch nicht mit Gewalt vorgehen wollen und sich nur gedacht, daß man Vorbereitungen treffen müsse, um ein durch einen Zusammenbruch entstehendes Vakuum auszufüllen. An die Aktion des Militärs habe er nicht geglaubt, und jedenfalls sich nicht vorgestellt, daß Goerdeler mit ihnen zusammengehen könne.

Um mit dem letzten anzufangen: ihm als erfahrenen Politiker war natürlich klar, daß solche Parallelbewegungen geradezu zwangsläufig, mindestens in der Wirkung, zusammenfließen müssen.

Und daß er diese Reden von Obersten nicht für ernst gehalten habe? Damit können wir ihn einfach nicht hören. Wo bliebe der notwendige Schutz unseres kämpfenden Reiches, wenn wir jemanden damit hören würden!

Und was die Gewalt anbelangt: Selbst wenn er sich wirklich vorgestellt haben sollte, daß Goerdeler erst auf Grund des Sieges unserer Feinde handeln wolle, erst wenn der Nationalsozialismus zerschlagen sei, so würden wir das einer eigenen Gewaltanwendung Goerdelers und seiner Mitverräter gleich achten. Denn kann man den als weniger verräterisch erachten, der die uns vernichtende Gewalt unserer Kriegsfeinde ausnutzen will, als denjenigen, der mit eigener Gewalt uns unsere nationalsozialistische Lebensart rauben will?

Immer wieder suchte freilich Bolz auszuführen, er habe doch nur ein Vakuum füllen wollen. Er habe nur an eine Rettung in solcher Not gedacht. Er sei sich nicht bewußt gewesen, damit etwas Unrechtes zu tun. Er erkennt eben nicht das Gesetz unseres nationalsozialistischen Volkslebens an, das uns jetzt gebietet, alle, restlos alle Kraft darauf zu verwenden, zu siegen; kein Quäntchen Kraft auf anderes, wie etwa die Beseitigung einer Gefahr nach unserer Niederlage, also nach unserem Tode, zu verwenden; die nicht zuläßt, eine aus Defaitismus geborene Tat mit eben diesem Defaitismus auch noch zu rechtfertigen. Daß er das nicht anerkennt, kann ihm aber nicht nützen. Denn das ist, nachdem das deutsche Volk sich zur Ausschließlichkeit der Geltung und zur allumspannenden Natur unserer politischen Weltanschauung bekannt hat, eine abartige Anschauung. Und Abartiges können wir nicht unserer Art gegenüber auch nur zur Rechtfertigung anerkennen.

Bolz hat also an dem hochverräterischen Treiben Goerdelers aktiven Anteil gehabt (§ 83 StGB). Er wußte natürlich auch, daß solche Gedankengänge und Pläne, solch zersetzender Defaitismus, umgewandelt in Verrat, gerade das ist, was unsere Feinde sich bei uns wünschen. Er hat sich also mit zum Knecht unserer Kriegsfeinde gemacht (§ 91 b StGB).

Dadurch ist er für immer ehrlos geworden. Er mußte um unserer Selbstachtung, um unseres Sieges, um der Sicherheit der kämpfenden Front und Heimat willen dafür mit dem Tode bestraft werden.

(Druck: W. Wagner, Der Volksgerichtshof im nationalsozialistischen Staat. 1979, S. 912 ff.)

129. Urteil des Volksgerichtshofs gegen Frank u. a.

12. Januar 1945.
Reinhold Frank hat sich dem Verräter Goerdeler bereiterklärt, ein politisches Amt für Baden in einer nichtnationalsozialistischen Regierung für den Fall des Zusammenbruchs des Reiches anzunehmen.
Dadurch ist er für immer ehrlos geworden. Er wird mit dem Tode bestraft.
Gründe:
Reinhold Frank ist Rechtsanwalt, der auch nicht selten – besonders in Südwestdeutschland – vor dem Volksgerichtshof verteidigt hat.
Seit seiner Jugend neigte er zum Zentrum und wurde nach 1933 in Karlsruhe Zentrumsstadtverordneter.
Vor der Polizei bestreitet er zunächst sogar, Goerdeler zu kennen und je mit ihm zusammengekommen zu sein.
Davon wich er dann später ab und bekannte sich heute – wie im wesentlichen zuletzt auch schon vor der Polizei – zu folgendem:
Der frühere zentrümliche württembergische Staatspräsident, der schon gerichtete Verräter Bolz, habe ihm etwa im Februar 1943 gesagt, er möge sich doch einmal mit Goerdeler in Verbindung setzen. Als er aus Anlaß einer Verteidigung vor dem Reichskriegsgericht in Berlin gewesen sei, habe er das auch getan.
Im Hospiz seien sie zusammengetroffen; Goerdeler habe die Lage schwarz geschildert und ganz vage etwas von seiner Beteiligung im Fall eines Zusammenbruchs gesagt.
Ein bis zwei Monate danach habe er Goerdeler, als er aus gleichem Anlaß in Berlin war, wieder aufgesucht. Wieder habe dieser defaitistisch gesprochen und erklärt, er – Frank – müsse sich bei einem Zusammenbruch einsetzen. Darauf habe er erwidert, er halte für zwecklos, daß Zivilisten sich einschieben. Goerdeler habe aber weiter auf ihn eingeredet; davon gesprochen, der Zusammenbruch sei ganz nahe; eine andere Regierung könne vielleicht mit England Frieden schließen; man müsse den Ländern weitgehende Autonomie geben. Er habe sein Ansinnen an ihn so verstanden, daß er in Baden möglichst weite Kreise des Volkes dann politisch zusammenschließen solle.
Das habe er nicht für Verrat am nationalsozialistischen Reich gehalten, da alles doch erst für die Zeit nach dem Zusammenbruch habe gelten sollen.
Freilich habe er wieder etwas später, etwa im Juni 1943, bei einer Verteidigung vor dem Volksgerichtshof ersehen, daß dieser auch das für Hochverrat halte.
Er habe nun nichts mehr damit zu tun haben wollen, und nun, zwei Monate später auch abgesagt.
Reinhold Franks Bereitschaftserklärung war aber Mitmachen beim Hochverrat. Denn wer zu Lebzeiten unseres Reiches Vorbereitungen nationalsozialismus-feindlicher Art trifft, ist Hochverräter wie der, der den Umsturz durch eigene Gewalt anstrebt; auch wenn er statt dessen auf die erfolgreiche Gewalt unserer Kriegsfeinde rechnet. Das letzte ist sogar besonders gemein. Er kann sich auch nicht damit entschuldigen, daß er doch nach der – defaitistisch, also verbrecherisch – angenommenen Niederlage das Weiterleben des deutschen Volkes habe retten wollen. Denn Volk, Reich und Nationalsozialismus leben gleich lang, denn sie sind eins. Anders denken ist abartig, also keine Entschuldigung. Unser aller Kraft gehört einzig und allein dem Sieg und nicht der Aufgabe des Nationalsozialismus, also unserer einzigen Lebensmöglichkeit.
Solcher Verrat (§ 83 StGB) mitten in diesem schweren Kampf ums Sein zeugt von völliger Ehrlosigkeit. Er muß um des Reiches Sicherheit willen zur Abschreckung anderer Verratbereiter mit dem Tode bestraft werden ...

(Druck: W. Wagner, Der Volksgerichtshof im nationalsozialistischen Staat. 1979, S. 917 ff.)

Reinhold Frank (1896–1945), Zentrum, Stadtverordneter in Karlsruhe; als Rechtsanwalt für Verfolgte des NS-Regimes tätig; Kontakte zu Goerdeler; am 21. Juli 1944 verhaftet, am 12. Januar 1945 zum Tode verurteilt, hingerichtet am 23. Januar.

130. Haftbefehl gegen Raabe

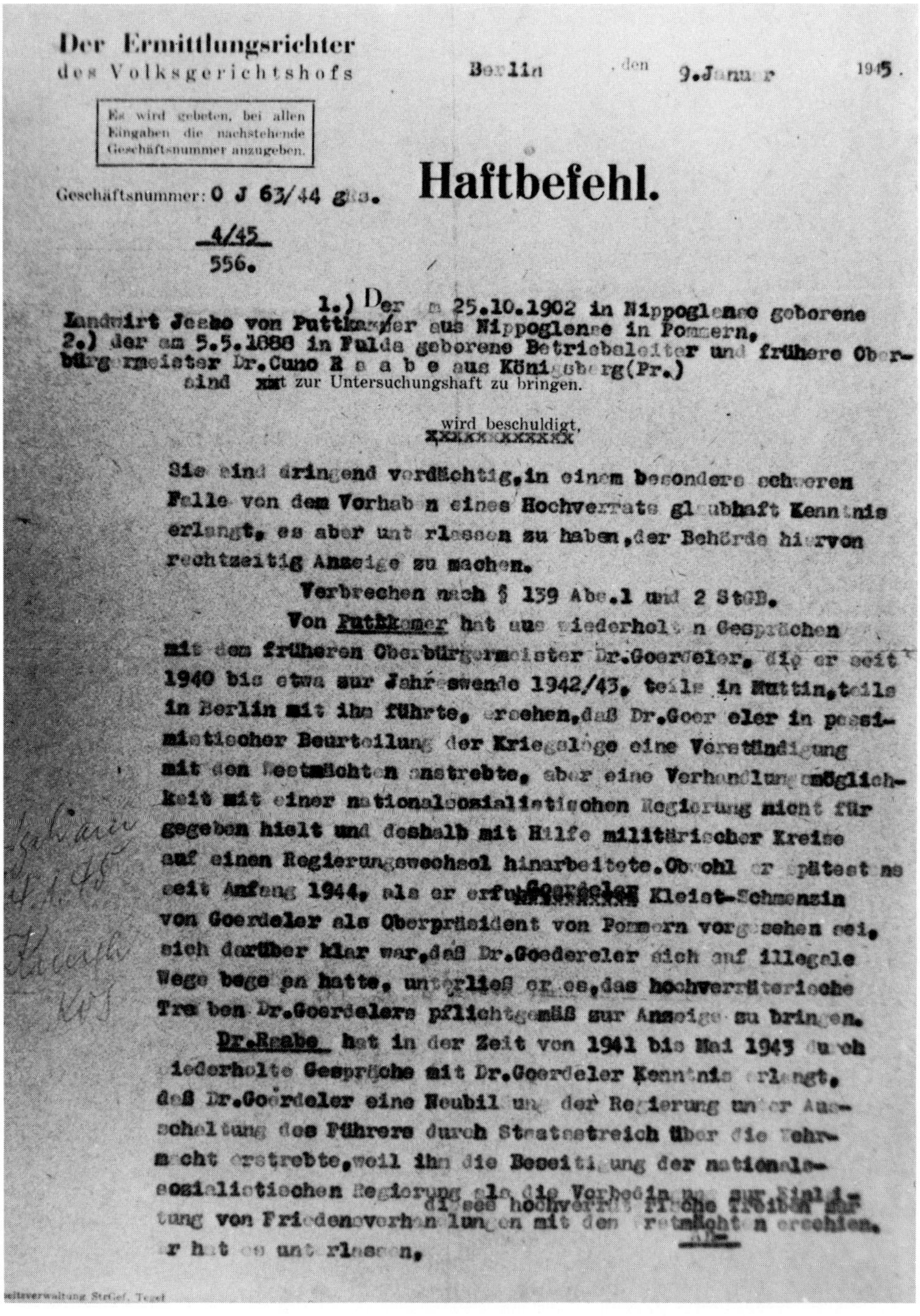

Der Ermittlungsrichter
des Volksgerichtshofs

Berlin, den 9. Januar 1945.

Es wird gebeten, bei allen Eingaben die nachstehende Geschäftsnummer anzugeben.

Geschäftsnummer: O J 63/44 g. Rs.

4/45
556.

Haftbefehl.

1.) Der am 25.10.1902 in Nippoglense geborene Landwirt Jesko von Puttkamer aus Nippoglense in Pommern,
2.) der am 5.5.1888 in Fulda geborene Betriebsleiter und frühere Oberbürgermeister Dr. Cuno R a a b e aus Königsberg (Pr.)
sind zur Untersuchungshaft zu bringen.

wird beschuldigt,

Sie sind dringend verdächtig, in einem besonders schweren Falle von dem Vorhaben eines Hochverrates glaubhaft Kenntnis erlangt, es aber unterlassen zu haben, der Behörde hiervon rechtzeitig Anzeige zu machen.

Verbrechen nach § 139 Abs. 1 und 2 StGB.

Von Puttkamer hat aus wiederholten Gesprächen mit dem früheren Oberbürgermeister Dr. Goerdeler, die er seit 1940 bis etwa zur Jahreswende 1942/43, teils in Muttin, teils in Berlin mit ihm führte, ersehen, daß Dr. Goerdeler in pessimistischer Beurteilung der Kriegslage eine Verständigung mit den Westmächten anstrebte, aber eine Verhandlungsmöglichkeit mit einer nationalsozialistischen Regierung nicht für gegeben hielt und deshalb mit Hilfe militärischer Kreise auf einen Regierungswechsel hinarbeitete. Obwohl er spätestens seit Anfang 1944, als er erfuhr, daß Goerdeler Kleist-Schmenzin von Goerdeler als Oberpräsident von Pommern vorgesehen sei, sich darüber klar war, daß Dr. Goedereler sich auf illegale Wege begeben hatte, unterließ er es, das hochverräterische Treiben Dr. Goerdelers pflichtgemäß zur Anzeige zu bringen.

Dr. Raabe hat in der Zeit von 1941 bis Mai 1943 durch wiederholte Gespräche mit Dr. Goerdeler Kenntnis erlangt, daß Dr. Goerdeler eine Neubildung der Regierung unter Ausschaltung des Führers durch Staatsstreich über die Wehrmacht erstrebte, weil ihm die Beseitigung der nationalsozialistischen Regierung als die Vorbedingung zur Einleitung von Friedensverhandlungen mit den Westmächten erschien. Er hat es unterlassen, dieses hochverräterische Treiben zur

Arbeitsverwaltung StrGef. Tegel

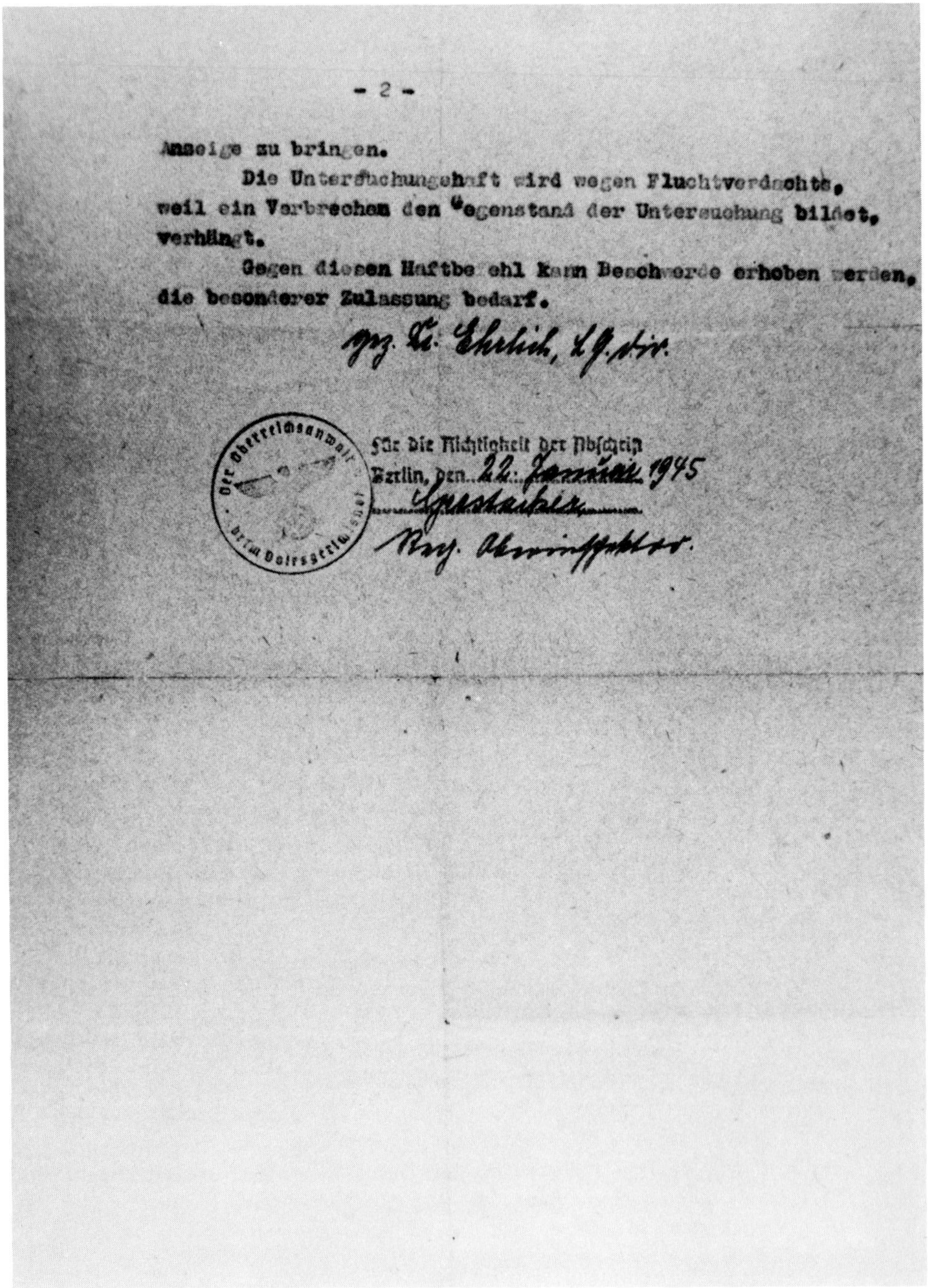

\- 2 -

Anzeige zu bringen.

Die Untersuchungshaft wird wegen Fluchtverdachts, weil ein Verbrechen den Gegenstand der Untersuchung bildet, verhängt.

Gegen diesen Haftbefehl kann Beschwerde erhoben werden, die besonderer Zulassung bedarf.

gez. Dr. Ehrlich, LG.Dir.

Der Oberreichsanwalt beim Volksgerichtshof

Für die Richtigkeit der Abschrift

Berlin, den 22. Januar 1945

Reg. Oberinspektor

Cuno Raabe (1888–1971), Zentrum, 1933 als Oberbürgermeister von Hagen abgesetzt. Nach dem Krieg Oberbürgermeister von Fulda.

131. Karteiblatt Wirmer des Strafgefängnisses Plötzensee

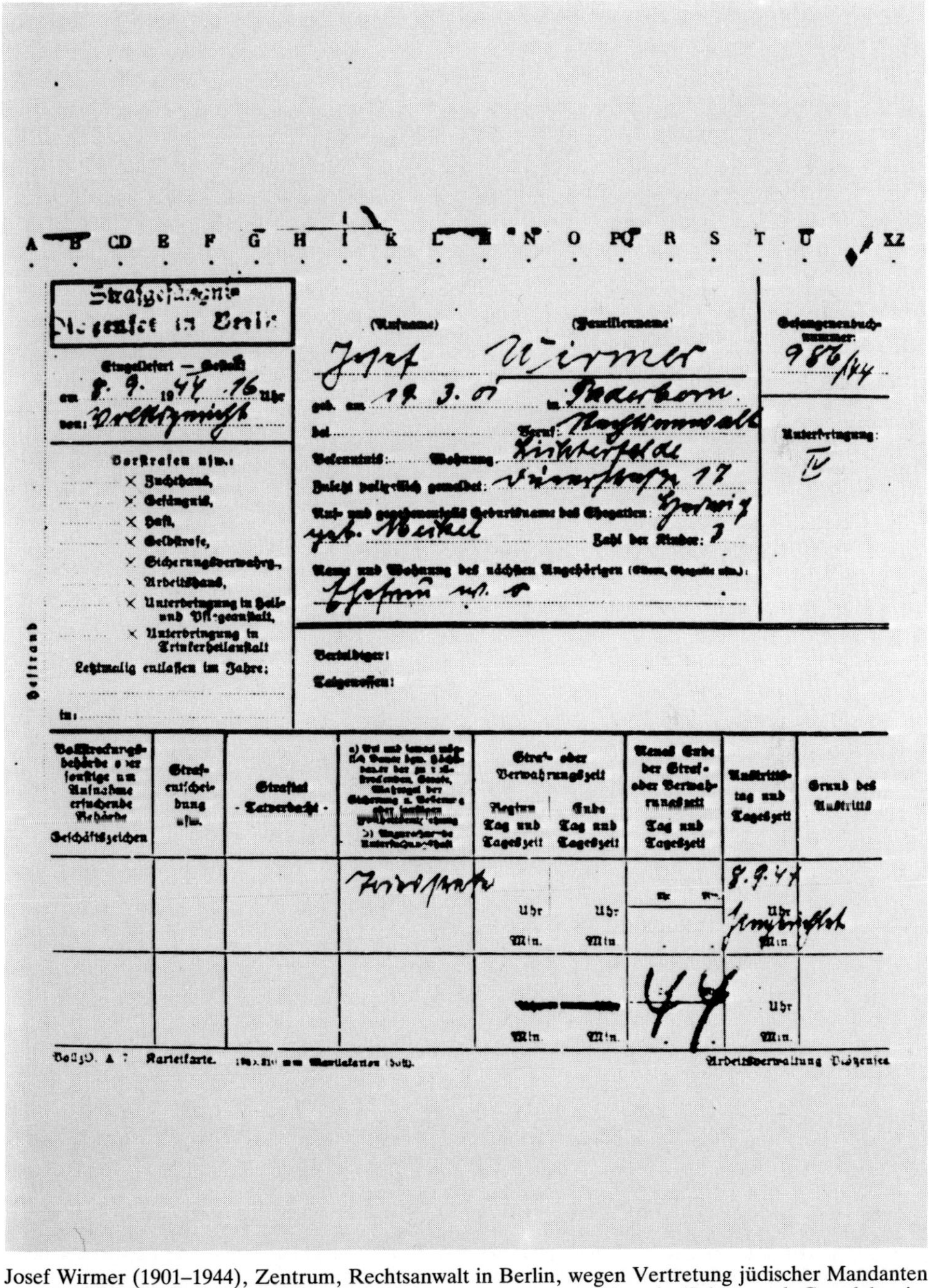

A B CD E F G H I K L N O PQ R S T U XZ

Strafgefängnis Plötzensee in Berlin

Eingeliefert — Gestellt am 8. 9. 1944 16 Uhr

von: Volksgerichtshof

Vorstrafen usw.:
× Zuchthaus,
× Gefängnis,
× Haft,
× Geldstrafe,
× Sicherungsverwahrg.,
× Arbeitshaus,
× Unterbringung in Heil- und Pflegeanstalt,
× Unterbringung in Trinkerheilanstalt

Letztmalig entlassen im Jahre:

in:

(Rufname) Josef (Familienname) Wirmer

geb. am 19. 3. 01 in Paderborn

bei ... Beruf: Rechtsanwalt

Bekenntnis: ... Wohnung Lichterfelde

Zuletzt polizeilich gemeldet: Dürerstraße 17

Ruf- und Geburtsname der Ehegattin: Hedwig geb. [illegible]

Zahl der Kinder: 3

Name und Wohnung des nächsten Angehörigen (Eltern, Ehegattin usw.): Ehefrau w. o.

Gefangenenbuchnummer: 986/44

Unterbringung: IV

Verteidiger:

Tatgenossen:

Vollstreckungsbehörde oder sonstige um Aufnahme ersuchende Behörde Geschäftszeichen	Strafentscheidung usw.	Strafsat - Tatverdacht -	[illegible]	Straf- oder Verwahrungszeit Beginn Tag und Tageszeit	Ende Tag und Tageszeit	Neues Ende der Straf- oder Verwahrungszeit Tag und Tageszeit	Austrittstag und Tageszeit	Grund des Austritts
		Todesstrafe		Uhr Min.	Uhr Min.		8.9.44 Uhr Min.	hingerichtet
				Min.	Min.	44	Uhr Min.	

Karteikarte. ... Arbeitsverwaltung Plötzensee

Josef Wirmer (1901–1944), Zentrum, Rechtsanwalt in Berlin, wegen Vertretung jüdischer Mandanten aus dem NS-Rechtswahrerbund ausgeschlossen; Zusammenarbeit mit Kaiser und Goerdeler im Widerstand; er wurde am 4. August 1944 verhaftet, am 8. September zum Tode verurteilt und hingerichtet.

132. Entwurf Wirmers für die neue Staatsflagge

Die „Fahne der Männer des 20. Juli“, entworfen von Josef Wirmer, verbindet die Farben der deutschen Demokratie Schwarz-Rot-Gold mit dem christlichen Kreuz.
Auf Anregung seines überlebenden Bruders Ernst Wirmer beantragte die CDU/CSU bei den Beratungen zum Grundgesetz im Parlamentarischen Rat, die Flagge der Bundesrepublik Deutschland nach diesem Entwurf zu gestalten.

133. Aus dem Tagebuch von Lenz

11. Dezember 1944.
Die Nacht bekam ich wieder einmal den Antrieb, über das Danach nachzudenken. Es konnte nicht schaden, gleichgültig, ob es Zweck hat oder nicht. – Da nach einem Zusammenbruch eine selbständige Regierung nicht möglich sein wird, ist meiner Auffassung nach die große Gelegenheit gegeben, eine Sammlung der Mitte zu erreichen, die sonst bei einem bolschewistischen Terror nicht möglich wäre. Es kommt m. E. entscheidend darauf an, möglichst bald ein Gegengewicht gegen die Linke zu schaffen. Gelingt es, genügend Anhänger einer Mitte auf die Beine zu bringen, würde diese Bewegung auch eine Stütze bei den Besatzungsmächten finden, die dann nicht helfen können, wenn nur die äußerste Linke in Erscheinung tritt. – Eine eigentliche politische Partei kann m. E. zunächst nicht gebildet werden, da sie ja kein Betätigungsfeld hätte. – Es wäre m. E. richtiger, zunächst eine Bewegung auf die Beine zu stellen, die überkonfessionell, aber auf christlicher Grundlage zusammengehalten, den Versuch machen müßte, die eintretenden Notstände zu bekämpfen ... Diese Bewegung muß dann Einfluß auf die Besetzung der Verwaltungsposten gewinnen mit Hilfe von einflußreichen Mitgliedern, [um] vor allem die Lebensmittelversorgung und die notwendigsten Arbeiten sicherzustellen. Man wird sich der Hilfe der Geistlichkeit und anderer in der Öffentlichkeit maßgebender Männer bedienen müssen, um kräftig auf alle Schichten einzuwirken. Die Bewegung muß mit großem geistigen Schwung arbeiten ... Darüber hinaus muß versucht werden, die Katholischen Arbeitervereine wieder auf die Beine zu bringen, ebenso die Christlichen Gewerkschaften, ferner Gemeindeverbände. Es müssen Versammlungen abgehalten werden, die die Notwendigkeit gegenseitiger Hilfe betonen, die Presse muß in den Dienst dieser Sache gestellt werden. Sammlungen müssen veranstaltet werden. – Ohne Volksbewegung der Mitte wird alles der Linken in die Hände getrieben. Ohne Volksbewegung ist nicht auszukommen.

Otto Lenz (1903–1957), Zentrum, bis 1938 Landgerichtsdirektor im Preußischen Justizministerium; als Rechtsanwalt für Verfolgte des NS-Regimes tätig; wegen seiner Kontakte zu Goerdeler am 19. Januar 1945 zu vier Jahren Zuchthaus verurteilt. Staatssekretär im Bundeskanzleramt.

134. Hermes an seine Frau

Berlin, 15. Januar 1945
...Am 30. August 1944 fand meine sechste Vernehmung statt, bei der es dem Kommissar vor allem darauf ankam, ein Geständnis zu erhalten, daß ich von dem Plan einer gewaltsamen Aktion gewußt hätte. Er hatte diesen Versuch bereits früher unternommen, aber erfolglos, und wollte ihn nun zum Gelingen bringen. Die brutale Raffiniertheit, mit der er dabei vorging, um sein Opfer weichzumachen, zeigte sich darin, daß ich bereits am Vormittag gegen 10 Uhr nach Drögen geholt wurde und ohne Mittagessen etwa fünf Stunden warten mußte, ehe ich zur Vernehmung kam. Da ich tatsächlich keine Kenntnis der vermuteten Art hatte, blieb sein neuer Versuch wiederum erfolglos, was ihn so in Wut versetzte, daß er ausrief: „Ich werde es schon noch herauskriegen und werde Sie so lange schmoren lassen, bis Sie gestehen." Von dieser Vernehmung kam ich zwischen vier und fünf Uhr nach Ravensbrück zurück und wurde dann in der folgenden Nacht zwischen zwölf und ein Uhr wieder aus dem Bett geholt und mit dem früheren Sozialdemokraten Leuschner zusammen gefesselt nach Drögen gebracht. Ich ahnte nichts Gutes. Zuerst wurde ich über einige andere Punkte vernommen und erhielt im Verlaufe der Vernehmung plötzlich von dem Kommissar sehr heftige, wüste Schläge ins Gesicht. Am liebsten hätte ich mich auf den Kerl gestürzt, der mich wehrlosen Menschen zudem noch beschimpfte. Aber er hatte sich noch einen robusten Kameraden mitgebracht, und vor allem war ja jeder Versuch eines Widerstands nicht nur zwecklos, sondern direkt lebensgefährlich. Ich dachte in diesem Augenblick der Demütigung an Euch Lieben, denen ich mich gesund erhalten wollte, und stärkte mich im Gedanken an des Heilandes Leidensweg.
Nach dieser Mißhandlung zog der Kommissar seine Uhr, stellte sie auf den Tisch und erklärte: „So, jetzt gebe ich Ihnen zwei Minuten Zeit, wenn Sie dann nicht gestehen, daß Sie von einer Gewaltaktion gewußt haben, geh'n wir in den Keller" (Folterkammer). In diesem Augenblick war ich sofort gefaßt, allem was noch kommen würde, standhaft entgegenzusehen. Ich schwieg; der Kommissar: „Noch eine Minute." Ich schwieg weiter, worauf er plötzlich der Stenotypistin diktierte: „Vernehmung wegen Übermüdungserscheinungen des Häftlings abgebrochen." Du kannst Dir meine seelische Verfassung vorstellen, in der ich heimfuhr. Als ich am anderen Morgen beim Spaziergang Geßler zuflüsterte, ich sei geschlagen worden, sagte er mir, daß er bereits im Keller gefoltert worden sei...
Und dann kam nach mehrmaliger Vertagung – nachdem der erste Termin schon am 20. Dezember 1944 angesetzt war – schließlich die Verhandlung vom 11. Januar 1945, die mit meinem Todesurteil ausging. Ich wurde zuerst vernommen, und ich sagte Dir schon, daß Freisler mich in der Form durchaus angemessen behandelte, während er den nach mir vernommenen und ebenfalls zum Tode verurteilten früheren Staatssekretär [Dr. Franz Kempner] in der heftigsten Weise anfuhr. Aber seine äußere Höflichkeit mir gegenüber war nur ein auf Trug berechnetes Scheinmanöver, wie ich heute klar erkenne. Die ganze Verhandlung ließ keinen Zweifel darüber, daß unter der dünnen Maske formaler Korrektheit sich ein jedes menschlichen und rechtlichen Empfindens bares Instrument politischer Willkür verbarg, das durch die Verbrämung mit Rechtsformen nur um so abstoßender wirkte. Und die geistreichelnde Schauspielerei des Vorsitzenden, seine mit Menschenleben spielende Frivolität und seine hemmungslosen Haßausbrüche gegenüber wehrlosen Angeklagten, die zudem jeder ehrlichen Entrüstung entbehrten und nur wie byzantinische Kriecherei wirkten, machten das ganze Schauspiel nur noch widerlicher. Die Verteidiger spielen eine klägliche Rolle und könnten ruhig fehlen.
Nun hast Du, meine Teuerste, Gnadengesuche eingereicht. Ich bin auch diesmal nicht hoffnungsvoller als bisher und bin auf alles gefaßt.

135. Abschiedsbrief von Hermes an seinen Sohn

Berlin, 26. Januar 1945
Unsere Schuld ist unermeßlich groß und schreit nach Sühne für die zahllosen gemordeten Menschenleben, für das tausendfach verletzte Recht, für die Entsittlichung unseres Volkes, besonders der Jugend, für die in unmenschlicher Unbarmherzigkeit über unser Volk und andere Völker verhängten namenlosen Leiden und Qualen. Wenn diese Sühne nicht unerbittlich gefordert und geleistet wird, kann es keinen Aufstieg für unser Land geben. Sie ist nicht ein Verlangen nach Rache, sondern ein unumgängliches Gebot der Selbstreinigung. Nicht unsere Gegner sind zu dieser Reinigungsaktion berufen, sondern wir selbst, und wir dürfen uns nicht durch fehlgehende Appelle an christliches Mitleid und dergleichen hierin beirren lassen. Wenn wir die Liebe in den Herzen der Menschen wieder aufbauen wollen, so muß die Gerechtigkeit ihr zuerst Platz bereiten. Nur so auch kann unser Volk von dem Bann verhängnisvoller Ideen und Schlagworte wie von der brutalen Gewalt und in ihrem Gefolge der absoluten Verherrlichung vor Krieg und grausamer Unterdrükkung anderer erlöst werden. Alles das muß mit Stumpf und Stiel ausgerottet werden, und es muß die verlogene Schamlosigkeit weithin angeprangert werden, die das systematische Morden mit Hartwerden umschrieb.
Nur wenn unserem Volk die furchtbare Bilanz der Herrschaft des Verbrechertums nackt und vollständig vor Augen gestellt wird, darf eine nachhaltige innere Einkehr und Gesundung erhofft werden...
Millionen anständiger Menschen haben jahrelang unter dem Joch des Terrorsystems geseufzt, haben mit steigender Scham und Empörung seine zahllosen Greueltaten mitansehen müssen, und viele, viele sind in namenloses Leid gestürzt worden, haben Grausamkeiten barbarischer Art erduldet und schließlich sogar den Tod erdulden müssen. Alle diese Menschen stehen als Zeugen da für den Fonds an christlicher Ethik, von Gerechtigkeitsgefühl und Humanität, den ein großer Teil unseres Volkes sich in der dunkelsten Epoche unserer Geschichte bewahrt hat, und sie haben einen Anspruch auf gerechte Würdigung unseres Volkes durch das Ausland. Diesem aber müßt Ihr in aller Bescheidenheit aber auch Festigkeit seinen Anteil vorhalten, den es selbst an der Stärkung und Festigung des deutschen Naziregimes gehabt, wodurch es dem anständigen Deutschen auch die letzte Möglichkeit genommen hat, dem sich ausbreitenden Terror wirksam Widerstand zu leisten ...
Alle, die das deutsche Recht geschändet haben, müssen ohne Ausnahme unerbittlich zur Verantwortung gezogen werden, und niemand soll sich darauf berufen können, daß er nur ein Gesetz ausgeführt habe. Wer ein unsittliches Gesetz erfüllt, macht sich ebenso schuldig wie der unmoralische Gesetzgeber. Nicht wieder darf unser Volk – besonders nicht nach dieser furchtbaren Katastrophe – in die unverzeihliche Schwäche fallen, über verbrecherische Taten den Mantel der Milde auszubreiten. Hätte das bayerische Gericht im Jahre 1923 die wirklichen Hochverräter statt der unerhörten Festungshaft nach Gebühr bestraft, welches Meer von Leid und Not wäre unserem Volk und der ganzen Welt erspart geblieben.

Das Ketteler-Haus in Köln

Das Ketteler-Haus in Köln, die Verbandszentrale der Westdeutschen Katholischen Arbeiterbewegung (KAB), war ein Mittelpunkt des Widerstands gegen den Nationalsozialismus. Die KAB unterschied sich vor 1933 von den meisten anderen katholischen Organisationen durch ihre politische Zielsetzung: die kulturelle, soziale und politische Emanzipation der Arbeiterschaft und ihre Integration in die Weimarer Republik.

Das Verbandsorgan, die Westdeutsche Arbeiter-Zeitung (WAZ), warnte jahrelang vor den Gefahren des totalitären Nationalsozialismus und übte schärfste Kritik an seiner demokratiefeindlichen Politik, Kriegstreiberei, Gewalttätigkeit und Kirchenfeindlichkeit, an seinem irrealen Wirtschaftsprogramm und Rassismus. Die Führung der westdeutschen KAB, die bei Präses Otto Müller, dem Verbandsvorsitzenden Joseph Joos, dem Verbandssekretär Bernhard Letterhaus und Nikolaus Groß, dem Schriftleiter der WAZ, lag, widersetzte sich energisch allen Versuchen der Anpassung und Eingliederung in die DAF. Trotz der starken Einschränkungen nach 1933 führte sie den Kampf gegen den Nationalsozialismus
Nr.100 intern unter dem Deckmantel religiöser Unterweisung fort. Durch die Verbandszeitung, die nach dem Verbot der WAZ in „Ketteler-Wacht“ umbenannt wurde, durch Rundschreiben, Vorträge und Schulungsabende wurde die Immunisierung gegen die nationalsozialistische Ideologie so erfolgreich betrieben, daß „von sämtlichen maßgeblichen Führern des Westdeutschen Verbandes bis hinunter zu den kleinsten Amtsträgern der örtlichen Vereine nicht ein einziges Mitglied der NSDAP“ anzutreffen war, wie die Gestapo 1937 feststellte.

Nr.136,137 Seit Mitte der 30er Jahre trafen sich im Ketteler-Haus Mitglieder der KAB, christliche Gewerkschafter, Zentrumspolitiker aus Köln und Umgebung zu Gesprächen über die gesellschaftliche und politische Gestaltung Deutschlands, die nach einem erhofften Putsch des Militärs verwirklicht werden sollte. Über ehemalige Zentrumsmitglieder bestanden auch Kontakte zu anderen oppositionellen Kreisen in Köln, zur Kolpingfamilie und zum verbotenen Studentenverein Unitas.

Der Kriegsausbruch behinderte und erweiterte zugleich die oppositionellen Aktivitäten. Joos wurde im Sommer 1940 denunziert, verhaftet und bis Kriegsende im KZ Dachau interniert. Letterhaus, zur Wehrmacht einberufen, stellte Verbindungen zu Josef Müller in der militärischen Abwehr und zum Widerstandskreis um Kaiser, Leuschner und Goerdeler her und leitete ihnen aus der Presseabteilung im OKW/Amt Ausland Abwehr die unzensierten Pressemeldungen der Alliierten zu.

Auch nach Kriegsausbruch wurden im Ketteler-Haus die Diskussionen über die politische Gestaltung Deutschlands fortgesetzt; bei ihren Aufenthalten in Köln nahmen auch Kaiser, Wirmer, Pechel, Goerdeler und Pater Delp an Zusammen-
Nr. 137–140 künften teil. P. Laurentius Siemer und P. Eberhard Welty aus dem nahegelegenen Dominikanerkloster Walberberg berieten den Kreis in sozialethischen Grundsatzfragen. Die meisten Teilnehmer befürworteten die gewaltsame Beseitigung Hitlers. Die politische und gesellschaftliche Neuordnung Deutschlands, eine christlich geprägte Demokratie und eine parteipolitisch neutrale Einheitsgewerkschaft wurden durch programmatische Ausarbeitungen und Beratungen über die Regierungsämter vorbereitet.

Die westdeutsche KAB bildete bis in die Kriegszeit hinein die letzte oppositionelle Organisation der Arbeiterschaft in Deutschland. Bei den militärischen Widerstandskämpfern galten ihre Mitglieder als eine personelle Reserve für die

Zeit nach dem Umsturz. Nach dem gescheiterten Attentat Stauffenbergs wurden fast alle Beteiligten des Kölner Widerstandskreises verhaftet. Letterhaus Nr.161,
und Groß wurden zum Tode verurteilt und hingerichtet; ersterer wegen seiner 162,163
aktiven Beteiligung an den Vorbereitungen des Anschlags, letzterer wegen seiner Kurierdienste für Goerdeler. Verbandspräses Otto Müller starb in der Gestapohaft.

136. Das Ketteler-Haus im Widerstand: Beteiligte und Verbindungen

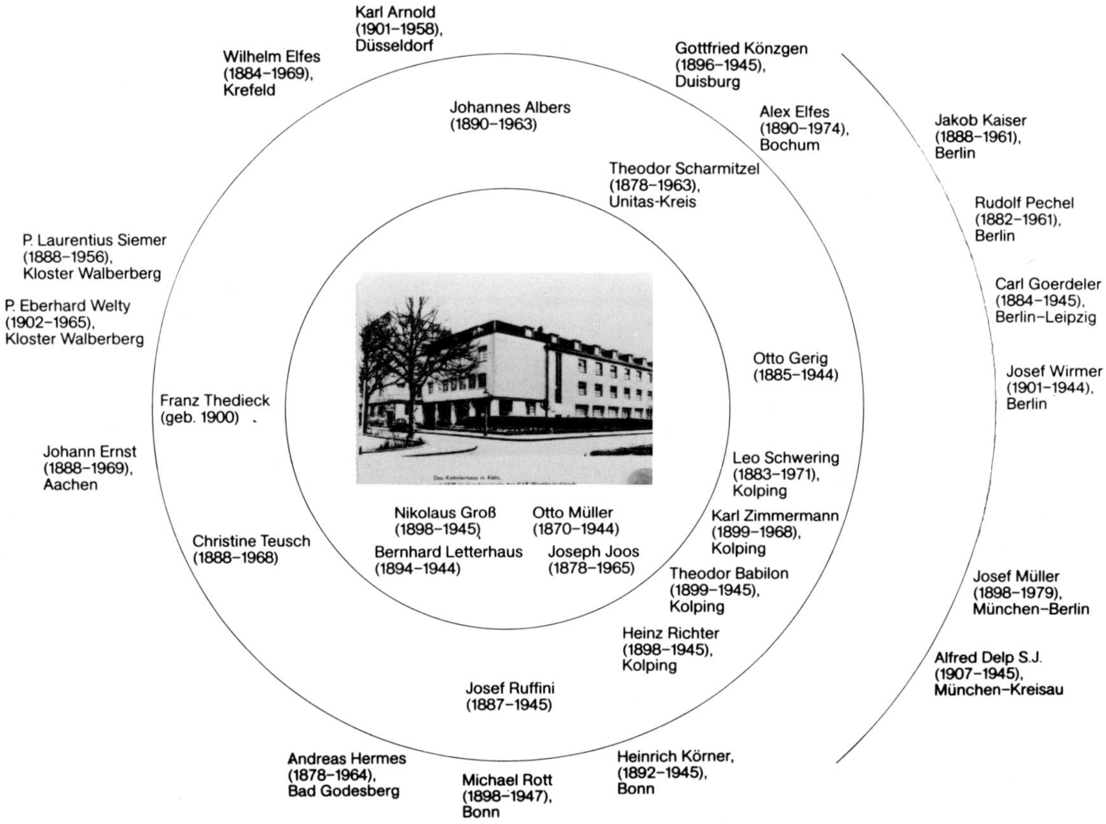

137. Widerstand im Ketteler-Haus, Aufzeichnungen von L. Siemer

Eines Tages kamen zwei Herren vom Ketteler-Haus in Köln zu mir zu einer Besprechung. Der eine dieser Herren war der frühere Schriftleiter der „Ketteler-Wacht“, Nikolaus Groß. Der andere war Heinrich Körner aus Bonn, der vormals Arbeitersekretär gewesen war. Zum Schluß baten mich die beiden Herren, ich möchte ihnen Konferenzen halten im Ketteler-Haus über christliche Staats- und Gesellschaftsordnung. Es würde über kurz oder lang der Zusammenbruch kommen, und dann möchten sie wissen, welche ethischen Grundsätze sie ihren Arbeiten zu unterlegen hätten. Zuerst sträubte ich mich, weil ich mich der Aufgabe nicht gewachsen fühlte. Ich war kein Sozialethiker und noch weniger ein Politiker. Meine Frage, ob nicht ein anderer Geistlicher zu finden wäre, der diese Konferenzen übernehmen könnte, wurde verneint. Es könnte durchaus sein, daß es Geistliche gäbe, die dazu die Fähigkeiten hätten, aber sie möchten nun einmal, daß ich es täte. Denn sie wünschten einen Geistlichen, der Mut hätte. Wie ich zu dieser Ehre kam, von den Herren als mutig angesehen zu werden, weiß ich nicht. Immerhin nahm ich an. Soweit ich mich erinnere, war es im Jahre 1941, aber ich kann mich nicht mehr genau des Zeitpunktes erinnern. Jedenfalls tagten wir von da an nicht regelmäßig, sondern auf getarnte Ansage hin von Zeit zu Zeit im Ketteler-Haus. Zu diesen Tagungen erschienen ehemalige katholische Arbeiterführer. Ziemlich regelmäßig kamen Nikolaus Groß und Heinrich Körner, Johannes Albers, Willi Elfes, Karl Arnold und im letzten Jahre Dr. Andreas Hermes, Dr. Heribert Scheeben und P. Eberhard Welty O.P. Einige Male nahmen auch Jakob Kaiser und Bernhard Letterhaus aus Berlin an diesen Tagungen teil.
Als das Ketteler-Haus durch Bomben zerstört worden war, versammelten wir uns im Privathaus von Nikolaus Groß. Ich selbst hatte jeweils den Vorsitz, aber Tagungen vollzogen sich stets in der Form eines Gespräches. Um Aufsehen zu vermeiden, erschien ich immer in Zivilkleidung. Zu Besuch war einmal Pater Delp SJ bei uns und einmal Dr. Goerdeler. Außerdem Rechtsanwalt Josef Wirmer. Verbindungen liefen nach Berlin zu den genannten Herren, nach München zu Rechtsanwalt Josef Müller und später nach Koblenz zu Oberregierungsrat Aloys Becker. Außerdem wußte um unseren Kreis der frühere sozialdemokratische Gewerkschaftsführer Leuschner.
Bei den Besprechungen ging es scharf zu. Wenn ich ein Referat hielt, wurde schon während des Referats opponiert. Das an das Referat sich anschließende Gespräch zeigte mir jedesmal die Arbeiterführer auf einem solchen Bildungsniveau, daß ich immer wieder staunte. Sobald das Gespräch über die philosophisch-theologischen Grundlagen hinausging und sich mit praktischen Auswirkungen befaßte, hörte ich am liebsten zu. Denn die Arbeiter waren mir in dieser Beziehung durchaus überlegen. Dadurch lernte ich manches, was mir vorher mehr oder weniger fremd geblieben war. Als P. Delp bei seinem Besuch den demokratischen Wiederaufbau des kommenden Vierten Reiches in einem Vortrag behandelte, wurde ihm von den Arbeitern so hart zugesetzt, daß Pater Delp in seinen Anschauungen mehr als erschüttert wurde. Vor allem war es Bernhard Letterhaus, der ihn scharf angriff, während Nikolaus Groß wie immer zu vermitteln suchte.
Eines Tages kamen wir nach längerer Beratung zu dem Entschluß, wir müßten einen Brief verfassen und den Bischöfen vorlegen, damit er unmittelbar nach dem Zusammenbruch in das katholische deutsche Volk hinausgehen könnte. Ich schlug Pater Eberhard Welty als Fachmann in Sozialethik vor und bat um die Erlaubnis, ihn hinzuziehen zu dürfen. Pater Welty machte sich sofort an die Arbeit, blieb aber den Tagungen selbst fern, bis er mich im Juni 1944, als ich mich nach Schwichteler verzogen hatte, vertreten mußte. Es war ein Glück, daß Pater Eberhard nur dieses eine Mal als Tagungsteilnehmer zu erscheinen brauchte; denn so blieb er davor bewahrt, nach dem 20. Juli 1944 als Mitverschwörer verhaftet zu werden. Aus dieser Mitarbeit Weltys entstand später sein Buch „Die Entscheidung in die Zukunft“ ...

Im Herbst 1942 wurde ich zu einer besonderen Besprechung zum Ketteler-Haus gebeten, und zwar zum Prälaten Müller, dem Generalpräses der katholischen Arbeitervereine. Ich war kaum einige Minuten dort, als auch schon Nikolaus Groß, Karl Arnold und Bernhard Letterhaus erschienen. Dann kamen Jakob Kaiser und Dr. Goerdeler. Wir überlegten, mit welchen Persönlichkeiten die Ämter im Rheinland und Westfalen nach dem Abgang Hitlers besetzt werden könnten. Die Meinungen gingen sehr auseinander. Dennoch war schließlich eine provisorische Liste fertiggestellt, die von Goerdeler mit zwei Herren aus unserem Kreis eingehend besprochen werden sollte. Dann kam die Frage, wie man bei einem eventuellen Zusammenbruch die katholischen Geistlichen würde aktivieren können. Mir wurde der Auftrag gegeben, die Sache in die Hand zu nehmen und entsprechend vorzubereiten. Alle Herren meinten, daß ich unmittelbar nach dem Zusammenbruch nach Rom fahren müßte, um dort Beziehungen aufzunehmen mit dem Heiligen Stuhle. Schließlich wurde die Frage nach dem Verhältnis von Kirche und Staat im Vierten Reich besprochen und mir die Bitte vorgetragen, eine kurze Abhandlung darüber am andern Abend vorzulegen. Dr. Goerdeler sprach seine Absicht aus, am andern Tag Herrn Dr. Adenauer in Rhöndorf aufzusuchen und den früheren Oberbürgermeister von Aachen Dr. Rombach. Abends sollten wir uns wieder im Ketteler-Haus treffen. Alsbald ging das Gespräch wieder über Kirche und Staat im kommenden Reich. Ich gab jedem der Herren eine Abschrift meiner Abhandlung und hielt darüber ein Referat. Alle, auch Generalpräses Müller, waren mit meiner Abhandlung einverstanden, so daß nur ganz wenige Änderungen vorgeschlagen wurden. Mein Gedanke war, daß eine freie Kirche und Staat in der Form zueinander stehen müßten, daß eine freie Kirche im freien Staate Raum hätte. Ich verzichtete darauf, weitere Einzelheiten zu bringen. Wichtig war besonders die Schulfrage. Ich neigte unter den damaligen Umständen zu der Meinung, daß die Staatsschule eine christliche Gemeinschaftsschule sein könnte, daß aber das Schulmonopol des Staates unbedingt gebrochen werden müßte. Die Kirche hätte das Recht, Schulen entsprechend ihrer Eigenart zu errichten, deren Bildungsniveau vom Staat zwar kontrolliert würde, deren Bildungsinhalt aber die Kirche selbst zu bestimmen hätte. Für jedes Kind, das eine solche Schule besuchte, hätte der Staat dieselbe Quote zu zahlen, die er für ein Schulkind der Staatsschule auszulegen hätte. Auch dieser Vorschlag fand allgemeine Billigung. Besonders setzte Herr Prälat Müller sich für diesen Gedanken ein. Dr. Goerdeler bezeichnete meine Abhandlung als einen ausgezeichneten Gesetzentwurf und bat mich, sie mitnehmen zu dürfen.

(Laurentius Siemer, Aufzeichnungen und Briefe. 1957, S. 125ff.)

Laurentius Siemer O.P. (1888–1956), 1932–1946 Provinzial der Deutschen Provinz der Dominikaner in Kloster Walberberg; 1935/36 inhaftiert und wegen angeblichen Devisenschmuggels angeklagt.

138. Bericht des Reichssicherheitshauptamtes über den Prozeß gegen Letterhaus

so einen anstaendigen abgang. nach dr. freislers worten ein beispiel
fuer die furchtbare erkenntnis, dass eine persoenlichkeit in einem
einzigen augenblick voellig zu staub zerfallen kann.
neben der todesstrafe wurde auf ehrverlust erkannt. das vermoegen
wurde dem reich als verfallen erklaert.

2.) letterhaus.

UNCLASSIFIED

\- - - - - - - -

50 jahre alt. 1921 -33 hauptamtlicher angestellter katholischer
gewerkschaftsorganisationen. seit 1921 zentrum, vorstandsmitglied
dieser partei und referent fuer die ''jungzentrumsbewegung''. 1928 -
33 abgeordneter des preussischen landtages. redner fuer die katho-
lische aktion. nach der machtuebernahme abteilungsleiter eines
katholischen verlages. im kriege bis 1943 als hauptmann d.r.referent
fuer auslandspressewesen im oberkommando der wehrmacht. jetzt aus der
wehr-macht ausgestossen.
letterhaus kam infolge ultramontaner einstellung zu einer gegner-
schaft gegen den nationalsozialismus und traf sich auf diesem boden
mit dem bereits abgeurteilten wirmer, bei dem er sich zusammen mit
dem frueheren katholischen gewerkschaftsfunktionaer kaiser in
den letzten jahren haeufig zu politischen eroerterungen einfand.
lernte bei wirmer auch dr. goerdeler kennen. nahm im juni 1944 an
einer grossen besprechung unter dr. goerdeler teil. debattierte
darueber, dass an die stelle der nsdap. '' eine moeglichst viele
politischen gruppen umfassende volksbewegung mit dem bekenntnis zum
christentum'' treten muesse. debattierte ferner ueber die schaffung
einer sogenannten''deutschen gewerkschaft''. lehnte die einigungs-
formel lebers, '' die volksbewegung bekennt sich zur deutschen kultur
und zur christlichen vergangenheit des deutschen volkes'', als nicht
ultramontan genug ab. wollte damals noch nicht gewusst haben, dasz
leber in diesem augenblick bereits fuehler zu kommunisten ausgestreckt
hatte. stellte sich goerdeler als politischer beauftragter fuer den
westen, gegebenenfalls auch als wiederaufbauminister zur verfuegung.
er rechnete damit, dass die verschwoererclique ihre plaene nur''durch
eine gewaltsame aenderung der regierung an haupt und gliedern''
erreichen koenne.
typ des versierten gewerkschaftsfunktionaers, glatt und gewandt.
exponent des politischen katholizismus. hielt einige buerokrati-
sche maetzchen fuer genuegend, um der beabsichtigten neuen regierung
das noetige fundament einer volksbewegung zu geben. dass zu einer
volksbewegung vor allem eine das volk begeisternde idee gehoert,
war seinem parlamentarisch befangenen denken nicht aufgegangen.
neben der todesstrafe wurde auch gegen letterhaus auf ehrverlust
und vermoegenseinziehung erkannt.

3.) wentzel.

\- - - - - - -

[redacted] UNCLASSIFIED

67 jahre alt. eigentuemer [redacted]zehn landwirtschaften mit zusam-
men 7500 hektar und paechter von weiteren fuenf guetern mit zusammen

Bernhard Letterhaus (1894–1944), Verbandssekretär in der KAB-Zentrale, Zentrum, Landtagsabgeordneter; Offizier im Oberkommando der Wehrmacht, am 14. November 1944 hingerichtet.

139. Bericht des Reichssicherheitshauptamtes über die christlichen Gewerkschafter

12. September 1944.
Nach der Aussage von Groß ist Letterhaus verhältnismäßig skeptisch gegenüber den Plänen der engeren Verschwörerclique um Goerdeler gewesen.
„Er selbst glaubte nicht an eine solche Aktion, weil er den Generalen nicht zutraue, daß sie überhaupt einen politischen Akt setzten."
Letterhaus habe mehr auf der Basis geplant, was zu geschehen habe, wenn der Krieg verloren wird.
An derartigen Gesprächen waren unter anderen beteiligt: Wilhelm Elfes, Polizeipräsident a.D. von Krefeld, Heinrich Körner, ehemaliger Mitarbeiter Kaisers im Gesamtverband der Christlichen Gewerkschaften für Rheinland-Westfalen, und Johann Albers, ehemaliger Parteisekretär im gleichen Gewerkschaftshaus mit Kaiser und Körner.
Das Ergebnis der Besprechungen über das, was entweder nach dem Kriegsverlust oder nach einem noch vorher stattfindenden Umsturz geschehen sollte, hat Groß in zwei Notizen unter den Stichworten „Die großen Aufgaben" und „Ist Deutschland verloren?" niedergelegt.

(Druck: Spiegelbild einer Verschwörung. Hrsg. von H.-A. Jacobsen. 1984, Bd. 1, S. 380ff.)

140. Prozeß gegen Groß vor dem Volksgerichtshof

... Nach meinem Dafürhalten ist der Sachverhalt des Falles Groß, zu dem ich mich nach Abtrennung des Verfahrens gegen die beiden anderen zunächst allein äußern werde, völlig klar. Groß hat an zahlreichen Besprechungen mit dem gerichtsbekannten Kaiser, dem inneren Führer der Zentrumsgewerkschaften teilgenommen. Und er ist bei diesen Besprechungen eingehend darüber unterrichtet worden, daß Kaiser mit Goerdeler zusammen ein Verratsunternehmen geplant hat, daß auch Militärs dabei eine Rolle spielen, sich also politische und militärische staatsfeindliche Kräfte zusammengefunden hätten, um einen Umsturz herbeizuführen. Es wurde ausdrücklich der Plan erörtert einer Gewalttat gegen den Führer, wobei besprochen wurde, daß es zu erwarten sei, daß das Führerhauptquartier zerniert werden könnte, um so die Voraussetzungen dafür zu schaffen, den Führer kaltzustellen und dann zu einem Sonderabkommen mit den Feindmächten zu gelangen. Darüber hinaus hat Groß sich bereit erklärt, in diesem Verratsunternehmen mitzutun ...

(Lautarchiv des Deutschen Rundfunks, „Volksgerichtsprozesse zum 20. Juli 1944". 1961)

Nikolaus Groß (1898–1945), Sekretär der Christlichen Bergarbeiter, bis 1938 Schriftleiter der Westdeutschen Arbeiter-Zeitung/Ketteler-Wacht, am 23. Januar 1945 hingerichtet.

Widerstand in Düsseldorf

Nach der Machtergreifung sammelten sich um den Stadtsyndikus Walther Hensel ehemalige Zentrumsmitglieder und städtische Beamte, u.a. der frühere Sekretär der Christlichen Gewerkschaften Karl Arnold und der Publizist Max Freiherr von Gumppenberg; auch Gesinnungsfreunde von außerhalb wie Heinrich Körner und Paul Franken (Bonn), Edmund Forschbach (Köln), Franz Etzel (Duisburg) und Jakob Kaiser (Köln/Berlin) nahmen gelegentlich an den Zusammenkünften teil. 1935 stieß der langjährige Düsseldorfer Oberbürgermeister Robert Lehr, der 1933 abgesetzt und wegen angeblicher Korruption angeklagt worden war, zu diesem Kreis. Hensel sammelte Informationsmaterial, das sich kritisch mit dem NS-Regime, dem Wirtschaftsprogramm sowie den kultur- und kirchenpolitischen Maßnahmen auseinandersetzte, und ließ diese „staatsfeindlichen Schriften" in seinem Büro vervielfältigen. Bei Aufenthalten in Berlin wurden Gespräche mit Josef Wirmer, Rudolf Pechel und Jakob Kaiser geführt. Lehr, der führende Militärs persönlich kannte, brachte Jakob Kaiser 1936 mit Generaloberst Kurt von Hammerstein-Equord, einem entschiedenen Gegner des Nationalsozialismus, zusammen. Auch mit Carl Goerdeler, den Lehr aus seiner Oberbürgermeisterzeit kannte, stand er bis 1944 im Meinungsaustausch. Unter den Teilnehmern des Düsseldorfer Kreises war man sich einig, daß nur durch einen mit Hilfe der Wehrmacht durchgeführten Sturz Hitlers das Unrechtssystem in Deutschland beseitigt werden könnte.

Nr.145
Nr.120

Die Aktivitäten der Gruppe wurden Ende 1937 teilweise in einem Verfahren gegen Hensel wegen Verstoß gegen das „Heimtückegesetz" aufgedeckt. In dem Artikel „Der Korruptionssumpf in Düsseldorf", der im Karlsbader „Vorwärts" erschienen war, hatte Hensel das skandalöse Verhalten eines NSDAP-Beamten angeprangert. Wegen der Zusammenarbeit mit Hensel wurden auch Kaiser und Franken verhaftet und angeklagt.

Nr.141
Nr.142
Nr.119,143

Seit 1940 trafen sich im Hause Lehr, in der Düsseldorfer Lindemannstraße, Nazigegner aus beiden Konfessionen. Unter dem Vorwand eines Bibelkreises nahmen an diesen wöchentlichen Treffen von evangelischer Seite Pfarrer Dr. Linz und der aus Berlin ausgewiesene Pfarrer Praetorius sowie die Studienräte Eduard List und Hellmut Lauffs teil. Katholische Teilnehmer waren Walther Hensel, Karl Arnold, Freiherr Max von Gumppenberg, Oberschulrat Dr. Schulte und Gefängnispfarrer Franz Merzbach.

Nr.146

Bei diesen Zusammenkünften wurden nicht nur Untergrundinformationen über die militärisch-politische Lage und die Verbrechen der Machthaber ausgetauscht, sondern auch vor allem Vorstellungen über den politischen Neuaufbau entwickelt. Die Teilnehmer gingen davon aus, daß in einem künftigen durch das Mehrheitswahlrecht gestärkten Parlament nur noch vier Parteien – eine christliche, eine liberale, eine sozialdemokratische und eine kommunistische – vertreten sein sollten. Sie waren sich einig über die Notwendigkeit des politischen Zusammenschlusses von Anhängern beider Konfessionen und einer Stärkung der Gewerkschaften. Über diese Vorstellungen informierten sie auch die Gesinnungsfreunde in Bonn, Köln und Berlin.

Aufgrund der Überwachung durch die Gestapo mußten die Treffen im Hause Lehrs eingeschränkt und schließlich 1943 eingestellt werden.

Nr.144

141. Verhaftung von Hensel u. a.

FS-NR 24426

Fernschreiben: 13.11.37 1915 Düsseldorf,den 13. 11.37.

Befördert durch

An Gestapa Berlin .

Betrifft: Jnschutzhaftnahme des Stadtsyndikus Dr. Walter Hensel und 2 Andere.

Vorgang: Ohne.

Ich habe über nachfolgende Personen Schutzhaft ver= hängt:

1.) Stadtsyndikus Dr. Walter Hensel,geb. 8.10.99 in Mann= heim,Deutscher,verheiratet, 2 Kinder , katholisch, wohnhaft in Düsseldorf, Weddigenstr.Nr. 37.

2.) Büroangestellte Grete Bruch,geb. 15.10.99 in Neutral-Moresnet, Deutsche, ledig , katholisch, wohnhaft in Düssel= dorf, Deichstr.Nr. 25.

3.) Kunstmaler Ernst Ruhrig, geb. 22.8.1877 in Köln, Deutscher, verheiratet, 1 Kind, katholisch, wohnhaft in Düsseldorf, Kühl= wetterstr.Nr. 37.

Die Jnschutzhaftnahme zu 1 erfolgte am 1.11, zu 2 am 8.11 und zu 3 am 2.11.1937.

Begründung:

Die Vorgenannten haben sich von etwa Mai 1933 bis zu ihrer Festnahme massgeblich im staatsfeindlichen Sinne durch Herstellung und Vertrieb illegalen Schriftums betätigt.Da die umfangreichen Ermittlungen noch einige Zeit in Anspruch nehmen, bitte ich um Verlängerung der Schutzhaft bis zum Abschluß der= selben.Die Beschuldigten werden dann dem Richter vorgeführt. Die Stadtverwaltung in Düsseldorf hat Mitteilung von der Fest= nahme des Dr. Hensel und der Angestellten Bruch erhalten.

Stapo Düsseldorf II D .

J.V.

Walther Hensel (geb. 1899), DVP, später Zentrum, Stadtsyndikus, wurde 1937 wegen Hochverrats zu zwei Jahren Gefängnis verurteilt. Ab 1946 Oberstadtdirektor in Düsseldorf.

142. Artikel Hensels im „Neuen Vorwärts"

Der Düsseldorfer Korruptionssumpf
Erlauschtes und Erlebtes in der Stadtverwaltung – Der Fall Esch
... Esch ist Sturmführer bei der SA-Standarte 39, er führt die Kasse dieser Formation. Der Stab verspürte Anfang 1936 das dringende Bedürfnis nach einem Auto, das bei der übergeordneten Stelle keine Anerkennung fand. Esch machte der Standarte 1939 seinen eigenen Wagen zum Geschenk und versah sich selbst mit einem neuen und schöneren. Man konnte Esch übrigens täglich, wenn er nicht gerade auf einer der vielen Dienstreisen in alle Bezirke Deutschlands war, darin zum Dienst fahren sehen. Die stumme Frage der vielen, woher wohl bei einem Gehalt von etwa 550.– RM das Geld zu solchem Wagen komme, blieb bis zum 13. März 1937 unbeantwortet. Auch fragte sich alle Welt, woher Esch das Geld hatte für das Haus, welches er auf den Namen seiner Frau an der Von-Galen-Straße erworben hatte ... Alle diese Fragen haben ihre Lösung gefunden: Am Samstag, dem 13. März 1937 wurde Esch verhaftet, wie es hieß „wegen Unregelmäßigkeiten". Der Oberbürgermeister, der am 16. März 1937 die Dezernenten zusammenrief, nannte es einen schweren Vertrauensbruch eines Mannes, dem er sein besonderes Vertrauen geschenkt, den er auch heute noch für sachlich hoch qualifiziert halte, der aber charakterlich nicht gleich wertvoll sich erwiesen habe.

Der Eklat vom 13. März kam keineswegs unvermittelt, wie es zunächst schien. Schon wochenlang erzählte man sich, daß das Steueramt korrupt sei, und in den Kneipen der Altstadt konnte man Namen und Zahlen hören. Vielfach waren es Juden, von denen man erzählte, daß sie Bestechungsversuchen des Esch und seiner Leute erlegen oder aber mehr oder minder eindeutig erpreßt worden seien. Das vermehrte die Hemmungen der Betroffenen, auch ihrer Anwälte, die Dinge beim Namen zu nennen. Und die Beamtenschaft, und die unbeteiligten Bürger? Sie alle wußten um die Deckung, deren Esch sich erfreute. Sie wußten, daß jeder Versuch, die Dinge zur Sprache zu bringen, damit enden würde, daß nicht Esch, sondern sie selbst als die Verbrecher dastehen würden, als Meckerer, Verleumder, Parteigegner, Staatsfeinde usw. Um wieviel mehr mußten Juden und deren Vertreter Befürchtungen hegen! ... Dann erschien die Bekanntmachung des Polizeipräsidenten: Düsseldorf, den 23. März 1937. „Wie durch die Zeitungserklärung des Herrn Oberbürgermeisters Dr. Wagenführ schon bekanntgeworden ist, wurden der Stadtsteuerdirektor Esch und eine Reihe seiner Genossen wegen gemeinschaftlicher, passiver und aktiver Bestechung und anderer Verbrechen im Amte festgenommen ...

Stadtsteuerdirektor Esch und Genossen haben in der gemeinsten und verbrecherischsten Art und Weise seit geraumer Zeit an sogenannten Steuersündern Zwangsmaßnahmen durchgeführt bzw. solche angedroht, um sich an den so herausgepreßten Beträgen persönlich zu bereichern. Die Opfer, gegen die sich die jeweilige Aktion richtete, wurden in geradezu mittelalterlicher Weise erpreßt, bis sie ihre Schuld anerkannten und als Sühne die geforderten Beträge herausgaben. – So ist es z. Z. nachgewiesen, daß Einzelbeträge von insgesamt über 1 Million RM den Gaunern in die Hände gefallen sind. Durch rücksichtsloses Zugreifen gelang es bisher etwa 1 Million RM dem Staat sicherzustellen."

Die gesprochene Zeitung vermehrte das Staunen des Volkes durch die ergänzende Nachricht, daß schon im Jahre 1929 beim Finanzamt Nord gegen Esch und einige andere eine Disziplinaruntersuchung wegen Bestechungsversuches stattgefunden hatte und daß Esch vor einigen Jahren die Steueramnestie für sich in Anspruch genommen habe, wodurch das Rätsel um das 1932 gekaufte Haus eine natürliche Lösung findet. Wie Esch und seine Kumpane das Ideal des preußischen Beamtentums verlebendigt, wie sie den Wahlspruch „Gemeinnutz geht vor Eigennutz" als echte Nazis anwendeten und wie die Volksgemeinschaft der Nazis aussieht, das wurde jetzt öffentlich bekannt. Alle Arten des Verbrechens, von der Unterschlagung und dem Diebstahl über die Bestechung bis zur Erpressung sind praktiziert worden. Besonders beifällig nahm Esch Barsummen entgegen in Briefumschlägen mit der Aufschrift: Für die Ausstellung „Schaffendes Volk“ (Raffendes Volk). – Diese diskreten Leistungen hat Esch von den Steuersündern zur Abwendung von Steuerstrafverfahren gefordert.

... Der Fall Esch, dem dereinst einmal in der Geschichte des Dritten Reiches ein bedeutsamer Platz zukommen dürfte, ist in zweifacher Hinsicht bemerkenswert. Zum ersten: Kaum irgendwann und irgendwo in der Geschichte dürfte es bislang zu verzeichnen sein, daß eine ganze Behörde, mit Stadtsiegel und Fahne ausgerüstet, sich in eine Räuberhöhle verwandelte... Zum zweiten: Der Fall Esch richtet das System in seiner Gesamtheit, denn er beweist, wohin persönliche Politik der Behördenchefs führt. Er zeigt, was dabei herauskommt, wenn die Beamtenschaft zum Servilismus erzogen und so geschreckt wird, daß aus ihr nicht mehr die Stimmen laut werden können, die rechtzeitig Alarm schlagen und zu rechtzeitiger, gerechter und ernstlicher Untersuchung Anlaß geben. Er erweist, welche Folgen die Unterdrückung jeder, auch der zartesten Kritik an öffentlichen Dingen durch die Presse nach sich zieht. Er läßt erkennen, welcher Art die Wirkung ist, die sich aus der Beseitigung jeder Kontrolle des Gemeindeapparates durch die Beauftragten der Bürgerschaft ergibt. So konnte, von allen Hemmnissen befreit und vom Terror behütet, die Eiterbeule schwären und wachsen, bis sie schließlich aus nichtigem Anlaß, fast wie von selbst aufbrach.

Das sind die Lehren aus dem Fall Esch. Und seine Wirkung? Kein „Auslandslügenfeldzug“ und keine jüdische Greuelpropaganda, keine Zersetzungsarbeit „roten Untermenschentums“, kein Wühlen der Schwarzen und der Reaktion, der „Pfaffen“ und der Monarchisten hätte in Düsseldorf in Jahren das vollbringen können, was der Fall Esch in drei Tagen vollbrachte.

Radschläger

(Neuer Vorwärts, Karlsbad, 29. August 1937, S. 3f.)

143. Verhaftung von Franken

An die Geheime Staatspolizei, Staatspolizeistelle Düsseldorf. Düsseldorf, 12. Mai 1938
Eilbrief
Ich beantrage Schutzhaft über
Franken, Paul, Dr. phil.
Begründung:
F. wurde am 11. November 1937 wegen dringenden Verdachts staatsfeindlicher Betätigung in Sachen Dr. Hensel festgenommen. Er wurde von Hensel beschuldigt, daß er von ihm eine Anzahl illegaler Schriften, u.a. den „SA-Mann Krusebrief" und den „Gerlich-Artikel" erhalten habe. Franken gibt diese Möglichkeit zu, er will sich jedoch hieran keinesfalls erinnern können. Er begründet dies damit, daß er als Geschäftsführer des K.V. eine Unmenge Post täglich erhielt und auch in seinem Büro in Bonn sehr viele Besucher empfing. Es sei daher möglich, daß unter dieser Post auch die Schriften des Dr. Hensel gewesen sein könnten. – Gegen Franken wurde am 7. April 1938 vom Amtsgericht in Düsseldorf wegen dringenden Verdachts hochverräterischer Betätigung Haftbefehl erlassen. Dieser Haftbefehl wurde vom Oberreichsanwalt des Volksgerichtshofs in Berlin am 7. Mai 1938 aufgehoben. Die Ermittlungen gegen Dr. Hensel und andere sind jedoch noch nicht abgeschlossen, es besteht nach wie vor Verdunkelungsgefahr. Außerdem liegt bei Franken Fluchtverdacht vor, da er sich in einem Schreiben aus der Polizeihaft an seinen Bruder dahingehend äußerte, daß er nach seiner Freilassung ins Ausland gehen werde. – Die Inschutzhaftnahme des Franken bis zum Abschluß des Verfahrens erscheint im Interesse der Fortführung der weiteren Ermittlungen unerläßlich, wenn hier noch berücksichtigt wird, daß Franken auch mit dem am 19. April 1938 in gleicher Sache festgenommenen Christlichen Gewerkschaftssekretär Jakob Kaiser in näherer Verbindung gestanden hat und die Ermittlungen gegen diesen noch nicht abgeschlossen sind und noch einige Zeit in Anspruch nehmen werden.

Unterschrift

Paul Franken (1903–1984), bis 1935 Geschäftsführer des Kartellverbandes der katholischen deutschen Studentenvereine; 1937–1939 in Haft. Nach 1945 Direktor der Bundeszentrale für Heimatdienst.

144. Überwachung von Lehr durch die Gestapo

Sicherheitsdienst des Reichsführers SS
SD-Leitabschnitt Düsseldorf

Düsseldorf, den 10. Mai 1940

III, II/222 - PA. 456/40
Pfl./Spe.

Geheim

Staatspolizeileitstelle Düsseldorf
11. MAI 1940

An den
Inspekteur der Sicherheitspolizei
und des SD in Düsseldorf
D ü s s e l d o r f

N a c h r i c h t l i c h an:
die Geheime Staatspolizei, Staatspolizeileitstelle in
D ü s s e l d o r f.

1447/40

Betr.: Dr. Robert L e h r, Oberbürgermeister a.D., in Düsseldorf, Lindemannstrasse 20.
Vorg.: Ohne.

Dr. L. war früher Mitglied der DNVP und des Rotary-Klubs. Seine heutige politische Haltung ist ausgesprochen staatsfeindlich und interessiert insbesondere deshalb, weil sich um ihn bezw. um seine Familie ein Kreis gleichgesinnter Personen gebildet hat, der einer ständigen Beobachtung bedarf

Von den aus diesem Kreise bekannt gewordenen Personen können genannt werden: Der an den Städtischen Krankenanstalten in Düsseldorf tätige Dr. L e n z, ein Baron von G u m p e n b e r g, ein Dr. K l e i n, ferner ein angeblich mit T h y s s e n befreundeter Dr. K a r r e n b r o c k, Rechtanwalt S c h i l l i n g und dessen Ehefrau, Prof. L a u s b e r g aus Düsseldorf, Graf-Reckestrasse und dessen Ehefrau, eine Schwester der Frau L e h r, schliesslich Bürgermeister Ö h l e r, der frühere Oberbürgermeister von Rheydt Dr. H a s e n j ä g e r und ein gewisser R ö t t g e r

Die genannten Personen sind ständige Besucher im Hause Lehr. Von einer Reihe weiterer Persönlichkeiten, die ebenfalls zum Bekanntenkreise der Familie Lehr gehören, darunter eine mit Thyssen sehr gut bekannte Dame aus Sumatra, mehrere Direktoren, Fabrikbesitzer und Beamte der Stadtverwaltung Düsseldorf konnten die Namen bisher noch nicht in Erfahrung gebracht

- 2 -

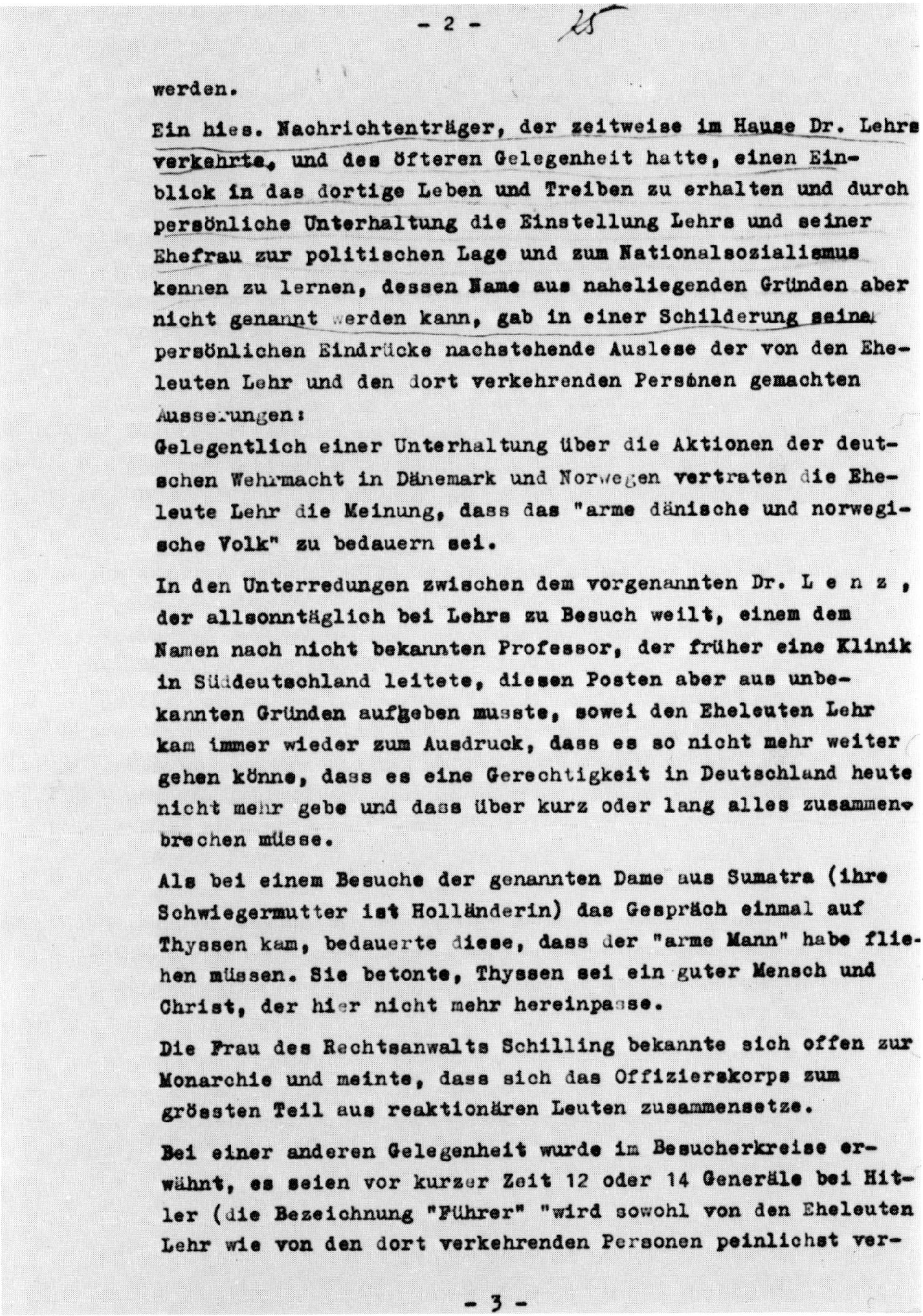

- 2 - 25

werden.

Ein hies. Nachrichtenträger, der zeitweise im Hause Dr. Lehrs verkehrte, und des öfteren Gelegenheit hatte, einen Einblick in das dortige Leben und Treiben zu erhalten und durch persönliche Unterhaltung die Einstellung Lehrs und seiner Ehefrau zur politischen Lage und zum Nationalsozialismus kennen zu lernen, dessen Name aus naheliegenden Gründen aber nicht genannt werden kann, gab in einer Schilderung seine persönlichen Eindrücke nachstehende Auslese der von den Eheleuten Lehr und den dort verkehrenden Personen gemachten Ausserungen:
Gelegentlich einer Unterhaltung über die Aktionen der deutschen Wehrmacht in Dänemark und Norwegen vertraten die Eheleute Lehr die Meinung, dass das "arme dänische und norwegische Volk" zu bedauern sei.

In den Unterredungen zwischen dem vorgenannten Dr. L e n z , der allsonntäglich bei Lehrs zu Besuch weilt, einem dem Namen nach nicht bekannten Professor, der früher eine Klinik in Süddeutschland leitete, diesen Posten aber aus unbekannten Gründen aufgeben musste, sowei den Eheleuten Lehr kam immer wieder zum Ausdruck, dass es so nicht mehr weiter gehen könne, dass es eine Gerechtigkeit in Deutschland heute nicht mehr gebe und dass über kurz oder lang alles zusammenbrechen müsse.

Als bei einem Besuche der genannten Dame aus Sumatra (ihre Schwiegermutter ist Holländerin) das Gespräch einmal auf Thyssen kam, bedauerte diese, dass der "arme Mann" habe fliehen müssen. Sie betonte, Thyssen sei ein guter Mensch und Christ, der hier nicht mehr hereinpasse.

Die Frau des Rechtsanwalts Schilling bekannte sich offen zur Monarchie und meinte, dass sich das Offizierskorps zum grössten Teil aus reaktionären Leuten zusammensetze.

Bei einer anderen Gelegenheit wurde im Besucherkreise erwähnt, es seien vor kurzer Zeit 12 oder 14 Generäle bei Hitler (die Bezeichnung "Führer" "wird sowohl von den Eheleuten Lehr wie von den dort verkehrenden Personen peinlichst ver-

- 3 -

- 3 - 26

mieden) vorstellig geworden, um gegen das Parteiprogramm Stellung zu nehmen. Hitler habe darauf geantwortet : "Tun Sie das, was ich Ihnen sage und politisieren Sie nicht so viel."

Der Melder weiss zu berichten, dass den Eheleuten Lehr sämtliche Generäle bekannt sind. Auch glauben Lehrs, die politische Einstellung eines jeden Generals zu kennen. Fritsch ist nach ihrer Ansicht ein "Opfer des Nationalsozialismus" geworden.

Die Ehefrau des Prof. L a u s b e r g , eine Schwester der Frau Lehr, glaubte in einer Unterredung darauf hinweisen zu müssen, dass von 1440 an alle hundert Jahre bis 1840 ein Regierungswechsel stattgefunden habe.

Die bei der Familie Lehr beschäftigten Hausgehilfinnen vermerkten auf dem ihnen zugestellten NSV-Aufnahmeantrag sinngemäss, sie würden ihren Beitritt nicht erklären, weil man ihren Oberbürgermeister schlecht behandelt habe. Lehr selbst äusserte sich dahin, dass bei einem Juden, bei welchem eine seiner Hausgehilfinnen früher beschäftigt war, gelegentlich der Judenaktion von der SS sämtliche Bilder zerschlagen worden seien. Das Mädel sei danach auch kuriert und habe erklärt, wenn Hitler von Gott spreche, so sei das Gotteslästerung. Lehr bezeichnete die Juden als arme,bedauernswerte Menschen. Häufig haben sich die Eheleute Lehr in Gegenwart des Nachrichtenübermittlers über Meldungen unterhalten, die nur von ausländischen Sendern verbreitet worden sein können. Auf die Frage des Melders, ob denn in der Familie ausländische Sender abgehört würden, wurde Frau Lehr offensichtlich sehr verlegen.

Zu einem anderen Zeitpunkt, als das Gesprächsthema sich auf die fü-hrenden Persönlichkeiten der Westmächte bezog, fanden die Eheleute Lehr, dass Chamberlain ein "feiner Mensch" sei. Sie meinten, dass wir mit ihm auf eine gleiche Linie hätten kommen sollen; es sei bereits alles vollständig vorbereitet gewesen; das Schriftstück hätte Chamberlain nur noch zur Unterschrift vorgelegt werden brauchen und der Friede wäre

- 4 -

- 4 -

damit zustande gekommen, Auch über Daladier war man des Lobes voll. Lehr erklärten, zwischen Daladier und jedem anderen Franzosen zeige sich in der Lebenshaltung kein Unterschied. Daladier sei volkstümlich, er fahre wie jeder andere mit der Strassenbahn zum Dienst. Die Unterredung endete schliesslich mit dem Wunsche : "Wenn wir ihn doch bloss hier hätten !"

An jedem Sonnabendnachmittag finden Wanderungen statt, an denen sich ausser Dr. Lehr meist ältere Herren beteiligen. Angeblich handelt es sich hier um Mitglieder des Industrie-Klubs und des früheren Rotary-Klubs.

Wann und wo sich die Gelegenheit dazu bietet, arbeiten die Eheleute Lehr nach der Überzeugung des Melders gegen den nationalsozialistischen Staat. Es finden keinerlei Zusammenkünfte oder Unterhaltungen statt, in denen nicht immer wieder darauf hingewiesen würde, dass in Deutschland endlich eine Umwälzung und die Beseitigung des derzeitigen Regimes kommen müsse. Frau Lehr äusserte sich einmal, man müsse "jeden Menschen aufklären und sehen, dass die Sache weitergehe."

Es ist bei alledem auffällig, dass bei Lehrs aussergewöhnlich viele Telefongespräche geführt werden. Als ebenso wesentlich wird erachtet, dass am 8.4.40. nach Beendigung eines Vortrages, in welchem hauptsächlich von einem nunmehr bevorstehenden grossen Zusammenbruch die Rede war, viele Briefe geschrieben und fortgebracht wurden.

Wiederholte Versuche des Nachrichtenübermittlers, die Eheleute Lehr von dem Gedanken eines Kampfes gegen den Nationalsozialismus abzubringen, waren erfolglos. Seinen Hinweis, doch in der Beurteilung der Gesamterfolge der nationalsozialistischen Bewegung wirklich einmal objektiv zu sein und nicht aus Verärgerung eine ablehnende Haltung einzunehmen, beantwortete Lehr mit dem Bemerken, er habe lange genug mit Göring verhandelt, es habe aber alles nichts genutzt, weshalb weitere Verhandlungen zwecklos seien.

Nach den Umständen spricht manches dafür, dass es sich hier um konspirative Ideenträger aus reaktionärem Lager handelt.

- 5 -

- 5 -

Da der hies. Nachrichtenträger künftig keine Gelegenheit mehr hat, im Kreise Lehr zu verkehren, wird der Einbau einer Verbindungsperson angebracht sein, zumal Dr. Lehr kraft Berufes auch eine Reihe von ausländischen Verbindungen unterhält. Er verwaltet eine zum Thyssen-Konzern gehörende Bergwerksgruppe, welche überwiegend mit ausländischem Kapital arbeitet. Da der Kaufpreis seinerzeit aus devisenrechtlichen Gründen noch nicht transferiert werden konnte, ist es Aufgabe Dr. Lehrs, den allmählichen Ausgleich der finanziellen Verpflichtungen durchzuführen, eine Tätigkeit, die ihn ständig mit Ausländern in Verbindung bringt. Der Melder behauptet auf das Bestimmteste, dass Lehr ein ausgedehntes Netz von Auslandsverbindungen unterhält.

In einer erneuten Besprechung mit dem Melder, die nach Fertigstellung des vorstehenden Berichtes erfolgte, erklärte dieser zu den hier niedergelegten Tatsachen, dass zu dem Bekanntenkreise L. auch Dr. N e l l e s aus dem Theresienhospital in Düsseldorf gehöre, ferner, dass die Eheleute L. einen Zusammenbruch des gegenwärtigen Regimes in Deutschland nicht nur erhoffen, sondern auf das Bestimmteste erwarten. Ihre Äusserungen zu diesem Thema sind in einer derartigen positiven Form gehalten, dass daraus zu entnehmen ist, dass sie in naher Zukunft mit einer vollständigen politischen Umwälzung rechnen. Für diesen Fall habe man sogar hinsichtlich der Besetzung führender Verwaltungsstellen Pläne erörtert.

Es wird beantragt, eine Telefonüberwachung und eine Postkontrolle anzuordnen, die höchstwahrscheinlich zweckdienliches Material erbringen werden.

Dr. Lehr beabsichtigt, seinen Sommerwohnsitz nach Oberbrügge bei Lüdenscheid in das Haus seiner Verwandten zu verlegen. Diese sind Inhaber der Firma Steinbach in Oberbrügge. Die Firma ist mit Heeresaufträgen beschäftigt. Frau Lehr ist Teilinhaberin des Unternehmens.

Der Führer des SD-Leitabschnitts
- Düsseldorf -
i.A. [Unterschrift]
SS-Untersturmführer

Robert Lehr (1883–1956), DNVP, 1933 als Oberbürgermeister von Düsseldorf abgesetzt. Bundesminister.

145. Der Düsseldorfer Widerstandskreis, Aufzeichnungen von W. Hensel

Nach der „Machtergreifung" im Jahre 1933 war es eine der ersten Maßnahmen der Düsseldorfer Nationalsozialisten, den Oberbürgermeister der Stadt Düsseldorf, Dr. Robert Lehr, den heutigen Bundesminister des Innern, wegen angeblicher Korruptionsfälle ins Gefängnis zu werfen. Trotz eifrigster Ermittlungen, die sich über Monate hinauszogen, konnten aber keine Dr. Lehr belastenden Tatsachen festgestellt werden. Deshalb wurde er Ende 1933, ohne daß auch nur eine Anklage gegen ihn erhoben worden war, aus der Haft entlassen. Sofort nach seiner Haftentlassung bildete sich in Düsseldorf um Dr. Lehr ein Widerstandskreis, dem ein maßgeblicher Führer der von den Nationalsozialisten unterdrückten Christlichen Gewerkschaften, Karl Arnold, der heutige Ministerpräsident des Landes Nordrhein-Westfalen, ferner der neuerdings nach Düsseldorf zugezogene Frhr. v. Gumppenberg und ich angehörten.

Seine erste Aufgabe sah der Kreis darin, die Verbindung zu allen oppositionellen Kräften aufzunehmen und sie untereinander in Verbindung zu bringen. Die Ereignisse des Jahres 1933 hatten bewirkt, daß wir viele unserer alten Freunde zunächst aus den Augen verloren hatten. Wir suchten sie jetzt auf und besprachen mit ihnen die Lage. In den meisten Fällen konnte ich bei meinen Besuchen dieser Freunde feststellen, daß sie Gegner Hitlers geblieben waren und nur auf den Augenblick warteten, in dem sie aktiv werden konnten.

Ende 1933 machte mich Rechtsanwalt Dr. Josef Wirmer in Berlin, einer der zähesten und verbissensten Gegner des Nationalsozialismus – er wurde nach dem 20. Juli 1944 hingerichtet –, auf die Arbeit des Kölner Rechtsanwalts Edmund Forschbach aufmerksam und riet mir zur Fühlungnahme mit ihm. Forschbach war damals – aus der deutschnationalen Partei hervorgegangen – parteiloses Mitglied des Reichstags. Er war eng befreundet mit dem am 30. Juni 1934 ermordeten Münchener Rechtsanwalt Dr. Edgar J. Jung. Mit Forschbach, den ich schon aus früheren Jahren flüchtig kannte, bekam ich bald engen Kontakt. Von ihm wurde ich über die Bestrebungen Jungs, mit den letzten legalen Mitteln die nationalsozialistische Regierung wieder aus dem Sattel zu heben, unterrichtet.

Dr. Paul Franken in Bonn, der ehemalige Reichstagsabgeordnete des Zentrums Dr. Johannes Schauff, Forschbach und ich standen seit Frühjahr 1934 in ständiger Verbindung. Durch Forschbach erfuhren wir auch schon Mitte Juni den Inhalt der Marburger Rede, die Edgar Jung verfaßt hatte, einige Tage bevor sie von Papen hielt. Am 30. Juni 1934 war in der Wohnung von Forschbach eine Zusammenkunft unseres Kreises mit Edgar Jung vorgesehen, die aber nicht mehr stattfinden konnte, weil Jung bereits am 25. Juni von der Gestapo verhaftet worden war.

Die sich an den 30. Juni 1934 anschließenden Ereignisse bedrohten auch Forschbach unmittelbar; er entzog sich einer Verhaftung durch eine Flucht nach Holland und wurde Anfang Juli aus dem Reichstag ausgeschlossen.

Bis zum 30. Juni 1934 waren viele gutgläubig Hitler gefolgt. Jetzt waren zwar nach den entsetzlichen Ereignissen vielen die Augen aufgegangen, gleichzeitig war ihnen aber der Schrecken so tief in die Glieder gefahren, daß sie aus Opportunität alles taten, was die NSDAP von ihnen forderte. Auch Franken und Forschbach, der im Herbst 1934 nach Deutschland zurückkehrte, waren anfangs verzagt. Ich nahm aber die Verbindung mit ihnen wieder auf und drängte in mehrfachen Gesprächen darauf, eine planmäßige Widerstandsbewegung vom Rheinland aus zu organisieren. Nach anfänglichem Zögern stimmten mir beide Freunde zu. Es bildeten sich nun zunächst in Düsseldorf und Bonn und einige Zeit später in Köln Widerstandskreise, die ich mit meinem weit verzweigten Bekanntenkreis am ganzen Niederrhein verknüpfte. Zu unserem Kreise trat bald der Duisburger Rechtsanwalt Franz Etzel, und in Berlin nahmen wir Verbindung mit Dr. Josef Wirmer und Jakob Kaiser, dem heutigen Minister für gesamtdeutsche Fragen, auf. In Bonn war das aktivste Mitglied des Widerstandskreises der Landesgeschäftsführer der ehem. Christli-

chen Gewerkschaften, Heinrich Körner, der später auch im Zusammenhang mit den Ereignissen des 20. Juli 1944 sein Leben verlor.
Forschbach hatte in Berlin ständige Verbindung mit Dr. Rudolf Pechel, dem Herausgeber der „Deutschen Rundschau", und Dr. Hermann Josef Schmidt, dem heutigen Generalsekretär der Katholischen Arbeiterbewegung, während ich die Verbindung zum Ketteler-Haus in Köln, wo Bernhard Letterhaus und Nikolaus Groß, die auch beide später Opfer des 20. Juli 1944 wurden, wirkten, aufrechterhielt.
Als nach dem 30. Juni 1934 etwa ein Jahr mit dem Wiederanknüpfen persönlicher Beziehungen vergangen war, schlug ich Heinrich Körner und Edmund Forschbach vor, mit mir gemeinsam in Berlin Jakob Kaiser zu besuchen. Wir fuhren im Mai 1936 mit meinem Wagen nach Berlin. Diese Fühlungnahme mit Jakob Kaiser war auch für die Berliner Freunde bedeutsam, weil dadurch Rudolf Pechel auf das Wirken von Jakob Kaiser aufmerksam gemacht werden konnte. Die Zusammenkünfte mit Jakob Kaiser, Josef Wirmer und Rudolf Pechel hatten in uns die Überzeugung gefestigt, daß wir die Dinge einfach nicht weitertreiben lassen durften. Der Ausbruch eines neuen Weltkriegs war nach unserer Auffassung nur noch durch eine rechtzeitige Beseitigung Hitlers zu verhindern.
Diesen Standpunkt teilten wir unseren Freunden im Rheinland mit. Von größter Bedeutung war es, daß Dr. Robert Lehr, den ich über unsere Berliner Besprechungen unterrichtete, ganz unserem Standpunkt beipflichtete.
Dr. Lehr erklärte sich sofort zur aktiven Mitarbeit in unserem Kreis bereit. Im November 1936 fand in der Wohnung von Forschbach in Köln, Merlostraße 22, eine Zusammenkunft unter dem Vorsitz von Dr. Lehr statt, an der Dr. Franken und ich außer Forschbach noch teilnahmen. Dr. Lehr eröffnete die Aussprache damit, daß er sagte, es käme ihm darauf an, die Stimmung in der katholischen Akademikerschaft, soweit wir darüber unterrichtet seien, und in der christlichen Arbeiterschaft kennenzulernen. Wir berichteten ihm, was wir wußten, und dann gab Dr. Lehr zu verstehen, daß er, wenn es an der Zeit sei, mit der Reichswehr wegen eines Zusammenwirkens gegen Hitler Verbindung aufnehmen werde. Ihn selbst verband Freundschaft mit dem früheren Chef der Heeresleitung, General v. Hammerstein-Equord. Dr. Lehr teilte uns seine Absicht mit, bald nach Berlin zu reisen. Diese Reise sollte vornehmlich dem Zweck dienen, die Verbindung zwischen der Bendlerstraße* und der oppositionellen Arbeiterschaft herzustellen. Einzelheiten wurden noch eingehend zwischen uns erörtert. Dr. Lehr ist auch dann bald darauf in Berlin gewesen und kam dort mit Jakob Kaiser und Rudolf Pechel zusammen. Als Dr. Lehr von Berlin zurückgekehrt war, lud er Karl Arnold, Edmund Forschbach und mich in seine Wohnung nach Düsseldorf ein. Er zeigte sich sehr befriedigt darüber, daß wir ihm die Verbindung zu Jakob Kaiser und zu Rudolf Pechel hergestellt hatten. Er bat darum, die jetzt hergestellte Verbindung zu festigen, da für das Gelingen des Staatsstreiches der Generalität es von ausschlaggebender Bedeutung sei, daß die Arbeiterschaft diese Bestrebungen unterstützen werde. Da an diesem Abend Karl Arnold unter uns weilte, konnten wir gewiß sein, daß die maßgeblichen Männer der Christlichen Gewerkschaften Westdeutschlands über das Vorhaben unterrichtet werden würden. Heinrich Körner und Paul Franken wurden ebenfalls bald über die Ergebnisse der Reise Dr. Lehrs informiert. Es kann ohne Übertreibung festgestellt werden, daß mit dieser Reise von Dr. Lehr die Verbindung zwischen der Generalität und der oppositionellen Arbeiterschaft hergestellt worden ist, die die jahrelange Zusammenarbeit zur Vorbereitung des Befreiungsversuches am 20. Juli 1944 ermöglichte. Kaiser, Leuschner und Habermann, die einen verschworenen Bund zum Sturze Hitlers geschlossen hatten, standen seit jenem Tage in Verbindung mit der Bendlerstraße. Die Folge des Besuches von Dr. Lehr war auch noch eine engere Verbindung der Gewerkschaftsführer mit den akademischen Kreisen. Jakob Kaiser kam jetzt häufiger ins Rheinland und traf sich dort mit Heinrich Körner, Paul Franken, Bernhard Deutz, Edmund Forschbach und mir.

Im November 1937 wurden Jakob Kaiser, Paul Franken und ich kurz hintereinander verhaftet. Nur der Geschicklichkeit unserer Verteidiger, des heutigen Bundestagsabgeordneten Rechtsanwalt Franz Etzel in Duisburg und des Rechtsanwalts Meyers in Mönchengladbach, der heute Innenminister des Landes Nordrhein-Westfalen ist, war es zu verdanken, daß die Gestapo nicht alle Verbindungen unseres Widerstandskreises aufdecken konnte, so daß damals Heinrich Körner, Josef Wirmer und Edmund Forschbach von der Verhaftung verschont blieben. Während Jakob Kaiser und Paul Franken etwa eineinhalb Jahre sich in Haft befanden, wurde ich erst am ... aus dem Gefängnis entlassen.
Diese Verhaftungswelle hatte naturgemäß unsere Widerstandsarbeit stark gestört, doch gegen Ende des Krieges arbeitete der Kreis wieder zusammen und tat das Seinige, um alle organisatorischen Vorbereitungen für den Fall des Gelingens des Umsturzes zu treffen.

* Bendlerstraße (Berlin): bis 1938 Sitz des Wehrmachtsamtes im Reichskriegsministerium, dann Oberkommando der Wehrmacht.

146. Der Düsseldorfer Widerstandskreis, Niederschrift von H. Lauffs

Im ersten Teil unserer Zusammenkünfte beschäftigten wir uns mit theologischen Fragen. Wir lasen damals den Philipperbrief des Apostels Paulus im griechischen Urtext und arbeiteten bei der Übersetzung die aus den konfessionellen Grundpositionen gegebenen verschiedenen Übersetzungsmöglichkeiten heraus ... Es kam zu einem sehr tiefgehenden Gespräch über die biblische Lehre von der Prädestination, nach Augustinischem und Tridentinischem Verständnis einerseits, nach lutherischem und calvinischem Verständnis andererseits, wobei versucht wurde, zu erklären, daß die reformatorisch verstandene Prädestination keineswegs zur Passivität, sondern im Gegenteil zur verantwortlichen Aktivität führe. Bei der sich exegetisch ergebenden existentiellen Interpretation des Philipperbriefes, dessen Grundthema die Verheißung und der Dienst der Gemeinde des Herrn mitten in schwerer Bedrückung und in der Bedrohung durch den Tod ist, kamen wir am Ende stets ganz von selbst auf die damalige Situation von Kirche und Volk und auf die damit uns gestellten Aufgaben.
Zur Klärung dienten umfassende vertrauliche Informationen, die Dr. Lehr über die politische und militärische Lage besaß, und Mitteilungen über Greueltaten der Machthaber, z.B. über den Mord an den Geisteskranken und an politischen Gegnern des Systems, wiewohl diese Schandtaten damals in ihrem vollen Umfang noch nicht bekannt waren. Es war uns aber damals schon genug, so daß wir mit tiefer Bewegung den Wortlaut des Briefes vernahmen, den der um Weihnachten 1941 gefallene Sohn von Dr. Schulte seinen Eltern für den Fall seines Todes hinterlassen hatte. Er bat darin seine Eltern, seinen Tod als stellvertretende Sühne für die von Angehörigen unseres Volkes verübten Schreckenstaten anzusehen, damit am Ende nicht das ganze deutsche Volk büßen müsse. Die Ursachen dafür, daß es bei dem in der ganzen Welt als Volk der Denker und Dichter angesehenen deutschen Volk zu solch furchtbaren Taten kommen konnte, untersuchte Dr. Hensel in ausführlichen geistesgeschichtlichen Darlegungen. Ein Aufsatz von Pfarrer Prätorius über die biblische Lehre von Engeln und Dämonen wurde in seiner hintergründigen Bedeutung von allen Wissenden verstanden. In einer weiteren Denkschrift versuchte ein anderer Teilnehmer in grundsätzlichen Ausführungen das Pro und Contra in der Frage nach dem Recht der Ermordung eines verbrecherischen Tyrannen. Die Meinungen darüber waren geteilt und gingen quer durch die Konfessionen.
Wichtiger als der Widerstand schien allen Mitgliedern des Kreises die Frage nach dem politischen Neubau, wenn das Dritte Reich zusammengebrochen sei. Daß ein auf ethischen Grundsätzen beruhender Aufbau der künftigen Gesellschaft und des neuen Staates nur im Zeichen des Kreuzes geschehen könne, war einhellige Meinung, insbesondere auch von Dr. Lehr. Ebenso war allen Mitgliedern des Kreises klar, daß aus dieser Zielsetzung die bewußten Christen beider Konfessionen sich politisch in einer Partei verbinden müßten. Der Kreis um Dr. Lehr war eine im christlichen Glauben wurzelnde, zukunftsträchtige Keimzelle der Christlich-Demokratischen Union im Rheinland."

(Druck: W. Hensel, Robert Lehr, in: Christliche Demokratie der ersten Stunde. 1966, S. 228ff.)

Hellmut Lauffs (1890–1985), Studienrat, Mitglied der Bekennenden Kirche. Nach 1945 Stadtverordneter in Düsseldorf, Leiter des Schulkollegiums Rheinland.

Der Kreisauer Kreis

Kein anderer Widerstandskreis hat sich so intensiv mit den theoretischen Grundfragen und Grundlagen einer Neuordnung des staatlichen und gesellschaftlichen Zusammenlebens in Deutschland nach dem Sturz des NS-Regimes und dem Ende des Krieges beschäftigt wie der Kreisauer Kreis. Die Teil-
Nr.147 nehmer, Konservative und Sozialisten, Gutsbesitzer und Gewerkschafter, Protestanten und Katholiken, trafen sich auf Initiative von Helmuth James Graf Moltke auf seinem schlesischen Gut Kreisau oder in Berlin.

Nr.148 Ihnen allen war gemeinsam, daß sie das Christentum als Fundament für eine religiös-sittliche Erneuerung Deutschlands bejahten und einen auf Selbstverwaltungskörperschaften basierenden, demokratischen Staats- und Gesellschaftsaufbau anstrebten, ohne allerdings zum Parlamentarismus zurückkehren zu wollen. Es handelte sich meistens um Vertreter der jüngeren Generation, die entscheidend vom Geschehen des Ersten Weltkrieges und seinen Folgen geprägt waren. Es war ihnen nicht nur darum zu tun, die Fehler des Weimarer Parteienstaates zu vermeiden. Die Konsequenz aus der nationalsozialistischen Katastrophe hieß für sie: „Wieder von vorne anfangen" (Moltke). Das Kreisauer Programm für den politischen und wirtschaftlichen Neuaufbau, das sich an der freien, selbstverantwortlichen Persönlichkeit und an der sozialen Gerechtigkeit als Richtschnur wirtschaftlich-sozialer Gestaltung orientierte, gehörte zur systematischen Vorbereitung einer beabsichtigten Umsturzaktion. Der Kampf gegen Hitler wurde dabei als Teil eines notwendigen internationalen Kampfes gegen den Totalitarismus gesehen. Dieses Anliegen wurde noch durch das gesamteuropäisch-föderative Zukunftskonzept der Kreisauer verstärkt. Für die Praxis bedeutete das, daß die Kreisauer die Möglichkeit eines politischen und militärischen Zusammengehens mit den Alliierten auszuloten versuchten.

Zu anderen Widerstandsgruppen in Deutschland konnten über einzelne Teilnehmer Verbindungen vermittelt werden, an erster Stelle zum militärischen Widerstand um Stauffenberg und zu Goerdeler, aber auch zu kommunistischen Hitlergegnern.

Religiöse Sozialisten und christliche Konservative gehörten zum Kern der Gruppe. Seit 1940 stand der ehemalige Landrat des Kreises Rendsburg Theo-
Nr.149 dor Steltzer, Transportoffizier in Norwegen und Verbindungsmann zu norwegischen Widerstandskreisen, mit Moltke in Verbindung. Von ihm stammt eine Denkschrift über die deutsche Opposition gegen den Nationalsozialismus (15. Juli 1944) für den Engländer Lionel Curtis, den einflußreichen Mitbegründer des „Institute for International Affairs". Steltzer war durch Otto Heinrich von der Gablentz, der wie er Mitglied der Bekennenden Kirche war, auf Moltke aufmerksam gemacht worden. Zur ersten Kreisauer Tagung zu Pfingsten 1942 war von Moltke der Präsident der 1941 aufgelösten katholischen „Görres-Gesellschaft", der Staatsrechtler Hans Peters, damals Luftwaffenoffizier, eingeladen worden, der schon in Verbindung mit dem Kölner Kreis und mit Wirmer stand. Er sollte die Ausarbeitung eines Kulturprogramms übernehmen. Zu dieser Zeit war auch schon der Oberverwaltungsgerichtsrat und Rittmeister des Wehrmachtsführungsstabes Paulus van Husen Mitarbeiter bei den Beratungen des Kreises, wo er vor allem Rechtsgutachten verfaßte. Sein Feund, der ehemalige Oberpräsident von Oberschlesien, damals Rechtsanwalt in Breslau, Hans Lukaschek wurde ebenfalls von Moltke zur Teilnahme an den Besprechungen aufgefordert. Lukaschek stand wie Hans Schlange-Schöningen in Verbindung mit Goerdeler.
Nr.150 Über die „Kreisauer" im Auswärtigen Amt kam 1942 auch Eugen Gerstenmaier,

der damals Hilfsreferent im kirchlichen Außenamt war, mit Moltke in Verbindung, der ihn wegen seiner außenpolitischen und kirchlichen Sachkenntnis und seinen Auslandskontakten schätzte. In seinen Erinnerungen weist Gerstenmaier darauf hin, wie unabhängig einerseits die führenden Köpfe des Kreisauer Kreises, Graf Moltke und Graf Yorck von Wartenburg, von tradierten Ideen und wissenschaftlichen Lehrmeinungen ihre grundsätzlichen Fragen stellten und wie schwer sie sich andererseits zur ethischen Entscheidung für einen Tyrannenmord durchringen konnten. Die Spannung zwischen dem fundamentalen Neuordnungsdenken der Kreisauer und seiner praktischen Realisierbarkeit weist auf ein Politikverständnis hin, das weniger pragmatisch als gesinnungsethisch ausgerichtet war. Die Frage nach der tragfähigen Basis und Konsensgrundlage für einen Umsturz, besonders im Bereich von Regierung, Verwaltung und militärischem Oberkommando, wie sie Goerdeler bewegte, blieb für die Kreisauer mehr im Hintergrund.

Das so geschlossen wirkende Programm der Kreisauer zielte, weit über die Beseitigung der Hitler-Tyrannei und Schaffung einer Alternative zur nationalsozialistischen Politik hinausgehend, auf eine geistige sozialethische Grundorientierung; denn für sie galt es, „den Nationalsozialismus innerlich zu überwinden" (Moltke). Die tiefe Religiosität der meisten Kreisauer ist dabei für ihre staats- und gesellschaftsphilosophischen Vorstellungen bestimmend gewesen.

147. Teilnehmer an Zusammenkünften des Kreisauer Kreises

Helmuth und Freya von Moltke, Peter und Marion Yorck von Wartenburg, Irene Yorck von Wartenburg, Horst von Einsiedel, Adam von Trott zu Solz, Carlo Mierendorff, Eduard Waetjen, Adolf Reichwein, Eugen Gerstenmaier, Karl Ludwig von Guttenberg, Theodor Steltzer, Werner von Haeften, Lothar König SJ, Hans Peters, Konrad von Preysing, Otto Heinrich von der Gablentz, Carl Dietrich von Trotha, Paulus van Husen, Franz Josef Furtwängler, Theo Haubach, Hans Wolf Görschen, Fritz-Dietlof von Schulenburg, Hans von Dohnanyi, Friedrich Gramsch, Albrecht von Kessel, Augustin Rösch SJ, Alfred Delp SJ, Harald Poelchau, Hermann Josef Abs, Josias Clemens von Rantzau, Wilhelm Leuschner, Justus Delbrück, Arnold von Borsig, Julius Leber, Fritz Christiansen-Weniger, Albrecht Haushofer, Hans Lukaschek, Hermann Maaß, Berthold von Stauffenberg, Theophil Wurm, Ludwig Beck, Peter Bielenberg, Hans Krüger, Carlo Schmid, Karl Blessing, Ernst von Harnack, Heinrich von Lehndorff, Hans Oster, Conrad Üxküll, Dietrich Bonhoeffer, Johannes Popitz, Hans Schlange-Schöningen, Günter Schmölders.

(Nach Moltke/Balfour/Frisby, Helmuth James von Moltke. 1975)

148. Entwurf für die Neuordnung Deutschlands

Nach einer Notiz von Helmuth James von Moltke, 9. August 1943

Die Regierung des Deutschen Reiches sieht im Christentum die Grundlage für die sittliche und religiöse Erneuerung unseres Volkes, für die Überwindung von Haß und Lüge, für den Neuaufbau der europäischen Völkergemeinschaft.

Der Ausgangspunkt liegt in der verpflichtenden Besinnung des Menschen auf die göttliche Ordnung, die sein inneres und äußeres Dasein trägt. Erst wenn es gelingt, diese Ordnung zum Maßstab der Beziehungen zwischen Menschen und Völkern zu machen, kann die Zerrüttung unserer Zeit überwunden und ein echter Friedenszustand geschaffen werden.

Die innere Neuordnung des Reiches ist die Grundlage zur Durchsetzung eines gerechten und dauerhaften Friedens.

Im Zusammenbruch bindungslos gewordener, ausschließlich auf die Herrschaft der Technik gegründeter Machtgestaltung steht vor allem die europäische Menschheit vor dieser Aufgabe. Der Weg zu ihrer Lösung liegt offen in der entschlossenen und tatkräftigen Verwirklichung christlichen Lebensgutes. Die Reichsregierung ist daher entschlossen, folgende nach innen und außen unverzichtbare Forderungen mit allen ihr zur Verfügung stehenden Mitteln zu verwirklichen:

1. Das zertretene Recht muß wieder aufgerichtet und zur Herrschaft über alle Ordnungen des menschlichen Lebens gebracht werden. Unter dem Schutz gewissenhafter, unabhängiger und von Menschenfurcht freier Richter ist es Grundlage für alle zukünftige Friedensgestaltung.

2. Die Glaubens- und Gewissensfreiheit wird gewährleistet. Bestehende Gesetze und Anordnungen, die gegen diese Grundsätze verstoßen, werden sofort aufgehoben.

3. Brechung des totalitären Gewissenszwangs und Anerkennung der unverletzlichen Würde der menschlichen Person als Grundlage der zu erstrebenden Rechts- und Friedensordnung. Jedermann wirkt in voller Verantwortung an den verschiedenen sozialen, politischen und internationalen Lebensbereichen mit. Das Recht auf Arbeit und Eigentum steht ohne Ansehen der Rassen-, Volks- und Glaubenszugehörigkeit unter öffentlichem Schutz.

4. Die Grundeinheit friedlichen Zusammenlebens ist die Familie. Sie steht unter öffentlichem Schutz, der neben der Erziehung auch die äußeren Lebensgüter: Nahrung, Kleidung, Wohnung, Garten und Gesundheit sichern soll.
5. Die Arbeit muß so gestaltet werden, daß sie die persönliche Verantwortungsfreudigkeit fördert und nicht verkümmern läßt. Neben der Gestaltung der materiellen Arbeitsbedingungen und fortbildender Berufsschulung gehört dazu eine wirksame Mitverantwortung eines jeden an dem Betrieb und darüber hinaus an dem allgemeinen Wirtschaftszusammenhang, zu dem seine Arbeit beiträgt. Hierdurch soll er am Wachstum einer gesunden und dauerhaften Lebensordnung mitwirken, in der der einzelne, seine Familie und die Gemeinschaften in ausgeglichenen Wirtschaftsräumen ihre organische Entfaltung finden können. Die Wirtschaftsführung muß diese Grunderfordernisse gewährleisten.
6. Die persönliche politische Verantwortung eines jeden erfordert seine mitbestimmende Beteiligung an der neu zu belebenden Selbstverwaltung der kleinen und überschaubaren Gemeinschaften. In ihnen verwurzelt und bewährt, muß seine Mitbestimmung im Staat und in der Völkergemeinschaft durch selbstgewählte Vertreter gesichert und ihm so die lebendige Überzeugung der Mitverantwortung für das politische Gesamtgeschehen vermittelt werden.
7. Die besondere Verantwortung und Treue, die jeder einzelne seinem nationalen Ursprung, seiner Sprache, der geistigen und geschichtlichen Überlieferung seines Volkes schuldet, muß geachtet und geschützt werden. Sie darf jedoch nicht zur politischen Machtzusammenballung, zur Herabwürdigung, Verfolgung oder Unterdrückung fremden Volkstums mißbraucht werden. Die freie und friedliche Entfaltung nationaler Kultur ist mit der Aufrechterhaltung absoluter einzelstaatlicher Souveränität nicht mehr zu vereinbaren. Der Friede erfordert die Schaffung einer die einzelnen Staaten umfassenden Ordnung. Sobald die freie Zustimmung aller beteiligten Völker gewährleistet ist, muß den Trägern dieser Ordnung das Recht zustehen, auch von jedem einzelnen Gehorsam, Ehrfurcht, notfalls auch den Einsatz von Leben und Eigentum für die höchste politische Autorität der Völkergemeinschaft zu fordern.

(Druck: G. van Roon, Neuordnung im Widerstand. 1967, S. 561f.)

149. Denkschrift Steltzers für Lionel Curtis vom 15. Juli 1944

Die deutsche Opposition gegen den Nationalsozialismus
I. Allgemeines über Zusammensetzung und Arbeitsansatz.
Es ist außerordentlich schwierig, im jetzigen Zeitpunkt eine Darstellung über die deutsche Opposition zu geben. Wir werden mit Recht nach unserer Vollmacht, unserer Organisation und Stärke und nach unseren führenden Persönlichkeiten gefragt werden. Es handelt sich hier aber um Personen, die wegen ihrer ablehnenden Haltung gegen den Nationalsozialismus bei dem in Deutschland herrschenden Gestaposystem so außerordentlich gefährdet sind, daß es unmöglich ist, ihre Namen in einer Darstellung zu erwähnen, bei der nicht von vornherein feststeht, in wessen Hände sie geraten wird.
Zur Vermeidung von Mißverständnissen muß ferner darauf hingewiesen werden, daß wir es ablehnen, militärische Auskünfte zu geben, und an Verbindungen mit Nachrichtendien-

sten irgendwelcher Art uninteressiert sind. Wir sind unbeschadet der Tatsache, daß auch Offiziere zu unserem Kreis gehören, eine politische Gruppe, die sich durch ihre grundsätzlichen Anschauungen verantwortlich fühlt und auf Grund ihrer genauen Kenntnis der Lage sowie ihrer weitreichenden Einflußmöglichkeiten in Deutschland mithelfen möchte, die drohende Ausweitung der Katastrophe zum Chaos zu verhindern. Unser aus verschiedenen politischen Lagern kommender Kreis hat sich in den Jahren 1940/41 gebildet und in den folgenden Jahren zu immer intensiverer Arbeit zusammengefunden ...
Wir sind nach unserer Kenntnis der deutschen Verhältnisse der Überzeugung, daß von uns in dieser Arbeit erreicht wurde, was bei dem herrschenden Gestaposystem erreicht werden konnte. Wir haben dabei eine Reihe schwerer Verluste gehabt. Insbesondere haben die Erfahrungen unsere Auffassung bestätigt, daß jede aktivistische revolutionäre Arbeit gegen das jetzige System aussichtslos ist. Wir haben diese Möglichkeit ständig erwogen und uns immer wieder von ihrer technischen Unmöglichkeit überzeugt. Das Ausland ist nicht in der Lage, sich den Grad politischer und geistiger Knechtung vorzustellen, die in Deutschland entstanden ist, nachdem die alte Führungsschicht aus Versagen und innerem Unvermögen Hitler die Macht in einem so unbedingten Maße in die Hände gespielt hat. Der entscheidende Hinderungsgrund für ein aussichtsreiches aktivistisches Handeln lag aber bei der Generalität, deren Versagen sich im Laufe des Krieges auch im rein Militärischen immer deutlicher gezeigt hat. Selbst Feldmarschälle, die unserer Beurteilung der Lage persönlich zustimmten, waren nicht zu bewegen, hieraus irgendwelche praktischen Konsequenzen zu ziehen ...
An eine zukünftige deutsche Regierung müssen das deutsche Volk und das Ausland folgende Forderungen stellen:
1. sie muß nicht Einzelinteressen oder eine Klasse oder Schicht, sondern das ganze deutsche Volk vertreten;
2. sie muß aus Persönlichkeiten bestehen, die entweder persönliche Autorität haben oder sich auf Kreise stützen, die unabhängig vom Hitlerismus sind und daher auch nach dessen Erledigung Autorität besitzen;
3. ihre Vertreter dürfen nicht durch den Hitlerismus kompromittiert sein, sondern müssen in nachweisbarer Gegnerschaft zu ihm gestanden haben;
4. die reine Gegnerschaft genügt aber nicht; die Mitglieder einer neuen deutschen Regierung müssen auch positiv nach ihrer geistigen Haltung und Einstellung an die europäischen Grundwerte, vor allem an den Gedanken des Rechts und der Menschenwürde, gebunden sein;
5. sie müssen eine Auffassung der übervolklichen Frage haben, die mit der Zielsetzung anderer Völker zusammenfällt oder zum mindesten nicht unvereinbar ist;
6. die Führung muß innenpolitische und soziale Ziele verfolgen, die mit einem gesamteuropäischen Aufbau und einer anzustrebenden Weltordnung vereinbar sind;
7. ihre Vertreter müssen entschlossen sein, den Hitlerismus in Deutschland nicht nur in seinen äußeren Erscheinungen radikal zu beseitigen, sondern auch innerlich zu überwinden;
8. sie dürfen endlich keine Theoretiker sein, sondern müssen mit einer klaren grundsätzlichen Einstellung ein konkretes Anschauungsvermögen und praktische Erfahrungen verbinden.
Wir haben unseren Führungskreis nach diesen Gesichtspunkten gegründet ...

(Druck: Th. Steltzer, Sechzig Jahre Zeitgenosse. 1966, S. 285ff.)

Theodor Steltzer (1885–1967), bis 1933 Landrat von Rendsburg, 1939 Transportoffizier, Kontakte zum Kreisauer Kreis, nach dem 20. Juli in Berlin verhaftet, am 15. Januar 1945 zum Tode verurteilt, bis Kriegsende in Haft. Erster Ministerpräsident von Schleswig-Holstein.

150. Eugen Gerstenmaier: „Zur Geschichte des Umsturzversuchs vom 20. Juli 1944“

Kirchenkampf als Vorgeschichte
Seit März 1933 nahm ich in enger Verbindung mit Pastor Martin Niemöller an der Begründung und an dem Kampf der Bekennenden Kirche teil. Ich bemühte mich vor allem um die Einbeziehung der süddeutschen evangelischen Landeskirchen unter den Bischöfen Wurm und Meiser in dem Kampf der Bekennenden Kirche. Ungefähr seit 1934/35 überzeugte ich mich endgültig davon, daß die nationalsozialistischen Anschauungen und die nationalsozialistische Politik über kurz oder lang zur großen bewaffneten Auseinandersetzung führen würden und daß die innere Politik, vor allem die Kultur- und Kirchenpolitik des Nationalsozialismus immer aggressiver und militanter werden würde. Ich war überzeugt, daß der Nationalsozialismus zunächst das Judentum und dann die großen christlichen Kirchen zu vernichten beabsichtigte, weil sie zwangsläufig Gegner seiner Rassen- und Menschenanschauungen sein mußten. Gleichzeitig kam ich aber auch zu der Überzeugung, daß der Kampf bzw. Widerstand gegen den Nationalsozialismus nicht allein mit geistigen und kulturellen Mitteln geführt werden dürfe, sondern daß neue Formen und Möglichkeiten des aktiven politischen Widerstands entwickelt werden müßten.

Ich war nicht der Meinung, daß die Kirche als solche den politischen Kampf zu führen hat, aber ich litt je länger desto mehr darunter, daß die Kirche fast in allen ihren Gruppierungen – die Bekennende Kirche eingeschlossen – bewußten Hochverrat ablehnte. Da ich der Anschauung war, daß es nicht so sehr auf die Aussparung eines nazifreien Territoriums innerhalb des öffentlichen Lebens ankomme als auf die Niederkämpfung des Nationalsozialismus als Ganzes, widersetzte ich mich auch mit allen Mitteln den Versuchen, die offiziellen Positionen der Kirche im öffentlichen Leben freiwillig zu räumen oder gezwungen mit einem kleinen, relativ unberührten Gebiet außerhalb des öffentlichen Lebens vorliebzunehmen. Jahrelang war ich deshalb verwickelt in die erbitterten Kämpfe mit der Avantgarde des Nationalsozialismus auf dem Boden der Kirche, den Deutschen Christen, ebenso mit den Staats- und Parteiorganisationen selbst, die sich die institutionelle Verkümmerung und Zerschlagung der Kirche als Etappe auf dem Weg zur totalen Vernichtung zum Ziel gesetzt haben. Ich widersetzte mich aber aus dem gleichen Grund auch den Kräften innerhalb der Kirche selbst, die um der Unangetastetheit der Kirche willen bereit waren, aus freien Stücken die öffentlichen Positionen der Kirche zu räumen. Weil ich überzeugt war, daß der sogenannte Kirchenkampf nur der Auftakt zu einem Kultur- und Religionskampf der Nazis mit dem Ziel der Vernichtung aller Gedanken- und Gewissensfreiheit, geschweige gar aller politischen Bewegungsfreiheit überhaupt war, versuchte ich die zwar beschränkten und dazu bitter umkämpften Mittel und Möglichkeiten des gesamtkirchlichen Institutionalismus so weit als möglich festzuhalten und offen oder geheim für den politischen Kampf gegen den Nationalsozialismus einzusetzen ...

Übergang zum politischen Kampf

Durch die systematische Zerstörung der Rechtspflege, durch Nachrichten über die Zustände in den Konzentrationslagern, vor allem aber durch die immer bekannter werdenden Vernichtungsmaßnahmen gegen die Juden verdichteten und vertieften sich die Energien des Widerstandes so, daß mir die öfters von mir selbst formulierten oder organisierten Proteste der Kirchen in der Öffentlichkeit bei weitem nicht mehr ausreichend erschienen und in meinem politischen Freundeskreis seit 1937 ebenso wie bei mir selbst der Gedanke immer fester Gestalt gewann, in planmäßig angelegter Aktion Hitler zu töten und damit einen Aufstand zu entfesseln, der dem nationalsozialistischen System ein Ende bereiten sollte.

Es war uns dabei von vornherein klar, daß ein entsprechender Versuch nur mit Hilfe der Armee unternommen werden könne, daß es aber auch einer planmäßigen Sammlung und Neuformung aller dafür irgendwie in Betracht kommenden zivilen politischen Elemente bedürfe. Durch diese Bemühungen, die bis in das erste Kriegsjahr nach allen Seiten hin durchgeführt wurden, gelang es zwar, zu einem weitgehenden Einvernehmen mit den vorhandenen aktiven politischen Gegenkräften zu kommen; sie aber zu Attentat und Aufstand zu bringen, war nicht möglich, weil sich einerseits die dafür vielleicht zeitweilig bereiten militärischen Persönlichkeiten nicht zu einem außerordentlich großen Wagnis entschließen konnten und andererseits die Massen unter dem Polizeiterror und der Propagandanarkose des Systems lagen. Verläßlich erschienen die Reste der Freien und Christlichen Gewerkschaften, die teils von Leuschner, dem früheren Gewerkschaftsführer und hessischen Innenminister, seinem Mitarbeiter, Hermann Maaß, sowie den mir selbst sehr nahestehenden früheren sozialdemokratischen Gewerkschaftsführern und Reichstagsabgeordneten Dr. Carlo Mierendorf, Dr. Theodor Haubach und Dr. Leber vertreten wurden, teils aber auch von Habermann (vom ehemaligen Deutschnationalen Handlungsgehilfenverband) und Kaiser sowie Letterhaus, ehemaligen christlichen Gewerkschaftssekretären, zusammengehalten und erneut aktiv politisch formiert wurden.

Breitere Kräfte des nazifeindlichen Bürgertums und der Industrie wurden von dem früheren Oberbürgermeister von Leipzig und Reichspreiskommissar Dr. Goerdeler zusammengefaßt, einem ungewöhnlich aktiven, auf seine persönliche Sicherheit kaum bedachten Verwaltungsjuristen. Er war einer der ersten Verbindungsleute zu den Militärs, die für den Umsturz in Frage kamen, insbesondere genoß Goerdeler das Vertrauen des Generalobersten Beck. Dieser stand bald an der Spitze der aktivsten militärischen Kräfte, die zum Umsturz drängten.

Militärische „Stützpunkte"
Schon in den ersten Monaten des Krieges bildeten sich im Oberkommando der Wehrmacht personell eng zusammenhängende und sich gegenseitig deckende Gruppen der politischen Opposition. Ein beliebtes Sammelbecken dieser Kräfte war die Abteilung „Abwehr" und die organisatorisch damit verbundene Abteilung „Ausland" im Oberkommando der Wehrmacht ...

Je länger der Krieg dauerte, desto stärker wurde der Drang nach einer entsprechenden militärischen Aktion. Auch aus dem zivilen Teil der Opposition wurde immer stärker darauf gedrängt, obwohl allen Eingeweihten vom ersten Augenblick bis zum 20. Juli 1944 bewußt war, daß das Unternehmen ein absolutes Risiko sein und bleiben würde. Seit 1941 gewannen aber doch die vorbehaltlosen Aktivisten in der politischen und militärischen Führung der Umsturzbewegung mehr und mehr Boden. Vor allem war es der Generalmajor von Tresckow, der innerhalb der Führung des Ersatzheeres auf rasches Handeln drängte, ferner Graf Schulenburg und Graf Schwerin-Schwanenfeld. Der preußische Finanzminister Popitz und Botschafter von Hassell drängten sowohl auf die Führung des Ersatzheeres wie auch auf Witzleben, Falkenhausen und Stülpnagel. 1942/43 machte Popitz sogar den Versuch, die nächste Umgebung Himmlers für den Umsturz zu gewinnen. Das Ergebnis war, wie vorauszusehen, wenn auch nicht in jedem Betracht negativ, so doch durchaus unbefriedigend. Der besonderen Aufgabe der weiteren Sondierung im Umkreis Himmlers unterzog sich damals der Rechtsanwalt Langbehn. Er ist schon im Herbst 1943 wegen Verdachts des Landesverrats verhaftet, aber erst im Verfahren vom 20. Juli mit Popitz zusammen zum Tode verurteilt und im Oktober 1944 gehängt worden, während Popitz erst am 2. Februar 1945 zusammen mit Dr. Goerdeler und dem – eng mit mir zusammenarbeitenden und mit mir und Graf Moltke zusammen verurteilten – Jesuitenpater Delp aus München gehängt worden ist.

Alle diese Bemühungen zur früheren Auslösung des Umsturzes blieben erfolglos, weil Generaloberst Beck sich nicht entschließen konnte, mit Aussicht auf Erfolg früher zu handeln. Erst seit der nach einer schweren Verwundung aus dem Lazarett entlassene und in den Stab General Olbrichts übergetretene Oberstleutnant i. Gst. Graf Claus von Stauffenberg die Bearbeitung der Umsturzoperationen übernahm, und als die militärische und politische Gesamtentwicklung allmählich reifer wurde, begann sich Generaloberst Beck davon zu überzeugen, daß der Umsturz mit Waffengewalt nicht unbedingt zum Scheitern verurteilt sein würde. Ich selbst habe allerdings nie den Eindruck gehabt, daß Beck, Olbricht, Stauffenberg und andere führende Persönlichkeiten der Opposition von dem sicheren Gelingen eines Putsches überzeugt waren. Wir waren jedoch alle der Auffassung, daß wir es der Welt und uns selbst schuldig seien, alles, was wir sind und haben, daran zu wagen. Es hat sich nie darum gehandelt, einen risikolosen Augenblick für das Losschlagen abzuwarten, sondern nur darum, den Erfolg des Unternehmens soweit wie möglich zu sichern. Von dieser Basis aus müssen auch die Bemühungen der deutschen Opposition verstanden werden, schon vor dem Umsturz zu einer ausreichenden Verständigung mit den alliierten Regierungen zu kommen. Das angestrebte gentlemen's agreement war aber niemals Voraussetzung des Umsturzes überhaupt. Ohne Furcht vor den Folgen des für immer möglich, zeitweise sogar für wahrscheinlich gehaltenen Mißlingens des Umsturzversuches, waren wir seit Jahr und Tag bereit, weil wir davon durchdrungen waren, daß es sein müsse.

Mit Stauffenberg, der infolge seiner außerordentlichen Begabung wie seines Fleißes und seiner Arbeitskapazität wegen bald als Oberst Chef des Stabes des Ersatzheeres wurde, kam es zu einer noch engeren Zusammenfassung der zivilen und militärischen Kräfte der Opposition. Gleichzeitig traten die Jüngeren noch mehr in den Vordergrund, und unter ihrem Einfluß wurde auch die politische Programmatik einheitlicher, die politische Zusammenfassung geschlossener.

Der zivile politische Teil der Umsturzbewegung des 20. Juli bestand von Anfang an aus Widerstandsherden, die der Nationalsozialismus weder mit List noch mit Gewalt zu brechen vermocht hatte. Als sichtbare Pfeiler des Widerstands, die sich noch im Rahmen ihrer Institution behaupteten, waren lediglich die beiden großen Kirchen vorhanden. Die Versuche des Nationalsozialismus, die Kirchen erst von innen und dann von außen zu sprengen, konnten einstweilen als gescheitert gelten, obwohl beide Kirchen ganz erhebliche Verluste hatten hinnehmen müssen. Die beiden Kirchen hatten sich nicht nur als ein Refugium des vor der Korrumpierung zurückweichenden Menschentums erwiesen, sondern auch als eine vom Nationalsozialismus selbst fortdauernd empfundene Gefahr für seinen eigenen Bestand. In der Tat stellten die Kirchen auch den größten Widerstandsblock dar, aber nur kleine Teile kamen für den unmittelbaren Einsatz bei einem bewaffneten Umsturz in Frage. Durch die Vertiefung des Gegensatzes zum Nationalsozialismus und die fortdauernde Wachhaltung bzw. immer neue Bewußtmachung dieses Gegensatzes waren die Kirchen aber von grundlegender politischer Bedeutung für den Umsturzversuch wie für den Neuaufbau ...

Die Basis für das innenpolitische Gelingen des Umsturzes sahen wir in der Einigung der beiden Kirchen mit der Arbeiterschaft und den aktiven Kräften des Widerstands in der Wirtschaft und im Bürgertum. In einem politischen Führungskreis, der auf die Initiative von Graf Moltke zusammengetreten war und sich meist aus jüngeren Vertretern dieser Gruppe zusammensetzte, wurde nahezu unablässig an der politischen Klärung der uns im Fall des Gelingens des Umsturzes zufallenden Aufgaben gearbeitet. Dieser Kreis wurde, da er öfter in Kreisau, dem Besitz Graf Moltkes, tagte, innerhalb der Umsturzbewegung der Kreisauer Kreis genannt. Die von ihm im Laufe der Jahre 1940–43 erarbeiteten Grundlinien wurden schließlich bestimmend für die innen- und außenpolitische Gesamtlinie der am 20. Juli beteiligten Kräfte. Mit Ausnahme der Kommunistischen Partei, von der ein autorisierter Sprecher nicht zu erlangen war, waren dabei wohl alle wichtigeren politischen Kräfte und Gruppen des widerstandsbereiten nichtnationalsozialistischen Deutschland vertreten.

(Neue Zürcher Zeitung, 23. Juni 1945, Morgenausgabe 979)

Eugen Gerstenmaier (geb. 1906), 1936 im Außenamt der Evangelischen Kirche, Bekennende Kirche, nahm seit Ende 1942 an den Beratungen des Kreisauer Kreises teil; am 20. Juli im Bendlerblock (Oberkommando der Wehrmacht) verhaftet, zu sieben Jahren Zuchthaus verurteilt. 1954–1969 Bundestagspräsident.

Widerstand in Freiburg

Nach der Reichskristallnacht 1938 begannen in Freiburg regelmäßige Zusammenkünfte oppositioneller Universitätsprofessoren, Theologen und anderer Mitglieder der Bekennenden Kirche. Auch einige katholische Geistliche und Gelehrte, die im Protest gegen die herrschende Tyrannei eine interkonfessionelle Verständigung befürworteten, nahmen an den Beratungen teil. Das Anliegen dieses sogenannten „Freiburger Konzils" war, aus der christlichen Ethik konkret-politische und programmatische Grundsätze für einen Wiederaufbau nach dem Krieg zu gewinnen. Angeregt durch den Berliner Pfarrer Dietrich Bonhoeffer, der über kirchliche Kreise Kontakt zu Regierungen des Auslandes Nr.151
gefunden hatte, entstand aufgrund von Vorarbeiten der „Konzil"-Gruppe die Denkschrift „Deutsche Gemeinschaftsordnung. Ein Versuch zur Selbstbestimmung des christlichen Gewissens in den politischen Nöten unserer Zeit" (1943). Nr.152
Die „verschworene Gemeinschaft" (Thielicke) dieses Freiburger „Bonhoeffer-Kreises" arbeitete unmittelbar mit Goerdeler und anderen namhaften Widerständlern zusammen. Die Wirtschaftswissenschaftler dieses Kreises engagierten sich danach in der nach ihrem Vorsitzenden benannten „Arbeitsgemeinschaft Erwin von Beckerath", die mit antinationalsozialistischer Orientierung wirtschaftspolitische Rahmenbedingungen für den Übergang von der Kriegs- zur Friedenswirtschaft erarbeitete und für eine künftige Regierung unter Goerdeler die Grundlinien einer marktwirtschaftlichen Ordnung entwickelte. Beim Aufbau der Bundesrepublik konnte vieles davon verwirklicht werden.

Nach dem 20. Juli wurden die Professoren von Dietze, Lampe und Ritter sowie Nr.153
der Unternehmer Walter Bauer in Untersuchungshaft genommen und vor dem Volksgerichtshof „wegen Beteiligung an der organisatorischen Vorbereitung des Umsturzes" angeklagt. Der Freiburger „Bonhoeffer-Kreis" und die „Arbeitsgemeinschaft Erwin von Beckerath" sind Beispiele dafür, wie innerhalb eines totalitären Systems durch Sammlung von Gegnern in einem begrenzten lokalen oder institutionalen Bereich oder durch „Unterwanderung" von Dienststellen, Beratungsgremien usw. Widerstandszentren gebildet wurden.

151. Auszüge aus der Denkschrift des Freiburger „Bonhoeffer-Kreises", Januar 1943

Politische Gemeinschaftsordnung
Ein Versuch zur Selbstbesinnung des christlichen Gewissens in den politischen Nöten unserer Zeit.
Als Manuskript vervielfältigt! Nur zur vertraulichen Kenntnisnahme des Empfängers bestimmt!

Zur Einführung
Die Politik ist in jedem Sinn unser Schicksal geworden. So wenig wie es im Mittelalter eine Privatexistenz außerhalb kirchlicher Lebensordnungen gab, so wenig gibt es heute eine Privatexistenz außerhalb der politischen Gemeinschaftsordnung. Im öffentlichen Leben hat der Staat die Kirche vollständig überschattet. In den modernsten, den sogenannten totalitären Staaten, ist er dabei, diese nicht bloß in den Winkel zu drängen, sondern von ihren Lebenswurzeln her zum Aussterben zu bringen, indem er die christliche Gesinnung als solche verfemt, den christlichen Glauben offen und getarnt als Aberglauben bekämpft, die Forderungen des christlichen Gewissens durch eine neue, rein kämpferische Ethik zu ersetzen sucht, in deren Geist eine neue Jugend herangezogen werde soll ...

Das politische Chaos unserer Zeit und seine Ursachen
Wenn der Zweite Weltkrieg zu Ende geht, wird die Welt vor einem so fürchterlichen Chaos stehen, wie sie es noch nie erlebt hat ...
Mit Entsetzen hat jetzt die Welt erlebt, wie klein der Schritt ist, der von höchstentwickelter technischer Zivilisation zur nackten Barbarei hinüberführt, ja wie gerade die modernste Technik sowohl der Massenbeherrschung wie der Massentötung Wehrloser diese Barbarei zu Formen steigert, für die es kaum irgendwo in der Vorzeit vergleichbare Vorbilder gibt. „Was hülfe es dem Menschen, wenn er die ganze Welt gewönne und nähme doch Schaden an seiner Seele?" – Dieses Herrenwort findet im Zeitalter eines völlig entseelten technisierten Massenmenschentums seine schauerliche Bestätigung. Niemand wird heute glauben, daß der Welt durch bloße Staatsklugheit, die politische Interessengegensätze durch Kompromisse schlichtet, durch die Weisheit der Round-table-Konferenzen allein zu einem wirklichen Frieden verholfen werden kann. Die politische Krisis unserer Epoche ist zutiefst eine seelisch-geistige Krisis und ihre Ursachen gilt es aufzudecken, ehe an ein Programm des Wiederaufbaues auch nur gedacht werden kann ...
Es gilt, der Dämonie des Politischen mit Gottes Hilfe ein Stück vernünftiger, sittlicher Weltordnung abzutrotzen. Das christliche Gewissen wird ein titanisches Ringen mit den Mächten dieser Welt zu bestehen haben, um sie zur Ordnung zu rufen. Nur eine wahrhaft mächtige, wahrhaft enthusiastische, alle Christen aller Länder und aller Kirchen umfassende, ökumenische Bewegung kann hoffen, in solchem Bemühen auch nur Gehör zu finden.

Grundzüge einer politischen Gemeinschaftsordnung nach christlichem Verständnis

Erstes Kapitel
Allgemeine Grundsätze
... Wie ist aber nun die Aufgabe dieser sittlichen Gemeinschaftsordnung näher zu bestimmen? Da die Offenbarung der Schrift keine bestimmten weltlichen Ordnungen vorschreibt, hat die christliche Staatsphilosophie aller Zeiten Ersatz gesucht in irgendwelchen „Schöpfungsordnungen" Gottes, die sie in der Natur (creatio originaria dei) und in der Geschichte (creatio continua) zu finden glaubte. „Natürliche Wesensordnungen" der

menschlichen Gesellschaft, die man im Anschluß an aristotelische Gedankengänge konstruierte, bilden herkömmlicherweise den Ausgangspunkt der katholisch-thomistischen Sozial- und Staatsphilosophie. Aufsteigend von der Familie über die Genossenschaft gelangt man so zu einer „natürlichen" Ständeordnung, die sich bei genauerer Analyse (wie sie etwa Troeltsch in seiner Soziallehre der christlichen Kirchen und Gruppen vorgenommen hat) gewöhnlich als ideologische Verklärung mittelalterlicher Gesellschaftsverhältnisse erweist; sie spielte noch im 19. und beginnenden 20. Jahrhundert, wenn auch in stark modernisierter Gestalt, eine bedeutende Rolle in den bekannten päpstlichen Kundgebungen sozialpolitischen Inhalts und in den Bemühungen katholischer Rechtsphilosophen, eine bestimmte Form der gesellschaftlichen Ordnung als gott- und naturgewollt, vernünftig schlechthin und darum auch christlich zu erweisen. Der Protestantismus nimmt sie mit Achtung auf als Kundgebungen christlicher Gewissensüberzeugung und als Versuche, gewisse Einsichten der menschlichen Vernunft mit der offenbarten Wahrheit zu vereinigen, das praktische Handeln des Christen in der Welt am offenbarten Gottesgebot auszurichten. Aber wir evangelischen Christen müssen es ablehnen, ihnen irgendeinen absoluten Geltungsanspruch einzuräumen ...

Zweites Kapitel
Praktische Forderungen
Zur Innenpolitik
Der Ruf Gottes ergeht an die Gesinnung der politisch Tätigen; das Wort Gottes enthält kein politisches Organisationsprogramm, sondern nur einen Weckruf an die Gewissen und bestimmte sittliche Normen. Nur diesen Gewissensappell und diese sittlichen Normen näher auszudeuten ist unsere praktische Aufgabe. Wir wollen einen Staat aufbauen helfen unter Bindung an die Grundsätze christlicher Sittlichkeit; aber wir kennen als evangelische Christen kein christliches Naturrecht, das uns fertige Rezepte darböte. Wir legen uns darum auch auf keine bestimmte Staatsform fest ...

Allgemeine Staats- und Rechtsordnung
Ausgehend von dem Begriff echter Gemeinschaftsbildung, der ein gesundes Verhältnis von Gebundenheit und Selbständigkeit der Einzelperson, von Autorität und Freiheit in sich schließt, stellen wir zunächst zwei grundlegende Forderungen auf:
1) die staatliche Autorität muß echte Autorität sein, d.h. sie muß auf Vertrauen ruhen statt auf bloßer stummer und blinder Unterwerfung, weil sonst keine politische Gemeinschaft zur sittlichen Gemeinschaft werden kann ...
2) Die politische Gemeinschaft muß zustande kommen in freier, freudiger, nicht bloß erzwungener Gemeinschaftsarbeit der Staatsbürger, in der jeder sein Bestes tut, seine besonderen Gaben zur Geltung bringen und mit einsetzen kann im Bau einer nationalen Kulturgemeinschaft. Der einzelne muß also geschützt sein vor tyrannischer Vergewaltigung, die seinen Personcharakter verletzt oder gar zerstört ...

Heranbildung der Jugend
Die Erziehung der Jugend ist in erster Linie Sache der Familie und der Schule.
Die neueren Jugendorganisationen bieten eine in mancher Hinsicht wertvolle Ergänzung und Bereicherung der Erziehungstätigkeit von Elternhaus und Schule. Aber sie können diese in keinem Sinn ersetzen, und haben sich deshalb mit ihren Ansprüchen an die Jugend so einzurichten, daß Familie und Schule dadurch nicht geschädigt werden.
Soll die Organisation der Jugend außerhalb der Schule der politischen Gemeinschaftsbildung einen wirklich nützlichen Dienst leisten, so muß in ihr ein echter Gemeinschaftsgeist herrschen, d.h. weder zuchtlose Anarchie noch stumpfer Massengeist und Massendisziplin.

Sozialpolitik

Das zentrale Problem des modernen Staates ist die politische Organisation der Massen. Der liberale Staat überläßt sie im wesentlichen den Parteien – mit der Folge der Zerreißung politischer Gemeinschaft, einer gefährlichen Schwächung seiner eigenen Autorität und beständiger Schwankungen des Regierungskurses. Der sogenannte autoritäre oder totalitäre Staat nimmt sie selbst in die Hand, aber so, daß er die Massen geistig völlig uniformiert und mit allen Mitteln terrorisiert, um sie desto leichter kommandieren und zum „Marschieren" bringen zu können. Wer aber ewig kommandiert wird und immer nur blind zu gehorchen hat, verliert die Freudigkeit, ja wohl gar die Fähigkeit zu selbstverantwortlichem Denken und Handeln.

Zwischen den beiden Extremen des Kollektivs und der Parteianarchie gibt es nur einen Mittelweg: echte Gemeinschaft zu bauen durch planmäßige Mobilisierung aller Kräfte, die geeignet sind, die uniforme Masse aufzugliedern zu engeren Gemeinschaften, diese aber dem Staatsganzen wiederum straff einzuordnen ...

Die christliche Nächstenliebe macht nicht vor den Kranken, Schwachen und Hilflosen halt, sondern nimmt sich gerade ihrer nach dem Vorbild ihres Meisters mit selbstloser Liebe an. Daß die Tötung der sogenannten „Lebensuntüchtigen" unter allen Umständen ein schweres Verbrechen gegen das 5. Gebot ist, bedarf keiner langen Erörterung; Gott hat die Obrigkeit nicht zum Richter über unschuldige Menschenleben gesetzt. Aber auch die zwangsweise Beschränkung kirchlicher Caritas zugunsten staatlicher Sozialfürsorge ist ein gröblicher Mißbrauch der Macht.

Wichtiger als alle Sozialfürsorge im engeren Sinn, ja recht eigentlich das Kernproblem aller Sozialpolitik ist die Sicherung des gerechten Lohnes und der Schutz vor Arbeitslosigkeit. Beide Aufgaben lassen sich nur lösen im Rahmen einer gesunden allgemeinen Wirtschaftsordnung ...

Wirtschaftspolitik

Die Menschen sind nicht um der Wirtschaft und auch nicht um der staatlichen Wirtschaftsmacht willen da, sondern die Wirtschaft ist um der Menschen willen da. Denn was hülfe es dem Menschen, so er die ganze Welt gewönne und nähme doch Schaden an seiner Seele? (Mark. 8)

Die sittliche Gefahr alles Wirtschaftens ist der Dämon der Habgier, der die sittlichen Beziehungen unter den Menschen verdirbt. Nicht das Reichwerdenwollen als solches ist zu verwerfen, aber die Opferung höherer sittlicher Werte um des Reichwerdens willen, das Aufgezehrtwerden der Seele von materiellen Interessen; nicht der Genuß irdischer Güter als solcher, aber die Genußsucht, der Egoismus des Genusses – mit einem Wort: die materialistische Gesinnung ...

Jede freie Wettbewerbswirtschaft, auch die staatlich regulierte, bedarf starker sittlicher Gegenwirkungen gegen den Privategoismus, damit dieser nicht überwuchert und den Gedanken des Dienstes am Ganzen nicht verschwinden läßt.

Außenpolitik

Die sittliche Verpflichtung der Staatsgewalt lautet nicht nur auf die Herstellung von Frieden und gesicherter Rechtsordnung im Innern der Staaten, sondern in der Menschenwelt überhaupt. Darum tritt die „Friedenswahrung" als zweite sittliche Pflicht der Staatsgewalt zur „Rechtswahrung" hinzu. Das höchste Ziel aller außenpolitischen Bemühung muß doch immer bleiben, die Interessengegensätze der Völker und Staaten möglichst auf dem Weg friedlichen Ausgleichs, mit den Hilfsmitteln der Diplomatie also, zu bereinigen; oberstes Ziel aller großen Politik muß sein, den Grundsatz wahrer Gerechtigkeit auch im Verhältnis der Völker untereinander soweit als irgend möglich zu verwirklichen. Vor Gott ist die Nation nicht ein Letztes und Höchstes; die Menschheit als Ganzes steht darüber; dieses

Ganze so zu organisieren, daß eine sittliche Gesamtordnung entsteht, bleibt ein – wenn auch praktisch unendlich fernes, so doch annäherungsweise zu erstrebendes Ziel.

Gestaltung des künftigen Friedens
1. Es muß unter allen Umständen angestrebt werden ein Friede der Gerechtigkeit (Billigkeit), der geeignet ist, den im Krieg aufgebrochenen gegenseitigen Haß der Völker zu beschwichtigen und mit der Zeit zu überwinden; nur ein solcher Friede trägt auch die Gewähr der Dauer in sich ...

Politische Erziehung der Völker
Mindestens ebenso wichtig wie die materielle ist die geistige Abrüstung der Völker. Nur da, wo ein Bewußtsein lebendig ist von der unabdingbaren Verantwortung nicht nur der Staatslenker, sondern ebenso ihrer Völker vor dem allmächtigen persönlichen Gott, dem Vater Jesu Christi, dem Herrn der Welt, besteht die Hoffnung, die Dämonie eines wahnwitzig gewordenen Nationalsozialismus und Machtstrebens zu bändigen ...

(Druck: In der Stunde Null. 1979)

152. Anklageschrift gegen Bauer

Der Oberreichsanwalt beim Volksgerichtshof. Berlin, 9. April 1945

AZ: O J 62/44g / 2 L 85/45 Geheim! Haft!

gegen
1. den Kaufmann Dr. Walter Albert Bauer aus Berlin-Lichterfelde-Ost, Berliner-Straße 152a, geboren am 6. November 1901 in Heilbronn, verheiratet,
2. den ehemaligen Universitätsprofessor Constantin von Dietze aus Freiburg im Breisgau, Maria-Theresia-Straße 13, geboren am 9. August 1891 in Gottesgnaden, Kreis Calbe an der Saale, verheiratet,
am 8. September 1944 vorläufig festgenommen, beide aufgrund des Haftbefehls des Ermittlungsrichters des Volksgerichtshofs in Berlin vom 17. Januar 1945 – 8/45/556 – in Untersuchungshaft, zur Zeit in der Untersuchungshaftanstalt „Zellengefängnis" in Berlin NW 40, Lehrter Straße 3.
Gegen die Angeschuldigten erhebe ich die Anklage wegen folgender Taten:
Die Angeschuldigten haben sich in den Jahren 1942 bis 1943 oder 1944 im Inland den Putschvorbereitungen des Verräters Goerdeler und seiner Hintermänner durch Vorschläge für die wirtschafts-, sozial- und kulturpolitische Neugestaltung des Reiches beteiligt, wobei sie wußten, daß der Umsturz durch einen Gewaltakt gegen den Führer ausgelöst werden sollte. Als Hoch- und Landesverräter haben sie sich daher außerhalb der Volksgemeinschaft gestellt.
Verbrechen nach § 80 Abs. 2, § 83 Abs. 2 und 3 Nr. 1, §§ 91b, 47, 73 StGB.
Wesentliches Ergebnis der Ermittlungen

I.
Die persönlichen Verhältnisse der Angeschuldigten

Der Angeschuldigte Bauer erlernte von 1917 bis 1920 den Kaufmannsberuf und studierte dann von 1920 bis 1924 an den Universitäten Freiburg i. Br., Berlin und Tübingen die Wirtschafts- und Staatswissenschaften. Im Jahre 1926 promovierte er in Tübingen zum Doktor der Staatswissenschaften. Von 1924 bis 1938 war er als kaufmännischer Mitarbeiter und später als Vorstandsmitglied der Verkehrs- und Handels-AG in Berlin und von 1928 bis 1938 ferner als Leiter und Geschäftsführer der Thüringischen Kohlen- und Brikettverkaufsgesellschaft in Leipzig tätig. Im Jahre 1938 übernahm er als selbständiger Kaufmann mehrere Handels- und Industriebetriebe mit einem Gesamtkapital von fast zwei Millionen Reichsmark und leitete sie bis zu seiner Festnahme im Jahre 1944. Daneben war er vorübergehend noch als Vorstandsmitglied oder Leiter anderer industrieller Werke tätig. Bauer war von 1928 bis 1929 oder 1930 Mitglied der Demokratischen Partei. Im Jahre 1930 wirkte er bei der Gründung der Deutschen Staatspartei mit und gehörte ihr bis 1933 an. Nach der Machtübernahme trat er der NSV, der DAF und dem RLB bei. Im übrigen war er Anhänger der Bekenntniskirche.

II.
Die Straftaten der Angeschuldigten

1. Bauer
Der Angeschuldigte Bauer konnte sich, wie er angegeben hat, mit der Kirchenpolitik sowie mit einem Teil der wirtschaftspolitischen Maßnahmen der nationalsozialistischen Staatsführung nicht einverstanden erklären. Er wünschte als Anhänger der Bekenntniskirche eine größere „Entfaltungsmöglichkeit" der christlichen Kirchen im Staat und erstrebte

auf wirtschaftlichem Gebiet eine „echte Wettbewerbs- und Unternehmerwirtschaft". Während der letzten Jahre vor seiner Festnahme war er zu der Ansicht gelangt, daß diese Ziele nur verwirklicht werden könnten, wenn „Änderungen in der Staatsführung" einträten, und erhoffte deshalb im Interesse seiner Bestrebungen solche innenpolitischen Veränderungen. Als daher im Sommer 1942 der Pfarrer Dietrich Bonhoeffer in Berlin, der ihn im Auftrag des Generalsuperintendenten Dibelius aufsuchte, mit der Aufforderung an ihn herantrat, zusammen mit anderen Anhängern der Bekenntniskirche an der Ausarbeitung von innen- und wirtschaftspolitischen Leitsätzen mitzuarbeiten, die im Falle einer Änderung der politischen Verhältnisse verwirklicht werden sollten, erklärte er sich hierzu bereit und stellte auch wiederholt seine Wohnung sowie seine Geschäftsräume in Berlin für solche Besprechungen zur Verfügung. Bauer nahm dann in der Zeit von etwa August 1942 bis zum März oder April 1943 an mindestens sechs Zusammenkünften in Berlin sowie im Oktober oder November 1942 an einer Besprechung in Freiburg im Breisgau teil. Zu den Berliner Aussprachen erschienen in der Regel Dietrich Bonhoeffer, Dibelius, der Assessor Perels und der Pfarrer Asmussen, ferner gelegentlich auch der Mitangeschuldigte von Dietze sowie der Pfarrer Böhm. Die Zusammenkunft in Freiburg i. Br. besuchten außer den Angeschuldigten Bauer und von Dietze die Freiburger Professoren Ritter, Erik Wolf, Lampe und Eucken, der Generalsuperintendent Dibelius aus Berlin sowie der frühere Oberbürgermeister Dr. Goerdeler.
Bereits während der ersten Besprechungen mit anderen Anhängern der Bekenntniskirche im Spätsommer oder Herbst 1942 erfuhr Bauer von Dietrich Bonhoeffer sowie von Perels oder dem Mitangeschuldigten von Dietze, daß Dr. Goerdeler, der mit den politischen Verhältnissen im Reich unzufrieden und gegen den Nationalsozialismus eingestellt sei, die militärische Lage sehr pessimistisch beurteile und eine Änderung der politischen Verhältnisse, insbesondere eine Ablösung der nationalsozialistischen Staatsführung anstrebe. Zu diesem Zwecke arbeitete er mit einer Reihe unzufriedener Generäle zusammen. Im weiteren Verlauf der Besprechungen wurde in diesem Zusammenhang der ehemalige Generaloberst Beck als einer der Generäle genannt, der auf eine Beseitigung der nationalsozialistischen Regierung hinziele. Ferner erwähnte Perels oder ein anderer Teilnehmer, daß der ehemalige sozialdemokratische Gewerkschaftsführer Leuschner im Falle einer Regierungsänderung für die soziale Verwaltung oder Sozialpolitik in Frage komme. Auch aus seinen Unterhaltungen mit Goerdeler, den Bauer auf der Zusammenkunft in Freiburg i. Br. im Herbst 1942 kennenlernte und mit dem er im Anschluß daran noch während der Rückreise nach Berlin zusammen war, gewann Bauer den Eindruck, daß Goerdeler „politisch unzufrieden" sei und „mit Generälen zusammenarbeite, um eine Änderung in der Führung des Reichs herbeizuführen". Goerdeler erklärte in seiner Gegenwart unter anderem, daß er die Lage an der Ostfront für sehr bedrohlich halte und daß auch mehrere Generäle, mit denen er gesprochen habe, der gleichen Ansicht seien; es müsse mit einer Krise gerechnet werden, wenn sich nicht eine Änderung in der militärischen Führung vollziehe. Außer mit Teilnehmern an den erwähnten Besprechungen unterhielt sich Bauer noch mit dem Konsistorialrat Gerstenmaier sowie mit dem Professor Reichwein, von dem er wußte, daß er früher marxistisch eingestellt gewesen war und dem Nationalsozialismus gegenüber eine ablehnende Haltung einnahm, über die Bestrebungen Goerdelers und der hinter ihm stehenden Offiziersclique. Auch Reichwein bezeichnete eine „Regierungsänderung" als erstrebenswert und erwähnte, daß Leuschner als Vertreter der Arbeiterschaft in das zu bildende neue Kabinett aufgenommen werden solle.
Die Vorschläge, die die Teilnehmer an den von Bauer besuchten Besprechungen in Berlin und Freiburg i. Br., unter anderem der Mitangeschuldigte von Dietze und der Professor Ritter, entwickelten, gingen von der Erwägung aus, daß es nach einer Ablösung der nationalsozialistischen Staatsführung zu einem Ausgleich mit den Feindmächten kommen könne. Innenpolitisch wurde die „Ablösung vom totalen Staat" und die Bildung eines

„Nationalstaates" vorgesehen, der sich auf Selbstverwaltungskörpern aufbauen sollte. Auf dem Gebiet der Wirtschafts- und Sozialpolitik wurde vorgeschlagen, bei Überführung der Kriegs- in die Friedenswirtschaft eine krisenfeste „Wettbewerbs- und Leistungswirtschaft" einzurichten, in der „die loyale Einhaltung der Spielregel von Angebot und Nachfrage gewährleistet" sei. Im übrigen war man sich darüber klar, daß die NSDAP als staatstragende Partei verschwinden müsse, wenn man auch einige Errungenschaften des Nationalsozialismus, vor allem den Einheitsstaat, den männlichen Arbeitsdienst, die Beseitigung des früheren Parteienunwesens und die einheitliche nationale Ausrichtung der öffentlichen Meinung übernehmen wollte. Bauer will selbst keine Vorschläge ausgearbeitet, sondern sich an den Besprechungen „mehr in Form von kritischen Anmerkungen" beteiligt haben.
Auf welchem Wege die erstrebte Regierungsänderung, die man bei den vorgeschlagenen Maßnahmen voraussetzte, verwirklicht werden sollte, wurde bei den von Bauer besuchten Besprechungen in Berlin und Freiburg i. Br. angeblich offengelassen. Wie Bauer bei seiner Vernehmung am 4. Dezember 1944 angegeben hat, „hielt man es im Zuge der oben geschilderten außenpolitischen Möglichkeit für denkbar, daß diese Änderung auch ohne Zwang durchzuführen sei". Eine gewaltsame Änderung, insbesondere einen Putsch, stellte man jedoch für den Fall in Rechnung, daß der Versuch, mit friedlichen Mitteln zu einer Änderung zu kommen, fehlschlagen sollte. Bauer selbst will sich vorgestellt haben, daß der Führer in diesem Falle durch die unzufriedenen Generäle auf dem Obersalzberg oder an einem ähnlichen Ort „interniert" werden würde. Dagegen will er von den Attentatsplänen Goerdelers und der hinter ihm stehenden Verschwörerclique nichts gewußt und eine solche Möglichkeit auch nicht in Erwägung gezogen haben. Über die Zusammensetzung der neu zu bildenden Regierung war ihm aus den Besprechungen bekannt, daß Goerdeler und Leuschner in das Kabinett aufgenommen werden sollten. Ferner nahm er an, daß Beck eine „leitende militärische Funktion" übernehmen würde.
Über seine Beweggründe hat Bauer bei seiner Vernehmung am 4. Dezember 1944 zusammenfassend angegeben, daß er aus „religiös-ethischen" Gründen den „Staat mit einem Totalitätsanspruch" nicht rückhaltlos habe bejahen können. Er würde daher einen Putsch, wenn er „ohne Verringerung unserer nationalen Widerstandskraft und mit der Aussicht der Herbeiführung eines rascheren glücklichen Friedens gelungen wäre", bejaht haben, ohne ihn selbst zu unternehmen und dabei mitzuwirken. Für sich selbst will er „irgendwelche Stellen politischer Art" nicht angestrebt haben, da er keinen politischen Ehrgeiz gehabt, sondern in seiner kaufmännischen Tätigkeit habe bleiben wollen.
Der Angeschuldigte Bauer, der den vorstehenden Sachverhalt nach anfänglichem Leugnen bei seinen letzten polizeilichen Vernehmungen zugegeben hat, hat in seinen späteren Eingaben vom 12. und 14. Dezember 1944 versucht, sein Geständnis abzuschwächen. Insbesondere hat er in diesen Eingaben behauptet, daß er erst lange nach der Freiburger Tagung im Herbst 1942 erfahren habe, „daß Goerdeler seine Änderungswünsche gegebenenfalls auch mittels Putsch durchführen würde". Da jedoch kein Grund ersichtlich ist, aus dem Bauer sich insofern bei seinen polizeilichen Vernehmungen zu Unrecht belastet haben könnte, ist davon auszugehen, daß sein Geständnis vor der Polizei der Wahrheit entspricht...

III.
Die rechtliche Würdigung des Sachverhalts

Beide Angeschuldigte sind über die Putschpläne des Verräters Goerdeler und seiner Hintermänner unterrichtet gewesen und haben insbesondere gewußt, daß der Umsturz gegebenenfalls durch Gewaltakte gegen die Person des Führers ausgelöst werde sollte.

Dadurch, daß sie in Kenntnis dieser Bestrebungen Goerdeler wirtschaftspolitische Ratschläge erteilt und bei der Ausarbeitung wirtschafts-, sozial- und kulturpolitischer Richtlinien für die Zeit nach dem Gelingen des Umsturzes mitgewirkt haben, haben sie dazu beigetragen, das von Goerdeler und seinem Kreis geplante hochverräterische Unternehmen organisatorisch vorzubereiten (§ 83 Abs. 2 und 3 Nr. 1 StGB) und zugleich auch die Kriegsfeinde des Reiches begünstigt (§ 91 b StGB).

Beweismittel

I. Die Einlassungen der Angeschuldigten:
Bauer: I 7/15, 23/35, 45/48, 51/62, 65/67, 70/79.
II. Die Strafregisterauszüge über die Angeschuldigten:
Ich beantrage, gegen die Angeschuldigten Walter Bauer und Constantin von Dietze die Hauptverhandlung vor dem Volksgerichtshof anzuordnen und die Fortdauer der Untersuchungshaft zu beschließen.

Lautz

Walter Bauer (1901–1968), DDP/DStP, Bekennende Kirche. Nach 1945 wirtschaftspolitischer Berater der evangelischen Kirche und der CDU.

153. Von Dietze über seine Vernehmung

Zellengefängnis Berlin, Lehrter Straße. 13. Oktober 1944
An meine Frau oder meinen Bruder,
zur Kenntnis allen Freunden und lieben Verwandten.
Ihr Lieben!
Für den Fall, daß ich Euch unerwartet diesen Bogen zukommen lassen kann, schreibe ich vorsorglich auf, was ich bis heute, 13. Oktober, erlebt habe ...
In Berlin kamen wir am 15. September morgens an. Am 18. September ließ Kriminalrat Lange mich zum ersten Mal vorführen, fragte nur ganz kurz (circa vier Minuten) einiges zur Person. Die Unterbringung in der Lehrter Straße war nicht schön; Dreck und Wanzen, Kübelwirtschaft, kein Spaziergang. Dauernd Hunger, nachts Licht und Verbot die Hände unter die Decke zu nehmen. Bewachung durch SS-Leute aus dem Banat. Viel gute Kerle dabei. Ich mußte oft denken: Selbst in Brehms Naturgeschichte findet sich Barmherzigkeit.
Am 23. September in die Prinz-Albrecht-Straße zu Kriminalrat Lange gebracht, auf der Fahrt zum ersten Mal gefesselt. Dort eröffnete mir Lange, Goerdeler lebe noch und habe ausführlich angegeben, daß er mich in alle Pläne eingeweiht habe und beauftragt habe, seine Orientierungen an Bekannte weiterzugeben. Mein Leben sei verwirkt. Aber wenn ich ein volles Geständnis ablegte, dürfe ich meine Frau noch einmal sprechen, auch noch manches zugunsten meiner Familie ordnen. Sonst würden andere Mittel der Vernehmung angewendet werden, und gegen meine Familie würde auch vorgegangen werden. Bis zum 25. September sollte ich alles schriftlich niederlegen. Ich war mir nicht sicher, wie viel davon Bluff war. Den schriftlichen Bericht machte ich in der Lehrter Straße so, daß nichts darin gelogen war; aber er war keineswegs vollständig. Am 25. September wurde ich wieder zur Vernehmung geholt. Meinen Bericht las ich vor. Kriminalrat Lange, der die Feinheiten der Formulierung gar nicht verstand, ließ dann Goerdeler vorführen. Dieser war ganz weiß geworden, die Augen ausdruckslos, verfallen. Er sagte, wer ich sei, durfte mich dann nicht mehr ansehen und erklärte auf Befragen des Kriminalrats: Er habe mich etwa seit 1942 in seine Staatsstreichpläne eingeweiht, habe mit mir die künftige Ordnung besprochen, mir auch seine militärischen Beziehungen genannt; ich hätte ihm Ausarbeitungen gemacht und hätte die Orientierungen weitergeben sollen. Es war teils richtig, teils falsch, alles mit Goerdelers Stimme vorgetragen in einem Ton, als ob er mir Vorwürfe zu machen habe. Zum Schluß versicherte Goerdeler auf Befragen: Er mache seine Aussagen nicht unter Zwang. Dann wurde er abgeführt. Ich sah, daß er an den Füßen eine Kette hatte. Mich blickte er nicht mehr an. Es war erschütternd. Ich war bewegt von Mitleid und Fürbitte und mußte denken: Welch edler Geist ist hier zerstört! Nun setzte sich der Kriminalrat unmittelbar vor mich. Ich mußte die Brille abnehmen, er blickte mir aus seinen schielenden, stechenden Augen auf etwa 40 cm Entfernung in die Augen und verlangte von mir eine ausführliche Erklärung. Als ich die nicht gab, gewährte er mir Frist bis zum nächsten Tage. Ich hatte schon zu Hause manchmal die Sehnsucht empfunden, den jetzigen Regierenden einmal ganz offen zu sagen, was ich ihnen vorzuwerfen habe. Mir kam der Gedanke: Jetzt ist ja die Gelegenheit dazu gegeben. Aber kaum konnte ich ruhig überlegen, da wurde mir klar: Das ist ja alles teuflisch. Da kann es nur eines geben: Widerstehet dem Teufel! Ich würde ja doch bald gezwungen sein, meine Aussage zu verweigern; denn man wollte von mir doch offenbar hauptsächlich wissen, mit wem ich über Goerdelers Mitteilungen weiter gesprochen hätte. Ich schrieb also eine ganz kurze Erklärung: „Ich habe mich überzeugt, daß Goerdeler unmöglich noch im Besitz seiner geistigen und moralischen Kräfte sein kann, und habe mich entschlossen, hier keine weiteren Aussagen zu machen. Ich habe meine Entscheidung nicht aus Feigheit oder aus Sorge um mein eigenes Ergehen getroffen (NB: Damit hatte der Kriminalrat immer auf mich eingeredet); letztlich

maßgebend ist für mich die Verantwortung vor unserem Herrn und Heiland Jesus Christus." Als ich dies am 26. September verlas, gab es einen Ausbruch von Wut und Hohn: „Dir wollen wir den Heiland beibringen" etc. Lange verlangte noch mehrmals, ich sollte alle meine Bekannten nennen. Auf meine Absage war er wohl gefaßt; denn er hatte schon echten Kaffee und Zigarren für sich und mehrere andere bereit. Mit dieser Erquickung haben sie mich dann bis zur Bewußtlosigkeit verdroschen, gebrauchten dazu Peitschen aus dicker, lederartiger Haut, wahrscheinlich Nilpferdhaut. Mir waren vorher die Hände auf dem Rücken gefesselt worden. Meine Hose wurde heruntergerissen. Lange prügelte persönlich mit besonderer Inbrunst. Wenn ich anfing bewußtlos zu werden, wurde ich mit kaltem Wasser übergossen. Als ich nicht mehr schweigend die Schmerzen aushalten konnte, schrie ich: „Herr, hilf mir!" Und er hat mir wunderbar geholfen. Das ist auch der einzige Grund, weswegen ich dies alles hier berichte. Ich will nicht bedauert und noch weniger bewundert sein. Ich bitte um Eure besondere weitere Fürbitte, und Ihr sollt mit mir den Herrn für Seine Gnade und Hilfe preisen können. Die Prügelei dauerte mit Unterbrechungen etwa eine Stunde. In den Pausen wurde mir immer wieder zugeredet, ich sollte doch auf Frau und Kinder Rücksicht nehmen, sie bekämen ja doch alles raus, das sei Idiotie usw. Ich war nicht einen Augenblick wankend, und was das Wunderbarste war: Ich konnte den Menschen in aller Ruhe klarmachen, daß sie Teuflisches trieben und daß ich dem gegenüber als Christ nur Widerstand leisten dürfte. Ich konnte freundlich und lehrhaft sein und „die Bösen tragen" (2. Tim. 2,24–26), und ich konnte im Herzen ehrlich darum beten, daß Gott ihnen Gnade zur Buße geben möge. – In einem anderen Zimmer war, wie man deutlich hörte, gleichzeitig eine ähnliche Verprügelung, an der Lange sich auch zeitweilig beteiligte. Zu mir rief er noch einen vierten Mann herein, wutschäumend: „Wir haben hier einen, der kommt uns mit dem Heiland Jesus Christus und mit dem Teufel!" Der neue Mann schrie: „Dann wollen wir auch richtige Teufel sein!" und drosch auf mich los. Als ich nicht nachgab, meinte er – neben widerlich gehässigen Ausfällen –: „Das ist ja ein Mann von Format." Und nach einiger Zeit: „Das ist schlimmer als die Kommune." Ob Gott ihm Gnade gegeben hat, wieder nüchtern zu werden von des Teufels Strick, weiß ich nicht, aber der Teufel fühlte sich durch Christus getroffen, dessen bin ich gewiß. Obwohl ich vorher bedroht worden war, ich würde aus dem Zimmer nicht herauskommen, ehe ich nicht mein Geständnis diktiert hätte, wurde dann plötzlich die Vernehmung abgebrochen und nur meine Weigerung auszusagen protokolliert: „Aus gewissenhaftem, christlichen Verantwortungsbewußtsein". Ich wurde in die Lehrter Straße zurückgebracht ...

Constantin von Dietze (1891–1973), seit 1937 Ordinarius für Volkswirtschaftslehre in Freiburg; Mitglied der Bekennenden Kirche, 1937 inhaftiert. Wegen seiner Kontakte zu Goerdeler am 8. September 1944 verhaftet und angeklagt; bis Kriegsende in Haft. Präses der Gesamtdeutschen Synode der EKD.

Das Regime, vom Ausmaß der aufgedeckten Widerstandsbewegung überrascht, nahm den Umsturzversuch vom 20. Juli zum Anlaß, eine Massenverhaftung im ganzen Reich durchzuführen.

Nr.154,155 Nach dem 20. August 1944 wurden auf Befehl des Reichsführers SS die ehemaligen Reichs- und Landtagsabgeordneten, Stadtverordneten, Partei- und Gewerkschaftssekretäre der KPD, SPD und Zentrumspartei und andere Personen, deren Einstellung zum Regime zweifelhaft war, in Gefängnisse und Konzentrationslager eingeliefert. Viele von ihnen waren bereits früher einmal für kürzere oder längere Zeit inhaftiert gewesen. Mit der „Aktion Gewitter“ sollte nicht nur jeder weitere Umsturzversuch im Keim erstickt und ein eventueller vorzeitiger Kriegsabbruch verhindert, sondern auch die politische Elite aus der Zeit vor 1933, die potentielle Führungsschicht für ein demokratisches Deutschland nach Hitler, ausgeschaltet und damit das Reich unregierbar gemacht werden.

Nr. 157–163 Ungefähr 5000 Männer und Frauen wurden ohne Anklage verhaftet und blieben teils mehrere Wochen, teils mehrere Monate bis zur Befreiung der Lager in Haft. Viele erlebten das Ende der Schreckensherrschaft nicht mehr, sie wurden ermordet, starben an den unmenschlichen Haftbedingungen in den überfüllten Konzentrationslagern der letzten Kriegsmonate oder kamen auf den Evakuierungsmärschen der Häftlinge im Frühjahr 1945 um.

154. Verhaftung der Abgeordneten der Zentrumspartei

Geheime Staatspolizei - Staatspolizeistelle Bremen

Aufgenommen:	Raum für Eingangs- oder Ausgangsstempel	Befördert:
Tag Monat Jahr Zeit	Geheim!	Tag Monat Jahr Zeit
21. 8. 44 2040	11/44	
von durch G.		an durch
		Verzögerungsvermerk
FS Nr. 6515	**FERNSCHREIBEN**	

+ BERLIN 81 767 21.8.1944 1700- SCHUE

- ALLE STAATSPOLIZEI - LEIT - STELLEN -
NACHRICHTLICH DEN HOEHEREN SS UND POLF. UND IDS.
DER SIPO U. D. SD ---- GEHEIM. --
- BETR.: EHEMALIGE LANDTAGS- UND REICHSTAGSAB
GEORDNETE DER ZENTRUMSPARTEI ----
- AUF BEFEHL DES RFSS SIND SAEMTLICHE EHEMALIGE
REICHSTAGS- UND LANDTAGSABGEORDNETEN SOWIE STADTVERORD
NETEN DER ZENTRUMSPARTEI UNVERZUEGLICH IN HAFT ZU
NEHMEN. AUSGENOMMEN SIND NUR SOLCHE, DIE NACH 1933
AUFNAHME IN DIE PARTEI GEFUNDEN HABEN ODER IN DEN
GLIEDERUNGEN UND ANGESCHLOSSENEN VERBAENDEN DER NSDAP
TAETIG (UNTERSTR.: TAETIG) SIND UND OEFFENTLICH
GEZEIGT HABEN, DASS SIE SICH VON IHRER ALTEN
ZENTRUEMLICHEN EINSTELLUNG GELOEST HABEN.
FESTNAHMETERMIN: 23.8.44 - FRUEH. ---
- VOLLZUGSMELDUNG UNTER GENAUER UEBERSENDUNG DER
PERSONALIEN ANHER.
ERBITTE WEITER UEBER JEDEN EINZELNEN FESTGENOMMENEN
EINE KURZE POLITISCHE BEURTEILUNG UEBER SEIN VERHALTEN
NACH DER MACHTUEBERNAHME.

RSHA IV A 4 KL. A - BOND.
IV GEZ. MUELLER SS GRUPPENFUEHRER.

155. Verhaftung der Abgeordneten der konfessionellen Parteien

Geheime Staatspolizei-Staatspolizeistelle Bremen

Aufgenommen: Tag Monat Jahr Zeit 20⁰⁰ durch Hü.	Raum für Eingangs- oder Ausgangsstempel IV 1 a	Befördert: Tag Monat Jahr Zeit an durch
FS Nr. 7246	FERNSCHREIBEN	Verzögerungsvermerk

+ BERLIN NUE NR. 87713 6/944 1815 - AND.

- AN DIE STAATSPOLIZEI (LEIT)STELLEN

TGWE STAATSPOLIZEI (LEIT)STELLEN BREMEN - BRESLAU -

- BRUENN - DORTMUND - DRESDEN - DUESSELDORF - FRANKFURT/

/ODER - HALLE/SAALE - HAMBURG - INNSBRUCK - KASSEL -

- KIEL - KLAGENFURT - KOBLENZ - KOELN - KOENIGSBERG -

- MAGDEBURG - MUENSTER - OPPELN - SAARBRUECKEN -

SALZBURG - STETTIN - STUTTGART - WEIMAR - WIEN. --

BETRIFFT: EHEMALIGE LANDTAGS- UND REICHSTAGSABGEORDNETE

DER ZENTRUMSPARTEI, DER BVP BEZW. DER CHRISTLICH-

SOZIALEN VOLKSPARTEI. --

BEZUG: FS.- DES CHEFS DER SIPO U. D. SD. VOM 30.8.44

-- ERSUCHE UM SOFORTIGEN AUSFUEHRLICHEN BERICHT IN

DOPPELTER AUSFERTIGUNG UEBER DIE IM ZUGE DER AKTION

FESTGENOMMENEN PERSONEN. GLEICHZEITIG IST EINGEHENDE

POLITISCHE BEURTEILUNG VOR UND NACH 1933 BEIZUFUEGEN. -

-- RSHA - ROEM. 4 A 4 KL. A - K - SOND -

I. A. GEZ. KUNZE, SS. H. STUF. ++

0 000 7 44 F/1106

156. Einlieferungsanzeige, betreffend Strunk

A. Für alle Einlieferungen, ausgenommen wegen Obdachlosigkeit (Hausfriedensbruch), Bettelns oder Landstreichens.

Geheime Staatspolizei
Staatspolizeistelle Düsseldorf

Essen den 23. 8. 1944

Dienststelle BrNr.

BARACK. 2637. 44

Einlieferungs-Anzeige

(Mittäter siehe unten.)

Festgenommen am 23. 8. 1944 um 7 Uhr vor- ~~nach-~~ mittags

Eingeliefert in das Polizeigefängnis am 23. 8. 1944 um 8[15] Uhr vor- nach- mittags.

Tüntenberg

Gefangnis haupt ~~ober~~ wachtmeister

06438

Straftat:
StGB. §
Tatort:
Beschuldigt: Strunk
Henry
Geschäftsführer
geboren am: 12. 4. 83
in: Essen Kreis
Staatsangehörigkeit: D. R.
Wohnung (Ort): Essen
Straße und Nr.: Grassmannstr. 4
Vorbestraft: nein

Mittäter:

Nebengenannte/r ~~ist vorläufig festgenommen, weil~~ wurde aus staatspolizeilichen Gründen festgenommen.

Tüntenberg
Krim. Angest.

Zu beachten
a. Beweisstücke
b. Verwahrungsstücke } nach Zahl und Benennung

Wenden!

157. Gefängnisausweis von Ernst

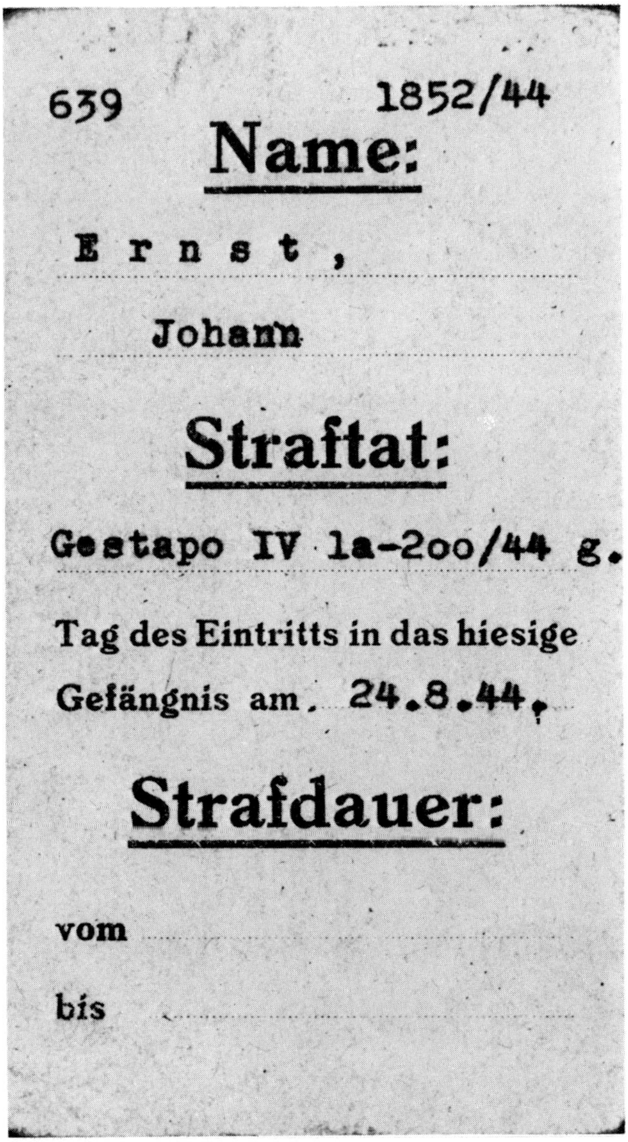

639 1852/44

Name:

Ernst,

Johann

Straftat:

Gestapo IV 1a-200/44 g.

Tag des Eintritts in das hiesige

Gefängnis am. 24.8.44.

Strafdauer:

vom

bis

Johann Ernst (1888–1969), Gewerkschaftssekretär, Zentrum, MdR; August bis Oktober 1944 inhaftiert in Köln-Deutz. Nach 1945 Arbeitsminister in Nordrhein-Westfalen.

158. Bericht der Staatspolizei Bremen, betreffend „Aktion Gewitter"

Staatspolizeistelle Bremen an das Reichssicherheitshauptamt, IV A 1 a. Bremen, 5. September 1944
AZ: IV 1 a – 863/44 g. Geheim!
Betr.: Aktion „Gewitter"
...
Landtagsabgeordnete:
3. Bitter, Hermann, Kaufmann, 26. September 1897 Ramsloh bei Cloppenburg, wohnh. dortselbst. Bitter war 1932 bis zur Auflösung Abgeordneter des Oldenburgischen Landtages – Zentrum. Nach 1933 politisch nicht in Erscheinung getreten. Politische Beurteilung verneinend.
Untergebracht im erw. Polizeigefängnis Oldenburg, kommt zum KL Neuengamme.
4. Themann, Anton, Geschäftsführer, 18. September 1886 Düpe, wohnh. Vechta, fünf Kinder zwischen 13 und 21 Jahren. Von 1925 oder 1926 bis 1933 Zentrumskandidat für den Oldenburger Landtag. Hat seine Gesinnung nicht geändert. Politische Beurteilung verneinend.
Untergebracht im erw. Polizeigefängnis.

Hermann Bitter (1897–1982), Zentrum, Landtagsabgeordneter; 1944 verhaftet. Nach 1945 Landrat in Cloppenburg.
Anton Themann (1886–1965), Zentrum, Landtagsabgeordneter, bis Februar 1945 KZ Neuengamme. Nach 1945 Landtagsabgeordneter.

159. Verpflichtungserklärung von Bitter

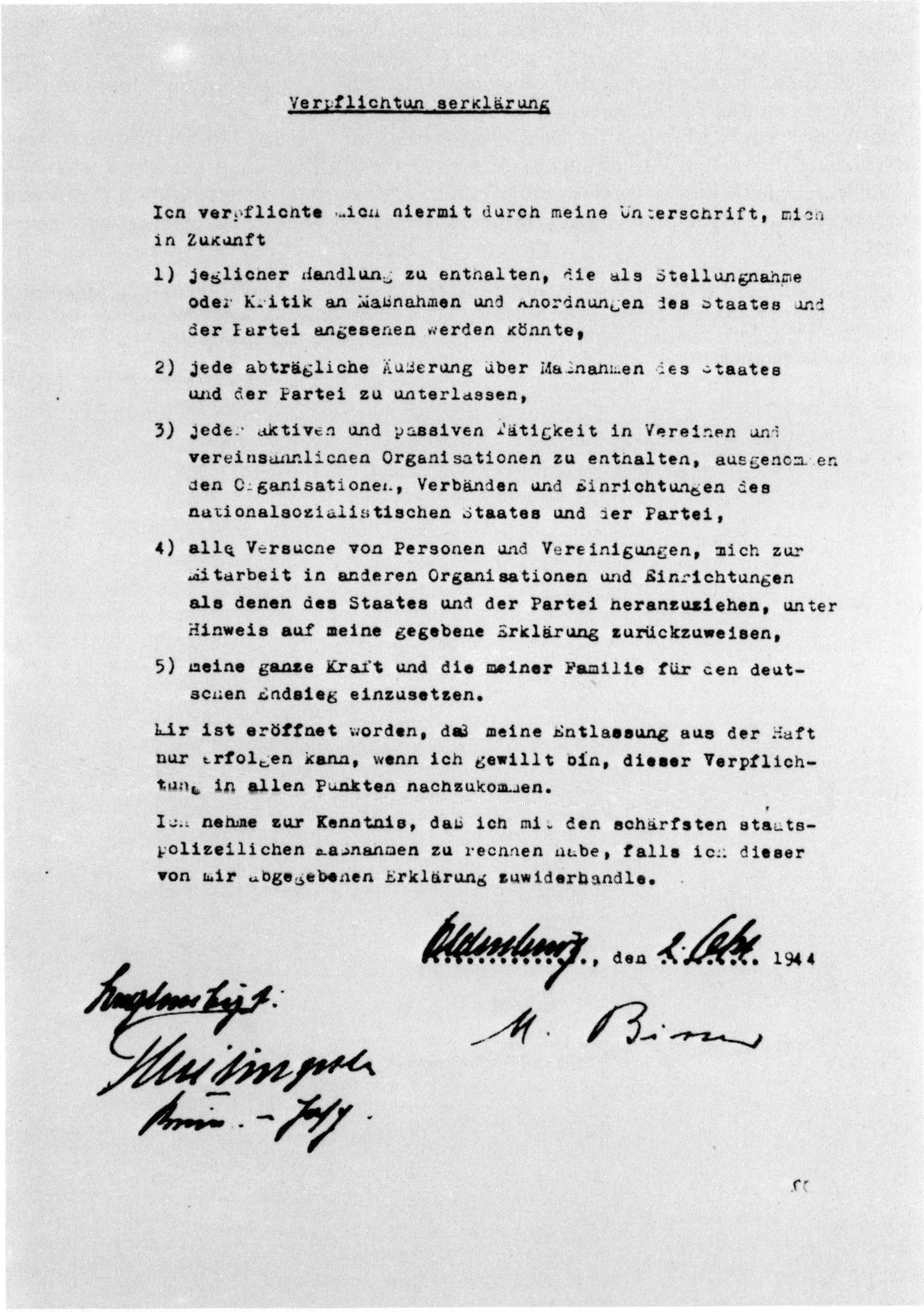

Verpflichtungserklärung

Ich verpflichte mich hiermit durch meine Unterschrift, mich in Zukunft

1) jeglicher Handlung zu enthalten, die als Stellungnahme oder Kritik an Maßnahmen und Anordnungen des Staates und der Partei angesehen werden könnte,

2) jede abträgliche Äußerung über Maßnahmen des Staates und der Partei zu unterlassen,

3) jeder aktiven und passiven Tätigkeit in Vereinen und vereinsähnlichen Organisationen zu enthalten, ausgenommen den Organisationen, Verbänden und Einrichtungen des nationalsozialistischen Staates und der Partei,

4) alle Versuche von Personen und Vereinigungen, mich zur Mitarbeit in anderen Organisationen und Einrichtungen als denen des Staates und der Partei heranzuziehen, unter Hinweis auf meine gegebene Erklärung zurückzuweisen,

5) meine ganze Kraft und die meiner Familie für den deutschen Endsieg einzusetzen.

Mir ist eröffnet worden, daß meine Entlassung aus der Haft nur erfolgen kann, wenn ich gewillt bin, dieser Verpflichtung in allen Punkten nachzukommen.

Ich nehme zur Kenntnis, daß ich mit den schärfsten staatspolizeilichen Maßnahmen zu rechnen habe, falls ich dieser von mir abgegebenen Erklärung zuwiderhandle.

Oldenburg, den 2. Okt. 1944

M. Bitter

160. Aus dem Tagebuch von Krone

Am 21. Juli war ich morgens in der Rosenthalerstraße im Zigarrenladen von Albert Voß und Mina Amann. Der engste Kreis um Jakob Kaiser hatte sich hier schon getroffen und war nach kurzer Beratung auseinandergegangen. Es ging jetzt nur noch darum, das, was nun kommen mußte, zu überstehen...

Ende August wurde ich verhaftet. Nicht, weil eine Spur vom 20. Juli zu mir führte, sondern im Zuge der vielen Verhaftungen, die man an diesem Tage unter denen vornahm, die in der Vergangenheit ein Mandat, ein politisches Amt gehabt hatten oder in Positionen gleicher Art und Bedeutung tätig gewesen waren. Im ganzen Reichsgebiet wurde verhaftet.

Heinrich Krone (geb. 1895), Zentrum, Reichstagsabgeordneter; nach 1933 Vertreter, als Mitarbeiter des Caritasnotwerkes, des Hilfsausschusses für katholische Nichtarier und des Hilfswerks beim bischöflichen Ordinariat Berlin leistet er politisch und rassisch Verfolgten Hilfe; im August 1944 verhaftet. Bundesminister.

161. Kassiber Gerigs an seine Familie

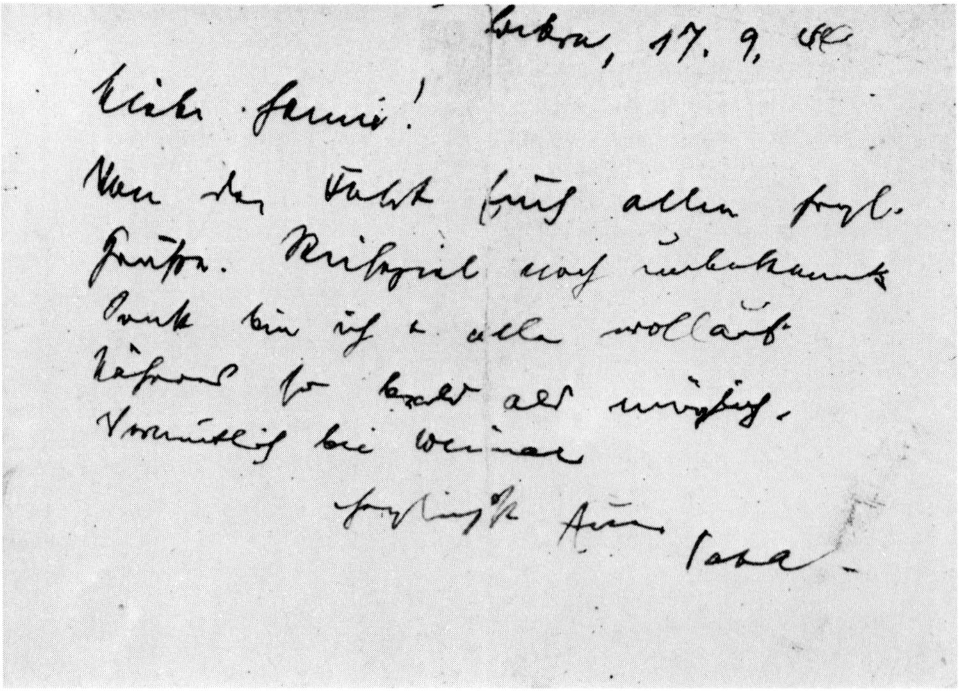
[illegible], 17. 9. 44

Liebe Familie!

Von der Fahrt Gruß allen herzl. Grüßen. Reiseziel noch unbekannt. [illegible] bin ich u. alle [illegible]. [illegible] so bald als möglich. Vermutlich bei Weimar

Herzlichst Euer Papa.

Otto Gerig (1885–1944), Deutschnationaler Handlungsgehilfenverband, Zentrum, Reichstagsabgeordneter; am 22. August 1944 verhaftet, am 3. Oktober 1944 im KZ Buchenwald umgekommen.

162. Mitteilung über den Tod von Gerig

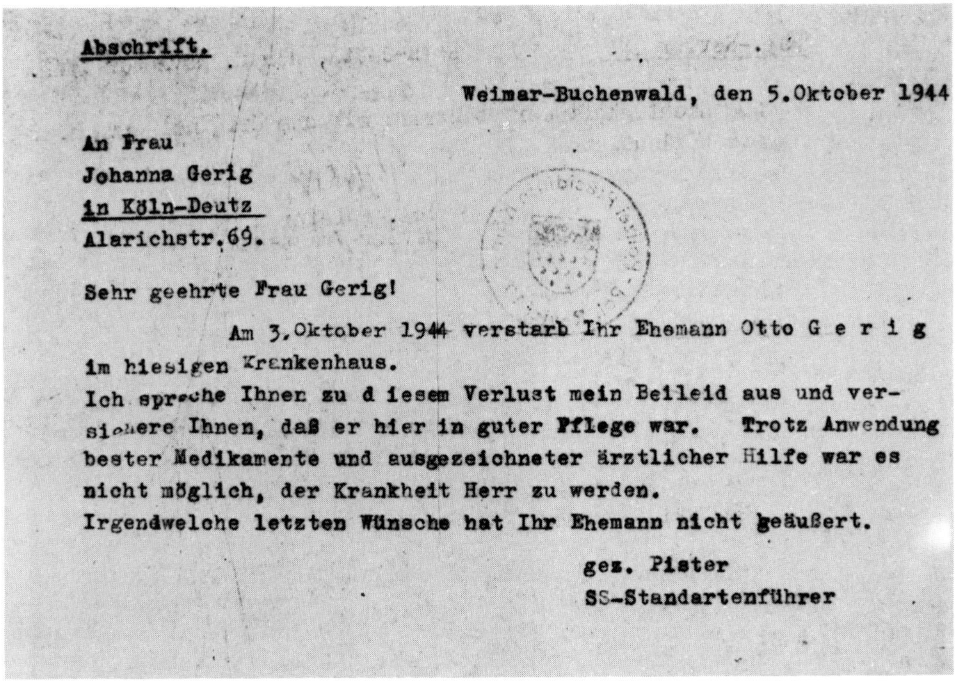

Abschrift.

Weimar-Buchenwald, den 5.Oktober 1944

An Frau
Johanna Gerig
in Köln-Deutz
Alarichstr.69.

Sehr geehrte Frau Gerig!

Am 3.Oktober 1944 verstarb Ihr Ehemann Otto G e r i g im hiesigen Krankenhaus.
Ich spreche Ihnen zu diesem Verlust mein Beileid aus und versichere Ihnen, daß er hier in guter Pflege war. Trotz Anwendung bester Medikamente und ausgezeichneter ärztlicher Hilfe war es nicht möglich, der Krankheit Herr zu werden.
Irgendwelche letzten Wünsche hat Ihr Ehemann nicht geäußert.

gez. Pister
SS-Standartenführer

163. Bericht eines Mithäftlings über den Tod Adlhochs

„Als am 26. April 1945 abends 9 Uhr 4000 Häftlinge vom Lager Dachau abmarschierten, um in langen Nachtmärschen ins Ötztal gebracht zu werden, war Adlhoch schon fast zum Skelett abgemagert, trug er den Todeskeim schon in sich. Wer schildert die Qual dieses Todesmarsches, wo sich die Häftlinge halb verhungert in endlosen Kolonnen dahinschleppten auf den vielfach von zurückflutendem Militär verstopften Straßen, bespritzt vom Straßenkot durch die vorbeisausenden Autos der flüchtenden Führer, von rohen, hauptsächlich ukrainischen SS-Leuten mit Prügeln vorwärtsgetrieben, von blutgierigen auf die Häftlinge dressierten Hunden umschwärmt. Überall an den Straßenrändern blieben zusammengebrochene, erschöpfte Häftlinge liegen, und man wußte, daß dem Zuge ein Auto mit einem SS-Sanitäter nachfuhr, der die Liegengebliebenen mit Herzstich tötete. So hat jeder seine Kraft zusammengerissen und sich fortgeschleppt...
Am 1. Mai passierten wir in den frühen Morgenstunden Tölz; wir waren seit dem Mittwoch, dem 30. April, fast ununterbrochen marschiert. Mühsam, auf einen Stock gestützt, den er irgendwo aufgelesen, schleppte sich Adlhoch dahin, immer wieder von starken Hustenanfällen gequält. So kam er immer weiter zurück ans Ende des langen Elendszuges, wo ein paar besonders rohe SS-Häftlinge mit dicken Knüppeln nachtrieben. Endlich nachmittags wurde in einem Wald zwischen Reichersbeuern und Waakirchen haltgemacht. Aus mehreren Wunden am Kopf blutend, mit zerschlagenem Rücken, brach Adlhoch zitternd, von Fieberschauern durchschüttelt, zusammen. Ich habe Hans Adlhoch nicht mehr gesehen. Am Morgen des 2. Mai erwachten die Häftlinge im Wald, die SS war verschwunden. 3000 Häftlinge, halb verhungert, durchnäßt, durchfroren, schleppten sich in das Dörfchen Waakirchen ... Ich habe den kranken Adlhoch gesucht ..., ich habe ihn in dem unglaublichen Durcheinander von Häftlingen und einrückenden Amerikanern nicht mehr gefunden ...“ Soweit die Schilderung vom letzten Kreuzweg Hans Adlhochs durch Kaplan Alfred Berchtold, dem späteren Rektor des Sozialinstituts der KAB von 1948–1977, bei dem er noch gebeichtet hatte. Adlhoch war von den Amerikanern zunächst nach Tölz und dann nach München in ein ungarisches Lazarett in Freimann gebracht worden, wo er einsam und unbekannt am 21. Mai gestorben ist.

(Alfred Berchtold, Die Vollendung, in: Werkvolkzeitung. 1963, H. 5)

Hans Adlhoch (1884–1945), Arbeitersekretär, BVP, Stadtrat in Augsburg; als Gegner des Nationalsozialismus nach 1933 mehrfach verhaftet; Kontakte zu Pater Delp und Franz Reisert; September 1944 KZ Dachau, im Mai 1945 an den Folgen der Haft verstorben.

Politisch erfahrene Männer und Frauen, die in Gefängnissen und Lagern, im Untergrund und Exil den Zusammenbruch der nationalsozialistischen Herrschaft erlebt hatten, waren es in erster Linie, die die Initiative für den demokratischen Neuaufbau ergriffen. Anhänger der früheren konfessionellen, liberalen und konservativen Parteien hatten sich im Widerstand über die Bildung einer
Nr.138,146 überkonfessionellen Sammlungspartei geeinigt, welche die christliche Ethik als Richtlinie des politischen Handelns verwirklichen und die konfessionellen und sozialen Gegensätze überbrücken sollte.

Überall in Deutschland – in Berlin, Köln, Frankfurt, Düsseldorf, Hannover, Stuttgart, Freiburg, Würzburg oder München – kam es zu spontanen, voneinander unabhängigen Gründungen. Sowohl personell wie programmatisch bestand
Nr.165,166 eine klare Verbindung zwischen dem Widerstand gegen den Nationalsozialismus und der Gründung der Christlich-Demokratischen wie der Christlich-Sozialen Union; die Namen der Unterzeichner des Berliner Gründungsaufrufs vom
Nr.164 26. Juni 1945 machen dies in eindrucksvoller Weise deutlich.

Grundlage der parteipolitischen Neuorientierung war – über die Konfessionsgrenzen hinweg – das gemeinsame Bekenntnis zu den christlich-humanitären Grundwerten, zum freiheitlichen demokratischen Rechtsstaat und zur sozialen Gerechtigkeit.

Einer der Widerstandskämpfer des 20. Juli hat die Gründung der christlichen Volkspartei den „spontansten, den sichtbarsten und den wirksamsten politischen Ausdruck der Wandlung Deutschlands und der Deutschen im 20. Jahrhundert" genannt (E. Gerstenmaier).

164. Gründungsaufruf der CDU Berlin

Deutsches Volk!

In der schwersten Katastrophe, die je über ein Land gekommen ist, ruft die Partei

Christlich-Demokratische Union Deutschlands

aus heißer Liebe zum deutschen Volk die **christlichen, demokratischen und sozialen Kräfte zur Sammlung,** zur Mitarbeit und zum Aufbau einer neuen Heimat. Aus dem Chaos von Schuld und Schande, in das uns die Vergottung eines verbrecherischen Abenteurers gestürzt hat, kann eine Ordnung in demokratischer Freiheit nur erstehen, wenn wir uns auf die kulturgestaltenden sittlichen und geistigen Kräfte des Christentums besinnen und diese Kraftquelle unserem Volke immer mehr erschließen.

Unsagbar schwer ist unsere Aufgabe. Nach 1918 rettete die politische Führung Organe des staatlichen, kulturellen und wirtschaftlichen Lebens aus dem militärischen Zusammenbruch. Unzerstörte Städte und Dörfer, Fabriken, Werkstätten, Felder und Wälder blieben als Grundlage für einen allmählichen Aufstieg des Volkes erhalten.

Heute aber stehen wir vor einer furchtbaren Erbschaft, vor einem

Trümmerhaufen sittlicher und materieller Werte.

Dieses Mal trieb ein gewissenloser Diktator mit seinem Anhang einen frivol entfesselten Krieg bis zu letztem Ausbluten unseres Volkes. Hitler ließ das Land in Schutt und Verödung zurück. Mit verlogenen nationalen Phrasen und hohlen Friedensbeteuerungen hat er das eigene Volk und andere Völker getäuscht und den Idealismus unserer Jugend schändlich mißbraucht. So mußte diese Jugend, die im guten Glauben für ihr Vaterland kämpfte, das Opfer einer wahnwitzigen Führung werden. Groß ist die Schuld weiter Kreise unseres Volkes, die sich nur allzu bereitwillig zu Handlangern und Steigbügelhaltern für Hitler erniedrigten. Jede Schuld verlangt Sühne. Mit den Schuldbeladenen leidet auch die große Zahl der Deutschen, die ihren Schild reinhielten. Sie vermochten sich gegen Gewalt und Terror nicht durchzusetzen. **Kämpfer echter demokratischer Gesinnung,** evangelische und katholische Christen, zahllose jüdische Mitbürger, Männer und Frauen aus allen Schichten des Volkes litten und starben unter diesem Terror. Im Geiste ihres Vermächtnisses, geeint durch die gleiche Liebe zu unserem Volke erkennen wir unsere Pflicht, mit diesem Volke den Weg der Sühne

den Weg der Wiedergeburt

zu gehen.

Das furchtbare Ausmaß von Unrecht, das die Hitlerzeit gebracht hat, verpflichtet, die Schuldigen und ihre Helfershelfer unnachsichtig, in strenger Gerechtigkeit, jedoch ohne Rachsucht, zur Rechenschaft zu ziehen. An die Stelle des Zerrbildes einer staatlichen Gemeinschaft in der Hitlerzeit soll jetzt **der wahrhaft demokratische Staat** treten, der auf der Pflicht des Volkes zu Treue, Opfer und Dienst am Gemeinwohl ebenso ruht wie auf der Achtung vor dem Recht der Persönlichkeit, ihrer Ehre, Freiheit und Menschenwürde.

Das Recht muß wieder die Grundlage des ganzen öffentlichen Lebens werden. An Stelle der Lüge: „Recht ist, was dem Volke nutzt", muß die ewige Wahrheit treten: **„Dem Volke nutzt nur, was Recht ist".** Die Unabhängigkeit und der geordnete Gang der Rechtspflege sind wieder herzustellen. Der Ruf nach gerechten Richtern geht wie ein einziger Schrei durch das ganze deutsche Volk. Jede Willkür ist auszuschließen. Eine Gestapo mit ihrem Terror darf es nicht wieder geben. Das öffentliche Leben muß in strenger Sparsamkeit weitgehend auf Selbstverwaltung, freiwilliger und ehrenamtlicher Mitarbeit aufgebaut werden. Die Volksvertretung soll die **brüderliche und vertrauensvolle Zusammenarbeit aller die Demokratie bejahenden Parteien** und aller aufbauwilligen Kräfte verwirklichen.

Wir fordern ein öffentliches Leben, das sich **frei hält von Lüge,** Massenwahn und Massenverhetzung und eine verantwortungsbewußte Presse mit dem Willen zur Wahrheit als oberstes Gesetz. Wir verlangen **geistige und religiöse Gewissensfreiheit,** Unabhängigkeit aller kirchlichen Gemeinschaften und eine klare Scheidung der kirchlichen und staatlichen Aufgaben.

Das Recht der Eltern auf die Erziehung der Kinder muß gewahrt werden, die Jugend in Ehrfurcht vor Gott, vor Alter und Erfahrung erzogen werden. Der von der Kirche geleitete Religionsunterricht ist Bestandteil der Erziehung. Durch die verderblichen Lehren des Rassenhasses und der Völkerverhetzung hat Hitler weite Teile der Jugend vergiftet. Sie muß wieder zur Erkenntnis wahrer sittlicher Werte geführt werden. Wissenschaft und Kunst sollen sich frei entfalten und die **Lehren echter Humanität,** deren deutsche Künder der ganzen Menschheit gehören, sollen den sittlichen Wiederaufbau unseres Volkes tragen helfen.

Das unermeßliche Elend in unserem Volke zwingt uns, den Aufbau unseres Wirtschaftslebens die Sicherung von Arbeit und Nahrung, Kleidung und Wohnung ohne jede Rücksicht auf persönliche Interessen und wirtschaftliche Theorien in straffer Planung durchzuführen. Das

Notprogramm für Brot, Obdach und Arbeit

geht allem voran. Dabei ist es unerläßlich, schon um für alle Zeiten die Staatsgewalt vor illegitimen Einflüssen wirtschaftlicher Machtzusammenballungen zu sichern, daß die **Bodenschätze in Staatsbesitz** übergehen. Der Bergbau und andere monopolartige Schlüsselunternehmungen unseres Wirtschaftslebens müssen klar der Staatsgewalt unterworfen werden.

Wir bejahen das **Privateigentum,** das die Entfaltung der Persönlichkeit sichert, aber an die Verantwortung für die Allgemeinheit gebunden bleibt.

Industrie, Handel und Gewerbe sind zu entscheidender Mitarbeit am Wiederaufbau berufen und deshalb planmäßig zu fördern. Wir fordern vollen Schutz und Ausbaumöglichkeit für das **selbständige Handwerk,** das nach Zerstörung vieler industrieller Unternehmungen vor einer neuen, großen Aufgabe steht.

Eine umfassende **ländliche und gärtnerische Siedlung** muß unter weitgehender Heranziehung des Großgrundbesitzes einer möglichst großen Zahl von Deutschen den Zugang zu eigener Scholle und zu selbständiger Arbeit eröffnen. Die wirtschaftliche Sicherung eines freischaffenden Bauerntums und die Ansiedlung der Landarbeiter sind ein unerläßlicher Bestandteil jeder dauerhaften Aufbaupolitik und verlangen den stärksten Ausbau des ländlichen Genossenschaftswesens.

Den christlichen und demokratischen Lebensgesetzen in Staat und Gesellschaft entspricht der freie Zusammenschluß aller Schaffenden. **Wir begrüßen daher die einheitliche Gewerkschaftsbewegung der Arbeiter und Angestellten** zur Wahrung ihrer wirtschaftlichen und sozialen Rechte. Wir erkennen die Kraft an, die von der Arbeiterschaft in das Volksganze einströmt.

Wir sind uns der Verantwortung für die Notleidenden und Schwachen, für die Kriegsopfer, die Opfer des Hitlerterrors und für die Versorgungsberechtigten bewußt.

Eine charitative Arbeit muß sich ungehindert entfalten können. Wir sagen den **Müttern und berufstätigen Frauen,** daß alles geschehen wird, um das stille Heldentum ihres immer schwerer gewordenen Alltags schnell zu erleichtern. Für

die Beziehungen zu anderen Völkern

wünschen wir die Geltung der gleichen Grundsätze der **Freiheit und Gerechtigkeit** wie für unser persönliches und innerstaatliches Leben. Loyale Erfüllung unserer Verpflichtungen aus dem verlorenen Krieg und die äußerste Anspannung innerer Wiedergesundung sollen die Grundlagen für die Anbahnung einer vertrauensvollen Zusammenarbeit mit den anderen Völkern geben. Wir hoffen dabei auf das Verständnis der Besatzungsmächte für die grenzenlose Notlage des deutschen Volkes und auf ihre sachliche Hilfe, die deutsche Wirtschaft wieder in Gang zu bringen.

Erschüttert stehen wir an den frischen Gräbern unserer Toten. Wir vergessen **unsere Kriegsgefangenen** nicht. Auf den Trümmern unserer Häuser, unserer Dörfer und Städte gedenken wir in menschlicher und christlicher Verbundenheit der gleichen Opfer der Völker um uns. Und wir geloben, alles bis zum letzten auszutilgen, was dieses ungeheure Blutopfer und dieses namenlose Elend verschuldet hat, und nichts zu unterlassen, was die Menschheit künftig vor einer solchen Katastrophe bewahrt.

Deutsche Männer und Frauen!

Wir rufen euch auf, alles Trennende zurücktreten zu lassen. Folgt unserem

Ruf zu einer großen Partei

die mit den anderen Parteien der neuen Demokratie gemeinsam am Aufbau Deutschlands arbeiten will.

Wir rufen die Jugend, die durch den Krieg und Zusammenbruch schwer getroffen, vor allem zur Gestaltung der Zukunft mitverpflichtet ist.

Wir rufen die Frauen und Mütter, deren leidgeprüfte Kraft für die Rettung unseres Volkes nicht entbehrt werden kann.

Wir rufen alle, die sich zu uns und unserem Aufbauwillen bekennen. Voll Gottvertrauen wollen wir unseren Kindern und Enkeln eine glückliche Zukunft erschließen.

Berlin, den 26. Juni 1945.

Andreas Hermes

Heinrich F. Albert
Hans von Arnim
Eduard Bernoth
Theodor Bohner
Emil Dovifat
Margarete Ehlert
Josef Ersing
Johann Eudenbach
Ferdinand Friedensburg
Willy Fuchs
Otto-Heinrich von der Gablentz
Wilhelm Happ
Peter Hensen
Artur Herzog
Ernst Hülse
Paulus van Husen
Jakob Kaiser
Heinrich Krone
Ernst Lemmer
Otto Lenz
Hans Lukaschek
Reinhard Moeller
Katharina Müller
Elfriede Nebgen
Otto Nuschke
Rudolf Pechel
Eberhard Plewe
Ferdinand Sauerbruch
Walter Schreiber
Martin Schwab
Hildegard Staehle
Theodor Steltzer
Heinrich Vockel
Graf York von Wartenburg

Sitz der Reichsgeschäftsstelle der „Christlich-Demokratischen Union Deutschlands":
Berlin W 8, Jägerstr. 59-60.

Nächste Geschäfts- und Meldestelle:

Druck: Berliner Verlagsanstalt, GmbH, Schützenstraße

165. Kaiser an seine Freunde aus den früheren Christlichen Gewerkschaften

An Josef Arndgen. Berlin, 8. Dezember 1945

Liebe Freunde,

seit der Niederschrift meines letzten Briefes sind Ereignisse über unser Land und Volk hereingebrochen, die einem Erdbeben vergleichbar sind. Hitler hat seinen völkermordenden Krieg buchstäblich bis „fünf Minuten nach zwölf Uhr" führen können. Bei dem Versuch, diesem Wahnsinn Einhalt zu tun, sind mit die Besten auch aus unseren Reihen auf der Strecke geblieben. Dem 20. Juli fielen u. a. unsere Freunde Max Habermann, Bernhard Letterhaus, Nikolaus Groß, Heinrich Körner, Franz Leuninger und der von uns allen hochverehrte Prälat Dr. Otto Müller zum Opfer. Andere unserer Freunde, die mit zu den aktivsten Freiheitskämpfern gehörten, wurden bis zum Zusammenbruch der Herrschaft des Tyrannen in Haft gehalten. Der erste von ihnen, dem ich nach meiner Rückkehr aus dem „Exil" in Berlin die Hand drücken konnte, war Joseph Ersing.

Wie es mir selbst, meiner Mitarbeiterin Frau Dr. Nebgen und meiner Tochter Maria im Anschluß an den 20. Juli ergangen ist, hat sich inzwischen wohl allenthalben herumgesprochen, so daß ich darüber kaum Weiteres zu sagen brauche. Ich will nur auch hier mit Achtung und Dank der unvergleichlichen Treue und beispiellosen Verschwiegenheit gedenken, mit der eine Schar furchtloser Menschen half, uns neun Monate lang die Gestapo und damit den Henker von Plötzensee vom Halse zu halten. Wie sehr und wo überall die Schergen Hitlers in all der Zeit nach uns gefahndet haben, hat der eine und andere von Euch, meine Freunde, ja unmittelbar erfahren. Ich bin gewiß, daß mir die Betroffenen die Mißhelligkeiten, denen sie dadurch begegnet, nicht zur Last legen werden. Wie das ja auch meine Angehörigen nicht tun, von denen nicht weniger als sieben die ganze Zeit hindurch als „Sippenhäftlinge" durch Gefängnisse und Konzentrationslager geschleppt wurden. Sobald die Zeit dazu gekommen, hoffe ich dafür Sorge tragen zu können, daß der so unbedingte und tapfere Anteil unseres Menschenkreises am Kampfe gegen Hitler in die Geschichte unseres Volkes eingetragen wird. Was wir und andere dazu heute schon niedergeschrieben haben, hoffe ich Euch demnächst einmal in einer ersten Zusammenstellung zugehen lassen zu können.

Ein anderes dann heute noch: Ihr wußtet alle, daß ich mich ab 1933 als der Vertrauensmann unserer früheren Bewegung für die Mitarbeit an der Vorbereitung gewerkschaftlicher und politischer Neubildungen, wie sie für die Zeit nach Hitler als notwendig erscheinen mußten, ansehen durfte. Ich wußte mich dabei mit jedem von Euch in der Auffassung einig, daß es sich sowohl gewerkschaftlich als auch politisch nur um Neubildungen und nicht mehr um ein Zurück zu Formen und Inhalten früherer Organisationen und Parteien handeln konnte. In jahrelanger Zusammenarbeit mit Wilhelm Leuschner, dem anerkannten ersten Vertrauensmann der früheren Freien Gewerkschaften, und mit Max Habermann, um dessen unbestrittene Geltung in der deutschen Angestelltenschaft jeder von Euch noch weiß, waren wir zur Herausbildung der Grundsätze für neue Gewerkschaften gekommen. Ihre Verwirklichung sollte im Zuge der Neuordnung unseres volklichen Lebens unmittelbar nach unserer Selbstbefreiung von der Tyrannei Hitlers erfolgen. Durch den Fehlschlag des 20. Juli wurde wie alle anderen staatspolitischen Vorhaben auch dieser große Plan zunächst über den Haufen geworfen. Leuschner und Habermann gehören mit zu den Toten des Befreiungsversuches.

Durch den Fortgang des Krieges kam es, wie jeder Einsichtige immer vorausgesehen, zu dem furchtbaren Zusammenbruch, in dem wir jetzt stehen. Deutschland ist bis auf weiteres kein souveräner Staat mehr. Unser Volk – die Schuldigen und die Unschuldigen – muß nun auskosten, was ihm seine Verirrung eingebracht hat.

Als ich am Christi Himmelfahrtstag aus meinem Keller in Babelsberg nach Berlin zurückkam, stand die Stadt bereits unter den Gesetzen der Roten Armee. In der ersten Besat-

zungszeit gab es keine Möglichkeit, mich mit Euch zu verständigen. Ich hätte mich trotz meiner körperlichen Verfassung, in der ich mich nach neunmonatigem Kelleraufenthalt befand, gern auf den Weg zum Westen und Süden gemacht, um eine Verständigung mit Euch herbeizuführen. Es war aber unmöglich, da es ein zu langes Fernbleiben von Berlin bedeutet hätte, wo man ja vor der Notwendigkeit schneller Entschlüsse stand. Ich hatte also meinen Mann hier zunächst bestmöglichst zu stehen und mußte darauf vertrauen, daß jeder von Euch unter den Bedingungen und Verhältnissen seines Bereiches ein Gleiches zu tun suchen wird. Es ist Euch bekanntgeworden, was sich unter meiner Mitwirkung inzwischen in Berlin begeben hat.
Gewerkschaftlich sah ich mich nach dem Befehl von Marschall Shukow bereits im Juni vor die Frage der Mitwirkung an der Begründung des Freien Deutschen Gewerkschaftsbundes für den Bereich von Groß-Berlin gestellt. Ich entschied mich für diese Mitwirkung, weil ich der Meinung sein durfte, daß ich von der Basis Berlin aus am ehesten auch Einfluß auf den sinnvollen Einsatz der Gesamtkräfte unserer früheren Bewegung für das neue Werden würde nehmen können. Aber der Weg dahin ist weiter, als wir uns gedacht haben. Noch immer besteht keine ganze Klarheit darüber, ob es in absehbarer Zeit zu einer sich über die vier Besatzungszonen erstreckenden einheitlichen oder doch sich ergänzenden Gewerkschaftsbewegung kommen kann.
In der Zwischenzeit werdet Ihr im Lande, wie ich vertrauen darf, nach bestem Vermögen am erstrebten Einheitsbau der deutschen Gewerkschaften mitzuarbeiten suchen. Ich tue das hier auf dem schwierigen Boden von Berlin mit einer vorerst leider noch nicht allzugroßen Zahl von Kameraden. Noch wage ich nicht zu sagen, ob das Ziel, um das es geht, die einheitliche, wahrhaft freie deutsche Gewerkschaftsbewegung ihre Verwirklichung finden wird. Ich weiß nur, daß wir mit dem ganzen Idealismus und mit dem ganzen Verantwortungsbewußtsein, die aus der Tradition der Christlichen Gewerkschaften in uns lebendig sind, diesem Ziele dienen müssen.
Über die politische Neugestaltung seid Ihr ja im wesentlichen schon unterrichtet. Wir waren uns alle in der politischen Arbeit der Jahre zwischen 1933 und 1945 klargeworden, daß eine Parteizersplitterung, wie sie vor 1933 herrschte, nicht mehr stattfinden durfte. Lange hat für uns die Bildung einer Partei der Arbeit eine Rolle gespielt. Da sich aber nach der Zulassung der Parteibildung in Berlin die SPD von heute auf morgen wieder nach ihren alten Gesetzen formierte, war für uns der Weg zur Bildung einer großen einheitlichen und demokratischen Partei gewiesen. Es fanden sich Überlebende des 20. Juli zusammen, die unter Führung von Dr. Hermes zur Gründung der Christlich-Demokratischen Union schritten. Ihr habt inzwischen erfahren, daß auch Joseph Ersing und ich zu den Gründern gehören. Der Weg war uns um so selbstverständlicher, als wir ja, ganz abgesehen von den Erfahrungen der Hitlerzeit, an die Traditionen des Essener Kongresses von 1920 anknüpfen konnten. Es bedarf deshalb auch nicht vieler Worte der Erklärung. Sinn und Aufgabe der Partei sind heute die gleichen wie 1920, nur daß wir vor weit schwereren Aufgaben stehen.
Zu Eurer Orientierung will ich nur noch bemerken, daß sich auch gleich führende Männer der früheren demokratischen Partei zu uns gefunden haben. So der frühere preußische Handelsminister Dr. Schreiber und Ernst Lemmer, der letzte Generalsekretär der Hirsch-Dunckerschen Gewerkschaften, der auch im Vorstand des Freien Deutschen Gewerkschaftsbundes in bester Kameradschaft neben mir steht. Auch namhafte Männer katholischer und evangelischer Konfession standen sofort bei uns.
Schmerzlich für uns alle dabei, daß im Augenblick dieser erneuten Bewährungsprobe unserer Gemeinschaft Adam Stegerwald sterben mußte. Heute morgen erreichte uns in Berlin die Nachricht, daß er in Würzburg, wo er durch die Militärverwaltung zum Regierungspräsidenten seiner fränkischen Heimat berufen worden war, nach kurzer Krankheit gestorben ist. Betätigen wir uns weiter in dem Willen, der diesen unermüdlichen Kämpfer

für Arbeiterschaft und Volk sein ganzes Leben hindurch beseelte. Ich werde um eine Würdigung seiner Persönlichkeit vor der deutschen Öffentlichkeit bemüht sein.
Abschließend für heute: Ich hoffe fortan mit Euch, meinen Freunden, wieder stetiger in Verbindung bleiben zu können. Ich weiß, worauf es dabei für die nächste Zeit in erster Linie ankommt. Da ich durch die Geschehnisse der beiden letzten Jahre u. a. aller Unterlagen meiner Verbundenheit mit unseren früheren Mitarbeitern verlustig gegangen bin, wäre ich vor allem den letzten Sachbearbeitern unserer früheren Verbände für die nochmalige Überlassung der Anschriften jener Kollegen dankbar, die zur Verfügung zu haben für mich von Bedeutung sind.
Im übrigen hoffe ich nach wie vor auf ein alsbaldiges Wiedersehen, insbesondere mit den Freunden an Rhein und Ruhr.
In alter Verbundenheit bin ich mit allen Wünschen Euer

Jakob Kaiser

166. Kaiser über den Widerstand christlicher Demokraten

Parteitagung der Christlich-Demokratischen Union Deutschlands
in Berlin am 16. Juni 1946.

Meine Parteifreunde, die Frage um das deutsche Dasein ist neu gestellt. Sinn unserer Tagung ist es, Wege und Mittel zu finden, die diese Frage lösen helfen. Das Suchen nach diesen Wegen und Mitteln begann nicht erst im Augenblick des Zusammenbruchs. Es hat viele – die meisten von uns – durch die Jahre der Hitlerherrschaft mit einer Leidenschaft begleitet, die der lange Kampf nicht minderte, sondern eher wachsen ließ. Die Hingabe an diesen Kampf hat viele Opfer gefordert. Wir können nicht von der Sorge um Deutschland sprechen, ohne dieser Opfer zu gedenken. Wir denken in Schmerz und Trauer aller derer, deren Leben der Hitlerterror vernichtet hat. Der Opfer ihrer Überzeugung, ihres Glaubens, ihrer Rasse, woher immer sie kamen und welcher politischen Richtung sie auch immer angehörten.
Mit tiefstem Schmerz gedenken wir unserer Freunde, der Männer vom 20. Juli, denen ein hartes Geschick den Erfolg eines tapferen Rettungsversuches für unser Volk versagte. Ich gedenke in diesem Augenblick, in dem Männer und Frauen aus allen Landschaften Deutschlands zum gemeinsamen Ringen um die Lösung deutscher Schicksalsfragen zusammengetreten sind, mit besonderer Bewegung aller der Freunde, die – wenn sie lebten – ihre politische Heimat in der Union gefunden hätten. Ich nenne Carl Friedrich Goerdeler, Max Habermann, Josef Wirmer, Eugen Bolz, Otto Müller, Lejeune-Jung, die Brüder Bonhoeffer, Helmuth v. Moltke, Reinhold Frank. Ich nenne meine Freunde aus der christlichen Arbeiterschaft, Bernhard Letterhaus, Nikolaus Groß, Franz Leuninger, meinen unvergeßlichen Mitarbeiter durch zwei Jahrzehnte Heinrich Körner. Es wären noch viele andere zu nennen. Ihre Schatten lassen sich überall unter uns nieder, wo wir um unser Volk ringen. Diese Männer, die aus dem Bewußtsein christlicher Verantwortung unerschütterlich den Kampf gegen die Tyrannei des Verbrechens geführt, waren nicht nur Demokraten, sie waren zum großen Teil radikale Demokraten, sie waren sozial fortschrittliche Männer.
Ich gedenke aber auch und vor allem der Schatten der Millionen Toten des Krieges, der Toten unseres Volkes und der Toten der anderen Völker. Wenn auch Frevler Urheber dieses Krieges waren, die Opfer der Toten können nicht sinnlos sein. Wir selbst, Deutschland und Europa, haben es in der Hand, dem millionenfachen Tod einen Sinn zu geben: den Sinn eines geläuterten Deutschlands und einer für immer befriedeten Welt.
Dann sind die Millionen nicht umsonst gestorben, und die Zurückgebliebenen dürfen ohne Bitterkeit sein.

BDM	=	Bund Deutscher Mädchen
BVP	=	Bayerische Volkspartei
CSVD	=	Christlich-Sozialer Volksdienst
DAF	=	Deutsche Arbeitsfront
DDP	=	Deutsche Demokratische Partei
D. F. P.	=	Deutsche Freiheitspartei
DNVP	=	Deutschnationale Volkspartei
Gst.	=	Generalstab
Gestapo	=	Geheime Staatspolizei
HJ	=	Hitlerjugend
KAB	=	Katholische Arbeiterbewegung
KL	=	Konzentrationslager
KPD	=	Kommunistische Partei Deutschlands
KSSVO	=	Kriegssonderstrafrechtsverordnung
K. V.	=	Kartellverband der katholischen deutschen Studentenvereine
KZ	=	Konzentrationslager
LGDir	=	Landgerichtsdirektor
MdR	=	Mitglied des Reichstags
NS	=	Nationalsozialistisch
NSDAP	=	Nationalsozialistische Deutsche Arbeiterpartei
NSF	=	Nationalsozialistische Frauenschaft
NSLB	=	Nationalsozialistischer Lehrerbund
NSRB	=	Nationalsozialistischer Rechtswahrerbund
NSV	=	Nationalsozialistische Volkswohlfahrt
OKW	=	Oberkommando der Wehrmacht
O. P.	=	Ordinis Praedicatorum
PVG	=	Polizeiverwaltungsgesetz
RD	=	Reichsdeutscher
R. d. K.	=	Reichsbund der Kinderreichen
RFSS	=	Reichsführer SS
R. G. Bl.	=	Reichsgesetzblatt
Rgbl.	=	Reichsgesetzblatt
RLB	=	Reichsluftschutzbund
RM	=	Reichsmark
RSHA	=	Reichssicherheitshauptamt
SA	=	Sturmabteilung
Sch.	=	Schutzhaft
SD	=	Sicherheitsdienst
SJ	=	Societas Jesu
SPD	=	Sozialdemokratische Partei Deutschlands
SS	=	Schutzstaffel
StGB	=	Strafgesetzbuch
StPO	=	Strafprozeßordnung
V-Person	=	Vertrauens- bzw. Verbindungsperson
W. H. W.	=	Winterhilfswerk

Archiv für Christlich-Demokratische Politik der Konrad-Adenauer-Stiftung, St. Augustin: 14, 15, 17, 18, 21, 23, 24, 26, 40, 69, 76–79, 87, 89, 97, 104, 130, 132–135, 145, 152, 153, 157, 160–162, 164–166

Nordrhein-Westfälisches Hauptstaatsarchiv, Düsseldorf: 2–4, 7, 19, 20, 22, 38, 45, 47–49, 56–58, 71–73, 80–84, 91–96, 102, 106, 109–112, 114, 119–121, 141, 143, 144, 156

Bundesarchiv, Koblenz: 25, 37, 122, 123, 138, 154, 155, 158, 159

Bayerisches Hauptstaatsarchiv, München: 29, 74, 101, 105, 113

Document Center, Berlin: 35, 50–52, 116, 131

Archiv des Landtags von Baden-Württemberg, Stuttgart: 31

Archiv der sozialen Demokratie der Friedrich-Ebert-Stiftung, Bonn: 142

Geheimes Staatsarchiv Preußischer Kulturbesitz, Berlin: 13

Institut für Zeitgeschichte, München: 68

Landeshauptarchiv Koblenz: 99

Staatsarchiv Ludwigsburg: 70, 90

Stadtarchiv Bamberg: 117

Stiftung Bundeskanzler-Adenauer-Haus, Rhöndorf: 12

Privatbesitz: 27, 28, 30, 32, 44, 53, 54, 88

Graphiken S. 79, 206f., 220 von Joerg F. Gottschalk, Bad Honnef

Altmeyer, Karl Aloys: Katholische Presse unter NS-Diktatur. Die Katholischen Zeitungen und Zeitschriften Deutschlands in den Jahren 1933-1945. Dokumentation. Berlin o. J. [1962].

Aretz, Jürgen: Katholische Arbeiterbewegung und Nationalsozialismus. Der Verband katholischer Arbeiter- und Knappenvereine Westdeutschlands 1923-1945 (Veröffentlichungen der Kommission für Zeitgeschichte: Reihe B, Bd. 25). 2. Aufl., Mainz 1982.

Aretz, Jürgen: Katholische Arbeiter gegen Hitler. Zur Auseinandersetzung zwischen KAB und Nationalsozialismus, in: Katholische Kirche und NS-Staat. Aus der Vergangenheit lernen? Hrsg. von M. Kringels-Kemen und L. Lemhöfer. Frankfurt/M. 1981, S. 51-67.

Bibliographie „Widerstand". Bearbeitung von Ulrich Cartarius. Forschungsgemeinschaft 20. Juli e. V. München 1984.

Blumenberg-Lampe, Christine: Das wirtschaftspolitische Programm der „Freiburger Kreise". Entwurf einer freiheitlich-sozialen Nachkriegswirtschaft. Nationalökonomen gegen den Nationalsozialismus. Berlin 1973.

Bosch, Michael/Niess, Wolfgang (Hrsg.): Der Widerstand im deutschen Südwesten, 1933-1945. (Schriften zur politischen Landeskunde Baden-Württembergs, 10). Stuttgart 1980.

Bracher, Karl Dietrich/Schulz, Gerhard/Sauer, Wolfgang: Die nationalsozialistische Machtergreifung. Studien zur Errichtung des totalitären Herrschaftssystems in Deutschland 1933/34. 3 Bde., Frankfurt/M. 1974.

Buchstab, Günter/Kaff, Brigitte/Kleinmann, Hans-Otto (Hrsg.): Keine Stimme dem Radikalismus. Christliche, liberale und konservative Parteien in den Wahlen 1930–1933. Berlin 1984.

Büchel, Regine (Bearb.): Der Deutsche Widerstand im Spiegel von Fachliteratur und Publizistik seit 1945 (Schriften der Bibliothek für Zeitgeschichte, 15). München 1975.

Deutschlands Weg in die Diktatur. Internationale Konferenz zur nationalsozialistischen Machtübernahme. Hrsg. von Martin Broszat u. a., Berlin 1983.

Frühwald, Wolfgang/Schieder, Wolfgang (Hrsg.): Leben im Exil. Probleme der Integration deutscher Flüchtlinge im Ausland, 1933-1945. Hamburg 1981.

Gerstenmaier, Eugen: Streit und Friede hat seine Zeit. Ein Lebensbericht. Frankfurt/M. 1981.

Gotto, Klaus/Repgen, Konrad (Hrsg.): Kirche, Katholizismus und Nationalsozialismus. 2. Aufl., Mainz 1983.

Graml, Hermann (Hrsg.): Widerstand im Dritten Reich. Probleme, Ereignisse, Gestalten. Frankfurt/M. 1984.

Hammer, Walter: Die „Gewitteraktion" vom 22. 8. 1944. Vor 15 Jahren wurden deutsche Parlamentarier zu Tausenden verhaftet, in: Freiheit und Recht 5 (1959) H. 8/9 S. 15–18.

Hoffmann, Peter: Widerstand, Staatsstreich, Attentat. Der Kampf der Opposition gegen Hitler. 3. Aufl., München 1979.

Hoffmann, Peter: Widerstand gegen Hitler. Probleme des Umsturzes. München 1979.

Klessmann, Christoph (Hrsg.): Gegner des Nationalsozialismus. Wissenschaftler und Widerstandskämpfer auf der Suche nach historischer Wirklichkeit. Frankfurt/M. 1980.

Lacina, Evelyn: Emigration 1933–1945. Sozialhistorische Darstellung der deutschsprachigen Emigration und einiger ihrer Asylländer aufgrund ausgewählter zeitgenössischer Selbstzeugnisse. Stuttgart 1982.

Lill, Rudolf/Oberreuter, Heinrich (Hrsg.): Machtverfall und Machtergreifung. Aufstieg und Herrschaft des Nationalsozialismus. Bayerische Landeszentrale für politische Bildungsarbeit. München 1983.

Lill, Rudolf/Oberreuter, Heinrich (Hrsg.): 20. Juli. Portraits des Widerstands. Düsseldorf/Wien 1984.

Löwenthal, Richard/Zur Mühlen, Patrik von (Hrsg.): Widerstand und Verweigerung in Deutschland 1933–1945. Bonn 1982.
Meier, Kurt: Der evangelische Kirchenkampf. 3 Bde., Göttingen 1976–1984.
Nationalsozialismus und Widerstand. Eine Dokumentation. Hrsg. von der Landeszentrale für politische Bildung Nordrhein-Westfalen. Düsseldorf 1984.
Nebgen, Elisabeth: Jakob Kaiser. Der Widerstandskämpfer. Stuttgart 1967.
Presse im Exil. Beiträge zur Kommunikationsgeschichte des deutschen Exils, 1933–1945. Hrsg. von H. Hardt, E. Hilscher, W. B. Lerg. München 1979.
Ritter, Gerhard: Carl Goerdeler und die deutsche Widerstandsbewegung. Stuttgart 1974.
Röder, Werner: Deutscher Widerstand im Ausland. Zur Geschichte des politischen Exils 1933–1945, in: Aus Politik und Zeitgeschichte, 1980, B 31.
Röhm, Eberhard/Tierfelder, Jörg: Evangelische Kirche zwischen Kreuz und Hakenkreuz. Bilder und Texte einer Ausstellung. 3. Aufl., Stuttgart 1983.
Roon, Ger van: Neuordnung im Widerstand. Der Kreisauer Kreis innerhalb der deutschen Widerstandsbewegung. München 1967.
Roon, Ger van: Widerstand im Dritten Reich. Ein Überblick. München 1979.
Roon, Ger van (Hrsg.): Europäischer Widerstand im Vergleich. Die Internationalen Konferenzen Amsterdam. Berlin 1985.
Scholder, Klaus: Die Kirchen und das Dritte Reich. Bd. 1: Vorgeschichte und Illusion, 1918–1934. Frankfurt/M. 1977.
Spiegelbild einer Verschwörung. Die Opposition gegen Hitler und der Staatsstreich vom 20. Juli 1944 in der SD-Berichterstattung. Hrsg. von Hans-Adolf Jacobsen, 2 Bde., Stuttgart 1984.
Stehkämper, Hugo: Protest, Opposition und Widerstand im Umkreis der (untergegangenen) Zentrumspartei. In: Der Widerstand gegen den Nationalsozialismus, S. 113–150, 888–915.
Widerstand in der NS-Zeit, in: Geschichte, Politik und ihre Didaktik. Beiträge und Nachrichten für die Unterrichtspraxis 12 (1984) S. 126–165.
Der Widerstand gegen den Nationalsozialismus. Die deutsche Gesellschaft und der Widerstand gegen Hitler. Hrsg. von J. Schmädeke und P. Steinbach. München/Zürich 1985.
Zeitgeschichte in Lebensbildern. Aus dem deutschen Katholizismus des 19. und 20. Jahrhunderts. Bde. 1 und 2, hrsg. von Rudolf Morsey, Mainz 1973–1975, Bde. 3–6 hrsg. von Jürgen Aretz, Rudolf Morsey, Anton Rauscher, Mainz 1979–1984.